# Hans Sebald

## damals – und heute?

# Hans Sebald

## damals – und heute?

**Gondrom**

*Zum Andenken*
*an die Alten*
*der Tüchersfelder Klopperer*
*und*
*Sachsendorfer Schneider.*

*Sie pflügten die Erde,*
*aus der ich wuchs.*

Sonderausgabe für Gondrom Verlag GmbH & Co. KG, Bindlach 1993
© 1987 Umschau Verlag Breidenstein GmbH, Frankfurt am Main
Covergestaltung: Grafik-Design-Studio Lothar Mielau, Wiesbaden
ISBN 3-8112-1059-9

# Inhalt

**I. Die Bühne der Hexerei** .................................... 9
1. Die Konturen der Hexerei................................. 10
2. Das Übersinnliche – Lebensinhalt und Lebenserhalter für die Bauern ................................................. 15
3. Die Hexe – Entwicklungsgeschichte der »Satansjüngerin« .... 29

**II. Die Inszenierung der Hexerei** ...................... 53
1. Die Hexe der Neuzeit ................................... 54
2. Hexe und Heilerin ...................................... 72
3. Buch und Teufel ........................................ 83
4. Fluch und Segen ........................................ 95

**III. Die Bedeutung der Hexerei** ....................... 123
1. Das Wesen der Hexerei ................................. 124
2. Hexerei und ihre vielfältige Deutung..................... 134
3. Hexerei als Antwort auf menschliche Not ................ 155
4. Hexerei und Frauenverfolgung .......................... 177
5. Hexerei als Geisteskrankheit oder Drogensymptom ........ 189
6. Hexerei und die Macht der Symbole ..................... 211
7. Hexerei und Theologie ................................. 223
8. Die Launen der Magie.................................. 240

Anmerkungen ............................................. 255
Literaturverzeichnis ...................................... 267
Register ................................................. 273

# Vorwort

Dieses Buch berichtet über das »schwarze« Hexenwesen, eines der finstersten Kapitel der Menschheitsgeschichte. Mit dem vorliegenden Bericht drücke ich mein Mitleid für die Opfer des Hexenwahns aus und hoffe, daß die Menschheit nie wieder solchem Wahn und Greuel verfällt.
Der Leser wird erkennen, daß der Bericht auf gewisse humanistische Werte ausgerichtet ist, die die Wahnvorstellung als irrsinnig und die Verfolgung als unmenschlich bezeichnen. Es scheint mir, daß diese grundsätzliche Einstellung dem Hexenwesen gegenüber unentbehrlich ist, wenn wir der Menschenwürde gerecht werden wollen.

Trotzdem ist dieses Buch ein wissenschaftliches Werk, das dem Leser eine klare und verläßliche Einführung in das Thema vermitteln will. Die Untersuchung bewegt sich auf drei Ebenen: Zunächst berichtet sie über den noch mehr oder weniger gegenwärtigen Glauben an die Hexerei in einer bestimmten Gegend, den Jurabergen des nordöstlichen Bayerns, in der sogenannten Fränkischen Schweiz. Die Feldforschung hat überraschende Überreste des mittelalterlichen Hexenglaubens enthüllt und gewinnt daraus Illustrationen und Beispiele für gewisse Grundideen der Hexenvorstellung. Sodann forscht sie nach den geschichtlichen Wurzeln dieser Ideen und führt den Leser in die kulturelle Unterwelt des Mittelalters und der Renaissance, wo sich die große Hexenverfolgung abspielte. Letztlich analysiert sie die Funktionen des Hexenglaubens und versucht ein Verständnis dafür zu gewinnen, warum die Hexenvorstellung für den einzelnen wie auch für die Gemeinschaft so zeitlos und weitverbreitet erscheint.
Ich möchte diesem Vorwort auch meinen Dank an verschiedene Personen und Institutionen anfügen, die mir im Zuge der Vorbereitung und Fertigstellung dieses Werkes wichtige und hilfreiche Dienste geleistet haben. Im Vordergrund steht Dieter Arzberger, Lehrer und oberfränkischer Volkskundler, der mein ursprünglich amerikanisches Buch »Witchcraft – The Heritage of a Heresy« nicht nur weitgehend übersetzte, sondern auch zahlreiche Verbesserungen an der Substanz vorschlug. Das vorliegende Buch ist also weit mehr als eine bloße Übersetzung, es ist eine Überarbeitung, die an Klarheit der Darstellung und Reichhaltigkeit des Materials gewonnen hat. Zum Beispiel sind die

Zusammenhänge zwischen der Hexerei und solchen Aspekten wie Theologie, Drogenabhängigkeit und Geisteskrankheit klarer herausgearbeitet worden. Besondere Aufmerksamkeit wurde nun auch der Verflechtung von Theologie und Frauenverfolgung – oder Misogynie – geschenkt und ein neues diesbezügliches Kapitel hinzugefügt.

Von denjenigen, die zur Form oder Substanz der Arbeit beigetragen haben, möchte ich besonders hervorheben: Karl Eckert, Cousin und Freund in der Fränkischen Schweiz; Monika und Gabi Welsch, Freunde und Informanten in Sachsen, die Zugang zur Deutschen Bücherei in Leipzig hatten; Heinrich Frank, Self-made-Volkskundler im Bayerischen Wald; Erwin Honig, ehemaliger Leiter der Volkshochschule Selb in Oberfranken; und meine Kollegen, die mir mit Rat und Information beistanden: Prof. Gerhard Schormann, Historiker an der Universität Düsseldorf; Prof. Walter Heinz, Soziologe an der Universität Bremen; Prof. E. William Monter, Historiker an der Northwestern University in den USA; Dr. Inge Schöck, Volkskundlerin am Landesdenkmalamt Stuttgart; Dr. Gustav Schöck, Volkskundliches Institut Stuttgart; Dr. Sönke Lorenz, Historisches Institut der Universität Stuttgart, und Dr. Gustav Henningsen, Historiker und Volkskundler der dänischen Folklore Archive in Kopenhagen.

Unter den Instituten, die meiner Forschung Informationen oder Unterstützung zukommen ließen, befinden sich: Arizona State University, die mit einem »sabbatical« im Jahre 1984/85 und einem Forschungsstipendium im Sommer 1985 die Feldforschung möglich machte; der Deutsche Akademische Austauschdienst, der mit einem Stipendium für das »German Interdisciplinary Seminar« an der Philipps-Universität Marburg im Jahre 1985 weitere Einsichten in das deutsche Kulturleben vermittelte; die Universität Bamberg, Abteilung Volkskunde unter der Leitung von Prof. Elisabeth Roth, die mir die Ergebnisse von Forschungsarbeiten über die Hexenverfolgung im Erzbistum Bamberg mitteilte; das Bundesarchiv, Nebenstelle Frankfurt/Main, unter der Leitung von Dr. Schenk, der mir die Mikrofilme von Himmlers Sonderkommando der Hexenforschung zur Verfügung stellte; die Staatsbibliothek Bamberg, unter der Leitung von Dr. Bernhard Schemmel, der sich bemühte, gewisse Primärquellen von Literaturhinweisen zu identifizieren; das Stadtarchiv Bamberg, unter der Direktion von Dr. Robert Zink, der mir die Originale von handgeschriebenen Gerichtsakten aus der Zeit von 1625 bis 1630 zur Einsicht vorlegte.

Endlich möchte ich danken den Bauern und Bäuerinnen des Fränkischen Jura, die die Feldforschung ermöglichten und unvergleichbar wertvolle Informationen und Beispiele über den Hexenglauben lieferten – Informationen und Beispiele, die sonst mit der alten Generation verschwunden wären.

Arizona State University  Hans Sebald, Dr. phil.
Tempe, Arizona  Professor der Soziologie
1985.

# I. Die Bühne der Hexerei

*So tief wurzeln einige Irrtümer, daß auch Jahrhunderte sie nicht auszurotten vermögen. Der giftige Baum, der einst das Land überschattete, mag mit noch so ungestümer Kraftanstrengung der Weisen und Philosophen gefällt worden sein, die Sonne mag hell auf die Stellen scheinen, wo einst boshafte Dinge in Sicherheit und Schatten nisteten. Aber immer noch strecken sich seine verästelten Wurzeln unter der Oberfläche aus, und die danach graben, werden sie finden.*

*Mackay*

# 1. Die Konturen der Hexerei

Hexerei ist eine Version einer verhängnisvollen menschlichen Leidenschaft, nämlich des Umgangs mit der Magie. Die Erkenntnis, daß die Magie das lebenserhaltende Element der Hexerei ist, enthüllt die wahre Bedeutung der Schwarzen Kunst. Sie ist auch das zentrale Anliegen dieses Buches.

In den folgenden Kapiteln soll eine ganze Reihe fundamentaler Fragen erörtert werden, zum Beispiel: Was ist der wesentliche Bestandteil der Hexerei? Was steckt hinter dem zeitlosen Fortbestehen magischer Mächte? Warum wenden sich Menschen leidenschaftlich gerne einem magischen Weltbild zu? Welche Rolle spielt die Hexerei im täglichen Leben bestimmter Menschen? Wo liegen die Unterschiede und Berührungspunkte zwischen Hexerei, Religion und Mystizismus?

Die Gründe für ihre erstaunliche Langlebigkeit – wenn nicht gar Unsterblichkeit – spiegeln sich in den Antworten auf die oben erwähnten Fragen. Sie decken eine Vielfalt intensiver menschlicher Bedürfnisse auf, die nie unzeitgemäß werden und einen ständigen Anreiz für die Zuwendung zur Hexerei darstellen. Einige davon sind tief in der Einzelpersönlichkeit verwurzelt und äußern sich im Wunsch nach Wissen, Erklärungen und, was am wichtigsten ist, nach persönlicher Macht. Andere Beziehungen sind untrennbar mit dem menschlichen Gemeinschaftsleben verbunden und offenbaren sich in der Forderung nach einer Unterscheidung von Gut und Böse und einem Sanktionssystem zur Bestrafung derjenigen, die gegen diese Ordnung verstoßen.

Die Hexerei ist schon als eine Art alternativer Suche nach Wissen und Streben nach Macht über die Widrigkeiten des Lebens betrachtet worden. Man brachte sie jedoch auch bei zahlreichen Gelegenheiten mit Verbrechen und Geisteskrankheit in Zusammenhang.

In der Tat ist heute die Interpretation von Hexerei als eine verhängnisvolle Perversion oder ausgefallene Geisteskrankheit allgemein verbreitet, wobei man berücksichtigt, daß dabei möglicherweise Drogen eine Rolle gespielt haben mögen.

Keine Erörterung des Hexenwesens wäre vollständig, ohne in einige historische Einzelheiten einzudringen. Schließlich setzt sich die Geschichte der Hexerei über viele Seiten im Tagebuch der Menschheitsgeschichte fort. Sie wurde oft mit Blut geschrieben, und niemand darf sich einbilden, voll die Bedeutung für jene zu verstehen, die zu Opfern der Hexenjagden wurden, noch weniger können wir wohl ihre Verfolger und Exekutoren begreifen. Um Licht in diese obskuren Zusammenhänge zu bringen, möchte ich kurz die Entwicklung der Hexe skizzieren, von der vorchristlichen Zeit über die christlich beeinflußte Epoche bis zur Moderne, und dabei die Rolle der christlichen Theologie und des kulturellen Symbolismus der westlichen Zivilisation danach hinterfragen, wie sie das Aufblühen eines der unsinnigsten Fälle von Massenwahn aller Zeiten beeinflußte. Ein rudimentäres Verständnis einiger Elemente der traditionellen christlichen Lehre ist unerläßlich, um die Entwicklung der Hexerei, so wie wir sie in der westlichen Welt kennen, erfassen zu können.

Das, was auf diesen Seiten als Hexerei beschrieben wird, ist eine direkte kontinuierliche Fortsetzung der Volksmagie vergangener Jahrhunderte, die ihre Wurzeln im Mittelalter, ja sogar in der Antike hat. Es ist ein Erbe, das leicht abgenutzt ist, das Spuren des Gebrauchs und Verschleißes bezüglich seiner Logik zeigt, aber nichtsdestoweniger ist es eine Hinterlassenschaft. Die zentrale Gestalt dabei ist die Hexe, die als Erbin einer Tradition von einem übergeordneten und gefühlsbetonten Blickwinkel durchaus romantisch erscheinen mag. Und vielen modernen Individuen, die sich wie verlorene Kinder in einem unpersönlichen urban-industriellen Dschungel vorkommen, ohne Aussicht auf eine Sicherheit gebende Philosophie, mag die magische Esoterik mit ihren Versprechungen von persönlicher Bedeutsamkeit verlockend erscheinen. Auf ihrer wahnwitzigen Suche nach der Einlösung dieses Versprechens verwechseln sie jedoch eine Tradition von Irrigkeit, Inhumanität und zerrüttetem Gedankengut mit etwas Heilbringendem. Es scheint, als ob die Ignoranz historischer Sachverhalte in naiver Weise von einem romantischen Mystizismus genährt wird.

Das vorliegende Buch hat nur wenig zu tun mit dieser Mimik der Hexerei. Moderne »Stadthexen« haben nur allzuoft die Qualität von Treibhauspflanzen. Wenn sie aus ihrer pseudomystischen Umgebung herausgenommen und ihren eigenen spirituellen Fähigkeiten überlassen werden, verblassen sie sehr schnell zu der kosmischen Bedeutungslosigkeit, die allgegenwärtig hinter ihren okkulten Fassaden steht. Freilich ist die Bedeutungslosigkeit unserer Zeit auch das Motiv, das sie vorrangig Zuflucht in solchen neuzeitlichen Reservaten suchen ließ.

Hexerei, oder auch die Beschäftigung mit Magie im allgemeinen, ist ein dynamisches Phänomen und hat sich im Laufe der Geschichte in vielen unterschiedlichen Formen fortentwickelt. Magische Glaubensvorstellungen wechseln wie die schillernden Muster eines Kaleidoskops. Die unaufhörlichen menschlichen Interpretationen der Magie werden erörtert, um die Gesamtheit der magischen Glaubenslehren und -praktiken in einer zeitlichen Perspektive aufzeigen zu können. Es scheint, daß die junge Generation der heutigen westlichen Welt an einem Scheideweg steht, an dem sie einerseits skeptisch die objektive Vertrauenswürdigkeit unserer wissenschaftsorientierten Weltsicht prüft und sie andererseits gegen die Verlockungen des Okkulten abwägt. Wie wir jedoch sehen werden, hat sich in einigen Teilen der Welt die Situation grundlegend gewandelt. Die gegenwärtigen Nachkommen von Hexengläubigen sträuben sich gegen den »Aberglauben« ihrer Eltern. Glaubensinhalte, die einst bedeutungsvoll erschienen, sind im Verschwinden begriffen und werden von einer demystifizierenden Technokratie aufgesogen, die unaufhaltsam in die verborgensten Winkel der westlichen Zivilisation vordringt. Diese Entmystifizierung ist inzwischen nahezu vollständig. Freilich ist sie mittlerweile zu solcher Vollständigkeit gediehen, daß sie nun ihrerseits eine fast unerträgliche Lücke hinterlassen hat. Anzeichen eines Prozesses der Remystifizierung – Ansätze zur Wiedereinführung der Magie ins tägliche Leben – lassen sich überall in der westlichen Zivilisation beobachten. Die sogenannte Gegenkultur der 1960er und frühen 70er Jahre war ein eindringlicher Hinweis auf die Sehnsucht nach dem Magischen und Mystischen.

Unter den letzten Bastionen der alten magischen Volksglaubensformen in der westlichen Welt, die noch dem unausbleiblichen Zugriff der Technokratie entgangen sind, befand sich der Glaube an die Kraft der Hexerei unter der bäuerlichen Bevölkerung der Fränkischen Schweiz in Bayern.

Ein glücklicher Umstand ermöglicht es mir, sozusagen »live« die Glaubenswelt von Menschen zu schildern, die noch an Hexerei glauben und mit denen ich gut vertraut, ja sogar verwandt bin. Die Landbevölkerung dieser etwas abgeschlossenen Region mit ihren alten Volksglaubensformen und -bräuchen dient als lebendiges Anschauungsmaterial in diesem Portrait der Hexerei. Die dortigen Bauern sollen die wesentlichen Beispiele für dieses Buch liefern. Sie stellen eine Informationsquelle dar, die noch nicht entdeckt worden war und die nun Vergleiche erlaubt mit solch aufsehenerregenden Ereignissen wie der Hexenjagd von Salem oder den bekannten Studien von E. E. Evans-Pritchard unter den Azande in Afrika, denen von Clyde Kluckhohn unter den amerikanischen Indianern und denen von Bronislaw Malinowski unter der melanesischen Bevölkerung. Dieses Buch würdigt kulturelle Querverbindungen und untersucht, wie grundsätzliche menschliche Lebensbedingungen in verschiedenen Teilen der Welt einander gleichen, wenn sie nicht sogar identisch sind, sobald sie durch das Mittel der Hexerei herausdestilliert werden.

Die konkreten Fallbeispiele konnten gerade noch gesammelt werden, bevor es dafür zu spät war. Ein Anliegen dieses Buches ist es daher, noch etwas vom Abendrot des untergehenden Hexenglaubens einzufangen. Dies ist insofern ein semihistorischer Bericht, als der Volksglaube noch hie und da am Leben sein mag. Angehörige der älteren Generation haben in jungen Jahren die Hexerei selbst praktiziert oder sind (vor allem während der ersten drei Jahrzehnte unseres Jahrhunderts) deren Zeuge geworden. Sie haben mir von diesen Erfahrungen erzählt. Aber die Saat ihrer Überzeugungen geht nicht mehr auf unter ihren Nachkommen, sie finden keine Nachfolger. Ihr Volksglaube stirbt aus. Meine Untersuchungen fingen mit den 1970er Jahren an, so daß sich die damals 70- bis 80jährigen an Begebenheiten erinnern konnten, die nicht weit von der Jahrhundertwende entfernt gewesen waren. Zu dieser Altersspanne gehörte die Mehrzahl meiner Informanten. Sehr wenige von ihnen leben heute noch, und deshalb ist es schwierig, eine gerechte Zeitform im Schreiben dieses Berichtes zu wählen. Am angebrachtesten, meine ich, sei das Tempus der Vergangenheit, denn während dieser Bericht von Dauer ist, ist das menschliche Leben kurzfristig, und bald werden alle Menschen und Ereignisse, die ich hier beschreibe, restlos Geschichte geworden sein.

Ich erhielt meine Informationen durch volkskundliche Untersuchungsmethoden. Das bedeutet, daß ich meine Studien mehr von der Innen- als von der Außenseite her betreiben konnte. Meine familiären Wurzeln liegen in den Dörfern der Fränkischen Schweiz. Ich hatte Zugang zu einer Gruppe sehr hexengläubiger Verwandter, die mich als ein Familienmitglied betrachteten und weniger als einen »Fremden«, wie man hier Touristen und Durchreisende zu nennen pflegt. Und schließlich genoß ich noch den Vorteil, ihren Dialekt zu sprechen. Deshalb ist die Bezeichnung »Interview« für meine hier angewandte Methode der Datensammlung etwas irreführend.

In der Tat waren die meisten alten Bauern, deren Bekanntschaft oder Wiederbekanntschaft ich machen konnte, froh, mit mir sprechen zu können. Einige von ihnen kannten mich schon als Kind und freuten sich, daß ich sie nicht vergessen hatte, daß ich mir Respekt vor ihnen bewahrt hatte und Interesse an ihrem Leben zeigte. Ein typisches Beispiel dafür war ein alter Mann aus dem Dorf Bärnfels, der mich kannte, obwohl ich noch nie mit ihm zusammengetroffen war. Für ihn war ich der Enkel eines Volksheilers aus dem Ort Sachsendorf. Er kannte meine Großmutter väterlicherseits, die im Ruf der Heilkunst stand, und scheute sich nicht, mir von seinen Begegnungen mit Hexen zu erzählen. Er glaubte offensichtlich, wenn ein Nachkomme solcher heilkundiger Vorfahren von solchen Dingen nichts verstünde, wer sollte es dann verstehen?

Meine Informationen sammelte ich, indem ich meinen Verwandten und den älteren Dorfbewohnern bei zahlreichen Gelegenheiten zuhörte, zum Beispiel während sie sich unterhielten, Erinnerungen austauschten und sich völlig ungezwungen fühlten. Ich habe an ihren Mahlzeiten teilgenommen, mit ihnen Friedhöfe besucht, sie nach verstorbenen Freunden und Verwandten gefragt. Ich saß mit ihnen im Biergarten des Dorfwirtshauses, half bei der Heuernte und der Bestellung der Felder und ging mit ihnen zur Kirche. Ihr unschuldiges Vertrauen in ihren magischen Kosmos blieb unberührt. Ich stellte ihnen weder eindringliche Fragen, noch zeigte ich Skepsis unter dem Vorwand eines wissenschaftlichen Objektivismus, aber ich hörte ihnen

sorgfältig zu. Und ich habe gezeigt, daß ich ihre Art zu leben akzeptiere.
Um sie nicht zu verletzen oder bloßzustellen, habe ich davon abgesehen, einen Kassettenrecorder zu verwenden. In einigen wenigen Ausnahmefällen tat ich es dennoch, aber nur, um Geschichten, die mir neu waren, schnell festhalten zu können. Wenn ich »neu« sage, schließt das nicht aus, daß mir viele solcher Erzählungen schon vertraut waren, weil ich sie oder ähnliche Geschichten in meiner Kindheit gehört hatte. Als Kind war ich ein ehrfürchtiger und dankbarer Zuhörer für derartige Erzählungen. Und deshalb war die Feldforschung eher eine Art Verifikationsprozeß, um das Gedächtnis unter systematischen Gesichtspunkten aufzufrischen.

Die Literatur, die sich mit dem Hexenwesen der Fränkischen Schweiz beschäftigt, ist spärlich bemessen. Abgesehen von theologischen Abhandlungen und Berichten aus dem Mittelalter und der Renaissance fand ich erstaunlich wenig Material, das den Hexenwahn behandelt. Meine Zeit war daher fruchtbringender angelegt, wenn ich mit den Bauern sprach und ihnen zuhörte, besonders letzteres. Meine Erkundungstechnik bestand vorrangig darin, mich nach dem Zuhören und Beobachten in eine ungestörte Umgebung zurückzuziehen und alle Einzelheiten, an die ich mich erinnern konnte, niederzuschreiben. Ich bin zuversichtlich, daß mein Verhalten, wenn man es in Beziehung zur Lebensart der Bauern sieht, ein getreues Abbild ihres Hexenglaubens hat entstehen lassen. Diese Quelle ist sicher die reinste, da sie sich auf die direkten Aussagen der Gläubigen und Praktizierenden berufen kann. Und in Anbetracht ihres Alters scheint es, daß sie gerade noch rechtzeitig genutzt wurde.

Dieses Buch vereint somit verschiedene Dinge: Es besitzt die Qualitäten einer anthropologischen Studie, da es eine bestimmte Volksgruppe zum Gegenstand hat. Es rekapituliert Kindheitserinnerungen, die es mit einem Hauch persönlicher Memoiren versehen. Es untersucht das Wesen einer kulturellen Epoche und hat somit auch eine historische Dimension. Es stellt das Wesen und die Bedeutung der Hexerei im Sinne einer Funktionsanalyse heraus, und schließlich beschreibt es den Wandel von der magischen Weltanschauung zu einer objektiven Gewissenhaftigkeit (und sicherlich auch bald wieder zurück zu einer neuen Form der Magie). Insofern bietet es auch den Ausblick auf den sozialen und kulturellen Wandel.

Während einige Menschen nun die Bühne der Magie verlassen und in das wissenschaftlich-objektive Weltbild eintreten, eilen andere schnell hinauf, um die eben verworfenen Schriften wieder aufzunehmen. Wenn die Menschen das Vertrauen in die magische Kunst verlieren, leihen sie der Wissenschaft ihr Ohr. Sind sie von der Wissenschaft enttäuscht, kehren sie zur Magie zurück. Es ist das Drama – oder die Komödie – einer endlosen Suche nach Macht.

# 2. Das Übersinnliche – Lebensinhalt und Lebenserhalter für die Bauern

Um dem Leser den Okkultismus in seiner deutlichsten Art vorzustellen, werden konkrete Beispiele beschrieben. Dieses Buch bedient sich zur Illustration der bäuerlichen Bevölkerung im Städtedreieck Bayreuth/Bamberg/Nürnberg, das als die Fränkische Schweiz bekannt ist. Brauchtum und Überlieferung dieser Bauern waren angefüllt mit dem Glauben an übernatürliche Kräfte. Poltergeister und die Seelen Verwunschener besuchten sie, Erscheinungen waren etwas allgemein Bekanntes, böse und freundliche Geister waren reichlich vorhanden, und die Realität der Zauberkunst stand außer Frage. Tatsächlich überdeckte die Voreingenommenheit der fränkischen Bauern für das Übernatürliche das unterschwellig damit verbundene Spektrum des Okkulten.

Allerdings muß hier angemerkt werden, daß sich dieses Buch auf die Hexerei konzentrieren soll, die ihrerseits nur eine von vielen Spielarten des Okkulten darstellt. Nach dieser Einführung in den okkulten Kosmos der fränkischen Bauern wird sich die Erörterung nunmehr dem eigentlichen Gegenstand der Hexerei zuwenden. Anstatt die okkulten Gebräuche als Aberglauben herabzusetzen, möchte ich sie eher als ein System von Glaubensinhalten ansprechen. Ich hoffe, daß dadurch ihre Darstellung mehr objektiv und standpunktneutral erscheint. Dabei folge ich dem Prinzip von William I. Thomas, daß die Realität für eine Person immer ihre eigene Einschätzung einer Situation ist.[1] Ob diese Definition im Widerspruch zu einer absoluten, objektiven Realität steht, bleibt dabei außer Frage. Das Wesentliche einer Erfahrung ist, was ein Individuum subjektiv davon glaubt, und die sich daraus ergebenden Konsequenzen sind für den Gläubigen Wirklichkeit.

Es ist durchaus möglich, daß einige Bauern sich tatsächlich dem Risiko von Trugbildern und Halluzinationen hingaben. Delusionen gehen gewöhnlich mit spezifischen Ängsten einher und können zum Beispiel als Symptome für die »Besitzergreifung« durch einen Dämon betrachtet werden. Mit anderen Worten bedeutet dies, daß die dämonische Besessenheit den fränkischen Bauern als Realität erschien. So wie der Satan, dessen Existenz ebenfalls als personifizierbare Realität betrachtet wurde, waren Dämonen reale Wesen, die eine aktive Rolle im Leben der Menschen einnahmen.

Wir können die Folgerungen, die aus dem Thomas'schen Prinzip zu ziehen sind, noch einen Schritt weitertreiben. Sie könnten sich auch darin ausdrücken, daß manchmal ein körperlicher Effekt einer Vorstellung zu beobachten ist. Ich beziehe mich dabei auf den gemeinhin als psychosomatisch bezeichneten Geisteszustand. Wenn jemand an die Wirksamkeit eines Zaubers glaubt (zum Beispiel einer Verwünschung oder eines Fluchs) und gesundheitliche Schäden erwartet, eine Minderung des Wohlbefindens oder einen bestimmten Schmerz, so ist es durchaus möglich, daß der Gläubige solche Symptome tatsächlich erlebt. Anthropologen haben die Wirkung einer Korrelation zwischen Glauben und körperlicher Reaktion rund um die Welt entdeckt. Das extremste Beispiel dabei ist die Rolle einer »sterbenden Person«, bei der ein Mensch in dem Glauben, unwiderruflich in ein tödliches Schicksal verstrickt zu sein, schließlich wirklich stirbt – und dies unter Umständen sogar ohne erkennbare medizinische Ursache.[2] Offenbar vereinen sich hier ein noch kaum verstandener neurologischer oder endokrinologischer Prozeß und die dem Gläubigen eigene Einschätzung seiner Situation und veranlassen den Organismus zu bestimmten Funktionen oder sogar zu Fehlfunktionen.

Daraus ist zu folgern, daß die Hexerei nicht nur aus der harmlosen Sammlung wirkungsloser Zaubersprüche und Beschwörungen besteht, die von Leuten verwendet werden, die das wissenschaftliche Prinzip von Ursache und Wirkung mißverstanden haben, sondern daß sie und alle okkulten Dinge zugleich auch real in dem Sinne sind, als sie psychologische Wirkungen bei denen bewirken können, die daran glauben. Deshalb meine ich, daß jemand, der ernsthaft diesem Glauben anhängt, auch ernstgenommen werden sollte. Für ihn bestätigt sich der Glaube in der Wirklichkeit, und er kann häufig konkrete Ergebnisse seines Glaubens vorweisen.

Auf der Grundlage obiger Prämissen werde ich mich auf Fallbeispiele spezieller okkulter Vorstellungen konzentrieren und sie zum Ausgangspunkt meiner Untersuchung machen.

Um das Wesentliche des Glaubens an übernatürliche Vorgänge in den Griff zu bekommen und verschiedene Typen unterscheiden zu können, gehe ich davon aus, daß jede okkulte Vorstellung aufgrund verschiedener Beschaffenheitsmerkmale überprüft werden kann. Um der Tatsache Rechnung zu tragen, daß die Realität auch Licht- und Schattenseiten besitzt, sollten diese Merkmale verschiedenen Kategorien zugeordnet werden. So sind zum Beispiel die übernatürlichen Überzeugungen einer einzelnen Person nur bis zu einem gewissen Maße deren Privateigentum; vielmehr werden sie weitgehendst von der sie umgebenden Kultur beeinflußt, deren Teil der einzelne wiederum ist.

Das heißt, daß der Glaube an die Möglichkeit eines Zusammentreffens mit dem Geist des Großvaters, der vielleicht irgendein Familiengeheimnis verwahrt, dem Einblick anderer verborgen bleibt und daher etwas Persönliches ist. Andererseits ist die Begegnung eines Menschen mit einem Zwerg weniger einzigartig, weil ja schließlich »jeder weiß«, daß es sie gibt, und jeder sie »sehen« hätte können. Die Begegnung kann aus dem erwachsen, was allgemein verbreitet ist, und auf präzisen

Angaben beruhen, die bei dem Erlebnis eine Rolle gespielt haben mögen. (Der Zwerg kann eine unvorhersehbare Nachricht überbringen oder sich ungewöhnlich benehmen.) Um eine präzise Unterscheidung zwischen der individuellen und generellen Dimension in einer gegebenen Situation treffen zu können, bedarf es der Zuhilfenahme einer ausgefeilten Soziometrie, die aufgrund statistischer Daten erstellt werden und in einer Beziehung zur bäuerlichen Bevölkerung mit deren authentischen Erlebnisschilderungen und Glaubensvorstellung stehen müßte. Derartige sophistische Haarspaltereien würden den Rahmen dieses Buches übersteigen. Hier sollen deshalb nur einige Aspekte angeführt werden, um die vielfältige Natur übersinnlicher Vorstellungen aufzeigen zu können.

Ihre Bewertung sollte fünf Kategorien berücksichtigen:
1. Die Spannweite zwischen *individueller* und *allgemeiner* Verbreitung, die oben dargestellt wurde, befaßt sich mit dem Bekanntheitsgrad einer Vorstellung. Man könnte auch den Terminus »idiosynkratisch« verwenden, das heißt, wie einzigartig ein Glaube in der Wesensart oder im Erfahrungsbereich eines einzelnen ist, oder, im Gegenteil, wie »typisch«, also wie verallgemeinerbar ein Glaube für den Angehörigen einer bestimmten Population sich darstellt.

Es ist wichtig, einen solchen Glauben nicht mit einem einzelnen begrenzten Ereignis zu verwechseln. Wie wir sehen werden, halten viele Leute ihren Glauben aufrecht, ohne ihn auf konkrete, aktuelle Ereignisse stützen zu können. Diese Dimension befaßt sich also mit dem *Glauben*.

2. Die Dimension der mehr *aktiven* oder *passiven* Beteiligung diagnostiziert, ob eine Person ein passiver Teil bei einer übersinnlichen Erscheinung ist oder ob sie aktiv versucht, sich übernatürliche Kräfte zu erschließen oder sie zu beeinflussen. Der passive Standpunkt ergibt sich vorrangig aus einer Ergebenheit und Suche nach Erklärung. Die Beispiele dafür schließen auch die Interpretation solcher natürlichen Phänomene wie Blitz, Regen, Hagel, Tod und Krankheit ein. Der aktive Standpunkt dagegen versucht, die übernatürlichen Kräfte zu kontrollieren und zu steuern. Beispiele dafür reichen von den Praktiken des Voodooismus über die Hexerei bis zum Heilen.

3. Die Dimension der *personalen* und *interpersonalen* Beziehungen untersucht, ob ein einzelner eine übersinnliche Episode als eine rein private Sache oder als zwischenmenschliche Angelegenheit betrachtet, wozu auch Streit, Rache und Heilkunst gehören. Persönliches wären Erscheinungen, Visionen, Träume oder andere isolierte Erlebnisse, die traumatisch, furchterregend, deprimierend oder einfach nur informativ sein können. Beispiele für interpersonale Beziehungen entstehen dann, wenn das Individuum übernatürliche Kräfte für oder gegen andere Individuen gebraucht, wie dies typisch für Hexen und Volksheiler ist.

4. Das Spannungsfeld zwischen *legendärem* und *erfahrungsgestütztem* Glauben hinterfragt, ob ein Individuum an etwas Übersinnliches

glaubt, weil man allgemein glaubt, daß es dafür eine historische Grundlage gebe, auch wenn dies nicht belegbar ist[3], oder ob sich die Person auf persönliche Erfahrungen beruft.
5. Viele Formen okkulter Vorstellungen zeugen von einer gemischten Herkunft. Ich füge daher noch eine Dimension des *heidnischen* oder *christlichen* Ursprungs an. Dies betrifft die Unterscheidung zwischen vorchristlichem und christlichem Gedankengut. Jede Vorstellung sollte auch daraufhin überprüft werden, in welchem Verhältnis sie zu deren Inhalten steht.

Der Wert dieser fünf Dimensionen liegt darin, daß sie Vergleiche und Einstufungen verschiedener Vorstellungen ermöglichen. Der Leser mag diese Kategorien hilfreich anwenden und auf andere Beispiele von okkulten Glaubensformen übertragen. Mit Ausnahme der letztgenannten heidnisch-christlichen Dimension lassen sie sich nahezu allgemein zur Identifizierung der wichtigsten Elemente in den Glaubenssystemen verwenden.

Wenn wir einen Glaubensinhalt aus dem Bereich des Übersinnlichen betrachten, müssen wir uns infolgedessen darüber im klaren sein, daß er vieldimensional ist. Die verschiedenen Dimensionen erscheinen gewöhnlich in einer komplexen und miteinander verwobenen Form. Eine Dimension schließt die andere nicht aus.

Mit diesen Leitlinien vor Augen, werden wir nun versuchen, eine ganze Reihe okkulter/gläubiger Vorstellungen zu untersuchen, wie sie unter den fränkischen Bauern anzutreffen sind. Der Leser wird leicht die fünf Dimensionen dabei heraussehen und die verschiedenen Qualitäten erkennen, die jede dieser Formen charakterisierten.

In diesem Abschnitt sammeln wir Belege dafür, daß die Bauern dazu neigen, die Welt in einem übernatürlichen Licht zu betrachten. Die Beispiele sollen ihr okkultes Klima und Glaubenssystem veranschaulichen und die Bühne für die Untersuchung der Hexerei in den folgenden Kapiteln bilden.

Die Inhalte der meisten okkulten oder bewußt legendären Vorstellungen, die sich bei den fränkischen Bauern gehalten haben, kombinieren uralte heidnische Bräuche mit christlichem Glauben. Aber in einigen überwiegt das eine gegenüber dem anderen. So scheint zum Beispiel der Glaube an das »Wütenker« vom alten germanischen Glauben an Wodan, den obersten Gott der vorchristlichen germanischen Stämme, herzurühren, dem man merkurische Tapferkeit nachsagte.[4] Im Wütenker, anderswo als Wilde Jagd oder Wildes Heer bekannt, sah man ein Heer nächtlicher Reiter, das Furcht in den Herzen der Bauern verbreitete. Die Phantome tobten mit ohrenbetäubendem Geschrei, angsteinflößenden Flüchen, blutrünstigem Gelächter, wildem Hundegebell und knallenden Peitschen durch den nächtlichen Himmel.

Im Weg stehende Bäume und Büsche wurden entwurzelt und diejenigen bestraft, die es versäumt hatten, sich unverzüglich auf den Boden zu werfen und ihre Gesichter im Staub zu verbergen. Diese lärmende Horde wirbelte um ihre eigene Achse und erzeugte so eine gewaltige Turbulenz. Ihre Opfer wurden angeblich stark verstümmelt und zerschunden mit ausgerissenen Haaren und Gliedern aufgefunden. Wer sich sorglos und unehrerbietig verhielt, konnte froh sein, wenn das, was auf ihn niederkam, hauptsächlich von den Pferden und Hunden im Troß des Wütenker herrührte.

Andere Berichte handelten von verstorbenen Kindern, die im Gefolge des Wilden Heeres gesehen wurden. Es waren vor der Taufe verstorbene Kinder – ein interessantes christliches Element im ansonsten heidnischen Bild. Eine ähnliche Angleichung ließ sich in der Geschichte finden, wo ein Bauer, der auf dem Weg war, einen Christbaum zu holen, im Walde mit dem Wütenker zusammentraf, das eine Axt neben ihn fallen ließ. Als er damit den Baum fällte, schlug er sich ins Bein. Die Wunde wollte nicht heilen. Schließlich kehrte er in den Wald zurück und bot dem Phantom an, die Axt zurückzugeben. Es erschien und nahm sie an. Daraufhin heilte die Wunde auf wundersame Weise.

Die ältere Generation hat vermutlich ausnahmslos von dieser gespenstischen Horde gehört, viele geben sogar vor, Erlebnisse mit ihr gehabt zu haben, und fast alle glaubten an ihre wirkliche Existenz. Aber die persönlichen Erfahrungen werden sehr unbestimmt datiert. Auf die Frage, warum in letzter Zeit (in den zurückliegenden 40 bis 50 Jahren) keine solchen Begegnungen stattgefunden hätten, antworten die Alten in den Dörfern ebenso einmütig wie lakonisch: »Weil das Wütenker für 1000 Jahre durch den Heiligen Vater in Rom verbannt worden ist!« (Einige begnügen sich auch mit 100 Jahren.)

Gespräche mit katholischen Geistlichen der Gegend zeigten aber, daß dieser Glaube keine offizielle theologische oder enzyklikalische Grundlage besitzt. Wie sich diese erstaunliche Einstimmigkeit unter den Bauern verbreitet haben mag, ist ein Rätsel sowohl für die Priester als auch für mich als Forscher.

Die unabhängige Volksglaubenslehre hat diese Angabe in einen größeren Zusammenhang eingesponnen. Viele ältere Bauern haben mit großem Ernst die Frage nach der Identität der Mitglieder des Wilden Heeres erörtert. Sie kamen jedoch nicht zu einer einhelligen Meinung. Einige meinten, es handle sich um Repräsentanten gepeinigter Seelen, die aus dem Fegefeuer oder der Vorhölle erlöst werden wollten und periodisch ihre Pein darstellten, indem sie durch die Lüfte schwebten. (Diese Deutung würde zwei Aspekte des Glaubens erklären, nämlich die Anwesenheit ungetaufter Kinder im Wilden Heer, da im Einklang mit dem traditionellen katholischen Dogma die fehlende Taufe zu ewiger Vorhölle verdammt, ohne Hoffnung, jemals in den Himmel zu kommen, und zweitens die Annahme, daß durch Vermittlung des Papstes Gott die im Fegefeuer schmorenden Seelen entweder erlösen oder darin festhalten würde.)

Andere vertraten dagegen die Meinung, daß die Horde teufliche Mächte repräsentiere. Aber keiner sprach mit Selbstüberzeugung von der einen oder anderen Interpretation. Die eine beinhaltet eine Unterscheidung zwischen den guten (wenn auch gequälten) und den bösen (satanischen) Mächten, eine Dualitiät, die sich in vielen Erscheinungsformen des Volksglaubens wiederfinden läßt und die noch im einzelnen bei der Gegenüberstellung von Hexe und Heiler erörtert werden wird.

Eine kurze Beurteilung des Glaubens an das Wütenker zeigt, daß er in seiner Verbreitung sehr allgemein ist, die Phantom-Horde existierte ja für alle. Man sammelte damit passive Erfahrungen, da man sie weder beeinflussen noch zu Hilfe rufen konnte. Sie hatte – wenn überhaupt – nur wenige interpersonale Elemente. Sie ist aus einer Mischung christlicher und heidnischer Ursprünge entstanden. Und sie wurde vorrangig durch erfahrungsmäßige und weniger durch legendäre Elemente glaubhaft gemacht.

Während die Entstehung des Wütenker überwiegend heidnisch beeinflußt ist, lehnen sich andere Überlieferungen mehr an Christliches an. Eine davon handelt von den mysteriösen kleinen »feurigen Männlein«, die den einsamen Wanderer still begleiten und ihm helfen, seinen nächtlichen Weg nach Hause zu finden. Folgende Sage klärt ihre Identität.

Nach dem Besuch des Dorfwirtshauses fand ein Bauer jedesmal eines dieser feurigen Männlein vor, das vor der Gasthaustür wartete, um mit ihm nach Hause zu gehen. Bei der Ankunft an seinem Haus belohnte der Bauer das Männlein mit einer Münze, worauf es seufzend und mit einem traurigen Gesichtsausdruck verschwand.

Eines Abends fand der Bauer in seiner Hosentasche keine Münze, und er sprach den kleinen Begleiter mit dankbaren Worten an: »Vergelt's dir Gott für dieses Mal!«, worauf das sonst traurig dreinschauende Männlein jubelte: »Darauf habe ich gewartet!«, und für immer verschwand.

Da wurde dem Bauern klar, daß er mit einer »armen Seele« gesprochen hatte, die ihre Erlösung in den frommen Dankesworten des Bauern gesucht und gefunden hatte.

Aus der Verbreitung dieser Sage erwuchs die Erklärung für die Identität der feurigen Männlein. Es geht daraus auch hervor, daß die feurigen Männlein gute, wenn auch gequälte Geister waren, die niemandem ein Leid antaten, aber die Hilfe und Fürbitte der Menschen brauchten. Viele Bauern meinten denn auch, es sei völlig unnötig, sich vor der Begegnung mit den leuchtenden Männlein zu fürchten.

Bei einem Gespräch stellte ein alter Mann Spekulationen darüber an, ob die feurigen Männlein eventuell versprengte Mitglieder des Wilden Heeres sein könnten, wobei er voraussetzte, daß die Wilde Jagd sich aus »armen Seelen aus dem Fegefeuer« zusammensetzte. Die Beschäftigung mit solchen Spekulationen zeigt die Ernsthaftigkeit, mit der die Bauern derartige Dinge betrachteten.

Dieser Glaube zeigt wieder ein duales Thema. Die Bauern waren sich einig, daß böse Mächte (der Teufel selbst oder seine Repräsentanten) sich *lebender* Menschen zu bemächtigen suchten. Die Seelen der Verwunschenen konnten zwar gequält sein, aber sie waren selbst nie böse und standen niemals im Dienste Satans. Es war die Hexe, die die engste Verbündete des Satans darstellte.

Der Glaube an die feurigen Männlein war allgemein verbreitet, da diese Wesen als eigenständige Kategorie existierten und jeder damit rechnen mußte, ihnen zu begegnen. Die einzelnen Vorfälle waren inhaltlich jedoch weniger übertragbar als das Wütenker. Da die feurigen Männlein im Vergleich zu den blindlings umherrasenden Phantomen der Wilden Jagd eher Einzelwesen waren, waren sie mehr in Beziehungen zu einzelnen Personen verwickelt. Diese Begegnungen erlaubten eine aktivere Beteiligung der betroffenen Menschen, da die Person in diesem Augenblick (wenn auch weitgehend unbewußt) Einfluß auf das Schicksal der »armen Seele« nahm. Es waren somit keine wirklichen interpersonalen Erfahrungen, da die mysteriösen Wesen ja eigentlich Seelen waren, die nur zeitweise den Menschen erschienen, und die einzelnen Erlebnisse hatten wenig oder gar keine Beziehung zu denen in anderen Dörfern. Es handelte sich, wie oben erwähnt, um einen eher christlichen als heidnischen Ursprung. Und es war ein persönlicher Erfahrungswert, den der Bauer aus der älteren Generation hier wiedergab.

Ein anderer Glaube betrifft eine Krankheit, bekannt als das »Gfrasch«. Sie befiel Kleinkinder und äußerte sich in konvulsiven Krämpfen, die oft zum Tod führten. Wahrscheinlich war es diese bestimmte Symptomatik der Spasmen und Konvulsionen, die die Bauern zu dem Glauben veranlaßte, daß ein böser Dämon vom Kind Besitz ergriffen habe. In der Regel glaubten sie daher auch, daß sich diese Dämonen auf den Befehl einer Hexe so verhielten. In der Absicht, diesen Fluch zu exorzieren, bevorzugten die Leute in der Regel die Hinzuziehung eines Volksheilers aus ihren eigenen Reihen statt eines Arztes. (Letzterer war in abgelegenen Dörfern ohnehin nicht leicht verfügbar.) Wenn das Kind starb – trotz der Gebete, Rituale und Heilpflanzen –, bestätigte dies nur die ungebrochene Kraft der Hexe, die man vielleicht sogar »erkannt« hatte oder zu »kennen« glaubte. Häufig allerdings schrieb man es auch dem unergründlichen »Willen Gottes« zu.

Natürlich wurde diese vor- oder unwissenschaftliche Erklärung zwischenzeitlich durch medizinische Einsicht verdrängt. Trotzdem konnte ich einen Fall dieser volksmedizinischen Interpretation, der sich vor etlichen Jahren ereignet hatte, bei meinen Verwandten in Erfahrung bringen. Die wahrscheinlichere Diagnose dieses Krankheitsbilds dürfte jedoch ein akuter Kalziummangel in der Zeit des Zahnens sein. Dem Organismus des Kleinkindes werden dadurch die lebensnotwendigen Mineralien entzogen, was zu heftigen Reaktionen führt. Nicht nur die Deutung hat sich gewandelt, auch die Häufigkeit des Auftretens dieser Erscheinungen ist zurückgegangen. Letzteres läßt sich aus der besseren

Ernährungslage im Vergleich zu der einstmals unzureichenden Versorgung der ärmlichen Bauern erklären.

Im »Gfrasch« erkennen wir wiederum eine generelle Erscheinungsform des Übernatürlichen, da man allgemein glaubte, daß es sich dabei um eine spezielle Art dämonischer Macht handele, die mutwillig jedes Kleinkind treffen konnte. Nur weil man es manchmal als Schadenszauber einer bestimmten Hexe betrachtete, erhielt es gelegentlich den Charakter eines einmaligen Phänomens.

Der Vorgang hatte auch verschiedene interpersonale Aspekte: Viele Eltern quälten sich mit der Frage, warum gerade ihr Kind davon betroffen würde. (Aufgrund dieser Überlegung erwuchs ein weiterer Gedanke: War der Schuldige vielleicht ein Mitglied der Familie oder Verwandtschaft, das zum Beispiel Gott beleidigt hatte? Oder war es der Schadenzauber einer Hexe?) Zum zweiten wurde dadurch in der Regel auch der Heiler einbezogen. Das konnte eine wegen ihrer Heilkraft bekannte Frau sein, ein Geistlicher oder ein Arzt. Die Interpretation dieses Gedankenguts zeigt eine Mischung aus heidnischen und christlichen Elementen. Sie war auch in erster Linie erfahrungsgemäß und nicht nur legendär fundiert.

Ein anderes medizinisches Phänomen, das ebenfalls mit übernatürlichen Erklärungen behaftet wurde, aber einen Einzelfall darstellte, ereignete sich in den 1910er Jahren im Juradorf Tüchersfeld. Dort meinte man, ein junges Mädchen werde von Dämonen gequält. Es warf sich von Zeit zu Zeit auf den Boden, krümmte sich und fiel schließlich in Bewußtlosigkeit. Während man im nachhinein hier die Symptome der Epilepsie erkennen könnte, sahen die Dorfbewohner darin kein medizinisches Problem. Die Anwendung der üblichen Volksmedizin zeigte keinerlei Heilungserfolg. Als das Mädchen ins jugendliche Alter kam, traf sich eine Anzahl von Männern aus dem Dorf und griff auf Mittel der Volkstheologie zurück. Sie beschlossen, daß das Leichentuch aus der nahegelegenen Basilika von Gößweinstein, das bei einer Totenmesse normalerweise über den Sarg gedeckt wurde, das richtige Mittel zur Reinigung des Mädchens von den Dämonen wäre. In der Nacht holte man – ohne das Wissen des Geistlichen – dieses Tuch und breitete es über das bewußtlos daliegende Mädchen aus. Dies geschah in der Absicht, die bösen Geister mit Hilfe des Tuches zu vertreiben. Da man das Mädchen weder ängstigen wollte noch eine Art von »Schocktherapie« beabsichtigte, legte man das Tuch erst über das Mädchen, nachdem es in Ohnmacht gefallen war. Obgleich die Bauern anfänglich eine gewisse Wandlung im Verhalten des so exorzierten Mädchens zu erkennen glaubten, kehrten die Symptome zurück und das Mädchen starb.[5]

Das Grundelement dieses Falles ist die allgemein verbreitete Interpretation der dämonischen Besitzergreifung, die in der Kultur der fränkischen Bauern nichts sonderlich Ungewöhnliches darstellte. In einem anderen Aspekt zeigt sich jedoch etwas Einmaliges, nämlich die exorzierende Kraft des liturgischen Leichentuches, dessen Gebrauch offenbar auf diesen Einzelfall beschränkt blieb. (Die Absicht, durch geheiligte Dinge zu heilen, ist ein ebenso christliches wie heidnisches Element. In später aufgezeigten Fällen kann es als Fetischismus bezeichnet werden.) Dieses Ereignis vereinigte in sich aktive Beteiligung und stimulierende zwischenmenschliche Beziehungen, weil ein Zusammenwirken verschiedener sozialer Strukturen notwendig war, um diesen Volksexorzismus organisieren zu können. Der Vorfall selbst war erfahrungsbetont, nicht legendär, da er mir von Augenzeugen berichtet werden konnte.

Während die bisher dargestellten Beispiele durch einen hohen Grad von persönlichem Erleben gekennzeichnet waren, denn Teilnehmer oder Augenzeugen berichteten selbst über die Erscheinungen, basieren andere Vorstellungen mehr auf Überlieferungen. Dadurch wird jedoch die Kraft des Glaubens an den behaupteten Vorfall nicht unbedingt gemindert. Es hat nur Auswirkungen auf die Art, wie ein solcher Vorfall bewertet wird. Die folgende Sage wirft Licht auf einen Glauben, der unter den älteren Bauern weit verbreitet war, von dem jedoch kein einziger ein persönliches Zeugnis ablegen konnte.

Wie man erzählt, gab es vor vielen Jahren in der Nähe von Sachsendorf ein großes Bauernanwesen. Es hatte seine Größe unter anderem dadurch erreicht, daß ein Vorfahre des Besitzers die Grenzsteine zu den Nachbargrundstücken verrückt hatte. Nach dem Tod des Bauern konnte man in jedem Jahr, jeweils in der Nacht seines Frevels, seine ruhelose Seele dabei beobachten, wie sie den schweren Grenzstein von Sonnenuntergang bis zum Morgengrauen umhertrug. Wer auch immer in seine Nähe kam, wurde vom Geist gefragt: »Wo soll ich denn den Grenzstein hintun?« Alle so Angesprochenen verfielen in Angst und wagten nicht zu antworten. Sie schlugen ein Kreuzzeichen, um sich gegen den Geist zu schützen, der unter der schweren Last ächzte.

In einem Jahr ging jedoch ein Schäfer, ein grober und mürrischer Kerl, der neu in der Gegend war, spät in der Nacht über die Weide. Plötzlich näherte sich ihm eine klagende und lamentierende Gestalt, die einen großen Stein trug und ihn fragte: »Was meinst du, wo soll ich den Stein hintun?« Etwas verärgert über das scheinbar alberne Verhalten entgegnete der Schäfer kurzangebunden: »Steck ihn dorthin zurück, wo du ihn hergeholt hast, du Depp!« Diese direkte Antwort erlöste die gepeinigte Seele. Der Geist verschwand mit einem Freudenschrei und wurde nie wieder gesehen. Von da an stand der Grenzstein wieder an seinem rechten Platz.[6]

Die theoretische Auswertung dieser Sage ist insofern interessant, als kein persönliches Zeugnis zu ihrer Untermauerung vorliegt. Es handelt sich um eine rein mündliche Überlieferung. Dennoch wurde sie weitgehend geglaubt. Obwohl es wie ein einmaliges Ereignis klingt, hat es einen generalisierbaren Grundgehalt, denn die Rolle der gequälten Seele, die zu Lebzeiten die Nachbarn durch Grenzsteinverrücken geschädigt hatte, ist ein allgemein verbreitetes Element in einer ganzen Anzahl von Sagen. Das prägende Merkmal dieser Erzählung ist die leidende Seele, die keine Ruhe findet, bis ihre Übeltat getilgt ist. Und dies wiederum ist nur mit der Hilfe eines Lebenden möglich. Und der Umstand, daß sie die Beziehung zu Menschen sucht, bezieht offensichtlich auch deren aktive Beteiligung und Interaktion mit ein.

Die christlich-heidnischen Elemente sind erneut in vermischter Form vorhanden, da in beiden Überlieferungen der Tote in unterschiedlicher Gestalt wiedererscheinen konnte: in der christlichen Welt als Seele, in der heidnischen als Geist.

Um der eben behandelten Erzählung eine andere gegenüberzustellen, an deren Wahrheitsgehalt man nicht glaubte, sei hier die Sage von den drei Nymphen von der Stempfermühle angeführt. Man erzählt, daß tief unten in den drei Quellen, die in der Nähe der Mühle entspringen und einmal ihr großes Wasserrad antrieben, eine Nymphenkönigin mit ihrem großen lieblichen Gefolge lebte. Durch die kristallklaren Wasser pflegten die Nymphen in der Nacht die Menschen zu besuchen. Das Gesetz der Quellen bestimmte jedoch, daß sie vor dem ersten Hahnenschrei zu ihrer Königin zurückkehren mußten. Eines Morgens aber bahnte sich eine Tragödie an. Bei der Verlobungsfeier des Herrn auf der Burg Gößweinstein waren drei wunderschöne Nymphen zum Tanz erschienen und hatten versäumt, rechtzeitig in die Quellen zurückzukehren. Als sie schließlich ins Wasser stiegen, wallte Blut auf. Ihre Königin hatte sie mit dem Leben für die Übertretung ihres Gesetzes bezahlen lassen.[8]

Obwohl diese Sage unter den Bauern weitgehend bekannt war, wurde sie nicht ernstgenommen. In ihrem Ursprung ist sie überwiegend heidnisch. Sie zentriert sich zwar auf ein isoliertes Ereignis, zehrt aber von dem generalisierbaren Element der Nymphen, die aus vielen anderen Sagen bekannt waren, jedoch nicht als real betrachtet wurden.

Kaum glaubhaft waren für die Bauern auch die Sagen über das rätselhafte »Holzfrala«. Es wird manchmal als dienstbarer Geist beschrieben, der gutes Verhalten belohnte, und manchmal auch als ein echter Spuk, der Menschen verfolgte. Diese herumspukende Hüterin der Tugenden interessierte sich vor allem für Kinder und belohnte sie, wenn sie ihren Eltern und Nachbarn halfen. Es kam auch vor, daß sie unverbesserliche, faule Kinder in die Tropfsteinhöhlen in den Wäldern verschleppte, um sie dort umzuerziehen. In der Regel aber war das Holzfrala den hart arbeitenden Bauern behilflich. Insgeheim besuchte es in der Nacht die Menschen, um angefangene Hausarbeiten fertigzustellen und die Häuser, Gärten, Felder und Ställe in Ordnung zu halten.

Seit Generationen hat man von dem Holzfrala weder etwas gesehen noch gehört. Man sagt, der Grund für sein Verschwinden sei die Neugier der Leute, die ihm aufgelauert, es geneckt und ihm Streiche gespielt hätten. Deshalb habe es die Fränkische Schweiz für immer verlassen.

Die Geschichten vom Holzfrala wurden als das verstanden, was sie waren, nämlich Sagen. Die meisten Einheimischen meinten, sie wären für Kinder erfunden worden. Es gab aber auch alte Bauern, die glaubten, daß es solche Wesen früher gegeben habe. Sie hätten im Haushalt geholfen und die Kinder beaufsichtigt. Im allgemeinen sah man solche Erzählungen jedoch als Sagen an.

Literaturforscher nehmen an, daß die Sagen vom Holzfrala von der alten germanischen Erdgottheit Holda (der Freundlichen) herrührten oder zumindest eine Parallele dazu bildeten. Holda war mit Wodan verheiratet und galt als Schutzgottheit für häusliche Angelegenheiten, einschließlich der Ehe, der Fruchtbarkeit, der Hausarbeit und speziell des Webens.[7] In gewissem Sinne war sie ein heidnisches Gegenstück zum christlichen Schutzengel, der ja auch vornehmlich Kinder und gutmütige Erwachsene behütet. Es sei jedoch darauf hingewiesen, daß der Holzfrala-Holda-Typ des Beschützers auch das bestrafende Element in sich vereinigt, während die christliche Version auf die schützende Begleitung und Belohnung beschränkt war.

Die fränkische Plethora der Spukgestalten und übernatürlichen Erscheinungen hielt auch einen männlichen Schutzgeist bereit, dessen Tätigkeitsfeld enger begrenzt war als das des »Holzfrala«. Das »He-Männla« hauste verborgen in den Wäldern und beschützte sie gegen Diebe und Frevler. Daher war er für die Waldbesitzer von großem Nutzen. Von den Felsengipfeln und den Steilwänden der Schluchten herab wachte er über seine Domäne und achtete sorgsam auf diejenigen, die im Wald Bäume stehlen wollten. Mit einem schrillen und durchdringenden »He! He! He!« eilte er den furchterfüllten Eindringlingen nach und hörte mit dem gellenden Schreien und Johlen nicht auf, bis der potentielle Dieb erfolgreich aus den Wäldern vertrieben war.

Wehe denen, die es wagten, ihn zu necken oder sein »He! He! He!« zu erwidern. Der Sage nach soll ein Mann einst versucht haben, den Ruf nachzuahmen. Er wurde von Tausenden von Poltergeistern fast zu Tode gejagt, die ihm nachsetzten und nicht von ihm abließen, bis er seine Haustür hinter sich zugeschlagen hatte.

Zu bestimmten Zeiten im Jahr, zum Beispiel in den ersten Tagen der Fastenzeit, war es für Holzdiebe ganz besonders gefährlich, denn dann hielt sich – so geht das Gerücht – der Satan selbst im Walde auf und erwartete die Ahnungslosen. Nicht einmal die erfahrensten und unerschrockensten Wilderer wagten zu dieser Zeit, die Wälder zu betreten.

Das He-Männla genoß eine etwas höhere Glaubwürdigkeit als das Holzfrala. Viele Bauern meinten, daß diese Sagen vielleicht auf Tatsachen basieren könnten. Der wiederholte Kommentar dazu war: »Ja, solche Dinge sind früher passiert!« Warum sie in neuerer Zeit nicht mehr vorkamen, wurde kaum erklärt.

Die Plethora des Übersinnlichen hatte auch Raum für Zwerge und Wichtelmännchen. Sagen erzählten, daß in den Höhlen und den Ruinen verfallener Burgen einzelne zwergenartige Wesen, die »Hankerle«, lebten. Diese Zwerge, die von ziemlich häßlicher Gestalt gewesen sein sollen, verwahrten große Schätze von Gold und Edelsteinen. Sie versuchten, den Zutritt zu den verborgenen Schätzen zu verhindern. Jene, die sich durch ihre Warnung nicht abhalten ließen, mußten dafür mit ihrer Gesundheit oder dem Leben bezahlen.

Die Sage berichtet von einem Bauern aus dem Dorf Hungenburg, dessen Gier größer war als seine Vorsicht. Er kletterte in eine labyrinthartige Klamm des Ailsbachs hinein, um dort nach Schätzen zu suchen. Er wurde angeblich von der Horde treuer Zwerge angegriffen, die ihn mit Steinen und scharfen Kristallen steinigten. Zwar kam er mit dem Leben davon, aber seine Augen waren so schwer verletzt, daß er erblindete.

Die meisten Bauern kannten diese Geschichte hauptsächlich als volkstümliche Erzählung. Jedoch zögerten sie, die Existenz von Zwergen grundsätzlich zu verneinen, und tendierten wiederum dazu, auf längst vergangene Zeiten zu verweisen. Es gibt eine ganze Reihe fränkischer Sagen, die sich mit zwergenhaften Wesen beschäftigen, und sie zeigen unverändert ein hohes Maß an aktiver Beteiligung seitens der Menschen.

Der Ursprung der Hankerle-Sagen ist gänzlich teutonisch.[9] Volkskundler sind der Auffassung, daß die mittelalterliche Bauernschaft glaubte, daß die ersten slawischen Siedler dieser Gegend von den wehrhaften germanischen Stämmen unterjocht wurden und durch die lange Gefangenschaft geschrumpft und zu Zwergen geworden wären. Schließlich hätten sie sich in die Schluchten und verborgenen Höhlen zurückgezogen. Die Sage unterscheidet zwei verschiedene Rassen von Zwergen – die Hankerle und die bodenständigen Wichtelmännchen. Der Verbleib der Hankerle in der Fränkischen Schweiz war nicht von Dauer, und man sagt, sie hätten sie schon vor längerer Zeit verlassen. Niemand weiß, wohin sie gingen.

Viele bekannte Merkmale der fränkischen Landschaft werden mit übernatürlichen Erscheinungen verbunden bzw. sogar identifiziert.[10] So wird erzählt, daß vor vielen Jahren ein Schäfer mit seiner Herde sich gerade in einem saftigen grünen Tal aufhielt, als ein Sturm aufkam. Das Tal war bald von Donner, Regen, Hagel und Blitz erfüllt. Der Schäfer geriet über dieses schlechte Wetter in maßlose Wut, und er fluchte gotteslästerlich. Kaum war der Fluch über seine Lippen gekommen, da traf ihn und seine Herde ein mächtiger Blitz und verwandelte alle in kalten harten Stein. Obwohl sich dies schon vor Hunderten von Jahren zugetragen haben soll, kann man die Felsformation noch immer zu Füßen der Ruine der Streitburg sehen, wo unter den verstreut liegenden Felsen die Gestalten von Schafen und einer menschlichen Figur gezeigt werden. Die Einheimischen nennen diese Felsformation den »Steinernen Hirten«.

Diese Sage trägt vor allem christliche Züge. Sie zeigt einen Menschen, der wegen seiner Rebellion gegen Gott bestraft wird, wobei auch die Vernichtung seiner Tiere in Kauf genommen wird. Sie ist übertragbar und hat insofern interpersonale Wesenszüge, als sie andere vor gotteslästerlichem Verhalten warnen sollte. Die Bauern zogen die Möglichkeit in Betracht, daß Gott in dieser Weise strafen könne und dies auch in der Geschichte schon mehrfach getan habe, obwohl sie oft nicht sicher waren, ob die Felsen an der Streitburg wirklich ein Beispiel dafür waren.

Wir haben nun eine Anzahl verschiedener okkulter oder legendärer Vorstellungen betrachtet. Einige zeigen menschliche Passivität angesichts übernatürlicher Ereignisse, einige beziehen die Menschen als aktiv Handelnde ein, einige geben Ansätze zu interpersonalen Beziehungen her, andere beschreiben einen Glauben, der an hochgradig einmalige Ereignisse gebunden ist, und wieder andere bestärken sich aus allgemein verbreiteten Ansichten. Viele haben einen heidnischen Ursprung, andere wiederum bedienen sich eines christlichen Hintergrundes, die allermeisten aber vermengen beide Traditionen.

Bestimmte Ereignisse genossen nur wenig Glaubhaftigkeit und wurden meist in das Reich der Sage verwiesen. Vorkommnisse, bei denen Geister oder »arme Seelen« eine Rolle spielten, genossen gemeinhin einen höheren Grad an Glaubhaftigkeit als solche von universellem und mythischem Charakter, wie zum Beispiel Zwerge und Nymphen. Größere Glaubwürdigkeit brachte man offenbar dem Glauben an das *Wilde Heer* entgegen und den sanftmütigen feurigen Männlein. Für viele Bauern erschien solcher Glaube auf tatsächliche Belege gegründet, die sich einer erstaunlichen Verfestigung unter älteren Einwohnern verschiedener Dörfer erfreuten und Übereinstimmung bis in Einzelheiten zeigten.

Wichtig ist auch der Umstand, daß diese Verfestigung nicht etwa durch die Verbreitung entsprechender Literatur beeinflußt war. Die einzige literarische Abhandlung, die solche Glaubensformen und Erzählungen vor 1970 mit einbezog, stammt vom Gößweinsteiner Lehrer Karl Brückner, der in den 1920er Jahren zwei Bücher über die Sagen der Fränkischen Schweiz veröffentlicht hat. Es kann als sicher angenommen werden, daß keine literarische Vorlage die bäuerlichen Vorstellungen jemals beeinflußt hat. Bei meinen Gesprächen mit älteren Einheimischen habe ich keinerlei Anzeichen dafür bemerken können, daß Brückners Bücher bei ihnen bekannt gewesen wären.

Außerdem beabsichtigte Brückner, nur das zu sammeln, was sich mehr oder weniger als Volkssage oder Volksglaube gefestigt hatte. Persönliche Erlebnisschilderungen der Einheimischen schied er aus. Diese Tendenz ist zweifellos auch auf sein Bestreben zurückzuführen, persönlichen Glaubens- und Familiengeschichten entgegenzusteuern. Zu der Zeit, als er sie sammelte, war der Hexenglaube noch stark in vielen Dörfern verbreitet, und bestimmte Menschen standen noch im Ruf von Hexen oder Zauberern. Über sie zu schreiben hätte unfreundlich erscheinen und Folgen für den Autor haben können. Daher schrieb Brückner nur wenig über die Hexerei. Meine Arbeit konzentriert sich jedoch streng auf Belege, die mir von Einheimischen zugetragen wurden. Wenn ich mich auf Schriften dieses Volkskundlers beziehe, dann nur in den Fällen, zu denen ich auch direkte Belege bei Einheimischen finden konnte.

Meine Gründe für diesen Querschnitt durch die verschiedenen Formen der Glaubensvorstellungen sind:

– die Vervollständigung des Bildes, das die Voreingenommenheit der bäuerlichen Bevölkerung für Übernatürliches erkennen läßt,

– zu zeigen, wie die genannten fünf Kriterien die Natur einer volkstümlichen Vorstellung zu erhellen helfen,

– die Erleichterung des Vergleichs zwischen den verschiedenen Glaubensformen,

– ein Vorwort zur Betrachtung der Hexe zu liefern, um ein vollständigeres Bild der Bühne zu erreichen, auf der sie ihr Wesen trieb.

Im nächsten Kapitel möchte ich mich nunmehr auf die Hauptfigur des Übernatürlichen konzentrieren: die Hexe.

# 3. Die Hexe – Entwicklungsgeschichte der »Satansjüngerin«

Die Hexe ist ihrer Natur nach interpersonal. Im Unterschied zu anderen Typen okkulter Gestalten, wo das Individuum sich allein übernatürlichen Ereignissen gegenübersieht, steht die Hexe zwischen der menschlichen Person und der übernatürlichen Macht. In der Antike verhielt man sich gegenüber ihrer Zwischenstellung im Bereich des Übernatürlichen eher wohlwollend, in späteren Epochen sah man darin eher etwas weitgehend Böswilliges.

Das deutsche Wort *Hexe* entwickelte sich aus dem althochdeutschen *hagzissa, hazis(sa)* oder *hazus* über das mittelhochdeutsche *hecse, häxe*. In der frühesten germanischen Zeit sah man in der *hazis* eine der *Walküre* (der ehrbaren Helferin der germanischen Gottheiten, die die gefallenen Helden in die Walhalla begleitete) verwandte Frauengestalt und verehrte sie als Waldgottheit. Im Laufe der Zeit verlor die *hazis* diesen Status und wurde gefürchtet und geächtet.[1]

Parallel dazu entwickelte sich der englische Begriff *witch* aus dem mittelenglischen *wikke,* das sich seinerseits vom alten angelsächsischen *wicca* herleiten läßt. Die heutigen *witches* in England und den Vereinigten Staaten behaupten, daß *wicca* in Beziehungen zu den keltischen Hohepriestern und -innen stünde. Etymologische Wörterbücher ordnen das Wort jedoch dem altnordischen *wiccian* zu, was etwa »einen Zauberspruch aussprechen« bedeutet. Somit sind beide Begriffe etwa bedeutungsgleich, während das moderne englische Wort *hex* den Zauber, jedoch nicht die Person meint.

Maßgeblich für solche Bedeutungswandlungen war auch das Aufkommen des Christentums. Neue christliche Autoritäten überlagerten das ursprünglich heidnische Konzept und verwickelten es in eine christliche Häresie, in welcher der Satan zu einer zentralen Rolle aufstieg.

Moderne *»weiße Hexen«,* auch *»Wicca«* oder *»Druiden«* genannt, weisen diese Usurpation zurück und leiten ihr eigenes geistiges Erbe nicht von den *»schwarzen Hexen«* des kirchlich dominierten Mittelalters, sondern vom Mystizismus der Antike her, spezifisch von der vorchristlichen keltischen Kultur.[2]

Diese Interpretation der Entwicklung der Hexe klingt natürlich populärer und ist vergleichbar mit der bekannten Theorie der britischen Anthropologin Margaret Murray, die hier Überreste einer alten Religion, einer vorchristlichen, heidnischen Weltsicht vermutet. Im anthropologischen Bereich existieren jedoch stärker modifizierte Theorien, zum Beispiel eine Ausweitung des Diana-Kults in den ersten vorchristlichen Jahrhunderten. (Der interessierte Leser findet weitere Theorien zur Entstehung der Hexe im Kapitel 2, Teil III.)

Jedenfalls weisen die »weißen« Hexen jegliche Verbindung zu der satanischen Hexe des Christentums von sich und sehen ihre Wurzeln in einer alten mystischen Naturreligion. Sie bestehen darauf, daß die sogenannte Hexe der christlichen Ära eigentlich »Satanistin« genannt werden müsse und der Begriff »Hexe« (bzw. *witch*) ausschließlich für die Nachfolgerinnen der keltischen Religion gebraucht werden solle, die sie *Wicca* nennen. Sie beklagen die Verwechslung mit den mittelalterlichen Hexen. Sie wären keine Teufelsbündler, sondern betrieben Versuche zur Wiederbelebung einer vorchristlichen alten Religion. Diese Wiederbelebung, die einhergeht mit einem heutigen allgemeinen Wiedererstehen von Okkultem, gibt erstaunliche Zeichen der Vitalität von sich und könnte möglicherweise ein unvorhergesehenes Wachstum hervorbringen. Es wäre nicht das erstemal in der Geschichte der Menschheit, daß eine neue Religion – die in diesem Falle behauptet, eigentlich eine alte zu sein – trotz der Machtpolitik der etablierten Religion weiterbesteht und sogar wächst.[3]

Freilich ist es eine andere Sache, ob die religionsgeschichtlichen Voraussetzungen der neuen *Wicca* oder, wie man auch sagen kann, des Neu-Druidismus, wirklich eine reale Basis in der vorchristlichen Geschichte haben. (Geschichtlich-reale Fragen einer Religion spielen für deren Fortbestand allerdings kaum eine Rolle – wie wir vom Werdegang fast aller Weltreligionen wissen. Religion ist letztlich eben nicht Geschichtsstudium, sondern einfach und schlicht Glaubenssache.) Jedenfalls wissen wir herzlich wenig über die alte Keltenkultur, und namhafte Historiker zeigen sich äußerst skeptisch gegenüber den generösen Voraussetzungen, die der neue Hexenkult der Natur des keltischen Druidismus zuschreibt.[4]

Dieses Buch stellt die christliche Hexe in den Mittelpunkt. Obwohl man sie treffender als »Satanistin« bezeichnen könnte, möchte ich mich dem üblichen historischen und literarischen Brauch anschließen, sie schlicht Hexe zu nennen.

Hexen wurden nicht verfolgt, bis man sie in der christlichen Epoche für unzählige Übeltaten verantwortlich erklärte – darunter unter anderem die Zubereitung von Zaubertränken und das Aussprechen einer ganzen Reihe von Schadenzaubern. Soweit man die Übel auf Zaubersprüche zurückführte, machte man die Hexe auch verantwortlich für krankhafte Liebe oder Haß, unheilbare Krankheiten, schlechtes Wetter (Hagel, Überschwemmung, Trockenheit, Gewitter), schlechte Ernten, Unfälle und nahezu alles andere Unerwünschte, für das die Bauern gern eine fertige Erklärung gehabt hätten. Das zentrale Element für die Hexenverfolgung war das christliche Dogma, das ihnen ein Bündnis mit dem Teufel unterstellte. Anders als vorchristliche Zauberer wurde die christliche Hexe als ketzerisch und unlöslich mit dem Teufel verbunden eingestuft.[5]

Es ist interessant festzustellen, daß die Haltung der frühmittelalterlichen Kirche zur Hexerei im scharfen Gegensatz zu deren Bild in der vorhergehenden heidnischen Epoche stand. Während die heidnische Sichtweise die Hexen für fähig hielt, sich in Tiere verwandeln, sich an andere Orte versetzen und durch die Lüfte fliegen zu können, psychologisierten die frühen Kirchenväter diese Dinge und erklärten sie als Folge von Träumen, Delusionen und Trancen. Im fünften Jahrhundert legte der heilige Augustin dar, daß das, was die Hexen vorgaben (Verkehr mit dem Teufel, nächtlicher Ritt durch die Lüfte usw.), in der Hauptsache von Träumen und Trancen herrühre, die vom Teufel eingegeben würden. Die Meinung der mittelalterlichen Kirche drückt der *Canon episcopi* im zehnten Jahrhundert aus, der die Kirchenpolitik in der Folge für annähernd 200 Jahre bestimmte.[6] Dieses Dogma erklärte die Behauptungen der Hexen zu Fantasiegebilden, Geistesverwirrungen und Träumen.

Spätmittelalter und Renaissance verkehrten diese Haltung wieder ins Gegenteil. Man erhob erneut den Anspruch der Realität und glaubte den Hexen nun jene Dinge, die tun zu können sie vorgaben. Die früheren heidnischen Prämissen wurden wieder zur Geltung gebracht, und auf ihrer Grundlage konnten die Hexenverfolgungen stattfinden. Die von den Hexen vorgegebene Fähigkeit zu Metamorphosen, nächtlichen Flügen, Teilnahme am Hexensabbat und andere ihnen unterstellte Vorkommnisse wurden nun wörtlich genommen.

Dieser Rückgriff ist ein bedenkenswerter Fingerzeig dafür, daß sich die menschliche Geschichte nicht kontinuierlich fortentwickelt. Auch läßt sich daran darstellen, wie das frühe Christentum häufig zuerst die heidnische Weltsicht bekämpfte, um sie in späteren Zeiten wieder hervorzuholen.[7]

In Frankreich begannen die Hexenverfolgungen zuerst. Sie erreichten in den letzten beiden Jahrzehnten des 16. Jahrhunderts ihren Höhepunkt, als sich ein einziger Prosekutor, Nicholas Rémy, damit brüsten konnte, 900 Hexen innerhalb einer zehnjährigen Amtszeit verbrannt zu haben. Jedoch war Frankreich auch das erste Land, das den Hexenwahn wieder abstellte. Ludwig XVI. schaffte 1682 die Hexenverfolgung durch ein Edikt ab.

Von Frankreich ausgehend, breiteten sich die Verfolgungen über das übrige Europa aus und stürzten die Öffentlichkeit der Renaissance und Reformationszeit in ein Jagdfieber, das sich über zwei Jahrhunderte hinzog. Mit falsch angewendeter Gelehrsamkeit und einer Logik, die auf verfälschten Voraussetzungen aufbaute, wurde das Verbrechen der Hexerei in der Ausdrucksweise der kirchlichen Jurisdiktion definiert. Gelehrte Männer verbrachten ihr Leben damit, Traktate über dieses Problem zu verfassen. Der 1486 fertiggestellte *Malleus maleficarum*

*Strafwerkzeuge nach der »Brandenburgischen Halsgerichtsordnung« (1516). Für Hexereidelikte war vor allem der Scheiterhaufen und das Aufziehen mit einem Stein (zur Folter) vorgesehen.*

(»Hexenhammer«) war vermutlich das maßgebende Werk, das das Vorgehen bei der Erkennung und Verfolgung der Hexen zusammenfaßte und verstärkte. Dieses Buch war das Ergebnis eines vielleicht 200 Jahre dauernden Entwicklungsprozesses theologisch-juristischer Schriften über die Hexerei, und es wurde zum Leitfaden für kirchliche wie zivile Gerichte bei der Hexenverfolgung. Von da an brannten die Scheiterhaufen überall in Europa.[7]

Der *Malleus maleficarum* öffnete der rückhaltlosesten Verfolgung Tür und Tor. Er entwickelte sich zu einem tödlichen Spinnennetz, das jedes Opfer einfing, das damit in Berührung kam. Der dritte Teil des *Malleus* befaßte sich mit der Vorgehensweise bei der Hexenjagd und läßt sich kurz zusammenfassen: Um einen Hexenprozeß in Gang zu setzen, war es notwendig, daß eine bestimmte Person angeklagt wurde. Die ungeprüfte Denunziation eines übereifrigen Gläubigen genügte dafür bereits, oder ein Richter konnte sich durch vage Gerüchte zur Eröffnung eines Falles bemüßigt fühlen. Auch die Aussagen von Kindern und Feinden wurden als glaubwürdig anerkannt. Das Urteil war kurz und endgültig. Die Macht des Richters war absolut und unanfechtbar. Er entschied auch, ob der Angeklagte sich verteidigen durfte; er konnte die Verteidigung an so viele Bedingungen knüpfen, daß sie in Wirklichkeit als zusätzliches Plädoyer der Anklage wirkte.

Die Folter wurde sehr freizügig gehandhabt. Wollte der Angeklagte auch unter Druck nicht »gestehen«, sah man darin ein weiteres Zeichen für die Macht des Teufels über den Delinquenten. Es gab für den Beschuldigten keine Möglichkeit, dem Urteilsspruch zu entkommen, denn schon die Anklage bedeutete die Schuld. Die Möglichkeit der Wiederaufnahme oder des Einspruchs war als Mittel zur Abwendung der Vollstreckung nicht vorgesehen. Die Verurteilten wurden dem säkularen Arm des Gesetzes übergeben – wenn nicht schon der erste Urteilsspruch durch ein kirchliches Gericht gefällt worden war, da die Hexerei ebenso ziviles wie kirchliches Recht anging.[8]

Diese infame Abhandlung minderte aber nicht die weitere Zulieferung von theologisch-juristischem Gedankengut zur Hexerei und Zauberei. Ein weiteres bemerkenswertes Werk wurde 1580 von dem renommierten französischen Rechtsgelehrten und politischen Schriftsteller Jean Bodin veröffentlicht. Seine Abstraktionen legten dar, daß der Teufel immer ein und derselbe sei, und somit auch die Hexensabbate miteinander identisch wären, ja sogar, daß eine Hexe an mehreren Orten gleichzeitig sein könne. Die daraus zu ziehende juristische Folgerung war, daß ein normales Alibi einer als Hexe angeklagten Person nichts half.

Am meisten förderte Bodin jedoch die theologische Spekulation. Seine Schriften waren repräsentativ für das fanatische Klima seiner Zeit, und er ist verantwortlich dafür, daß man die Hexen für 15 sakrilegische Verbrechen verantwortlich machte.

Diese waren
1. die Leugnung Gottes
2. Gott zu fluchen und andere Blasphemien
3. dem Teufel zu huldigen und ihm Opfer darzubringen
4. dem Teufel Kinder zu weihen
5. die Ermordung ungetaufter Kinder
6. die Verpfändung von Kindern an den Satan noch im Mutterleib
7. Menschen dem satanischen Kult zuzuführen
8. im Namen des Teufels Eide zu schwören
9. der Inzest
10. die Ermordung von Männern und kleinen Kindern zur Herstellung der Hexenbrühe
11. Tote auszugraben, Menschenfleisch zu essen und Blut zu trinken
12. mit Hilfe von Giften und Zaubersprüchen zu töten
13. Vieh umzubringen
14. Hungersnöte zu verursachen und Felder unfruchtbar zu machen
15. sexuellen Verkehr mit dem Teufel zu haben.[9]

Im allgemeinen unterschied man nicht zwischen Hexen und Zauberern. Beide hielt man für antichristlich, da sie sich mit der Schwarzen Magie beschäftigten, und beide waren eine willkommene Beute für die Inquisitoren.

Noch ein Merkmal läßt sich erkennen: Die spätmittelalterliche Hexerei war ein Auswurf der Religion, das heißt eine christliche Häresie, und örtlich wie zeitlich auf die Renaissance und Reformationszeit in Europa und Amerika begrenzt. Andererseits war die Zauberei universell verbreitet. Sie läßt sich weder zeitlich auf eine bestimmte Ära festlegen, noch muß sie notwendigerweise mit dem Christentum zu tun haben, da sie bereits vor der Entwicklung der christlichen Theologie existierte. Zauberei ist das Streben nach Kontrolle über die Naturgewalten und konnte ebenso guten wie schlechten Zwecken dienen.[10]

Obwohl dieser Unterschied im Wahn der Hexenjagden weitgehend unterging, trennte eine feine theologische Differenzierung manchmal zwischen Hexe und Zauberin. Sie betraf die *Form,* in der sie den Teufel angerufen hatte. Hatte sie vom Teufel einfach nur verlangt, etwas in seiner Macht Liegendes zu tun, und ihm den Befehl gegeben: »Ich befehle dir ...!«, so unterstellte man keine Häresie. Viele Zauberinnen, ebenso wie Hexen, wurden dieses geringeren Vergehens für schuldig befunden. Näherte man sich andererseits dem Teufel in unterwürfiger Weise, etwa mit den Worten »Ich bitte dich ...«, erkannte man auf Ketzerei, da sich darin eine Art von Gebet erkennen ließ, das die Hoheit des Teufels anerkannte.[11] In dieser Ketzerei lag das Kennzeichen der wirklichen Hexe. Wie Sir Walter Raleigh treffend bemerkte: »Der Zauberer befiehlt, die Hexe gehorcht!«

Während man die Zauberin als den ersten Typ und die Hexe als einen späteren bezeichnen könnte, wurden im Laufe der Verfolgungen solche Unterscheidungen kaum noch getroffen. In der langen Regierungszeit von König Maximilian I. von Bayern (1597-1651) wurden zum Beispiel keine Edikte oder Gesetze herausgegeben, die eine Differenzierung zwischen der übersinnlichen Tätigkeit der Zauberei und der Ketzerei der Hexe erkennen ließen. Jede Art der »Schwarzen Kunst« fiel unter das makabere »Landgebot« von 1611, wonach jeder, der sich eines Teufelsbündnisses schuldig gemacht hatte, mit Folter, Tod durch Verbrennen und Konfiskation seines Vermögens bestraft werden solle, »sintemalen alle superstitiones von dem verfluchten Teufel erfunden seien«.[12]

Hexen (weibliche wie männliche) wurden in allen sozioökonomischen Klassen und Altersgruppen »entdeckt«. Der verbreitete Hexenwahn veranschaulicht sich am Beispiel der der Fränkischen Schweiz naheliegenden Diözese Würzburg, wo im frühen 17. Jahrhundert innerhalb von weniger als zehn Jahren 900 Opfer der Hexenjagd auf den Scheiterhaufen oder unter denkbar übelsten Folterungen starben.[13]

Der Regent des Bistums, Fürstbischof Philipp Adolph von Ehrenberg (1623-31), war als Hexenjäger bekannt. Unter seinen Opfern befanden sich Arbeiter, Bauern, Beamte und Adelige, sogar Priester wurden von der Verfolgung nicht ausgenommen. Unter den innerhalb weniger Monate Hingerichteten befanden sich in Würzburg zum Beispiel ein Jurist, ein Bürgermeister, ein Gerichtsdiener, drei Diakone, verschiedene Meßdiener des Doms, zwei Pagen und mehrere Kinder im Alter zwischen vier und zwölf Jahren.[14]

Die Hexenpanik setzte sich im Gebiet um die Fränkische Schweiz fest. So standen die Berichte aus dem Bistum Bamberg, zu welchem sie gehörte, denen aus Würzburg nur wenig nach. Die Glut der Hexenverfolgung entfachte sich über mehrere Jahrzehnte hinweg immer wieder, wobei in Bamberg die Jahre der größten Hysterie mit dem brutalen Regiment von Fürstbischof Gottfried Johann Georg II. Fuchs von Dornheim (1623-33) zusammenfielen, einem Vetter des vorgenannten berüchtigten Würzburger Bischofs. Der Kirchenfürst war verantwortlich für die Hinrichtung von mindestens 600 Menschen, und er verfuhr so eifrig bei der Hexenjagd, daß er ein besonderes Hexengefängnis, das »Drudenhaus«, in Bamberg bauen ließ, das Platz für etwa 40 Gefangene bot.

Ähnliche Hexengefängnisse wurden auch in anderen Orten des Bistums eingerichtet. Die heftige Leidenschaft des Bischofs für die Hexenjagd brachte ihm den Beinamen »Hexenbischof« ein. Ihm assistierte ein kirchlicher Rat von Rechtsgelehrten, die sein Interesse teilten. Einer von ihnen, der Hexenkommissar Dr. Ernst Vasolt, ließ 400 Menschen hinrichten, die als Hexen denunziert worden waren. Die Rechtsgelehrten zeigten dabei oft mehr Blutdurst und Unmenschlichkeit als die Geistlichkeit.[15]

Die Geschwindigkeit, mit der man in Bamberg vorging, zerstreute jegliche Hoffnung auf Gerechtigkeit und gesetzmäßiges Vorgehen. Ein typischer Ablauf zeigt sich im Falle der Hausfrau Anna Hansen 1629:

*Folter: Brennen, Strecken, Abhacken der Hand. (Aus: Tengler, Layenspiegel. 1508)*

17. Juni, verhaftet und eingekerkert unter dem Verdacht der Hexerei;
18. Juni, der Folter unterzogen, aber nicht geständig;
20. Juni, gefoltert und »gestand«;
28. Juni, ihr »Geständnis« wird ihr verlesen;
30. Juni, ihr »Geständnis« wird bestätigt und das Urteil verkündet;
4. Juli, Verkündung des Hinrichtungstermins;
7. Juli, Hinrichtung.[16]

Bamberg genoß den Ruf einer der fanatischsten und unmenschlichsten Folterstädte. Zu den Werkzeugen und Methoden, mit deren Hilfe man bei jedem Geständnisse erpressen konnte, zählten Daumenschrauben, Beinschrauben (zum Brechen der Beinknochen etc.), das Stäupen, das Aufziehen (mit einem Seil, an dem man dann den Körper um eine Seillänge fallen lassen konnte), der Stock (ein Holzblock mit Eisennägeln), ins Fleisch schneiden (mit einer Schnur bis zum Knochen), Eintauchen in kaltes Wasser, Brennen unter den Armen und in der Leistengegend mit in Schwefel getauchten Federn, gewaltsames Füttern mit salzigen Substanzen und anschließende Verweigerung von Wasser, Bäder in siedendem Kalkwasser und ähnliche abscheuliche Prozeduren.

Die Verurteilten waren nicht einmal nach dem Urteilsspruch und auf dem Weg zur Hinrichtungsstätte vor Folterungen sicher. Die endgültige Bestrafung konnte weitere Leibstrafen, wie zum Beispiel das Abhakken der rechten Hand oder bei Frauen das Zerreißen der Brüste mit glühenden Zangen, einschließen.

Neben der Folter und Hinrichtung wurden die Verdächtigten durch die Konfiskation ihrer gesamten Habe bestraft. Der Löwenanteil davon fiel an den Bischof und an die Rechtsgelehrten dieses infamen Gerichtes, und der Rest des Besitzes wurde zur Bezahlung der verschiedenen Leute verwendet, die an der Verfolgung und Hinrichtung beteiligt waren.

Einige der gemäßigteren Beamten in Bamberg versuchten, die Hysterie einzuschränken. Ihre Erfolge waren entweder nur von kurzer Dauer oder schlugen fehl. Unter den Stimmen, die nach mehr Menschlichkeit und einer gesetzlichen Kontrolle der Prozeßführung riefen, war der Vizekanzler Bambergs, Dr. Georg Haan. Seine Bemühungen endeten mit einem verheerenden Ergebnis: Er geriet in den Ruf eines »Hexenfreundes« und wurde zusammen mit seiner Frau und seiner Tochter 1628 auf dem Scheiterhaufen verbrannt. Andere in öffentlichen Ämtern stehende Persönlichkeiten, die der Mißgunst dieses »Nero von Bamberg« verfielen, waren etliche Bürgermeister, der Kämmerer des Bischofs, verschiedene Adelige und einige Priester.

Vielen dieser Verfechter eines gemäßigten Denkens und der Milde widerfuhr Übles. Nachdem sie sich gegen das Dahinschlachten Unschuldiger ausgesprochen hatten, wurden sie beschuldigt, Hexen vor der Justiz zu schützen, und selbst verdächtig. Die meisten wurden durch Folter zu einem »Geständnis« gebracht und hingerichtet. Die Unmenschlichkeit und flagrante Mißachtung des Prozeßrechtes bei der Hexenverfolgung in Bamberg nahm ein Ausmaß an, das auch im Ausland Beachtung erregte. Der schwedische König drohte mit militärischer Intervention. Der deutsche Kaiser forderte den Fürstbischof auf, den Eifer seiner berüchtigten Gerichte zu zügeln. Aber erst nach dem Tod des blindwütigen Fürstbischofs Johann Georg II. in der Mitte des 17. Jahrhunderts kam es in Bamberg wieder zu einer Mäßigung.[17]

In der Zwischenzeit bestand die Hauptschwierigkeit bei der Verfolgung im Beweis, daß die Angeklagte einen Pakt mit dem Teufel eingegangen war, sein willfähriges Instrument war, Leid und Unheil in der Welt verursacht hatte und am nächtlichen Treffen der Ausgeburten der Unterwelt, dem Hexensabbat, teilgenommen hatte.[18] Wenn die Richter Grund zur Annahme sahen, daß der Beschuldigte darin oder in eines der 15 oben genannten Verbrechen verwickelt war, wurde er oder sie als Hexe behandelt und den Folterknechten und Scharfrichtern übergeben.

Der Glaube an die nächtlichen Gelage des Teufels mit seinen Hexen bedarf einer eigenen Beschreibung, da es sich um eine weitverbreitete Vorstellung und einen zentralen Punkt bei der Erkennung Verdächtiger handelte. Die einmal aufgestellte Behauptung, jemand sei als Teilnehmer an einer satanischen Orgie gesehen worden, diente oft als Vorwand zu dessen Verhaftung. Sogar die Aussagen von Kindern wurden anerkannt. Man nahm an, daß der Hexensabbat gewöhnlich auf Berggipfeln stattfand, wohin die Hexen auf Besen, Galgenbäumen oder Rechen durch die Nacht flogen. Bevor sie starteten, rieben sie jedesmal ihre Körper mit dem sogenannten Hexenfett ein, einer Salbe aus Katzen- oder Wolfsfett, Eselsmilch und geheimen Zutaten. Die Vorgänge bei einem solchen Hexensabbat schlossen nächtliches Feiern, Tanzen, unzüchtiges Treiben und Amüsement zwischen den Hexen und ihren dämonischen Liebhabern ein.

Manchmal kam es im Verlauf dieser teuflischen Orgie auch noch zu dem perversen und sündhaften Ritual, bei dem die Hexe ihre Unterwürfigkeit gegenüber dem Teufel durch das *osculum infame,* den Kuß auf dessen Hinterteil, bewies. Gelegentlich wurde Verdächtigen vorgeworfen, bei diesem infamen Kuß gesehen worden zu sein, und sie wurden auf der Grundlage dieses vermeintlichen Beweises verurteilt.

Wie dieser Glaube an den Hexensabbat herangezogen wurde, um etliche Menschen der Hexerei anzuklagen, zeigt sich in einem rechtstheoretischen Traktat.[19] Der Frankfurter Chronist Godelmann schrieb etwa um 1600, daß ein Metzger, der in der Nacht durch den Wald ging, Geräusche wie von Lachen und Liebesspiel hörte. Er näherte sich dem Platz und konnte mehrere Personen männlichen und weiblichen Geschlechtes erkennen, die umgehend verschwanden. Sie hinterließen eine für ein festliches Bankett gedeckte Tafel mit silbernen Weinkelchen. Zum Beweis, daß es sich nicht nur um Einbildungen handelte, hob er zwei der Kelche auf und übergab sie dem Stadtmagistrat, dem er auch seine Beobachtungen mitteilte. Der Magistrat konnte die Eigentümer der Kelche ausfindig machen, die den Behörden versicherten, daß sie gestohlen worden seien. Sie konnten schließlich die Nachforscher überzeugen, und der Verdacht richtete sich nun gegen ihre Frauen. Man warf sie ins Gefängnis, klagte sie diverser Hexenverbrechen an und verurteilte sie schließlich.

In der Fortführung zeigt Godelmanns Bericht, wie sich die bösen Geister an dem Metzger rächten. Als er einige Zeit später an dieser verrufenen Stelle im Wald vorüberritt, wurde er von einem Reiter von furchteinflößender Erscheinung angegriffen und ernstlich verletzt. Außerdem entstand das Gerücht, daß ein bekannter Baum dieses Gehölzes von den Hexen verwünscht worden sei. Die Hexen selbst hätten sich in Tiere verwandelt, um der Entdeckung zu entgehen.

Derselbe Chronist berichtet auch, daß in einigen Teilen Deutschlands eine nächtliche Reiterschar, die Wirbel und gewaltiges Getöse erzeugte, als Vorüberziehen der Hexen auf ihrem Weg zum Sabbat gedeutet wurde. (Da dieses Phänomen auch als »wütendes Heer« angesprochen wurde, ist es wohl dem oben erwähnten »Wütenker« verwandt, obwohl die Bewohner der Fränkischen Schweiz keine Zusammenhänge zwischen ihrer Version und Hexen sehen.)

Es war leicht, die Bevölkerung des Mittelalters und der Renaissance für derart fantastische Erklärungen und Schilderungen übernatürlicher Vorgänge einzunehmen. Die Hexenjagd wurde durch Rachegefühle zusätzlich geschürt. In den wütendsten Jahren der Jagd ließ sich fast jede Krankheit, jedes Unglück, jeder Unfall und jede Katastrophe auf das Verschulden einer Hexe schieben. Deren Identifizierung wurde dann zu einer Aufgabe, an der sich meist alle beteiligten, um durch ihre Entdeckung der Allgemeinheit zu nützen. Das Ausfindigmachen von Hexen wurde zu einer hysterischen Gemeinschaftsaufgabe, die sich durch wilde Denunziation und die darauf folgende Folterung der Verschrienen beinahe automatisch fortpflanzte.

Tatsächlich beteiligte sich die Öffentlichkeit so eifrig an der Namhaftmachung von Hexen, daß die Obrigkeit mit der Verfolgung überfordert war. Oft zögerte man zu handeln, wenn nur eine oder zwei Anklagen gegen eine bestimmte Person vorlagen. Wie die Obrigkeit manchmal in eine Hexenjagd hineingestoßen wurde, zeigt dieses Zitat: »Obwohl es der Obrigkeit gelungen war, das öffentliche Verlangen nach Hexenverfolgungen 1612 und 1615 zu unterdrücken, wurde Oberkirch vom Beispiel aus der Umgebung schließlich doch noch infiziert.«[20]

Welchen Grad dieser Wahn erreichen konnte, zeigt sich lebhaft am Beispiel der Nachbarstadt von Oberkirch, Oppenau. Dort hatte von Juni 1631 bis März 1632 eine Reihe von Prozessen stattgefunden, in deren Verlauf 50 Menschen in acht getrennten Verbrennungen hingerichtet worden waren. Zur selben Zeit hatte man 170 andere Personen der Hexerei bezichtigt. »Bei einer Stadt mit nur 650 Einwohnern kann man sich leicht vorstellen, welche Folgen ein so hoher Grad an Argwohn für die sozialen Bande des Vertrauens bedeutete.«[21]

Es scheint, daß Hexen im gleichen Maße durch Übergriffe des Pöbels gejagt wurden wie durch die Regeln der zuständigen legaltheologischen Autorität.

Dies führt zu der interessanten soziologischen Frage, woran man die unglückliche Person erkannte, die man als Hexe oder Zauberer anklagte. Das Spektrum potentieller Opfer war fast unbegrenzt, da es so viele charakteristische Merkmale gab, die sie verwundbar machten.

Einige Forscher halten Personen, die einen sozial ohnmächtigen Status innehatten, für ganz besonders durch solche Anklagen verwundbar. Die Abhandlung des Anthropologen Lyle Steadman über das Hexenwesen der samoanischen Hewa scheint dies zu belegen.[22] Auch der Historiker Erik Midelfort fand heraus, daß Witwen und unverheiratete Frauen die überwiegende Mehrheit unter den Angeklagten bildeten. Prozentual lagen die Anklagen gegen sie weit über ihrem Bevölkerungsanteil. In den späteren Stadien der Hexenverfolgung klagte man auch eine große Zahl von verheirateten und jungvermählten Frauen an und überführte sie als Hexen. Personen ohne Familie waren ungeschützt, und Witwen schienen bis zu ihrer Wiederverheiratung besonders angreifbar.[23] William Monters historische Untersuchungen im Jura zwischen Frankreich und der Schweiz ergaben, daß die meisten Angeklagten arm und ohne gesellschaftlichen Einfluß waren: alte Frauen, besonders Witwen, bildeten die größte soziale Gruppe unter den Angeklagten.[24]

Eine Kategorie unter den Opfern bildeten vermutlich solche, die wir im Rückblick als geisteskrank oder als zerrüttete Persönlichkeiten bezeichnen würden, deren verdächtige Halluzinationen nicht als krankhaft betrachtet wurden, sondern im theologischen Zusammenhang als Anzeichen für die Präsenz des Satans galten.

Andererseits konnten viele Opfer so gesund wie jeder andere sein. Sie wurden von Zeugen oder Zeuginnen denunziert, die selbst geistig verwirrt waren. Menschen, die von sich aus andere als Hexen bezichtigten und sie beschuldigten, sie hätten am Sabbat teilgenommen, seien auf Galgenbäumen durch die Luft geritten, hätten Verkehr mit dem Teufel gehabt usw., könnten durchaus an Halluzinationen und paranoiden Wahnvorstellungen gelitten haben. Forscher prägten beim Versuch einer Erklärung, wie die Massenhysterie um die Hexen zustande kam und warum so viele unauffällige Außenstehende denunziert wurden, den Begriff der Dämonomanie (krankhafter Wahn, von Dämonen besessen zu sein). Die daraus erwachsende Situation machte Unschuldige durch wirre Zeugenaussagen und gleichermaßen gestörte und irregeleitete Richter zu Opfern.

Eine andere Kategorie von Opfern setzte sich aus jenen Unglücklichen zusammen, die durch ihre physische Häßlichkeit, Deformationen oder Schädigungen (Hydrocephalitis, Epilepsie, Hautkrankheiten, Paralyse und andere medizinische Probleme) Ablehnung und ein »Haberfeldtreiben« auf sich zogen. Charles Mackay führt Beispiele an, wo das häßliche Äußere diese fatale Lage verursachte. Er beschrieb, wie mehrere Frauen in England und Schottland allein aufgrund ihrer Häßlichkeit Opfer der Hexenverfolgungen wurden. Alle kamen entweder unter den Händen der Gefängniswärter oder der Henker um.[25]

Andere wurden die Opfer von Neid und Eifersucht und mußten leiden, weil sie ironischerweise im Gegensatz zu denen der letztgenannten Kategorie besondere Qualitäten zeigten. Diese Gruppe schloß Menschen ein, die herausragend schön, außerordentlich erfolgreich oder auf wundersame Weise bei Unfällen verschont geblieben waren. Solche Auffälligkeiten wurden von böswilligen, feindseligen oder übertrieben mißtrauischen Mitmenschen als Zeichen dafür gewertet, daß sie in den Dienst Satans eingetreten wären und von seinen Kräften profitierten.

Wieder andere wurden zur Zielscheibe politischer Intrigen, wo ein Skrupelloser die Gelegenheit der im Volk vorherrschenden Paranoia nutzte, um sie gegen Opponenten oder Rivalen zu richten. In gleicher Weise verbarg sich auch manchmal geschäftlicher Konkurrenzkampf hinter einer Diffamierung, und eine ganze Anzahl von Beispielen dafür ist uns aus Schweinfurt überliefert. Darunter befindet sich die Klage eines Sattlermeisters gegen einen konkurrierenden Sattler und dessen Frau, die ihn als Zauberer diffamiert hatten.[26] Er behauptete, daß sein Geschäft beeinträchtigt werde, die Menschen ihn mieden und ein Geselle ihn wegen seines Rufes verlassen habe. Man warf ihm vor, er besitze ein »abergläubisches papistisches« Zauberbuch.

Dies ist übrigens der einzige Beleg, den ich dafür finden konnte, daß diese Art von magischer Literatur in einem fränkischen Hexenprozeß eine Rolle spielte. Unglücklicherweise ist die Anschuldigung nicht datiert, so daß sie irgendwann zwischen 1560 und 1682 angesiedelt werden muß, denn diese Zeitspanne umfaßt der Akt. Das seltene Vorkommen von Hexerei, die sich auf spezielle Zauberbücher stützte, wird im 16. und 17. Jahrhundert auch von Monter bei seinen Forschungen zur Geschichte der Hexerei im schweizerischen Jura festgestellt. Er entdeckte nur einen Mann, einen Doktor des Rechts aus dem französisch-schweizerischen Grenzgebiet, dem man den Besitz solcher Bücher in seinem Hause (1606) nachsagte.[27] Die Situation änderte sich, als mit dem Anwachsen der Lesefähigkeit unter der ländlichen Bevölkerung im 18. und 19. Jahrhundert die volkstümliche Hexerei langsam durch gedruckte Texte beeinflußt zu werden begann.

Eine weitere Kategorie von Angeklagten wurde von gemeinen Kriminellen gebildet, die ziemlich objektiv der Kindstötung, Giftmischerei und Brandstiftung überführt werden konnten. Monter listet eine Reihe von französisch-schweizerischen Beispielen aus der Renaissance auf, bei denen Männer und Frauen zusätzlich zu diesen Verbrechen wegen Straßenräuberei, Sodomie, Mord, Inzest, Abtreibung und Ehebruch angeklagt wurden.[28] Das Motiv für diese Verbrechen sah man als Folge des Teufelsbündnisses an und die Methode als Hexerei. Von besonderem Interesse sind jene Individuen, die sich wirklich selbst für Hexen hielten – und dies manchmal sogar offen und unaufgefordert zugaben. Ob wir diese Selbsteinschätzung als Rollenspiel deuten können (schließlich war das zu erwartende Verhalten einer Hexe völlig bekannt und konnte daher leicht imitiert werden) oder ob es sich nur um eine Art von aufrichtigem Glauben handelte, führt letztendlich zum selben Phänomen, nämlich zur Selbstbezichtigung einer Person.

Tatsächlich besteht die Ironie einiger Hexenverhöre darin, daß die Inquisitoren die Behauptung einer Person, eine Hexe zu sein, zurückweisen mußten. Der spanische Inquisitor Alonso de Salazar y Frias, der scheinbar umsichtiger als seine fanatischen Kollegen war, enthüllte zahlreiche Fälle von gegenstandslosen Behauptungen. Das Mädchen Catalina beispielsweise, das behauptete, sexuellen Verkehr mit dem Teufel gehabt zu haben, und davon sprach, dabei eine Menge Blut verloren zu haben, wurde durch die örtliche Hebamme als Jungfrau befunden. Vergleichbare Behauptungen vieler anderer junger Frauen wurden widerlegt. Eine selbsternannte Hexe mußte die Behauptung widerrufen, der Teufel habe ihr drei Zehen genommen, da eine Überprüfung ergab, daß die Glieder ihrer Füße vollständig waren.[29]

Die menschliche Natur enthält ein großzügiges Maß an Sehnsucht nach öffentlichem Ansehen. In einigen Individuen scheint das Bedürfnis, aufzufallen, so übermächtig zu sein, daß es offensichtlich unbedeutend wird, ob dies in positivem oder negativem Zusammenhang geschieht. Ihr Leitmotiv ist wohl: »Irgendwie aufzufallen ist besser als gar nicht!« Diese These läßt sich durch das ganze Mittelalter verfolgen, und es hat sich bis zu makabren Vorfällen in unseren Tagen behaupten können. Fast unverändert drängen ganze Scharen von Betrügern jeweils nach ungelösten Greueltaten im Amerika des späten 20. Jahrhunderts danach, aufzufallen – sei es nun eine spektakuläre Brandstiftung, Raub, Entführung oder Massenmord. Nach den Manson-Morden mußte die Polizei zum Beispiel fast ebensoviel Zeit auf das Entkräften falscher Geständnisse wie auf die Suche nach den richtigen Mördern verwenden.

Schließlich spielte bei der Entdeckung und Anklage von Hexen auch das Motiv der Erlangung eines bestimmten Status, Wohlstands und daraus zu schlagenden Profits eine deutliche Rolle. Jene, die aktiv an der Ausführung des *Malleus Maleficarum* beteiligt waren (Richter, Bischöfe, Priester, Gerichtsdiener, Amtmänner, Folterknechte und Scharfrichter), zeigten lebhaftes Interesse daran, Verdächtige den Prozessen zuzuführen.

Das seelsorgerische Anliegen der Geistlichen, ihre Schäflein vor dem Satan zu bewahren, erblühte zu einem Riesengeschäft. Die Mitwirkung der Kirchenmänner war dabei bitter nötig und wurde deshalb auch handfest vergütet. Wie Anton S. La Vey es treffend ausdrückte: »Satan war der beste Freund, den die Kirche jemals hatte, da er sie die ganzen Jahre im Geschäft erhielt.«[30] Weitere Personen, die an der Hexenjagd verdienten, waren die Folterer und Henker. Nachrichten aus dem bayerischen Bezirk Schöngau dokumentieren, daß der offizielle Scharfrichter Jürg Abriel mächtig und wohlhabend wurde, indem er überall im Lande Hexen »entdeckte«. Das Honorar für die Untersuchung der Angeklagten nach einem eventuell vorhandenen Teufelszeichen, dem *stigma diabolicum,* betrug zwei Gulden, unabhängig vom Ergebnis. Der Fall einer Frau aus Bayern soll diese Prozedur veranschaulichen. Man befand über sie: »Sie ist eine wahre Hexe und daher vom Bösen Geist mit einem kleinen schnittl on der linken Hand mittern finger vordern glits margiert worden.«[31] Wenn es Abriel nicht gelang, ein Hexenmal an einer Verdächtigen ausfindig zu machen, behauptete er einfach, daß sie wie eine Hexe aussehe, worauf sie (oder er) eingesperrt und durch Folter zu einem Geständnis gebracht wurde. Sein Handgeld für eine Leibesvisitation betrug zwei Gulden und für eine Hinrichtung acht Gulden.[32]

Das ökonomische Motiv als treibende Kraft hinter dem Eifer der ausführenden Beamten spielte eine wichtige Rolle. Neben direkten Entlohnungen ergab die Konfiskation des Besitzes der Verurteilten (in der Regel schon der Angeklagten) ansehnliche Einkünfte. Eine richtige »Industrie« der Hexerei entwickelte sich aus den Interessen des zur Verfolgung eingesetzten Personals. Die »Industrie« fußte auf einem einfachen Syllogismus: Hexenverfolgung bringt Profit; ohne Hexen keine Verfolgung, ohne Verfolgung keine Konfiskation, ohne Konfiskation kein Profit. Daraus ergab sich, daß Hexen gebraucht wurden – und je reicher die Hexen, desto fetter der Profit.

Diese Maxime wurde in Bamberg genau eingehalten, und es zahlte sich dort aus. Das gilt jedoch nicht unbedingt für die übrigen Orte und Regionen. Midelforts (oben schon erwähnte) Erkenntnisse scheinen darauf hinzuweisen, daß es gewöhnlich die Armen und Hilflosen waren, die die Hauptlast des Wahnes zu tragen hatten. Doch deren Verfolgung war relativ unergiebig. Profitstreben erklärt aber zum Teil, warum der Hexenwahn so heftig und dauerhaft war. Erstens wurden die Reichen in der Gemeinschaft verwundbar für Hexereianklagen. Zweitens waren Männer genauso wie Frauen betroffen, denn sie waren in der Regel die gesetzlichen Eigentümer des Haushalts, Grundbesitzes und Geldes. Frauen waren magere Trophäen, da sie kaum größeren Besitz innehatten. Deswegen achteten die Prozesse in Offenburg gemäß den Belegen im frühen 17. Jahrhundert auf die Auslese von Frauen mit Vermögen.[33]

Solchen ökonomischen Umständen ist es wohl zuzuschreiben, daß mit dem Fortschreiten der Hexenverfolgungen zunehmend mehr Männer angeklagt wurden. In vielen Fällen achtete man darauf, beide, Ehemann und Ehefrau, anzuklagen, so daß die Konfiskation ohne Komplikationen durchgeführt werden konnte. Innerhalb eines einzigen Jahres wurden insgesamt 720 000 Gulden von den angeklagten Hexen Bambergs eingezogen.[34] 1631, als der Terror ermattete, befanden sich im Bamberger Hexengefängnis noch 20 Insassen, darunter des Bischofs eigener Kämmerer. Ihre Vermögen, die schon eingezogen waren, hatten einen Wert von zusammengerechnet 220 000 Gulden – das allermeiste davon ging an den Bischof.[35]

Das alte fürstliche Bamberger Bistum hat diesbezüglich eine bemerkenswerte Geschichte. Vermutlich wegen des ökonomischen Nutzens, den die Träger der Verfolgung unter der Regierungszeit des Fürstbischofs Johann Georg II. von Bamberg daraus ziehen konnten, wurde eine ungewöhnlich große Zahl von Bürgermeistern verurteilt. Normalerweise waren die Bürgermeister ja nicht nur geachtete Persönlichkeiten, die meinten, die Interessen der Stadtbewohner vertreten und harmlose Bürger schützen zu müssen, sondern sie gehörten fast immer zur begüterten Klasse der Gemeinde. Ihre Verfolgung trug bequemerweise zwei Problemen Rechnung: Sie eliminierte Kritik und erlaubte die Konfiskation von attraktiven Besitztümern.

Es ist interessant festzustellen, daß, als der Kaiser des Heiligen Römischen Reiches schließlich Bamberg drängte, die Verfolgungen zu mildern und die Einziehung des Vermögens verbot, die Verhaftungen wegen Hexerei stark zurückgingen und in den 1630er Jahren fast gänzlich aufhörten. Diese Erklärung ist jedoch umstritten, da zur selben Zeit schwedische Truppen das Gebiet besetzten und den katholischen Fanatismus zügelten.[36]

Das pekuniäre Motiv der Hexenverfolgung war im kontinentalen Europa in diesen dunklen Jahren weit mehr ans Tageslicht getreten als auf den Britischen Inseln. Der Grund für diesen Unterschied mag vorrangig in den Beschränkungen zu suchen sein, die das englische Recht den Verfolgungsmethoden auferlegte. So waren zum Beispiel in England die Folter und die Konfiskation des Vermögens nicht erlaubt. Indem man den ausführenden Beamten den ökonomischen Bonus vorenthielt, erlosch der Fleiß bei der Verfolgung spürbar, und die englische Version des Hexenwahns erreichte nie die Ausmaße des festländischen Gegenstückes. Dazu kam noch, daß die Reduzierung der ökonomischen Anreize die Engländer dazu bewog, vergleichsweise viel weniger Männer als Frauen anzuklagen und zu verfolgen.[37]

Es ist eine Verlockung (der einige Wissenschaftler auch tatsächlich erlagen), das gesamte Phänomen der Hexerei durch die unterschwelligen Interessen der an der Durchführung beteiligten Klasse erklären zu wollen. Einige haben die außerordentlich weite Verbreitung der Hexerei als ein ausgeklügeltes Vorhaben betrachtet, das die Hexenjäger am Leben erhielten, um sich dadurch die Fortdauer dieses ökonomischen Nutzens zu sichern. Aber das wirtschaftliche Motiv allein reicht höchstwahrscheinlich nicht aus, um das Aufkommen und die Ausbreitung der Hexerei zu erklären. Wie schon früher festgestellt wurde, dürfte Bamberg zwar schuld an der höchst auffälligen finanziellen Nutzung sein, es kann aber nicht den typischen Kurs des Hexenwahns repräsentieren. Obwohl das wirtschaftliche Motiv existierte, waren die meisten der Hexen arm und die Konfiskation kaum lukrativ. Mehr als die Habsucht scheint Fanatismus das grundsätzliche Motiv gewesen zu sein –

zumindest außerhalb von Bamberg. Gewiß waren Gier, Fanatismus, rigides Kirchendogma (besonders die Teufelsrolle) und skrupellose Machtsucht wichtige Bestandteile, die die Verfolgung hervorriefen und ausweiteten. Doch gibt es eine einfachere und unmittelbarere Erklärung für die unheimlich lange Dauer der Verfolgungszeit: die Folter im Verfolgungsablauf. Die Gequälten »gestanden« einfach alles, was man ihnen unterstellte, einschließlich ihrer Beteiligung am Hexensabbat, was dann immer zu der Frage führte, wer sonst noch daran teilgenommen hätte. Die Befragten wurden so lange gequält, bis sie endlich einige Namen nannten, bevorzugt jene, die die Folterknechte sowieso hören wollten. Diese Prozedur versorgte die hexenverfolgende »Industrie« mit einem wahren *Perpetuum mobile*.

Die Hexenverfolgung verbreitete sich deshalb mit einer mitreißenden Ansteckungskraft in Kontinentaleuropa. Da man kaum irgendwelche humane oder gesetzliche Zurückhaltung kannte, war das Schicksal eines Verdächtigten fast immer besiegelt. Unter schwersten Folterungen wurde das verzweifelte Opfer zu jedem Geständnis veranlaßt. So begann man noch während der Tortur mit der Errichtung des Scheiterhaufens. Das Verbrennen des Opfers geriet zu einem öffentlichen Spektakel.

»Geständnisse« konnten auch die Benennung anderer Teilnehmer bei vermeintlichen Hexenaktivitäten oder am Hexensabbat enthalten, besonders dann, wenn die Inquisitoren die Unterbrechung der Folter von derartigen Informationen abhängig machten. Auf diese Art wurde die Identität von angeblichen Zugehörigen einer ebenso angeblichen Loge enthüllt.

Gesetzesgemäß mußte ein Geständnis unter der Folter später von dem Angeklagten ohne Folter bestätigt werden. Auch durfte nach dem Gesetz die Folter nicht wiederholt werden, was aber die Folterknechte nicht davon abhielt, eine Wiederholung als »Fortsetzung« zu definieren. Wenige Angeklagte haben es fertiggebracht, auf dem Widerruf ihres »Geständnisses« nach mehreren »Fortsetzungen« der Folter zu beharren.

Um ein »Geständnis« herauszupressen, griff das Tribunal auch zu geistlichen Mitteln. Der Gerichtshof konnte zum Beispiel ein »Geständnis« zur Voraussetzung für den Empfang der Sterbesakramente machen. Weiterhin wurde den Angeklagten gelegentlich Gnade für den Fall versprochen, daß sie »gestehen« würden – ein Versprechen, das selten eingelöst wurde.

Die »Geständnisse« wurden zum Zeitpunkt der Hinrichtung öffentlich verlesen und der Öffentlichkeit ausführlich mitgeteilt. Dadurch rief die Verfolgung ein sozialpsychologisches Kunststück hervor: Man etablierte die Legitimität der Gerichte und Hinrichtungen und bestärkte aufs neue die Öffentlichkeit im Glauben an die reale Existenz der Hexen. Jedesmal, wenn ein »Geständnis« verlesen wurde, festigte es die Menschen im Glauben, daß es tatsächlich Hexen gäbe, die durch

*Hexenverbrennung in Derneburg im Harz.*
*Sensationsmeldungen von Hinrichtungen und anderen schrecklichen Ereignissen wurden durch solche flugblattähnliche Bilddrucke verbreitet. (1555)*

die Nacht flögen, beim diabolischen Sabbat tanzten und Leid und Böses über die Gemeinschaft brachten. Die Behörden waren daher mehr als legitimiert, das Übel auszumerzen. Das »Geständnis« diente somit dem Verfolgungsapparat als ein zusätzliches Mittel, um die Hexenpanik am Leben zu erhalten.

Die Renaissance, so fruchtbar sie auf anderen Gebieten gewesen sein mag, etwa im Hinblick auf die Künste und neue Ideen, war eine tödliche Epoche und forderte die Leben einer ungezählten Menge unschuldiger und verwirrter Menschen. Nach gemäßigten Schätzungen vergoß man in dieser Zeitspanne das Blut von nahezu einer Million Menschen, die der Hexerei angeklagt waren. Andere Schätzungen heben die Zahl bis auf etwa neun Millionen an.

Es gab nicht viele couragierte Stimmen, die sich gegen dieses Volksdilirium in Deutschland zu erheben wagten. Erst mit dem Zeitalter der Aufklärung im 18. Jahrhundert war den Gegnern dieses Volkswahns Erfolg beschieden; und sogar dann kam es noch zu Rückfällen. Die letzten dokumentierten Hexenexekutionen in Deutschland fanden 1749 in der Diözese Würzburg statt, als man eine 71jährige Frau (seit 50 Jahren Nonne) zum Richtplatz trug, weil sie zu gebrechlich zum Gehen war[38], 1756 in Landshut[39] und 1775 in Kempten. Die letzte belegbare Hinrichtung in Europa ereignete sich 1782 in Glarus/Schweiz. Einige Autoren ziehen es vor, die letzte Hinrichtung mit 1793 anzugeben, als zwei Frauen im damals preußischen Posen verbrannt wurden, weil sie chronisch infizierte gerötete Augen hatten und verdächtigt wurden, fortgesetzt die Tiere ihrer Nachbarn zu behexen. Dieser Fall beruht jedoch weniger auf offiziellen Quellen als auf mündlicher Überlieferung.[40]

Mit den letzten Hinrichtungen endete auch die Legalität der Folter. Friedrich der Große schaffte die Tortur 1740 in Preußen ab, Kaiserin Maria Theresia 1776 in Österreich, und die bayerischen Könige zögerten die Abschaffung noch bis 1806 hinaus.[41]

Die Erläuterung der Geschichte des Hexenwahns hat sich bisher im größeren Rahmen Deutschlands, ja Europas bewegt. Ich möchte nun für einen Augenblick mein Augenmerk enger auf die Fränkische Schweiz richten. Wie erging es ihr in der Zeit der Hexenverfolgungen? Die Antwort muß sich zur Zeit noch auf Vermutungen beschränken. Zwar wird die Zahl der Prozesse im Bistum Bamberg mit weit über 1000 angegeben, wir besitzen jedoch keine zuverlässigen Angaben darüber, aus welchen Ortschaften die Verhafteten kamen. Es gibt verschiedene Gründe dafür.

Zunächst sind nicht bei jedem Prozeß schriftliche Unterlagen angefertigt worden. Zweitens sind viele dieser Dokumente im Laufe der Jahrhunderte verlorengegangen. Drittens haben die Besitzer dieser Akten, meistens die kirchlichen Behörden, natürlich kein Interesse mehr daran, die Schandtaten ihrer Organisation der Öffentlichkeit zur Kenntnis gelangen zu lassen. Wir haben deshalb nur lückenhafte Informationen über die Anzahl der Verfolgten und darüber, welche Leute es waren und woher sie stammten.

Im Falle des Bistums Bamberg hat ironischerweise ausgerechnet der ehemalige SS-Reichsführer Heinrich Himmler den Versuch gemacht, eine systematische Übersicht der Hexenprozesse aufzustellen. Er betraute ein Sonderkommando mit der Aufgabe, eine Kartei über die deutschen Hexenprozesse anzulegen. Der auf deutscher Ebene unvollendete Versuch schloß Bamberg ein. Dabei bediente sich diese Sondergruppe von nationalsozialistischen Germanisten und Historikern eines simplen Karteiblattes, das sie für jeden Fall auszufüllen hatte. Die Informationen, die man herausgriff und darauf erfaßte, waren minimal und bestanden nur aus solch einfachen Angaben wie Name, Beruf, Geburtsdatum, Wohnort, Geschlecht, Natur der Anklage/Verdächtigung, Daten der Verhaftung, des Verhörs, des Urteils, der Strafe usw. (Die Kartei befindet sich im ehemaligen Posen, dem jetzigen Poznan in Polen; das Bundesarchiv der Bundesrepublik Deutschland hat davon Mikrofilme erhalten, in die ich 1984 Einsicht nahm. Wir können über das Motiv Himmlers für die Gründung dieser Kartei nur spekulieren. Wahrscheinlich handelte es sich um seine Argumentation, die als Hexen Verfolgten als eine Art altgermanische oder keltische Religionsgemeinschaft zu betrachten – im Stile der britischen Anthropologin Margaret Murray –, die die römische Kirche auszumerzen versuchte.)

Mein Hauptinteresse an dieser Kartei galt der Frage nach dem Wohnort, da ich wissen wollte, ob und in welchem Maße die Verfolgung in den Fränkischen Jura eindrang. So erfreulich es für mich auch war, daß Himmlers Kommando diese Erhebung machte, so enttäuschend waren die Resultate. Von den über 1000 erfaßten Prozeßunterlagen (oder der Forschungsliteratur darüber) des Bamberger Bistums machten nur etwa 50 Prozent Angaben über den Wohnort des Verhafteten. Dort, wo solche Angaben gemacht waren, ergab sich eine direkte proportionale Korrelation zwischen der Anzahl der Verhafteten und der Größe der Ortschaft; demnach stand natürlich Bamberg als Stadt an der Spitze der Liste; es folgten Zeil, Hallstadt und Kronach.

Aus den unzureichenden Unterlagen dürfen wir dennoch mit einiger Sicherheit schließen, daß die Mehrheit der Verhafteten von außerhalb der Fränkischen Schweiz kam. Je näher eine Ortschaft an Bamberg lag, desto größer scheint die Anzahl jener gewesen zu sein, die dort vor Gericht standen. Diese statistische Tendenz mag natürlich ganz einfach dadurch zu erklären sein, daß es größere Orte nur außerhalb der Juratäler gab. Dennoch waren die Jurastädtchen im Inneren nicht ganz sicher vor Verfolgungen. Die Kartei zeigt, daß in Bamberg zum Beispiel auch Verhaftete aus Hollfeld, Scheßlitz, Wiesenthau und Waischenfeld vor Gericht standen. Aus letzterem, mitten im Jura gelegenen Ort wurde 1627 der katholische Kaplan Brettl wegen Hexereiverdachts in den Arrest nach Bamberg gebracht. Zumindest dieser Fall stört die Hypothese, daß die Fränkische Schweiz von der Hexenjagd verschont geblieben sei. Vermutlich haben die Hexenjäger des Fürstbischofs keine

Ecke des Bistums übersehen. Die Forschung in einem anderen mitteleuropäischen Mittelgebirge hat sogar noch viel intensivere Verfolgungen aufgedeckt. William Monter untersuchte das Ausmaß der Verfolgung im französisch-schweizerischen Grenzgebiet der südwestlichen Juraalpen. Die Prozesse der Republik Genf begannen und endeten in der Zeit des Hexenwahns in den ländlichen Hinterlanden Genfs, die ein Fünftel der Staatsbevölkerung beherbergten, »und sie brachten gut die Hälfte der dortigen Hexenprozesse zuwege«.[42] In Franken dagegen waren Stadtbewohner weit intensiver der Gefahr ausgesetzt, als Hexen angeklagt zu werden; besonders in den bischöflich regierten Städten Bamberg und Würzburg und Filialstädten wie Hallstadt, Kronach, Steinwiesen und Zeil. Monters Erklärung für Genfs relativ niedrigen Anteil an Opfern beruht auf dem Calvinismus. Genfs Richter zogen es vor, falls ein erwägenswerter Grund für Zweifel aufkam, die Verdächtigten dem Gericht Gottes zu überlassen, indem sie sie abschoben, anstatt sie hinzurichten.[43] Aber Monter warnt vor einer generellen Übertragung auf alle protestantischen Gebiete, da die Belege ein im allgemeinen härteres Vorgehen gegen Verdächtigte in den protestantischen Gebieten der französischen Schweiz anzeigen und größere Milde in den katholischen Gegenden der Schweiz beweisen.[44]

Da dieses Buch keine geschichtliche Analyse der fränkischen Hexenjagden darstellt, sondern im wesentlichen historische Hintergrundinformationen für die eher zeitgenössischen Beobachtungen im nächsten Teil bieten will, kann hier nicht dargelegt werden, inwieweit Franken sich mit den Verhältnissen im französisch-schweizerischen Grenzgebiet für die Zeit der Renaissance vergleichen läßt. Monter erarbeitete eine sorgfältige demographische Darstellung, die den Vergleich zwischen protestantischen und katholischen Elementen einerseits und ländlichen und städtischen Bereichen andererseits erlaubt. Ich habe eine derartige historische Analyse nicht gemacht und kann daher nur meinen Eindruck wiedergeben, wenn ich sage, daß das Franken der Renaissancezeit den Schwerpunkt seiner Verfolgungen in den Städten gehabt zu haben scheint und wahrscheinlich in seiner Heftigkeit gleichermaßen in katholischen wie evangelischen Einflußbereichen ausgeprägt war. Wenn wir bisher noch nicht viel über die protestantische Seite der fränkischen Verfolgungen gehört haben, so geschah dies erstens deshalb, weil es nur wenige, relativ kleine protestantische Enklaven im Lande gab – die sich jedoch ebenfalls fleißig an der Hexenjagd beteiligten –, und zweitens, weil ich in dieser Dokumentation die katholischen Gemeinden der Fränkischen Schweiz in den Mittelpunkt der Betrachtung stellen möchte.

Meine Betrachtung der Geschichte der offiziellen Verfolgung beschränkt sich auf die an die Fränkische Schweiz angrenzenden Gebiete um Bamberg. Das Zentrum an der gegenüberliegenden südlichen Peripherie ist Nürnberg. Verglichen mit Bamberg hat die alte Kaiserstadt eine gemäßigte Überlieferung bezüglich der Hexenverfolgung.[45] Sie begann 1300 mit der Ausweisung von Zauberern, der Folterung einer Zauberin im Jahre 1469, gipfelte in einer Welle von Prozessen und Verhören im frühen 17. Jahrhundert und endete 1659 mit der Hinrichtung zweier Hexen. Die Exekutionen verliefen humaner als anderswo, und es gibt aus Nürnberg nur einen einzigen Beleg über eine Lebendverbrennung. Den Stadtvätern widerstrebte das Ansinnen des Bamberger »*Hexenbischofs*«, die »*Trudenzeitung*« zu verbreiten (ein Nachrichtenblatt über den Stand der Hexerei und deren Verfolgung in Franken), um damit die Nürnberger zu größerem Eifer bei der Verfolgung anzuheizen. Die Zeitung wurde in Nürnberg verboten, da man fürchtete, daß sie ähnlich wie in Bamberg eine Massenhysterie auslösen könnte.

Die östliche Ecke der Fränkischen Schweiz wird von der Stadt Bayreuth gebildet. Die heute durch ihre Richard-Wagner-Festspiele bekannte Stadt wies einige Anomalitäten auf. Sie war lutherisch und gehörte zur Markgrafschaft Brandenburg. Erst 1810 gelangte sie an Bayern. Die Markgrafschaft teilte sich in die beiden Herrschaftsgebiete »ob dem Gebirg« mit den Regierungszentren Bayreuth und Kulmbach und einer Ausdehnung bis ins Fichtelgebirge und ein zweites mit dem Regierungssitz in Ansbach. Die Belege zeigen nur einen einzigen Hexenprozeß 1654 in Bayreuth. Der voreilige Schluß, daß diese Mäßigung durch seine lutherische Herrschaft ausgelöst worden sein könnte, ist jedoch nicht haltbar. Denn das ebenfalls lutherische Fürstentum Ansbach, das auch der Fränkischen Schweiz benachbart war, nahm voll am Hexenwahn der Zeit teil. Schon im letzten Viertel des 16. Jahrhunderts begann man hier, zahllose Verdächtigte zu foltern und hinzurichten. Noch 1591 gab der lutherische Titularabt des ehemaligen Zisterzienserklosters Heilsbronn bei Ansbach, Adam Francisci, die »*Generalinstruktion von den Trutten*« heraus, seine eigene Version des »*Malleus maleficarum*«, worin er die Realität der Hexen und die Notwendigkeit ihrer Ausrottung versicherte.

Im selben Jahr wurden in diesem Brandenburgischen Fürstentum 22 Hexen verbrannt.[46] Die Markgrafen von Brandenburg stützten sich auf ihre »*Constitutio Criminalis Brandenburgica*«, die ironischerweise eine fast unveränderte Version der »*Bamberger Halsgerichtsordnung*« von 1507 war. Sie bildete die Grundlage der 1532 erlassenen »*Constitutio Criminalis Carolina*«, der Peinlichen Gerichtsordnung Kaiser Karls V., und fand breite Anwendung unter den Inquisitoren der katholischen Kirche.

Auch aus den übrigen umliegenden kleineren Städten beider Fürstentümer sind mehrfach Nachrichten über Hexenverfolgungen überliefert. So wurde in Creußen 1569 eine Zauberin gefoltert, ermahnt und mit einer Kirchenbuße belegt. Ansonsten kam es 1591 in Schwabach zu sieben Verbrennungen, 1591 in Kulmbach zu einem Hexenprozeß, 1590 in Naila, Geroldsgrün, Lichtenberg, Ellingen und Gunzenhausen zu Prozessen. Städte und Gemeinden, die unter dem direkten Einfluß des Bischofs von Bamberg standen, waren da schon aktiver. Entlang der nördlichen Grenze der Fränkischen Schweiz brachten es Städte wie Kronach, Hallstadt, Steinwiesen und Staffelstein auf zusammen 102 Hexenhinrichtungen im Jahre 1617.[47]

Die Hexenverfolgungen hörten gegen Ende des 17. Jahrhunderts auf. Mit dem 18. Jahrhundert erloschen die offiziellen Hexenjagden generell und die öffentlichen Plätze füllten sich nicht mehr mit hysterischen Menschenmassen, die dem Spektakel einer Verbrennung beiwohnen wollten. Die psychologische Tradition endete aber noch nicht. Das gewöhnliche Volk – ebenso wie das weniger »gewöhnliche« – glaubte weiterhin an die Existenz von Hexen.

Während von Gesetzes wegen in allen europäischen Ländern angebliche Hexen geduldet und als das behandelt wurden, was sie waren – nämlich unschuldige Menschen oder Hochstapler, die entweder geisteskrank oder relativ harmlose Betrüger waren –, gab die mündliche Überlieferung die Hexenfurcht weiter. Zu manchen Zeiten brach die Angst in Haß aus, und es kam zur Lynchjustiz des Pöbels. Ein solches denkwürdiges Ereignis fand noch 1818 in Frankreich statt.[48]

Anstelle gerichtlicher Verfolgungen wurde die Befreiung von dämonischen Mächten allein durch religiöse Mittel verfolgt. Exorzismus und ein Aufgebot an Volksmagie – wobei die Figur des Volksheilers eine wichtige Rolle spielte – nahmen den Raum ein, den die Hexentribunale geräumt hatten.

Das Gebiet der Fränkischen Schweiz zeigte eine merkwürdige Affinität zum Okkulten im allgemeinen und zur Hexerei im besonderen. Sie ist ein treffliches Beispiel für das Überleben des alten Hexenglaubens bis in das 20. Jahrhundert.

# II. Die Inszenierung der Hexerei

*Uralter Aberglaube wird, wenn man ihn in die Herzen der Menschen legt, ihm menschlichen Atem einhaucht und ihn in mannigfaltigen Wiederholungen von Mund zu Ohr über eine Anzahl von Generationen weitergibt, zur heimelichen Wahrheit.*

(Nathaniel Hawthorne)

*Wir sehen, daß ganze Gesellschaften plötzlich ihren Sinn auf einen bestimmten Gegenstand fixieren und bei dessen Verfolgung verrückt werden; daß Millionen von Menschen gleichzeitig demselben Trugbild erliegen und ihm nachlaufen, bis eine neue Torheit ihre Aufmerksamkeit bestrickt, die ihnen noch fesselnder erscheint als die erste.*

(Charles Mackay)

*Nun ist die Luft von solchem Spuk so voll,*
*Daß niemand weiß, wie er ihn meiden soll.*

(Goethe, Faust II)

*Auch hab' ich weder Gut noch Geld,*
*noch Ehr' und Herrlichkeit der Welt;*
*es möchte kein Hund so länger leben!*
*Drum hab' ich mich der Magie ergeben,*
*ob mir durch Geistes Kraft und Mund*
*nicht manch Geheimnis würde kund.*

(Goethe, Faust I)

# 1. Die Hexe der Neuzeit

Mit dem Ende der Hexenprozesse endete der Hexenglaube noch nicht. Zwar entwickelte sich mit dem Zeitalter der Aufklärung im 18. Jahrhundert und der folgenden Epoche des Romantizismus im späten 18. und beginnenden 19. Jahrhundert eine allgemeine Toleranz gegenüber der Hexerei. Die Hexerei selbst aber überdauerte unangetastet, besonders in der Zeit des Romantizismus, da sie als Teil eines neu gewürdigten Genre des Okkulten betrachtet wurde. Okkultismus in Form einer Wiederbelebung solcher alten Themen wie des Mystizismus, der Geister Verstorbener, Reinkarnation und Hexerei gewann wieder an Bedeutung als Reaktion gegen den abstrakten Geist des aufklärerischen Rationalismus.

Hexerei wurde zu einer mehr oder weniger akzeptablen Volksmagie und verlor das Stigma der strafwürdigen Häresie. Sie war nicht mehr Gegenstand offizieller Verfolgungen, weder im weltlichen noch im kirchlichen Bereich. Und als solche hielt sie sich in vielen bäuerlichen Kulturen.

Auf diese Weise bestand der Glaube an Hexen und ihr Unwesen im 19. Jahrhundert in abgelegenen Gegenden wie der Fränkischen Schweiz noch gut bis ins 20. Jahrhundert fort. Die alten Dorfbewohner – zur Zeit meiner Forschung waren sie grauhaarige Achtzigjährige, die ihre Kindheit um die Jahrhundertwende erlebten – sind daher in der Lage, die historische übernatürliche Atmosphäre zu schildern, die auch den Glauben an die Hexerei und den Umgang mit einschloß.

Bevor ich mich speziellen Erfahrungsberichten aus unserer Zeit zuwende, lassen Sie mich noch einige Anmerkungen zur allgemeinen Haltung gegenüber der Hexerei im 19. Jahrhundert machen. Die meisten Stellungnahmen dazu sind nur in mündliche Überlieferungen eingebettet und haben volkstümlichen Charakter.

Der vorrangige Grund, warum die Belege des 19. Jahrhunderts nur selten schriftlich festgehalten sind, ist das Fehlen offizieller Hexenprozesse, deren Akten zugänglich gewesen wären. Und die Sozialwissenschaftler waren sehr wählerisch mit dem, was sie zu Papier brachten, wenn es sich um das Thema Hexerei handelte. Dies war ein Akt der Vorsicht. Obwohl Anthropologen die übersinnlichen Glaubensformen vieler anderer Kulturen in dieser Zeit erforschten und darüber berichteten, waren sie erheblich behutsamer, wenn es sich um Ereignisse vor der eigenen Haustüre handelte. Sie hätten gerichtliche Schritte heraufbeschwören können, wenn sie bestimmte Personen als Hexen bezeichneten. Volkskundler mögen sich aus diesen Gründen des Themas enthalten haben.

Es gibt jedoch eine Ausnahme. Der englische Autor Charles Mackay, der sein herrliches Werk »*Extraordinary Popular Delusions and the Madness of Crowds*« 1841 herausbrachte, stellte furchtlos das Vermächtnis des Hexenwahns in verschiedenen europäischen Ländern dar.[1] Tatsächlich gleichen auch einige seiner Beschreibungen, die vornehmlich dem englischen Landleben entnommen sind, den fränkischen »Hexenduellen«, die ich in späteren Kapiteln beschreiben werde. Mackay schrieb zu einer Zeit, als die offiziellen Verfolgungen versiegt waren. Die letzte Exekution hatte kurz vor seiner Geburt stattgefunden. Zu seinen Lebzeiten behandelte das gültige Recht die vorgeblichen Hexen, Schicksalsdeuter, Zauberer und ihr okkultes Gefolge eher als Ärgernis statt als Kriminelle. Sie verfielen der üblichen Bestrafung als Strolche und Betrüger, was in der Regel Gefängnis oder Pranger bedeutete.

Fallweise machten sich diejenigen, die andere als Hexen anklagten, selbst strafbar, und Verleumdungsklagen konnten gegen sie erhoben werden.

Tatsächlich konnten sich auch etliche fränkische Bauern an einen Prozeß erinnern, in dem kurz nach der Jahrhundertwende ein Mann angeklagt war, eine Frau »Hexe« gescholten zu haben. Die so geschmähte Frau hatte eine seiner streunenden Kühe von ihrem Grundstück gejagt, als er aus Verärgerung über ihr Tun diesen Fluch gegen sie ausstieß. Da allgemein bekannt war, daß die Frau im Ruf der Hexerei stand, versuchte der Richter, dem Angeklagten einen Ausweg anzubieten. Er fragte den Mann mit eindringlicher Betonung: »Sie haben doch sicher die Kuh gemeint, als Sie ›Hexe‹ sagten?« Anstatt die in dieser diplomatischen Fragestellung angebotene Gelegenheit wahrzunehmen, stieß der Mann hervor: »Nein. Ich meinte die Frau!« Urteil: Schuldig einer Beleidigung.

Welche Gründe es auch gewesen sein mögen, jedenfalls besteht eine deutliche Informationslücke bezüglich der Hexerei im Franken des 19. Jahrhunderts.[2]

Daher stellt dieses Buch einen der wenigen Versuche dar, den im Verschwinden begriffenen Volksglauben der letzten Überlebenden einer Epoche der Volksmagie festzuhalten. Und es scheint, daß dieser Versuch gerade im allerletzten Moment gemacht worden ist. Der jungen Generation in der Fränkischen Schweiz fehlen nicht nur die Kenntnisse, sie will auch nichts mehr davon wissen. Da sie in unserem modernen objektiven Zeitgeist eingefangen ist, weist sie es von sich, irgend etwas mit dem zu tun zu haben, was als absurden und lästigen Aberglauben betrachtet.

Die mündliche Überlieferung kann uns eine Vorstellung vermitteln,

*Wetterhexen brauen ein Zauberelexier und erzeugen dadurch ein Gewitter. (Aus: Ulrich Molitor, Von den Unholden und Hexen. 1489)*

wie der Hexenglaube im 19. Jahrhundert kurz vor und um die Jahrhundertwende beschaffen war. Sie schließt zahlreiche mittelalterliche Formulierungen ein. Dazu gehört zum Beispiel der Verdacht, schlechtes Wetter könnte von einer Hexe verursacht sein. Diese Annahme zeigt sich auch im Ausdruck »Hexenwetter«. Die fränkische Volkssage weiß von einem Wolkenbruch, der so heftig war, daß er die Fundamente der Stadt Forchheim zu unterspülen drohte. Die verängstigte Bevölkerung ging zu einem Kloster und bat die Mönche, besondere Gebete zu sprechen. Beim ersten Segen, erzählt man, fiel eine Frau aus den regenschweren Wolken in den Klosterhof. Die Mönche erkannten in ihr eine der verrufensten Hexen der Stadt. Da sie fürchteten, die Frau könnte mißhandelt werden, wenn man sie der Bürgerschaft übergebe, gewährten sie ihr Unterschlupf, bis sich die Gemüter abgekühlt hatten und der Vorfall vergessen war.[3] Die Belege zeigen, daß eine der frühesten Hexentötungen 1090 im bayerischen Freising stattgefunden hat, wo der lynchende Pöbel drei Frauen verbrannte, denen man die Schuld an Unwettern und Krankheiten gab.[4]

Starke, böige Winde betrachtete man in Kirchenbirkig und seiner Umgebung als »Hexenwind«. Solche Böen wallten von Zeit zu Zeit über das Land, legten ganze Getreidefelder nieder und zerstörten die Ernte. Ominöserweise wurden manchmal Getreidegarben oder Heuhaufen aufgenommen und hoch in die Luft hinaufgetragen, um danach über entfernt gelegene Äcker verstreut zu werden. Mutmaßungen über die Identität der Hexe, die diese Zerstörungen verursacht haben sollte, folgten solchen Ereignissen auf dem Fuß, und die Besitzverhältnisse des Grund und Bodens, auf welchem die Feldfrüchte niedergegangen waren, wurden oft als Anzeichen dafür erachtet.

Wie in vielen anderen Fällen auf Magie zurückgeführten Unheils kannte die Volksmagie ein Gegenmittel. Die Bauern glaubten, daß die Kraft einer Hexe gebrochen werden könne, wenn man eine Sichel in das Zentrum des Wirbelwindes werfe. (Die Sichel war meist zur Hand, da die Bäuerinnen sie bei der Feldarbeit bei sich trugen.) Allerdings erzählt man sich, daß die Sichel dabei oft verloren ginge, weil sie nicht zur Erde zurückfalle. Das Verschwinden deutete man so, daß die in diesem Wirbel dahinfahrende Hexe die Sichel auffängt und mitnimmt. Die Nützlichkeit des volkstümlichen Gegenmittels wurde auf diese Weise durch die Angst, die Sichel zu verlieren, wieder gedämpft.

Die fränkische Hexe wurde auch als Incubus betrachtet, der die Menschen durch das »Hexendrücken« plagte. Angeblich schlich sie sich nachts in die Schlafkammer und ließ sich auf der Brust des hilflosen Schläfers nieder, wodurch sie ihn in seiner Bewegungsfreiheit einengte und verängstigte. Der Gefahr solcher Besuche setzten sich vor allem diejenigen aus, die tagsüber leichtfertig über Hexen gesprochen hatten. Wer vorsichtig war, würdigte sie keiner Erwähnung. Man glaubte, daß der Gepeinigte beim Auftreten des »Hexendrückens« Erleichterung finden könne, wenn er schnell das große Zudeckkissen auf den Boden warf. Die Hexe war dann gezwungen, darauf sitzen zu bleiben, und unfähig, ihre Quälerei fortzusetzen. Wenn das vermeintliche Opfer genug Geistesgegenwart besaß, um beim Wegschleudern des Kissens auch noch auszurufen: »Hex, morgen kommst, was zu borgen«, dann konnte er am nächsten Tage die Identität der ihn quälenden Hexe erfahren. Die erste Person, die am Morgen an seine Tür klopfte, um etwas zu borgen, war der Quälgeist.

Drückende Nachtgespenster wurden in Schlesien ähnlich interpretiert. Der Incubus drückte auf den Brustkorb des Opfers und machte ihm das Atmen fast unmöglich. Wenn er es schaffte, den Incubus zu ergreifen, so fand er nur einen Strohhalm, einen Apfel oder ein katzenartiges Wesen in seinen Händen. Man glaubte daher, der Incubus hätte die Fähigkeit, seine Gestalt zu verändern – typisch für Hexen.[5]

Oftmals ergab sich ein spezifischer Verdacht bezüglich der Identität des Incubus. Bestimmte Frauen wurden verdächtigt; sie waren entweder als Hexen bekannt oder hatten persönliche Eigentümlichkeiten, wie zum Beispiel Ungeselligkeit. Der schlesische Incubus war jedoch nicht immer gleichbedeutend mit der Hexe (die Erscheinungen konnten auf verschiedene Weise gedeutet werden), während der fränkische Incubus immer mit der Hexe gleichgesetzt wurde.

Der nächtliche Quälgeist existiert nicht erst in der Neuzeit, er hat als dämonischer Incubus eine lange Geschichte. Die sumerische *Lilitu* des zweiten Jahrtausends v. Chr. war der Prototyp der hebräischen *Lilith* und erschien wieder in der lateinischen *Lamia* – es waren Incubi, die in der Nacht umhergeisterten, Schläfer verlockten und Kinder töteten.[6] Die Dämonen hatten eine bestimmte sexuelle Bedeutung, da sie den Succubus zum Geschlechtsverkehr zwangen. Interessanterweise fehlt das sexuelle Motiv dem Incubus-Phänomen im Fränkischen, wenn nicht gar in ganz Deutschland. Hier wurde es als böswilliger Schabernack, Strafe oder Terrorakt seitens einer Hexe betrachtet. Die sexuelle Bedeutung (auch in ihrem übertragenen Sinne) hat A. Wittmann in seiner Untersuchung über die Rolle der Hexengestalt in deutschen Sagen festgestellt. Er fand heraus, daß das deutsche »Hexendrücken« in der Regel als das nächtliche Eindringen weiblicher Seelen erklärt wurde, die durch Ritzen und Schlüssellöcher in die Schlafstuben eindrangen und sich in verschiedenartigen metamorphosen Erscheinungsformen auf die Brust Schlafender setzten, um sie zu ängstigen und bewegungsunfähig zu machen, sich jedoch jedes sexuellen Kontaktes enthielten.[7]

Einige Bauern erläuterten eine faszinierende Theorie – eine Mischung heidnischer und christlicher Vorstellungen –, um den Ursprung einiger Hexengestalten zu erklären. Mein Informant aus Bärnfels, ein repräsentativer Gläubiger seiner Generation, hing dem einst allgemeinen Glauben an, daß eine Hexe eine andere Hexe schaffen könne. Um diese Schöpfung (oder Mißschöpfung) zu vollziehen, war es notwendig, daß sie mit einem neugeborenen Kind vor dessen Taufe in Berührung kam. Wenn es ihr gelang, dieses Kind zu füttern (meist mit einer Art Brei), war der Säugling ihr geistig verfallen und mußte zu einer

Hexe werden. Manchmal konnte auch schon die bloße Berührung einer Hexe das Schicksal eines ungetauften Kindes besiegeln: Es wurde ein Komplize des Satans.

Da sie sich dieser Gefahr bewußt waren, ließen die Mütter neugeborener Babys höchste Vorsicht walten, um fremde oder verdächtige Personen fernzuhalten. Um zuverlässigen Schutz zu erreichen, waren sie bestrebt, die Taufe so früh wie möglich vollziehen zu lassen. Solche Schutzmaßnahmen waren nicht auf Franken beschränkt. Sephardische Juden aus der Türkei, die sich in den Vereinigten Staaten angesiedelt haben, haben ähnliche Furcht vor dämonischen Gefahren für ihre Säuglinge entwickelt, besonders während der ersten acht Tage nach der Geburt.[8] Auch unter ostpreußischen Bauern wurde eine möglichst eilige Taufe praktiziert, um den Kontakt von Hexen mit dem Kind zu verhindern. Wenn ein Kind eine salzige Stirn hatte, was die Mutter durch Lecken feststellen konnte, nahm man dies als Zeichen dafür, daß eine Hexe einen Zauber darüber ausgesprochen habe. Fallweise wurde auch das heftige Schreien von Säuglingen als Anzeichen eines Zaubers verstanden.[9] Diese Vorstellung bestand noch Mitte dieses Jahrhunderts in Norddeutschland. Von dort berichtet eine Geschichte, daß ein Kind jede Nacht ohne Abweichung pünktlich um 11.00 Uhr zu schreien anfing. Es gab keinen ersichtlichen Grund für den Schmerz, und so schloß man daraus, daß eine Hexe dafür verantwortlich sei. Der Verdacht fiel auf eine bestimmte Frau. Um seine Richtigkeit festzustellen, schlich sich jemand genau um 11.00 Uhr an das Fenster der Verdächtigten und entdeckte die Frau, die gerade den blanken Hintern einer Puppe schlug, um den Schmerz auf das Kind zu übertragen.[10]

Ein weitverbreiteter Glaube besteht darin, daß Hexen hinter einer freundlichen Fassade darauf aus wären, Kindern zu schaden. Sie erbieten sich, offene Schuhbänder wieder zuzuknüpfen, schenken ein Stück Kuchen oder Süßigkeiten und geben ihnen auf diese Weise den bösen Blick oder nehmen deren Taschentuch mit, um Macht über sie zu gewinnen.

Geschäfte mit einer Hexe zu machen, zog schwere Mißerfolge nach sich. Kaufte man ihr etwas ab, konnte das neuerworbene Gut (Werkzeug, Grundstück, Haustier oder was es sei) eventuell zu der Hexe zurückkehren. Und diejenigen, die unvorsichtig genug waren, ihr etwas zu verkaufen, hatten nicht nur den Verlust des dafür erhaltenen Geldes zu befürchten, sondern auch des übrigen Geldes, mit dem das »Hexengeld« in Berührung gekommen war. Es war also ratsame Pflicht für einen umsichtigen Hausvater, dafür zu sorgen, daß das »Hexengeld« sobald wie möglich das Haus wieder verließ und bis zu diesem Zeitpunkt getrennt vom übrigen Geld aufbewahrt wurde.

Eine der verbreitetsten Anschauungen über die Gepflogenheiten von Hexen befaßte sich mit der alljährlichen Versammlung auf dem Blocksberg. Der Glaube, daß sich die Hexen in der Walpurgisnacht (vom 30. April zum 1. Mai) zu einem großen orgiastischen Fest versammeln, war weit über Franken hinaus verbreitet. (Historiker führen seinen Ursprung auf den alten germanischen Glauben zurück, daß sich die Walküren alljährlich auf dem Blocksberg versammelten.) Die Überlieferung beschreibt den Zug der Hexen in der letzten Aprilnacht in Scharen zum Treffpunkt; sie salbten sich dazu angeblich mit Hexenfett und ritten auf Galgenbäumen und Besen durch die Luft, wobei sie eine lange Prozession bildeten, in der auch Tiere mitgeführt wurden, die für das Dämonische symbolisch waren (Ziegenböcke, Katzen, Schweine und Lämmer).

Tiere, die am Hexenflug teilnahmen, nannte man ihre Vertrauten oder Hausgeister. Man glaubte, daß sie physische Repräsentanten der Dämonen und des Satans selbst seien, und sie standen in dem Verdacht, sexuelle Perversionen mit den Hexen zu begehen. Die Sünde der mensch-dämonischen Vermischung ist erst durch die Lehren des heiligen Augustin in die christlichen theologischen Überlegungen eingegangen und wurde von Thomas Aquin (1225-74) in seiner *Summa theologica* wiederholt.[11]

Das Konzept der Vertrauten läßt sich auch in nichtchristlichen Kulturen finden. Die Pondo in Afrika zum Beispiel glauben, daß diese Vertrauten jeweils das sexuelle Gegenstück zur Hexe seien, die Gestalt eines schönen Mädchens oder Jünglings annehmen könnten und ausgesprochen sexuelle Charakteristika aufwiesen.[12] Bei den Kongolesen ist das Schwein das bekannteste vertraute Tier der Hexen und Zauberer.[13]

In diesem Zusammenhang muß ein trauriges Epitaph den Millionen unschuldiger Katzen gesetzt werden, die gehaßt, verfolgt und getötet wurden.[14] Die schlichte Hauskatze war zweifellos das am meisten verfolgte Tier der Erde. Fast überall in der Welt, einschließlich Europas in den vergangenen Jahrhunderten, wurde dieses Tier als Günstling der Dämonen und Teufel betrachtet. In einigen Bildnissen des letzten Abendmahls sitzt die »böse Katze« des Christentums zu Judas Füßen. Und während der großen Hexenpanik in der schwedischen Stadt Mora im Jahre 1669 wurden etwa 300 Kinder beschuldigt, daß sie unter anderem Katzen-Dämonen benützt hätten, die für sie Butter, Käse und Speck gestohlen hätten. Fünfzehn der Kinder wurden hingerichtet, und 36 wurden ein Jahr lang jeden Sonntag vor der Kirchentür ausgepeitscht.

Als besonderes Unglückszeichen galt es, wenn die Katze auch noch schwarz war. Es gab Fälle, wo solche Katzen genau wie Hexen lebendig verbrannt wurden. Sogar heute sind diesbezügliche Vorstellungen weit verbreitet – auch wenn man dabei nicht zwangsläufig an die dämonische Gestalt denkt –, und viele Menschen halten es für ein böses Omen, wenn eine schwarze Katze ihren Weg kreuzt.

Ein anderes mit der Hexe verbündetes Tier war sogar von noch schlimmerer Bedeutung. Die Ziege war in der mittelalterlichen Tradition oft als Repräsentant des Teufels betrachtet worden, der über den Hexensabbat gebot und das gotteslästerliche *Osculum infame* empfing.

Die Ziege als chthonisches Symbol hat eine lange Geschichte. Sie erscheint in der hebräischen Dämonologie um das Ende der apokalyptischen Periode und in den Fruchtbarkeitsriten des Dionysos.[15]
Die Bauern fürchteten, daß die dämonischen Schwärme der Hexen und ihre Gefolgschaft Felder, Ernte und Höfe bei ihrem Durchzug schädigen könnten. Es war daher ein alter fränkischer Brauch, durch das Hexenknallen oder Hexenausklatschen Schutz dagegen zu suchen. Jung und alt in den Dörfern kam in der Walpurgisnacht zusammen und begann, bei Einbruch der Dunkelheit mit Peitschen zu knallen und sogar in die Luft zu schießen, um dafür zu sorgen, daß keine der Hexen es wage, irgendwo im Dorf oder dessen Nähe zu erscheinen. Bei solchen Gelegenheiten war es für alte Frauen nicht ratsam, sich auf der Straße sehen zu lassen, zumal wenn sie die stereotypen Kennzeichen der Hexen besaßen – große Nase, zahnlos, gebückter Gang, gerötete Augen. Ähnliche Praktiken werden aus Tirol, Oberbayern und der Schweiz berichtet. In einigen Gegenden glaubte man, daß das heftige Läuten von Kuhglocken Hexen vertreiben würde, da sie Lärm nicht ausstehen könnten.[16]

Nach einer fränkischen Chronik hielten Bürger einer Kleinstadt eine Feuersbrunst für Hexenwerk, die viele Häuser vernichtet hatte. Sie meinten, dies wäre nur möglich geworden, weil die Bürgerschaft in der Walpurgisnacht das Hexenausknallen unzureichend verrichtet habe.[17]

In einem der Hauptäler der Fränkischen Schweiz, dem Wiesenttal, war es Bauernbrauch, in der Walpurgisnacht Weihwasser auf die Felder und Wiesen zu sprenkeln und dreimal an jeder Ecke des Grundstückes ein Kreuzzeichen zu schlagen, in der Absicht, sie auf diese Weise vor Hexen zu schützen. Ein alter Bauer aus dem Dorf Buckenhofen konnte sich an eine sogenannte »Hexeneiche« im 19. Jahrhundert erinnern, auf der die Hexen bei ihrem Zug zum Blocksberg Rast gemacht haben sollen. Man konnte gelegentlich beobachten, wie sich die Äste unter dem Gewicht der Hexen hin und her bewegten, sogar dann, wenn es windstill war und die Äste der benachbarten Bäume ruhig blieben.

Neben der Versammlung in der Walpurgisnacht auf dem Blocksberg – sozusagen dem nationalen Hexentreffen – gab es noch kleinere regionale Hexentreffpunkte. Bestimmte bekannte Geländepunkte, gewöhnlich Berggipfel, waren verdächtig, Schauplätze solcher regelmäßigen Hexenzusammenkünfte zu sein. So sagte man zum Beispiel dem Walberla bei Kirchehrenbach, dem Spornagel bei Kirchahorn und dem Schießberg bei Eggolsheim nach, daß sie den Hexen der Umgebung mehrmals im Jahr als bevorzugte Stätten dienten; nur waren die Termine im einzelnen bekannt.

Der Brauch des Hexenausknallens ist weitgehend verschwunden. Dort, wo er sich erhalten hat, ist die Verbindung zum Hexenflug in der Walpurgisnacht verlorengegangen. Für die Dorfjugend ist er heute hauptsächlich ein jährliches Vergnügen ohne okkulte Bedeutung. Die Trennung von Hexensabbat und dem Lärmen der Dorfbewohner in der Walpurgisnacht begann schon vor langer Zeit. Alte Bauern erzählten von ihrer Teilnahme am dörflichen Hexenausknallen in ihrer Jugend in den 1910er und 1920er Jahren, aber sie waren sich nicht bewußt, daß der Grund dafür der jährliche Hexenzug zum sagenumwobenen Blocksberg war. Sie glaubten auch so – und einige der Interviewten glauben es bis heute – an die Wirksamkeit des Peitschenknallens, um den Teufel und seine Komplizen von ihren Dörfern und Häusern fernzuhalten.

Zum fränkischen Hexenpeitschen gibt es Vergleichbares in anderen Gegenden. Bei einem Besuch in der Gegend um Leipzig erfuhr ich 1977 von einem farbenfrohen Ritual, das die Sorben in der Lausitz nahe der polnischen Grenze alljährlich aufführten. Die sorbische Landbevölkerung sind Nachkommen eines alten slawischen Volksstammes und feiern am Morgen nach der Walpurgisnacht ein Hexenbrennen. Die Hexe wird dabei durch eine lebensgroße Puppe repräsentiert, die man über Nacht in ein Gefängnis sperrt, am Morgen zu einem öffentlichen Platz geleitet und der Menge zur Schau stellt. Sie wird als Hexe angeklagt und auf einem Scheiterhaufen verbrannt. Die Anklage wird von verschiedenen Angehörigen der Gemeinde erhoben, die sich der »Hexe« nähern und sie alles Bösen beschuldigen, das sich das Jahr über im Dorf ereignet hat. Bezeichnenderweise gibt man ihr einen Namen – nämlich den der verrufensten Frau im Ort. Die Verbrennung ist eine symbolische Stellvertretertötung, und der Feuertod der Figur wird der Vernichtung alles Bösen im Dorf gleichgesetzt.

Die Lebensgrundlage der fränkischen Bauern basierte auf der Gesundheit und Produktivität der Nutztiere. Wie eng die Beziehung zwischen den Tieren und dem Lebensunterhalt ihrer Besitzer war, zeigt sich auch symbolisch darin, daß Mensch und Tier buchstäblich unter einem Dach lebten. Vom zentralen, oft gewölbten Hausflur des Bauernhauses konnte man nach rechts in die Küche oder das Wohnzimmer und nach links in den Stall gehen, wo die Kühe fraßen, schliefen und gemolken wurden. Der Stall war somit ein Teil des Wohngebäudes. Mensch und Tier betraten und verließen das Haus oft durch dieselbe Haustür. (Erst um 1950 begann man, menschliche und tierische Unterkünfte zu trennen und die Tiere in separaten Gebäuden unterzubringen.)

Jede Kuh wurde auch als Individuum betrachtet, hatte einen Namen, und ihre Lebensgeschichte war auch ein Teil der Familiengeschichte.

Sogar die Honigbienen spielten eine bedeutende Rolle im Leben der Bauern. Viele Bauern hielten Bienenvölker in ihren Obstgärten nahe bei den Häusern. Wie sehr sie geachtet und als Teil des Haushaltes betrachtet wurden, zeigt sich in folgendem alten Brauch. Wenn der Hausherr starb, wurde sein Tod auch den Bienen angesagt. Es war Brauch, dreimal an die Bienenstöcke zu klopfen und zu rufen: »Der Herr ist tot!« Dies war bis in die 20er Jahre zu beobachten, als beim Tod meines Großvaters meine Großmutter den ältesten Sohn zu diesem Zweck zum Bienenhaus hinausschickte.

Betrachtet man die Bedeutung der bäuerlichen Tiere und die Strenge des übernatürlichen Weltbildes der fränkischen Bauern, wird es verständlich, daß sie sich mit den böswilligen Kräften beschäftigten, die eine Hexe anwenden konnte, um den tierischen Mitbewohnern zu schaden und ihren Nutzen zu mindern. Dieses Bestreben war so akut, daß die Bauern mehrere Arten von Hexen unterschieden, von denen jede auf die Schädigung eines eigenen Bereichs des Stalles spezialisiert war.

Eine davon war bekannt als Milchhexe, die angeblich die Fähigkeit besaß, jede Kuh im Dorf zu melken, auf die sie ihr Auge warf. Man glaubte, sie könne das Euter der auserwählten Kuh durch bloße Zauberkraft leeren, während sie selbst zu Hause saß und die Ecken eines Taschen- oder Tischtuches »molk«. Besonders verantwortungslose Milchhexen wurden verdächtigt, eine Kuh auf diese Art so oft zu melken, daß das Tier letztendlich vom Übermelken zugrunde gehe.

Kam Milch von einem Hof, der einer verdächtigten Milchhexe gehörte, so wurde sie nie mit der anderer Bauern vermischt. Oft wurde die Milch verschiedener Bauern in einer gemeinsamen Kanne gesammelt, um sie in der Stadt zu verkaufen. Die Beteiligten verabredeten jedoch, die Milch des in üblem Ruf stehenden Gehöfts in gesonderten Behältern zu belassen.

Die Vorstellung, daß Hexen Milch stehlen, war im gesamten ländlichen Europa so weit verbreitet, daß das Erscheinungsbild der Milchhexe fast allgemein akzeptiert war. Johann Bächthold führt so viele Beispiele in seinem neunbändigen Grundlagenwerk an, daß sie wie eine internationale Stereotypie aussehen. Zum Beispiel zeigen Berichte aus Schlesien, Tirol, Thüringen, Österreich, Schwaben, Bayern, der Schweiz, Böhmen, Westfalen, deutschstämmigen Siedlungen der USA und sogar aus Norwegen, Schweden, Jugoslawien und vielen anderen Gegenden große Ähnlichkeiten mit der fränkischen Version. Die Methode des telekinetischen Diebstahls unterscheidet sich nur insofern, als die Hexe in Franken die Ecken eines Tuches melkt oder ein Messer oder den Stiel einer Axt im Türrahmen, wie es zum Beispiel in Teilen Österreichs vorkommt. In anderen Gegenden verdächtigt man Ratten oder Katzen, die man als verwandelte Hexen betrachtet *(corporum mutatio in bestias)*, an den Kuheutern zu saugen.[18] Untersuchungen in Norddeutschland von Johann Kruse zeigen die Hexe beim Melken des Griffs eines Brotmessers, das in den Türrahmen gespießt ist.[19] Meine eigenen Untersuchungen bei älteren Bauern in der Oberpfalz 1977 ergaben ähnliche Erinnerungen über Milchhexen. Flüchtlinge aus ländlichen Gebieten des ehemaligen Preußens erzählten mir von vergleichbaren Praktiken.

Das Konzept der milchstehlenden Hexe ist auch bei Leuten verbreitet, die den Franken kulturell keinesfalls nahestehen. Zum Beispiel glauben die Nyakyusa in Afrika, daß Hexen fähig seien, Milch zu stehlen, indem sie im Traum an den Eutern der Kühe saugen. Sie glauben auch, daß die so befallenen Kühe austrocknen und später Fehlgebur-

*Milchzauber.*
*Auf einem Drudenfuß knieend stiehlt die Hexe Milch, während die Melkerin leer ausgeht. (Aus: Hans Vintler, Tugendspiegel. 1486)*

ten haben.[20] Eine andere Art telekinetischer Magie bei dieser Unterart der Hexen war es, Butter aus dem Butterfaß der Bauern verschwinden zu lassen und in das der Hexe zu versetzen. Dieser Glaube half zu erklären, warum einige Bauern trotz langen Schlagens keine Butter erzeugen konnten.

Eine verwandte Kategorie von Hexen war die *Stallhexe,* deren Absicht es war, Kühe, Kälber und Schweine krank zu machen. Meist unterstellte man ihnen, mit Hilfe ihrer Zauberkräfte die Kühe blutige Milch geben zu lassen. Bächthold zählt verschiedene Fälle auf und deckt damit ein fast ebenso großes Gebiet wie bei der Milchhexe ab. Auch hier bestätigen wieder meine Belege von zeitgenössischen Ostpreußen und Oberpfälzern diese Fähigkeit der Stallhexe.

Einige Bauern interpretieren das »Blutmelken« als Folge des Entfernens der Milch durch eine Hexe, die dem Besitzer nur Blut zurückläßt. Auf diese Weise könnte dem Hexenwerk ein utilitaristisches Motiv unterlegt werden. Doch meinten die meisten, daß sie es nur aus reiner Böswilligkeit täte.

In der Tat zeigen die Kühe gelegentlich Spuren von Blut in ihrer Milch, und für die Franken war dies ein Hexenwerk. Heute hat sich der »Zauber« als relativ einfaches tiermedizinisches Problem entpuppt. (Mehr darüber in Kapitel 3, Teil III.)

Eine besonders lästige Version der Stallhexe war die Pferdehexe. Ihre Untaten richteten sich gegen die Pferde, die sie ängstigte, bis sie krank wurden oder gar verendeten. Da aber nur eine Minderheit der Bauern Pferde besaß, war dieses Übel begrenzt. Trotzdem konnten Bauern mit Pferden die Gefahr nie ganz ausschließen und mußten darauf vorbereitet sein, am Morgen die Mähnen und Schwänze der Pferde zu zahllosen Zöpfen geflochten vorzufinden – ein unfehlbares Zeichen dafür, daß in der Nacht eine Hexe den Stall besucht hatte. Die Pferde würden dann nach Luft schnappen, stark schwitzen und an Gewicht verlieren. Wenn eine Hexe mehrere Nächte hintereinander den Spuk wiederholte, könnten die Pferde vor Angst und Erschöpfung sterben. Belege von Pferdehexen kamen aus Gößweinstein und Kirchenbirkig, aber ihre Bedeutung war in der ganzen Fränkischen Schweiz und darüber hinaus bekannt. Zum Beispiel berichteten meine Informanten aus Ostpreußen dasselbe Phänomen von geflochtenen Pferdeschwänzen und erklärten es ebenfalls als Hexenwerk.

Heinrich Frank, der in seinem heimatlichen Bayerischen Wald (in der Gegend um Viechtach) die volkstümlichen Vorstellungen und Gebräuche aufzeichnete, erzählt von einer ähnlichen Überlieferung der Pferdehexe: »Die ganze Nacht wurden die Pferde von der Trud geritten. Zitternd und voller Schweiß standen sie bei Tagesanbruch im Stall. Die Mähne und Schweif, mit Stroh eingesetzt, waren in Zöpfe geflochten.«[21] Der jiddische Schriftsteller Isaac Bashevis Singer beschreibt in seinem Buch »*Shosha*« das Leben der Juden im Warschauer Getto vor dem Zweiten Weltkrieg, und interessanterweise schildert er darin genau dasselbe Pferdehexen-Phänomen.[22] Die Bauern standen der Bosheit der Hexen nicht hilflos gegenüber. Das fränkische Volksgut war voll von Abwehrbräuchen. So glaubten die Bauern zum Beispiel, daß die Hexe von sich aus das Tier wieder verließ, wenn sie drei große Kletten in den Pferdeschwanz bänden. Doch sobald eine der Kletten verlorenging, konnte das Unglück von neuem beginnen.

Hagebutten wurden zum Schutz des Stalles verwendet. Man vergrub sie unter der Schwelle der Stalltür. Keine vorsichtige Hexe, so nahm man an, würde es wagen, durch eine Tür zu gehen, die auf diese Art geschützt war. Viele Bauern glaubten auch, daß man der Hexe, die ihr Vieh mit einem Zauber belegt hatte, Schmerzen, Schaden oder sogar den Tod zufügen könnte, wenn man das betroffene Tier mit Zweigen vom Bocksdorn *(Lycium halimifolium)* schlug. In der Regel verwendete man Bocksdornzweige auch, um den Stall »hexensicher« zu machen. Man verbrannte auch Wermut *(Artemisia absinthium)* im Stall, weil Hexen angeblich den Geruch nicht ertragen konnten.

Verbreitete Hexenabwehrmittel in Franken waren auch Rechen und Mistgabeln, die man mit den Borsten oder Zinken nach oben neben die Tür oder in eine Ecke des Stalles lehnte. Besonders umsichtige Bauern wendeten dieses Mittel im Zusammenhang mit der Reinigung an, da sie meinten, dies würde die Abwehrwirkung verstärken.

Die beiden ältesten in Franken bekannten Hexen-Abwehrmittel dürften der Drudenfuß und der Drudenstein sein. Der erstere war ein Zeichen, bestehend aus zwei überlagerten, auf die Spitze gestellten Dreiecken, deren ursprüngliche Bedeutung sich in der Antike verloren hat. Im Mittelalter schnitzte oder meißelte man es in die Türschwelle. Man glaubte, daß sich eine Hexe abwendete, wenn sie es sähe, weil ihr die Überquerung schaden würde. Der Drudenstein war ein runder Flußkiesel mit einem natürlichen Loch in der Mitte. (In der Regel waren es vom Wasser ausgehöhlte Kalksteine.) Ein solcher Hexenstein wurde wie ein Edelstein behandelt, über der Tür angebracht oder bei der Tür in die Wand eingemauert. Auch von ihm glaubte man, daß er Hexen am Betreten des Hauses hinderte.[23] Der Gebrauch von Drudenstein und -fuß war jedoch uraltes Ritual, und ich konnte kaum jemanden finden, der damit vertraut war.

Das Schutzbestreben der Bauern für ihre Tiere reichte über den Stall hinaus. In und um die Dörfer gab es kleine natürliche Teiche, an denen die Bauern oft ihre Tiere tränkten. In der Fränkischen Schweiz nannte man sie »Hüllen«. Um Hexen und Dämonen von dort fernzuhalten, legte man Hagebutten in der Form eines Kreuzes an eine Ecke des Teiches. Es war wichtig, dieses Ritual in der Nacht vor dem ersten Mai auszuführen, weil man annahm, daß die Hexen dann in Schwärmen vorüberzogen.

Das christliche Brauchtum hat dem Repertoire fränkischer Abwehrmethoden verschiedene Rituale hinzugefügt, die das Vieh vor Bezauberung schützen sollten. Bestimmte Kräuter und Blumen, die an Mariä

Himmelfahrt (15. August) geweiht worden waren, bewahrte man in getrocknetem Zustand bis Weihnachten auf. Dann schnitt man sie klein und mischte sie mit dem Futter. Nach dem Verzehr dieser Mischung, so glaubte man, wäre das Vieh für einige Zeit gegen Hexen immun. Ein anderes religiös beeinflußtes Abwehrmittel kannte ich aus Sachsendorf, wo man Salz, das in der Kirche am Vorabend des Dreikönigsfestes (5. Januar) geweiht wurde, im Laufe des Jahres verwendete, um Hexen vom Stall fernzuhalten. Man verstreute das Salz bei kritischen Situationen, etwa beim Kalben, oder am Weihnachts- und Neujahrsabend. Dieser Brauch ist ein Überrest aus dem Frühmittelalter, als die kirchlichen Autoritäten ein umfassendes Spektrum von Formen einführten, die Gottes Segen für alle Bereiche des täglichen Lebens sichern sollten. Das bekannteste Ritual war die Segnung von Salz und Wasser zur körperlichen Gesundheit und Austreibung böser Geister. Theologen ebenso wie Laien schätzten diese Liturgie als Macht ein, die mehr als nur symbolisch war.

Andere Gegenden besaßen ihre eigenen vergleichbaren Schutzmaßnahmen. Bächthold berichtet unter anderem, daß man in Norddeutschland dem Blutmelken entgegenwirkte, indem man den Namen Jesu über den Milcheimer sprach, Weihwasser darüberspritzte und ein Kreuz schlug. Zusätzlich mußten Formeln gesprochen werden – und zwar in der örtlichen Mundart. Es gab viele Methoden, dem Milchstehlen zu begegnen. Beispielsweise konnte man etwas Milch von der befallenen Kuh überkochen lassen, so daß sie ins Feuer rann und verbrannte – dies würde gleichzeitig die Hexe verbrennen. Man konnte die kochende Milch mit bestimmten Pflanzen schlagen, was gleichgesetzt wurde mit Schlägen auf den Kopf der Hexe. Man konnte die behexte Kuh mit Wacholderreisig schlagen, mit Weihwasser besprizen und – in Schlesien – die Stalltüren und -fenster mit Eichenblättern verzieren und dazu bestimmte Formeln sprechen.[24]

In Preußen erkannte man verhexte Kühe an übermäßigem Schweiß, zitternden Gliedern und dem Geschmack von Kuhdung in der Milch. Man ging gegen diesen Zauber vor, indem man die Milch mit einem Rechen rührte, diesen in den Kamin zum Trocknen aufhängte und ihn dann im Misthaufen vergrub. Man glaubte, daß der Hexe dieselbe Behandlung widerfahren würde. Ein anderes preußisches Rezept bestand darin, daß man die Milch auf dem offenen Feuer bis zum Verdampfen kochte, ein Kreuz in den Rückstand schnitt, während man ein Gebet im Namen der Dreifaltigkeit sprach und den Topf auf einen Zaunpfahl stellte, damit ihn die Vögel leerten. Dabei achtete man sorgfältig darauf, daß keine Haus- oder Nutztiere davon fraßen.[25]

Kruses Untersuchungen der Hexenbräuche in Norddeutschland deckten eine große Zahl von Gegenzaubern gegen die Böswilligkeiten der Hexen auf. Wer sich rächen wollte, konnte die Katze der Hexe fangen und sie mit einem weißglühenden Eisen oder einer Gabel erstechen. Eine fremde Katze erfüllte denselben Zweck, wenn sie mit dem Namen der Hexe angeredet und auf gleiche Weise getötet wurde. Eine andere Art der Hexentötung war möglich, wenn man Sand aus den Fußstapfen der Hexe erlangte und einen Sargnagel hineinstieß. Dieses Vorgehen hielt man für tödlich für die Hexe.[26] Ich habe keine Parallelen zu derart mörderischer Gegenmagie in den Bräuchen Frankens finden können.

Diese extremen Aufwallungen mögen der mündlichen Überlieferung der deutschen Landbevölkerung fremd sein und aus einschlägigen Büchern stammen. Kruse stellt dar, daß der Glaube an verschiedene magische Bücher, die Behexungs- wie auch Enthexungsformeln anbieten, und ihr Gebrauch in den vergangenen beiden Jahrhunderten weit verbreitet waren.[27] Unter der Gegenzauber-Literatur (also der angeblich *weißen* Magie) finden sich *»Das Wunderbuch, enthaltend große Geheimnisse früherer Zeiten«*, *»Das Romanusbüchlein«*, *»Ägyptische Geheimnisse«*, *»Der magisch-sympathetische Hausschatz«* und *»Formeln der magischen Kabbala«*. Am besten bekannt sind die sogenannten *»Sechsten und Siebten Bücher Mose«*. Viele glaubten, daß dieses Buch ein Gegenmittel zur *»Schwarzen Bibel«* darstelle, einem vom Satan inspirierten Buch, und daß Moses es überliefert habe, um Macht über die Zauberei der Hexen zu vermitteln.

Das angeblich von Moses verfaßte Buch zeigt, je nach dem Erscheinungsdatum, einen recht unterschiedlichen Inhalt. Während die Siegel, um wirksam zu sein, hebräisch gesprochen werden sollten, könnte jeder, der mit dieser alten Sprache vertraut ist, feststellen, daß die Schriftzeichen wahl- und bedeutungslos zusammengefügt sind.

Mehr *schwarze* als *weiße* Magie findet sich in dem Buch *»Geheimnisse der Nigromantiae und Beschwörung deren bösen Geister«*. Ein anderes Handbuch der Magie, *»Der feurige Drachen oder Herrschaft über die himmlischen und höllischen Geister«*, suggeriert Siegel, Talismane und Papierstücke mit Zeichen, die am Körper getragen werden sollen, und es gibt Anleitungen, um Luzifer und andere Dämonen herbeizurufen.

All diese Bücher geben vor, Schutz gegen Hexen zu bieten. In Wirklichkeit verwenden sie aber Zauberpraktiken, indem sie Siegel und Formeln nennen, mit deren Hilfe man über Dämonen gebieten können soll. Damit wird paradoxerweise das getan, was man auf der anderen Seite verhüten will. Es werden nämlich ebensoviele Schutz- wie Angstgefühle heraufbeschworen.

Wir haben uns bisher mit der Sicherheit des Viehbestandes befaßt. Weit mehr fürchteten die Bauern natürlich um ihre eigene Sicherheit. Denn die meisten glaubten fest daran, daß die Hauptbosheit der Hexen darin bestünde, ihre Körper und Seelen zu schädigen.

Einer der harmlosesten Hexenstreiche war das Anhexen von Läusen, das sich in den meisten Gegenden Deutschlands und auch darüber hinaus finden läßt. Macfarlane beschreibt ähnliche Vorstellungen aus England.[28]

Weit schwerwiegender als dieser Befall, so abstoßend und lästig er auch sein mochte, war das Anhexen von Krankheiten und Tod. Solche

Leiden waren so beschaffen, daß sich keine medizinische Ursache dafür finden ließ. Die Bauern neigten daher dazu, unbekannte Leiden als durch Hexen verursacht anzusehen. Mit der fortschreitenden Ausbreitung moderner Medizin in den ländlichen Gebieten und der wachsenden Anzahl von Ärzten, Krankenhäusern und Laboratorien nahmen diese ominösen Krankheiten in den vergangenen Jahrzehnten stark ab. Die Zunahme natürlicher Erklärungen für bisher unbekannte Krankheiten geht mit der Abnahme von Verdächtigungen und Anklagen wegen Zauberei Hand in Hand.

Die Bauern meinten, eine Hexe müßte erst etwas aus dem Besitz des Betroffenen bekommen, bevor sie einen Zauber gegen ihn aussenden könne. Deshalb achteten die Dorfbewohner konsequent darauf, daß Hexen nicht in den Besitz persönlicher Gegenstände gelangen konnten.

Die Furcht, eine Hexe könnte etwas aus ihrem Eigentum besitzen und ihnen auf diese Weise böse Geister schicken, saß außerordentlich tief. Wenn ein derartiger Erwerb durch eine persönliche Nachlässigkeit geschah, kam zur Besorgnis noch eine starke Frustration hinzu. Eltern ermahnten ihre Kinder, nicht mit Spielsachen und Puppen fortzugehen. Ein vergeßliches Kind könnte ja der Hexe die Tür für ihre Schwarze Kunst öffnen. Kruse fand weitere Beispiele. Im bäuerlichen Norddeutschland teilte man diesen fränkischen Glauben.[29]

Im Bestreben, mit den Hexen im reinen zu sein, wollten die Bauern vor allem wissen, wer in der Dorfgemeinschaft eine Hexe wäre. Man war nie ganz sicher. Schließlich konnte eine Frau über Nacht das Hexenhandwerk erlernen, indem sie bestimmte verbotene Bücher las und einen Teufelspakt einging. Es bestand daher immer die Möglichkeit, daß jemand, der heute noch keine Hexe war, morgen schon eine sein könnte. Jedoch war die Möglichkeit des Unentdecktbleibens begrenzt, da die fränkischen Hexen gewöhnlich eine familiäre Abstammung besaßen, die ihre Identität bestätigte.

William Monter, der Historiker, der die Hexerei in den schweizerischen Juraalpen untersucht hat, fand gleichartige Belege. »Da nur sehr wenige Klassen über Verdächtigungen erhaben waren, war die familiäre Herkunft meist genauso wichtig dafür wie der soziale Rang, um in den Ruf der Hexerei zu kommen. Einige Familien im Jura brachten über eine lange Zeitspanne verdächtige Hexen hervor.«[30]

Kruse entdeckte eine ähnliche familiäre Vorbelastung in Norddeutschland. »Viele Hexen sollen ihre Zauberkunst von der Mutter geerbt haben. Zahllose Familien stehen noch heute in dem Ruf, daß bei ihnen die ›Schwarze Kunst‹ erblich sei.«[31]

Doch selbst wenn der Ruf der Familie den des einzelnen bestimmte, war eine Umkehr möglich, und eine vormals dubiose Persönlichkeit konnte wieder in den Ruf der Vertrauenswürdigkeit gelangen, indem sie sich beständig ehrbar benahm und einen christlichen Lebenswandel an den Tag legte. In jedem Fall blieb also ein Stück Ungewißheit; und in den sozialen Bindungen der Dorfgemeinschaft wurde ein ständiges

Mißtrauen gehegt. Doch die Menschen sehnen sich nach Gewißheit und sind ebenso erstaunlich einfallsreich wie auch bizarr, sie zu erlangen. Obwohl sie die Vorsicht nie ganz außer acht ließen, zerstreuten sie Zweifel durch die Anwendung verschiedener Proben. Mit anderen Worten, sie wollten Zeichen sehen, die ihnen sagten, wer eine Hexe war und wer nicht.

Ich habe bereits eine fränkische Methode zur Identifizierung einer Hexe im Zusammenhang mit dem Incubus angeführt. Die Methode für die Milchhexe ist schon ausgefeilter. Man glaubte, daß einem gläubigen Christen, der während der Mitternachtsmesse am Heiligabend auf einem besonderen Fußschemel kniete, die göttliche Gnade zuteil würde, Hexen zu erkennen, wenn er sie zu Gesicht bekäme. Diese Gabe hielt aber nur so lange an, wie der Betreffende auf dem Schemel kniete. Die Erkennung war somit auf diejenigen Hexen beschränkt, die bei der Messe anwesend waren. (Die Bauern begründeten offenbar den Widerspruch der mit dem Satan verbündeten Hexe, die trotzdem in der Messe anwesend war, mit deren Bestreben, ihre Identität zu tarnen.)

Wer die Hexen zu dieser Zeit sah, erkannte sie an bestimmten bäuerlichen Geräten oder Symbolen, die über ihren Köpfen sichtbar wurden. Eine typische Milchhexe konnte etwa an einem Milcheimer oder Butterfaß über ihrem Kopf erkannt werden, und im Augenblick der Wandlung entdeckte man sie, weil sie dabei aschfahl wurde und dem Altar den Rücken zuwendete.

Dieser Hexenstuhl war ein niedriger Schemel, der aus neunerlei Holz geschreinert war und dessen Herstellung von einer Reihe okkulter Zeremonien begleitet wurde. An die Wirksamkeit eines Hexenstuhls bei der Hexenerkennung glaubte man in verschiedenen Dörfern, besonders in Kirchenbirkig, Weidenhüll, Kühlenfels und Elbersberg.

Der Glaube florierte trotz der Mißbilligung dieser Praktiken durch die Geistlichkeit. Die Tradition des Schemels aus neunerlei Holz kannte man auch in der Viechtacher Gegend.

Bächthold sammelte ebenfalls Beispiele von Methoden zur Erkennung von Milchhexen. Interessant ist, daß die Hexenstuhl-Methode in Niederbayern (besonders in der Landshuter Gegend) und der Oberpfalz in gleicher Weise vorkommt, einschließlich der Einzelheit, daß der Stuhl aus neun verschiedenen Hölzern gefertigt sein mußte.[32] Eine österreichische Methode geht davon aus, daß man einer uneingeweihten Person, die also überhaupt nicht weiß, was vorgeht, ein vierblättriges Kleeblatt in die Tasche schiebt. Diese Person soll dann in der Lage sein, vermutlich zu ihrem eigenen Erstaunen, die Hexen an Milcheimern über ihren Köpfen zu erkennen.

Im lutherischen Ansbach, das an die Fränkische Schweiz angrenzt, sollte man drei Weizenkörner, die man im Brot gefunden hatte, in der Walpurgisnacht bei sich tragen, um Milchhexen in der Kirche an den Melkgeräten über ihren Köpfen zu erkennen. In Schlesien mußten die Bauern durch ein Sieb aus Gundelreben *(Netea hederacea)* melken und dies dann auf dem Kopf tragen, um die Hexen zu erkennen. Eine andere fränkische Methode des »Sehens« von Hexen war, einen Spiegel genau über die Stelle zu halten, an der sich die Verzauberung ereignet hatte. Der Spiegel würde dann das Gesicht der Hexe zeigen. Einer meiner Onkel versicherte mir, daß einst auf diese Weise eine Hexe entlarvt worden sei, die ein Unglück über den Hof gebracht hatte. Während dieser Glaube an Zeichen, die Hexen erkennbar machten, weitgehend geteilt wurde, gab es daneben noch zahlreiche idiosynkratische Zeichen, um den persönlichen Verdacht zu erhärten. So erzählte mir zum Beispiel eine Bäuerin, daß sie einen »Wischbaum« (Wiesbaum), das lange Holz, das oben über den Heuwagen gelegt wurde, um die Ladung zusammenzudrücken, durch die Luft schweben und im Schornstein des Hauses einer in üblem Ruf stehenden Familie verschwinden sah. Der Hintergedanke war dabei, daß dieser Wiesbaum für die nächtlichen Ritte verwendet worden sei.

Frank berichtet ähnliches aus dem Bayerischen Wald, wo man einen sogenannten »Erdenspiegel« kannte, der am Unglücksort die dämonische Fratze des Missetäters reflektiert haben soll.

Die bisherigen Kapitel haben die ständige Angst vor dem Übernatürlichen besprochen. Diese Besorgnis bildete den Kern des Kosmos der fränkischen Bauern. Sie entwickelten eine eigentümliche Ängstlichkeit vor der Bosheit der Hexen und sahen sie als die Urheberinnen von Unglück und Krankheit an. Wie überall unter den Menschen stimulierte die übergelagerte Angst jedoch auch den Erfindungsgeist zur Abwehr. Einige dieser Erfindungen suggerierten sogar eine Institutionalisierung. Genauso wie man an die unheilbringende Hexe glaubte, glaubte man auch an eine heilbringende Frau. Sie war bekannt als die »Frau, die das Anfangen konnte«, als die Rivalin der Hexe und Vertreterin der guten Mächte.

## 2. Hexe und Heilerin

Die Identifizierung des Übeltäters war nicht die einzige Waffe der Bauern gegen die Hexe. Es gab einen weit wirkungsvolleren Weg. Schließlich konnte die Entlarvung der Hexe mittels Hexenstuhl oder Spiegel nur zur Erkennung der Hexe *ex post facto* dienen, nicht aber dazu, sich gegen die Bezauberung zu schützen oder sie rückgängig zu machen. Im Laufe der Jahrhunderte hat sich daher unter den fränkischen Bauern eine wohltätige Gegenspielerin der Hexe entwickelt. Es war eine Frau, die erfahren im »Anfangen« war. Man hielt sie für eine Verbündete guter Geister, die fähig war, göttliche Gnade zu vermitteln, und besondere Gebete und Rituale kannte, mit deren Hilfe dieser Segen auf die weniger Glücklichen gelenkt werden konnte. Diese Frau hatte anscheinend sowohl das Wissen als auch das persönliche Charisma, um wirkungsvolle Zeremonien zu gestalten. Mit anderen Worten, sie war Herrin der Weißen Magie.

Nur in einem Falle hörte ich, daß ein Mann das »Anfangen« konnte. Er war ein wohlbekannter Heiler aus dem Dorf Rabeneck. Sein Ruf war durch das Gerücht etwas ins Wanken geraten, daß er sich gelegentlich bei seinen Heilungen außerhalb christlicher Traditionen bewege. Anders ausgedrückt, einige Leute hielten ihn für einen Zauberer – nicht für einen Hexer. Abgesehen von dieser Ausnahme waren alle, von denen ich hörte, daß sie das »Anfangen« beherrschten, Frauen – meist ältere. Ich möchte daher diesen Typus des Heilers verallgemeinernd als Frauen ansprechen.

Kurioserweise fehlt im regionalen Dialekt ein Name für diese Frau. Diese Unterschiebung eines Nomens zur näheren Bezeichnung solcher Personen würde nicht der Weltsicht dieser Bauern entsprechen und wäre wohl auch nicht geeignet, die korrekte Bedeutung wiederzugeben, die sie damit verbanden. Das Hochdeutsche kennt zwar ein Konzept, das scheinbar dieser Heilerin nahekommt, und Gesundbeterin heißt, also eine Frau bezeichnet, die durch Gebete heilt. Auch Begriffe wie Heilerin oder Zauberin, die möglicherweise gelegentlich zur Bezeichnung dieser Frauengestalt verwendet wurden, vermögen nicht das auszufüllen, was unter einer »Frau, die das Anfangen kann«, verstanden wurde.

Äquivalente Volksheiler in anderen Gegenden Deutschlands waren unter verschiedenen Namen bekannt. Das Konzept des »Anfangens«

erstreckte sich vom Fränkischen Jura bis in das Grenzgebiet von Oberfranken und der Oberpfalz. Ältere Informanten aus der Waldsassener Gegend, nahe der tschechischen Grenze, konnten sich an den Gebrauch dieses Ausdrucks in ihrer Jugend in den 20er Jahren erinnern. Jedoch schon eine verhältnismäßig kurze Strecke weiter nach Süden, im bayerischen Wald, ist dieses Wort gänzlich unbekannt – und wird durch »Ansprechen« ersetzt.

Heinrich Frank, ein Autodidakt unter den Volkskundlern, der in seiner bayerischen Waldheimat über die vergangenen zwei bis drei Jahrzehnte viele der nun verschwundenen Volksglaubensformen aufgezeichnet hat, berichtete mir 1984 von einer Frau, die das »Ansprechen« ausführte. Sie sprach die Krankheit und das Leiden an, als seien sie beseelte Wesen mit eigenem Willen.

Erstaunliche Ähnlichkeiten bestanden zwischen dem »Anfangen« und dem »Ansprechen«: (1) Beide Methoden wurden gewöhnlich von Frauen praktiziert, und ihre Kunst wurde von der Mutter auf die Tochter übertragen; (2) die spezifischen Methoden des Heilsagens, bestimmte Gebete und Rituale, wurden geheimgehalten; (3) sie wurden besonders zur Abwendung und Heilung von Verhexungen beigezogen und waren Gegenspielerinnen der Hexen, deren Methoden sie nie teilten; (4) sie wurden von den Bauern geachtet und standen innerhalb der christlichen Volkstheologie; (5) der Klerus tolerierte sie stillschweigend. In beiden (vorwiegend katholischen) Gegenden überließen Mönche naher Klöster den Bauern frommes »Werkzeug« gegen Malediktion und böse Einwirkungen im allgemeinen – Medaillons, Weihwasser, Rosenkränze, geweihte Kerzen und Kräuter etc. »Aber«, so Frank, »die Patres (Mönche) taten nichts umsonst, sie erwarteten dafür Geld«, während die Frauen das »Anfangen« und »Ansprechen« entweder unentgeltlich taten oder lediglich bescheidene bäuerliche Produkte dafür annahmen. Beide Heilerinnen integrierten solche liturgische »Hardware« in ihr Heilen; (6) die letzten Fälle solchen Heilens geschahen vor etwa 30 Jahren, und keine Praktikantin solchen Volksheilens lebt mehr.

Im nordöstlichen Oberfranken, im überwiegend evangelischen Sechsämterland entlang der tschechischen Grenze, und im benachbarten katholischen Egerland hießen diese Frauen »Büßerinnen«, und ihre Tätigkeit war das »Büßen« von Krankheiten und Gebrechen. Der Ausdruck leitet sich ab vom bayerischen »büeßen« (= bessern, ausbessern, aber auch: vergelten). Die Gleichheit von Begriff und Tätigkeit mag darauf hindeuten, daß sich derartige Traditionen unabhängig von religiösen Reformen über lange Zeit erhalten konnten. Auch sie sprachen das Gebrechen in personifizierter Form an, stützten sich auf den Heilgehalt christlicher Gebete, Formeln, Gestalten und liturgischer Begriffe, benutzten aber in unserem Jahrhundert nur in sehr seltenen Ausnahmefällen Gegenstände (die ja von der evangelischen Kirche nicht verwendet werden), sondern begnügten sich mit Handauflegungen, Bewegungen, Zetteln und Briefen mit magischen Zeichen. Am Schluß einer gebetartigen Beschwörung wurde der angesprochenen Krankheit meist eine – möglichst unerfüllbare – Aufgabe oder Strafe (Buße) zugewiesen, die sie zwingen sollte, den Körper zu verlassen und an einem anderen Ort (etwa in einem hohlen Baum etc.) weiterzuwüten, wo sie keinen Schaden mehr anrichten konnte.

Auch die »Büßerin« kurierte Unheil aller Art, das durch »Verschreien«, Verhexung oder Zauberei entstanden war. Bei der Behandlung von Krankheiten war es für sie jedoch meist zweitrangig, ob der Schaden durch eine Verhexung entstanden war; diese Möglichkeit wird nur in etwa einem Viertel der zahlreichen überlieferten Beschwörungen erwähnt.

Männliche »Büßer« sind nur in relativ geringer Zahl bekannt. Von ihnen wird berichtet, daß sie sich ihre Dienste in Bargeld honorieren ließen. In Ausnahmefällen führten sie sogar gewerbsmäßig »Fernheilungen« durch, indem sie beispielsweise ihren Krankheitssegen in Kleidungsstücke von »Patienten« murmelten, die sie selber nie zu Gesicht bekommen hatten. Schon der letzte Egerer Scharfrichter Karl Huß beschrieb solche betrügerischen Machenschaften aus der Zeit um 1800, und noch um 1930 wurde von den Nachfolgern der damaligen Heiler nach gleichem Muster verfahren.[1]

Eine historische Figur mit ähnlichen Charakteristika wirkte in den abgelegenen kleinen Dörfern der Rheinpfalz. Ihre Tätigkeit nannte man »Brauchen«, und Bauern, die sich durch Verhexung in Not und Bedrängnis glaubten, gingen zu einer Frau, die »braucht«. Ein Fall, der mir in Einzelheiten beschrieben wurde, spielte sich in den 20er Jahren ab und enthielt das zusätzliche Element des Hellsehens.

Ich fragte ältere Menschen und die Ortsgeistlichen nach dem Ursprung der merkwürdigen Bezeichnung »Anfangen« für die Tätigkeit dieser Heilerin, aber niemand konnte eine befriedigende Antwort geben. Die Interpretationsversuche liefen meist darauf hinaus, daß der Begriff wohl eine Person bezeichne, die einen Heilungsprozeß zwar in Gang setzen könne, die es jedoch Gott, den guten Geistern oder der Natur überlassen müsse, dieses Werk zu vollenden. Sie konnte den Prozeß nur initiieren.

In keiner philologischen Arbeit tauchte der Begriff »Anfangen« im Sinne von Magie oder Heilung auf. Als letzten Ausweg wandte ich mich 1979 an die zuständigen staatlichen Institutionen, um Informationen über die Bedeutung, Geschichte und geographische Verbreitung des Begriffs zu erhalten. Ich zog das Institut für Volkskunde, München, die Bayerische Staatsbibliothek, München, die Kommission für Mundartforschung der Bayerischen Akademie der Wissenschaften, München, und das Ostfränkische Wörterbuch der Bayerischen Akademie der Wissenschaften, Erlangen, zu Rate. Das Gesamtergebnis war äußerst mager; nur ganz wenige überprüfte Anwendungsbeispiele waren aufgezeichnet worden. Der letzte Fall datierte aus den dreißiger Jahren und bezog sich auf die Oberpfalz, südöstlich des Fränkischen

Jura, und die daran angrenzenden Kreise Amberg, Kemnath und Sulzbach, also nur gut 30 km außerhalb der Fränkischen Schweiz. Über die Gründe, warum ansonsten gründliche, ja pedantische deutsche Forscher und Beamte den Gebrauch dieses Begriffs bei den Bauern der Fränkischen Schweiz, wo er bis in die 50er Jahre hinein verwendet wurde, gänzlich übersahen, kann ich nur Vermutungen anstellen. War es vielleicht die legendäre Abgeschiedenheit der Gegend? Oder aber die Scheu der Bauern, mit Fremden zu sprechen? Ich weiß auf diese Frage keine Antwort. Der Begriff hat in der Oberpfalz und in der Fränkischen Schweiz die gleiche Bedeutung, nämlich »Krankheiten durch Besprechen heilen«, und jeweils die Konnotation von Magie und Zauberei.[2]

Wie die Hexe, so war auch die »Frau, die das Anfangen konnte«, eine christliche Erfindung. Sie fungierte gewöhnlich innerhalb der Grenzen des christlichen Dogmas, wobei man von der Annahme ausging, daß man sich Gott durch besondere Gebete und Rituale nähern könnte, welche durch dafür qualifizierte Personen (die mit einer diesbezüglichen göttlichen Gnade gesegnet wären) dargebracht werden müßten, und daß Gottes huldvolle Erwiderung darin bestünde, den Fluch einer Hexe aufzuheben oder zu heilen.

Die Kirche bezog gegenüber der »Frau, die das Anfangen konnte« keine offizielle Position. Man betrachtete sie als jemand, der einen hergebrachten Volksbrauch ausführte, welcher nicht durch kirchliche Funktionen belegt war. Der katholische Klerus brachte ihr weder Mißbilligung noch Unterstützung entgegen. In einigen Fällen, wo Bauern sich spezifisch an den Priester um Rat oder Stellungnahme bezüglich des »Anfangens« wandten, machte ihnen der Priester klar, daß nichts Falsches daran wäre, zu Gott zu beten und ihn um Heilung für Kranke, seien es nun Menschen oder Tiere, zu bitten. Außerdem kamen die Geistlichen traditionell den Wünschen der Bauern nach, wenn sie um geweihte Gegenstände aus der Plethora der kirchlichen Liturgie baten, wie zum Beispiel um Kerzen, Kruzifixe, geweihte Pflanzen, Getreidekörner, Eier usw. Oft wurden diese Gegenstände beim »Anfangen« verwendet.

Hier sehen wir einen interessanten Dualismus, nämlich das Konzept der bösen Frau, der Hexe, und das der guten Frau, die das »Anfangen« praktizierte. Der jüdisch-christliche Dualismus fand hier ein Gegenstück unter der fränkischen Bauernschaft.

Ein Bauer in Bedrängnis hatte daher die Auswahlmöglichkeit, sich entweder an eine Hexe um Hilfe zu wenden oder die Dienste einer im »Anfangen« kundigen Frau in Anspruch zu nehmen.

So konnte sich zum Beispiel ein Mann, der argwöhnte, man habe seinen Ferkeln eine Krankheit angehext, entweder an jemand wenden, von dem bekannt war, daß er geheime magische Bücher besaß (und *ipso facto* einen Leumund mit dem Beigeschmack der Hexerei besaß), oder an eine Frau, die in dem vollständigen Ruf stand, eine Hexe zu sein. Es ist erwähnenswert, daß fast alle Bauern glaubten, eine Hexe

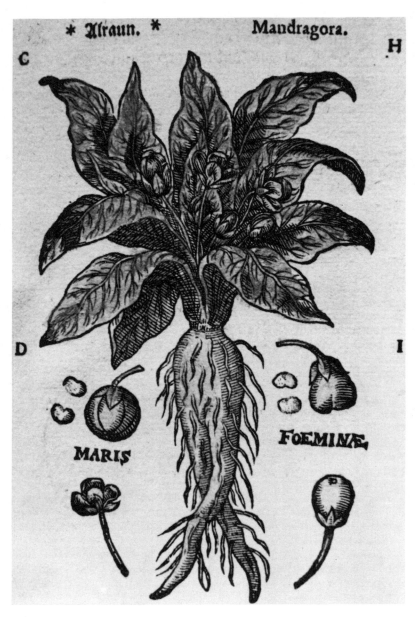

*Alraune oder »schwarze Mandragora«.*
*Dieser Wurzel wurden magische Kräfte zugeschrieben, besonders wenn sie unter magischen Umständen ausgegraben wurde. (Aus: Jakob Theodorus Tabernaemontanus, New vollkommenlich Kräuter-Buch. 1588)*

könne die Ferkel nicht heilen und auch ihren Tod nicht aufhalten, sondern sei lediglich fähig, einen Zauber auf den Stall der angreifenden Hexe zu legen (oder auf den des »Laien«, der sich mit Hexerei abgegeben hatte), um sie zur Rücknahme ihres Zaubers zu veranlassen.[3] Voraussetzung für einen Gegenzauber war aber zuerst die Identifizierung der für die Hexerei verantwortlichen Person. Verschiedene Methoden fanden dabei Anwendung, zum Beispiel die Enttarnung durch das Spiegelbild am Ort des Unheils oder der Hexenstuhl in der Mitternachtsmesse am Heiligen Abend. Da diese jedoch an zeitliche Bedingungen geknüpft war, wurde sie selten angewendet. (Wer wollte schließlich bis zum Heiligabend warten, wenn seine Ferkel im Mai krank waren?) Eine weitere Methode war es, drei Tage zu warten, und dann darauf zu achten, wer in dieser Zeit an die Tür käme, um etwas zu borgen. (Dies ist, nebenbei bemerkt, der gleiche Identifizierungsvorgang, der schon im Zusammenhang mit dem »Hexendrücken« beschrieben wurde.) Aber in den meisten Fällen geschah die Ermittlung des Urhebers der Verhexung auf der Grundlage seines Rufes. Man »wußte« einfach, wer für derartige Dinge in Frage kam.

War der Übeltäter erst einmal identifiziert, konnte eine Hexe ihn persönlich, sein Haus oder seine Haustiere mit einem Gegenzauber belegen. Diese Rache bestand beispielsweise in der Austrocknung eines Obstbaumes, in Legionen von drangsalierenden Läusen oder sogar im Sterben von Vieh. Daraus konnte ein Zweikampf zwischen zwei Hexen erwachsen, denn jede war ihre eigene Autorität – eine isolierte Magierin, die nicht einem Zirkel unterstand. Der Zweck des Gegenzaubers war es, die Hexe oder den »Laien«, der sich mit Zauberei abgab, zu veranlassen, den Zauber aufzuheben. War dies erreicht, so nahm auch die konsultierte Hexe in der Regel ihren Zauber zurück. Am Schluß wurde sie mit Geschenken belohnt, und die Dinge wandten sich wieder ihrem normalen Lauf zu – zumindest für eine Weile.

Es muß jedoch angemerkt werden, daß die Konfrontation der Hexen eher theoretisch als real vor sich ging. Kam der Zauber von einer wirklichen Hexe, so wandte sich die betroffene Person sehr wahrscheinlich an einen Heiler oder suchte die Erlösung in den mannigfaltigen Semisakramenten der katholischen Kirche. Nur wenn der Zauber von jemand kam, der nicht wirklich eine Hexe war, sondern etwa mit dem *Sechsten Buch Mose* experimentierte, hätte der betroffene Bauer den Dienst einer Hexe in Anspruch genommen. Wir müssen also anmerken, daß die Hexe ihren eigenen Zauberspruch zurücknehmen konnte, aber nicht die Macht hatte, den Zauber einer anderen Hexe aufzuheben oder außer Kraft zu setzen. Somit war das Aufheben eines Zaubers entweder Sache der Hexe, die ihn ausgesprochen hatte, oder einer Person, die das »Anfangen« beherrschte.[4]

Die Heilerin beschäftigte sich nie mit Hexerei oder dem Aussenden von Verzauberungen, hatte aber die charismatische Macht, Verhexungen rückgängig zu machen und den Schaden zu beheben. Um das obige Beispiel fortzusetzen, hätte der Bauer mit den kranken Ferkeln eine

Heilerin bitten können, in seinen Stall zu kommen und die entsprechenden Rituale zu vollführen. Dazu gehörten das Sprechen von Gebeten und die Anwendung heiliger Gegenstände. Manchmal mußten die Ferkel auch geweihte Kräuter fressen. Alles geschah ohne Zuschauer. Wenn die Heilerin von ihrem Besuch bei den Tieren zurückkam, dankte man ihr und gab ihr Geschenke in Form landwirtschaftlicher Produkte. Dann verschwand sie und ließ eine Familie zurück, die überzeugt war, daß nun das Schlimmste vorbei und der Zauber gebrochen wäre. Sie verlangte nie Geld, aber sie nahm Gegenleistungen oder ein gelegentliches Geschenk an.

Die Heilerin hinterließ beim »Anfangen« gewöhnlich Anweisungen zum Schutz der Familie. Normalerweise bezeichnete sie die folgenden drei Tage als kritisch und wies darauf hin, daß man in dieser Zeit achtgeben sollte, um eine Wende im Heilungsprozeß zu verhüten. Meistens handelte es sich um eine Ermahnung, von jegliche Annahme von Gegenständen von verdächtigen Personen in den nächsten drei Tagen abzusehen. Jemand, der mit bösen Dämonen oder dem Teufel selbst verbündet war, brauchte nur einen persönlichen Gegenstand zu dem Opfer zu transferieren, um die Kraft zur Erneuerung des Zaubers zu erlangen.

Manchmal warnte die Heilerin auch davor, einem Verdächtigen persönliche Dinge auszuhändigen, da die Hexe hierbei ebenfalls ihren Zauber wieder in Kraft setzen könne. Mit anderen Worten, die Hexe konnte ihre Kraft durch die Übergabe persönlicher Gegenstände *an* das Opfer oder deren Annahme *vom* Opfer erlangen bzw. wiedererlangen.

Die im »Anfangen« Kundigen standen in hohem Ansehen bei den Dorfbewohnern. Sie kamen in der Regel aus Familien, die für ehrliche Arbeit und Festigkeit im christlichen Glauben bekannt waren. Man zog sie auch bei Problemen zu Rate, die nicht mit übersinnlichen Ursachen in Verbindung gebracht wurden. Oft fungierten sie als Hebammen, wurden zur Ersten Hilfe gerufen und bevorzugt bei Kinderkrankheiten hinzugezogen, etwa bei Masern, Mumps und Windpocken. Sie verstanden sich auch auf die Tiermedizin. Kurz, sie waren Praktiker der Volksmedizin, die auf ein umfangreiches Wissen aus dem Bereich der bäuerlichen Heilmittel und heilkräftiger Kräuter und Beeren zurückgriffen. Die Interpretation eines ungewöhnlichen Ereignisses oder einer unerklärlichen Krankheit als übernatürliches Phänomen lag natürlich immer nahe. Die Frauen, »die das Anfangen konnten«, waren ebenso zuständig für natürliche wie für übernatürliche Probleme. Ihre Rolle stand in einer Linie mit der alten magisch-medizinischen Tradition der Heilerinnen und Zauberinnen.

Neben medizinischen und spirituellen Problemen waren sie als Ratgeberinnen gefragt, und ihre Meinung stand hoch im Kurs, wenn es um schwerwiegende Entscheidungen ging. In diesem Zusammenhang hatten die fränkischen Heilerinnen mitunter — wenn auch in sehr reduziertem Umfang — die Funktion eines Orakels: Sie sagten Ereignisse voraus und bezogen sich auf göttliche Einsichten. Alles in allem war die Frau, »die das Anfangen konnte«, eine kuriose Mischung aus christlicher Gebetsheilerin, antiker Zauberin, praktizierender Volksmedizinerin und Orakel.

Die Aktivitäten der Hexe bezogen sich nicht auf das Heilen. Ihre Tätigkeit beschränkte sich auf den Bereich der Schwarzen Kunst, die Hexerei, und selten hätte jemand daran gedacht, sie wegen eines Problems aus dem Bereich der Medizin oder der Prophetie zu konsultieren.

Diese Einschränkung gilt jedoch nicht allgemein. In einigen Teilen der Welt fungierte die Hexe auch als Volksmedizinerin. Berichte aus Spanien, die sich ungefähr mit der gleichen Zeitspanne um die Jahrhundertwende befassen wie die fränkischen Belege, deuten an, daß dort die Hexe auch als Verkäuferin heilender Liebestränke bekannt war.[5] (Ihre Rezepte wurden jedoch weitgehend für wirkungslos befunden.)

Die Hexen des Mittelalters waren auch dafür bekannt, daß sie pflanzliche Arzneien zubereiteten, sympathetische Mittel zur Heilung von Krankheiten (besonders des Viehs) besaßen und die Fruchtbarkeit fördern konnten. Es scheint aber, daß sich die Hexen im Laufe der Zeit, besonders unter dem einschränkenden Einfluß der Kirche, zunehmend der Schwarzen Kunst zuwendeten und so zur helfenden Weißen Kunst opponierten. Eine Polarisierung entstand, die die klassische Zauberin in zwei gegensätzliche Figuren umwandelte: in die Schwarze Hexe, die Satanismus praktizierte, und in die Weiße Hexe, die sich mit dem Heilen beschäftigte, eine *magia naturalis*.

So gegensätzlich diese Gestalten auch erscheinen, so ergänzen sie sich doch im größeren Zusammenhang der Gemeinschaft. Es bestand eine Nachfrage nach den Diensten beider. Aber ihre Machtbereiche waren scharf gegeneinander abgegrenzt. Jede Magierin praktizierte ihren eigenen Okkultismus in dem ihr zugeteilten Machtfeld und wechselte kaum – wenn überhaupt – in das Tätigkeitsfeld der anderen über.

Wichtig ist es auch, die für das »Anfangen« zuständige Frau als ein Teil des christlichen Erbes zu erkennen. Ihre Arbeit war im Dogma der mittelalterlichen Kirche verankert, charakterisiert durch die Jenseitsorientiertheit und vollgepfropft mit Heiligen, Engeln und anderen guten Geistern. Trotzdem kam noch ein Element hinzu. Sie drückte das uralte individuelle Bedürfnis nach Magie aus, das Autorität auf der Basis von Persönlichkeit und nicht aufgrund einer formalen Institution, wie etwa der Kirche, geltend machte.

Da die Weiße Hexe ihre eigene magische Autorität darstellte, setzte sie ein Element der vorchristlichen Zauberin fort. Nachdem sie ihre Autonomie mit dem christlichen Glauben an gute Geister und eine übergeordnete Gottheit verband, an deren Macht sie partizipieren konnte, war sie auch relativ akzeptabel für die kirchlichen Autoritäten. Gleichzeitig lebte in der »Frau, die das Anfangen konnte« auch ein Teil der Zauberin der Antike fort.

Magisches Siegel aus einem Zauberbuch des Fichtelgebirges (um 1820). Mit solchen – astrologischen Zeichen, griechischen oder hebräischen Buchstaben nachempfundenen – Zeichen wird ein pseudowissenschaftlicher Eindruck erweckt und magische Kraft suggeriert. Als Amulett getragen sollten diese Siegel Schutz, Heilung, aber auch aktive magische Kräfte verleihen.

Genau wie die Hexe wurde auch diese heilende Frau ein Opfer des zunehmenden objektiven und wissenschaftlichen Bewußtseins. Sie ist nunmehr zu einer historischen Gestalt geworden. Soweit ich feststellen konnte, lebt in den fränkischen Juradörfern keine Volksheilerin mehr. Ich sollte einflechten, daß der Ruf einer Familie, mit Hexerei in Verbindung zu stehen, in erster Linie auf dem Leumund der Bäuerin beruhte. Ebenso fußte auch der Ruf von Kenntnissen im »Anfangen« auf den Fähigkeiten der Frau.

Im Bereich des Übernatürlichen, sei es Hexerei oder Heilung, waren gewöhnlich die Frauen der aktive und die Männer der passive Teil. Das bedeutet jedoch nicht, daß die fränkische Kultur hier dem matriarchalischen System gefolgt wäre. Im Gegenteil, es hatte einen patriarchalischen Einschlag, wenn auch nicht so deutlich, wie man dies in vielen anderen bäuerlichen Gesellschaftsordnungen vorfinden kann. Die Aggressivität der Frauen auf dem Gebiet des Übersinnlichen läßt sich möglicherweise durch den größeren emotionalen Spielraum, die offenkundigere ernährende Funktion und die expressivere Rolle der fränkischen Frau erklären – Elemente der weiblichen Rolle, die sicher nicht nur im Lebensstil dieser bäuerlichen Kultur zu finden sind.

Die Dualität von Heilerin und Hexe war zeitweise in der Fränkischen Schweiz durch eine zweideutige dritte Gestalt gestört, die das Niemandsland zwischen den beiden besiedelte. Dies war der *Hexenmeister*. Offenbar gab es nur sehr wenige davon in diesem Gebiet; mir selbst sind nur zwei Fälle bekannt. Dieser Typus (der immer ein Mann war) war vorgeblich für das »Anfangen« und die Weiße Magie zuständig, stand aber in einem zweifelhaften Ruf und wurde verdächtigt, auch Zauberei ausüben zu wollen. Er war grundsätzlich ein Opportunist – ein käuflicher Geschäftsmann. Anders als die Frauen erwartete er, beim »Anfangen« mit Bargeld für seine Dienste bezahlt zu werden, und spielte das Feld des Okkulten zu seinem finanziellen Vorteil aus. Während Hexe und Heilerin Gläubige waren, die ihre Mission ernst nahmen und wenig Wert auf Entlohnung legten, hat der »Hexenmeister« bei mir den Eindruck eines Scharlatans erweckt, der aus den Nöten der Leute seinen Nutzen zog.

Dieser Typus des Pseudoheilers ist in anderen Gegenden Deutschlands besser bekannt. Außerhalb der Fränkischen Schweiz hat er seine Aktivitäten in den letzten Jahrzehnten fortsetzen, wenn nicht gar steigern können. Im Gegensatz dazu ist dieser Pseudozauberer zusammen mit den Hexen und Heilerinnen heute aus den fränkischen Dörfern verschwunden. Im übrigen Deutschland ist er auch unter der Bezeichnung »Hexenbanner« bekannt. Kruse hat mit fast persönlicher Rachsucht versucht, das undurchsichtige Gewerbe der »Hexenbanner« in verschiedenen Landschaften Deutschlands, hauptsächlich im Norden, bloßzustellen. Seine Bemühungen erstreckten sich von den 1930er bis in die 50er Jahre. Er fand Tierärzte, die sich bitterlich darüber beklagten, daß diese Quacksalber-Magier ihr Geschäft schädigten, indem sie »Teletherapien« verkauften, hochgepriesene Pülverchen zur Behandlung kranker Tiere. In vielen Fällen stieß Kruse auf die Eigensinnigkeit des Kundenkreises, der starr an dieser kurpfuscherischen Magie festhielt. Selbst wenn die verschriebene Behandlung fehlschlug, die »Verhexung« nicht aufgehoben werden konnte und die Krankheit sich fortsetzte, sahen sich die Klienten – anstatt einen regulären Tierarzt aufzusuchen – nach einem anderen »Hexenbanner« um.[6]

Kruse und andere betrachteten die Geschäftigkeit der »Hexenbanner« als Gefahr für das Gemeinwohl. Sie förderte die Angst vor möglichen übernatürlichen Schädigungen, beeinträchtigte das legitimierte Gewerbe, nutzte die Leichtgläubigkeit in finanzieller und emotionaler Hinsicht aus, und – was am schwerwiegendsten ist – sie drängte bestimmte hilflose Mitglieder der Gemeinschaft in die Rolle von Hexen. Diese Art von Gesellschaftsordnung besaß auch Heilerinnen, die man Gesundbeterinnen nannte. Die Nomenklatur – die »Frau, die das Anfangen kann« – ist außerhalb des fränkischen Bereichs offenbar nicht bekannt. Jedenfalls zeigte Kruse die Zusammenhänge auf, nach denen die Aktivitäten der »Hexenbanner« die Dualität von Heiler und Hexe fortsetzten, was er sozial und emotional als ungesund empfand.

Was in den letzten Generationen in Franken aufgetreten ist, gleicht in vielem der von Kruse dargestellten Situation in anderen Teilen Deutschlands. Die einzige Modifikation, die ich anbringen würde, ist, daß ich nur zwei quacksalbernde »Hexenmeister« in meinem Untersuchungsgebiet ermitteln konnte und die Dualität von Hexe und Heilerin in den meisten Dörfern der Fränkischen Schweiz sonst ganz klar abgegrenzt war.

Die Dualität der Magie ist Teil der Überlieferung vieler, wenn nicht der meisten Völker, unabhängig davon, ob sie verwandt oder wesensfremd sind. Bei den ostpreußischen Bauern war der gleiche Dualismus von hexenden und heilenden Individuen zu beobachten. Die Kultur des *Shtetel* (jüdische Gemeinschaft in Osteuropa) hatte den *Obshpreker,* eine Art überkonfessionellen Heiler, der zur Beschwichtigung und Bestrafung von Hexen herangezogen wurde, ebenso beim »bösen Blick« und anderen Arten des Bösen.[7] England hatte quacksalbernde »Hexenärzte« und *cunning men,* die vorgaben, vom Teufel verursachte Krankheiten zu behandeln.[8] Den Dualismus von Hexe und Heilerin kann man auch außerhalb der jüdisch-christlichen Tradition antreffen. Der Hexenarzt der Azande in Afrika war geradezu ein männliches Abbild der fränkischen Heilerin.[9]

Genug vom Thema des Dualismus. Dieses und die vorhergehenden Kapitel haben ein allgemeines Bild der übersinnlichen Stellung von Hexe und Heilerin gezeichnet. Im nächsten Kapitel werden wir uns der Beschreibung des tatsächlichen Vorgangs der Hexerei nähern.

# 3. Buch und Teufel

Zwei Vorleistungen mußten die fränkischen Bauern erbringen, bevor sie Hexerei betreiben konnten. Die eine war, ein geheimes Buch zu Rate zu ziehen, das sie die Fertigkeiten der Hexerei lehrte. Die zweite Bedingung war, einen Pakt mit dem Teufel einzugehen – wie schon in der uralten Geschichte des Dr. Faustus, der sich von seinem diabolischen Verbündeten Macht und verbotenes Wissen erhoffte.

Wer auch immer den Anschein erweckte, als habe er diese Bedingungen erfüllt, wurde für eine Hexe gehalten. Die bösartige Macht des geheimen Textes konnte nur durch das Teufelsbündnis der betreffenden Person geweckt werden. Das war natürlich das *sine qua non* der Hexerei. So betrachtete die Volkslogik diese beiden Elemente, das Buch und die satanische Verschwörung, als untrennbar miteinander verbunden. Das eine konnte nicht ohne das andere wirken.

Das Bündnis mit dem Herrn der Unterwelt und der Gebrauch des Buches bestimmten bei einigen Einzelpersonen ständig die Lebensweise, während sie für andere nur ein zeitlich begrenztes faustisches Arrangement darstellten. Die letzteren zogen das Buch nur selten heran, um einen Nachbarn zu strafen oder Rache für einen Angriff zu nehmen. Solche »Amateure« besaßen das bösartige Buch kaum jemals selbst, konnten es aber ausleihen – in der Regel von einer Verwandten mit dem Leumund, eine Hexe zu sein. Diese »Teilzeit-Hexen« gerieten ebenfalls in einen schlechten Ruf, wurden aber nicht notwendigerweise als Hexen bezeichnet. Das dauerhafte Etikett der Hexe war denen vorbehalten, die das Buch besaßen, es gewohnheitsmäßig benutzten und die Hexerei zum zentralen Element ihrer Lebensart machten.

Das infame Buch ist in Franken als das *»Sechste Buch Mose«* bekannt. Im Bemühen, dieses Buch zu identifizieren, wandte ich mich an katholische Geistliche der Region. Diese stimmten mir zu, daß das Buch vor vielen Generationen in Franken aufgetaucht sei. Der Priester des Städtchens Pottenstein, ein Kenner alter Schriften, deutete an, daß seine Forschungen ein Vorkommen des Buches schon im Mittelalter anzeigten. Andere Experten jedoch halten dies für übertrieben und setzen sein Erscheinen kurz nach der Publikation der sogenannten Weimarer Bibel im Jahre 1640 an, die angeblich das Grundlagenmaterial für das magische Handbuch enthielt.[1] Es besteht genaugenommen aus zwei

Büchern in einem und wird exakter als »*Sechstes und Siebtes Buch Mose*« betitelt. Das Zauberbuch wurde in späterer Zeit weiter ausgeweitet, und Fortsetzungen erschienen, die angeblich die achten, neunten und zehnten Bücher Mose umfaßten. Die Bauern aber sprachen davon im Singular und bezeichneten es schlicht als das »*Sechste Buch Mose*«.

Eigentlich sind sich alle Wissenschaftler darüber einig, daß diese Bücher weder vom biblischen Moses verfaßt wurden noch eine wirkliche Fortsetzung der ersten fünf Bücher des Alten Testaments darstellen, die auch als Thora oder als Bücher Mose bezeichnet werden. Uneinig sind sie sich jedoch über die wahre Urheberschaft und die Entstehungszeit der Zauberbücher. Einige nehmen an, daß sie ein Abfall der Kabbala sind. Tatsächlich wird diese Behauptung auch im Vorwort des »*Sechsten und Siebten Buches Mose*« aufgestellt.

Die Kabbala reflektiert die alte mystische Philosophie der Juden und war ein Versuch, zur formalen Vergeistigung des Judentums beizutragen. Sie wurde vermutlich im frühen Mittelalter vom sogenannten Moses de Leon verfaßt, der als Quelle den *Sefer Yezirah* (Buch der Schöpfung) und den *Zohar* (Herrlichkeit) verwendete, die er Simon ben Yohai, einen Rabbiner aus dem zweiten Jahrhundert, zuschrieb. Die wahren Gläubigen der Kabbala sind aber überzeugt, daß diese alten Überlieferungen die mündlichen Mitteilungen Gottes an Moses auf dem Berg Sinai darstellen. Angeblich empfing Moses diese göttlichen Enthüllungen zusätzlich zu den in Stein gravierten Geboten. Es gibt jedoch auch unter den Gläubigen unterschiedliche Ansichten darüber, wann, wie und wo genau diese göttlichen Mysterien von Gott übermittelt wurden.

Die Frage ist somit: Sind die magischen Bücher Mose Ableger der Kabbala? Die Konsultation von Rabbinern, die mit altem Schrifttum vertraut waren, zeigte mir, daß diese sich heftig gegen den Gedanken wandten, diese voodoo-artigen Zaubersprüchsammlungen könnten etwas mit der wirklichen Kabbala zu tun haben. Sie sehen das magische Buch als Schwindel und seine angeblich jüdische Herkunft als verdeckte Verunglimpfung an.[2]

Jedenfalls beschreiben die »*Sechsten und Siebten Bücher Mose*« tatsächlich die Fertigkeit der Zauberei. Die mittelalterliche Kirche betrachtete sie als Häresie und eminente Gefahr für das seelische Wohl der Christen, und der Heilige Stuhl setzte sie auf den vielberufenen (oder je nach Sichtweise auch verrufenen) »*Index librorum prohibitorum*«, die Liste der verbotenen Bücher. (Wenn jemand Bücher aus dieser Liste las, so setzte er sich der Mißbilligung der Kirche aus, was unter anderem Kirchenstrafen und Exkommunikation bedeuten konnte. 1966 wurde dieser »*Index*« abgeschafft. Christliche Obrigkeiten haben eine lange Tradition der Bücherunterdrückung; bereits der Apostel Paulus ermutigte die Gemeinde in Ephesus zur Bücherverbrennung.)

Und gerade dieses mehrdeutige Schriftstück spielte eine zentrale Rolle in der Praxis der Hexerei bei der Landbevölkerung der Fränkischen Schweiz. Daß die Bücher auf dem *Index* standen, war allen bekannt und erhöhte nur die Beachtung, die man ihnen entgegenbrachte. Daß dieses obskure Schriftwerk mit derart höchster Mißbilligung bedacht wurde, machte vielen klar, daß es wohl gute Gründe dafür geben müsse – daß Hexerei etwas Reales war und durch die magischen Bücher Moses erlernt werden könnte. Tatsächlich betrachtete der traditionelle Katholizismus (ebenso wie der fundamentale Protestantismus) die Hexerei als real, und er tut es noch. Die Unterdrückung der Hexenbücher geschah in der Absicht, die Ausübung der Schwarzen Kunst einzudämmen. Jedoch verfehlte die beabsichtigte Einschränkung jämmerlich ihren Zweck.

Während fast alle älteren Bauern von diesem Buch wissen – ich benutze den Singular, da es sich für die Bauern um *ein* einziges Buch handelt –, haben nur wenige es zu Gesicht bekommen. Ich habe nur eine einzige Person getroffen, die angab, dieses Buch gesehen, ja sogar benutzt zu haben. Es gehörte ihren Verwandten und wurde niemals Außenstehenden gezeigt, doch sein Besitz war in einem Dorf mit schätzungsweise zwei Dutzend Bauernfamilien ebensowenig geheimzuhalten wie ein brennendes Haus. Der Familie, die das Buch besaß, sagte man nach, daß ihr auch Hexen angehörten.

Die Unauffindbarkeit auch nur eines einzigen Exemplares des Buches bei den fränkischen Bauern läßt sich zum Teil auf seine unablässige Verfolgung und Zerstörung seitens der Kirche zurückführen. Alle auffindbaren Abschriften wurden vernichtet. Die Zerstörung hörte auch nicht mit dem Niedergang offizieller Bücherverbrennungs-Kreuzzüge auf. Übriggebliebene Abschriften wurden oft von Familienangehörigen oder Verwandten vernichtet, die etwas gegen das Vorhandensein des verruchten Buches einzuwenden hatten. Da der Besitz des Buches von vielen Theologen und Priestern als Todsünde angesehen wurde, sahen es viele gehorsame Verwandte als ihre Christenpflicht an, es zu zerstören. So wurden im Laufe der Zeit die Abschriften dezimiert, und ich konnte nicht eine Familie auftreiben, die diese kontroverse Schrift besaß (oder dies vorgab).

Die Untergrund-Popularität des Buches war nicht allein auf Franken beschränkt. Geographische Parameter für das Vorkommen des Buches sind über ganz Deutschland und die umliegenden Gebiete verstreut. Meine Gespräche mit älteren Menschen bestätigten, daß das Buch von Bauern in Ostpreußen, in der Oberpfalz (entlang der böhmischen Grenze) und in Sachsen verwendet wurde. Im letzteren Bereich entdeckte ich eine interessante Nebenerscheinung. Noch etwa um die 1950er Jahre existierte dort ein Kinderspiel, bei dem die Jungen sich um einen Eimer oder Bottich Wasser versammelten, wobei ein älteres Kind fragte: »Willst du das *Sechste Buch Mose* kennenlernen?« (Meine Informanten waren sich nicht sicher, ob das Wort »Sechstes« oder »Siebtes« hieß.) Wenn ein Kind mit »Nein« antwortete, wurde der Kopf des »Ignoranten« ins Wasser getaucht. Das Spiel funktionierte offenbar dadurch, daß sich immer wieder ein Novize finden ließ. Die

Erwachsenen, die es noch als Kinder in den 50er Jahren gespielt hatten, hatten nicht die leiseste Ahnung von der Natur des Buches, das in ihrem Spiel vorkam.

Wie weit verbreitet ist dieses Zauberbuch? Summers, ein strenggläubiger Christ, beantwortet dies, und wenn wir sein theologisches Vorurteil außer acht lassen (daß Hexerei real und eine weltweite satanische Konspiration sei), so erscheint seine historische Information ganz plausibel. Er verweist anfangs darauf, daß es zahlreiche Zauberbücher gibt, daß einige sich in bestimmten Gegenden überlappen und daß sie gewöhnlich eine unrichtige Verfasserschaft und obskure Entstehungsdaten angeben.

Die *»Sechsten und Siebten Bücher Mose«* sind in Skandinavien, Frankreich und den meisten slawischen Regionen unbekannt. Die skandinavischen Hexen folgen einer Spruchsammlung, die *»Buch des Cyprianus«* getauft wurde.[3] In Frankreich sind es das famoseste oder infamste aller Zauberbücher *»Les admirables Secrets du Grand Albert«* und die als *»Le Petit Albert«* bekannte Sammlung.[4] Beide werden (mit Vorliebe, aber fälschlich) Albertus Magnus (1206–80) zugeschrieben, dem *doctor universalis* und Lehrer des Thomas Aquin, der mit dem Ruf des Magiers in die Geschichte einging. Diese beiden Texte sind äußerst gebräuchlich und – nach Summers – die heute unheilvollsten. Die Ausgaben und Nachdrucke der beiden Bücher variieren seit ihrer Erstausgabe im 16. Jahrhundert stark im Inhalt. Eine geschlossene Ausgabe mit beiden Texten erschien 1885[5] – sie stellt die heute gebräuchlichste in Frankreich dar. Monter bestätigt den Gebrauch dieser Bücher im schweizerisch-französischen Grenzgebiet und beschreibt sie folgendermaßen:

> Wenn wir ein bestverkauftes Zauberbuch wie ›*Marvellous Secrets of Natural and Cabalistic Magic of Little Albert*‹ untersuchen, sehen wir, daß es viele Aspekte mit der Hexerei des 15. Jahrhunderts gemeinsam hat. Seine ersten elf Rezepte beschäftigen sich mit Arten des Liebeszaubers, die der berüchtigsten Zauberin der Renaissance-Literatur, La Celestina, würdig sind; das zwölfte verrät Maßnahmen gegen die *aiguillette,* einen Zauber, der Männer impotent macht; und das nächste beschreibt sogar, wie die *aiguillette* zu bewirken sei... Der ›*Kleine Albert*‹ ist voll von Zeichnungen magischer Pentagramme, von vielfältigen Methoden der Weissagung, von magischen Heilmitteln für verschiedenartigste Krankheiten, von Wegen, Geister zu wecken, und sogar von Rezepten, um sich selbst unsichtbar zu machen oder der Tortur widerstehen zu können.[6]

Andere in Frankreich verwendete Texte sind unter anderem *»Le Dragon Rouge«*, *»Le Dragon Noir«* und *»La Poule Noire«*. Summers beschreibt sie als Zauberbücher des übelsten Typs, die sogar zu nekromantischen Anrufungen anleiteten.[7] Will-Erich Peuckert verglich systematisch »*Le Dragon Rouge*« (auch genannt »*Le véritable Dragon rouge*«; dt. Ausgabe: »*Der wahrhaftige feurige Drache*«) mit dem »*Sechsten und Siebten Buch Mose*« und entdeckte Ähnlichkeiten, die den Schluß zulassen, daß beide Texte einen gemeinsamen Vorgänger gehabt haben müssen.[8] Unter den übrigen Zauberbüchern gibt es den weitverbreiteten, fast internationalen »*Key of Solomon the King*«, der angeblich im Grab des Königs gefunden, von einem Babylonier gerettet und ins Hebräische, Lateinische und Griechische übersetzt, von dort ins Englische übertragen und 1889 veröffentlicht wurde.[9] In Deutschland ist jedoch das »*Sechste und Siebte Buch Mose*« die primäre literarische Grundlage der Hexerei geblieben, zusammen mit einem Anhang anderer Bücher, die mit Abstand an zweiter Stelle lagen.

Das Fehlen von Zauberspruchsammlungen (Grimoires) in den meisten slawischen Gebieten hat für mich überzeugend die persönliche Kommunikation mit dem vor wenigen Jahren verstorbenen Professor Ludwig Traut-Welser erklärt, der ein führender deutscher Experte für die Kulturgeschichte Südosteuropas war. Die östliche orthodoxe Kirche, die sich immer streng am Neuen Testament orientierte, hat sich mit Feindseligkeit der Einschleusung jüdischer Elemente entgegengestellt. Dies galt besonders für das Rußland des 15. und 16. Jahrhunderts, wo sich eine Theokratie entwickelt hatte, die das Feudalsystem mit einer priesterlichen Hierarchie kombinierte. Das Regime schützte sein göttliches Reich unter anderem durch Unterdrückung jener biblischen Abschnitte, die eine Trennung von Staat und Kirche anregten, da eine solche Trennung ihr eigenes Regime gefährdet hätte. Die Obrigkeit verfolgte und rottete Häretiker so streng aus – speziell Mitglieder der Sekten, die versuchten, hebräisches Gedankengut einzubringen –, daß solche mystischen und magischen Gedanken, wie sie im Westen aus der kabbalistischen Tradition entsprangen, keine Chance hatten, im Osten Fuß zu fassen. Sogar das Alte Testament wurde als anarchistische Drohung empfunden, und die frühen muskovitischen Herrscher unterdrückten es.

Magischen Büchern, besonders jenen, die möglicherweise von der Kabbala der Juden abstammten, gelang es unter solchen Bedingungen nicht, in die Volksmagie und Zauberei der meisten slawischen Regionen einzudringen. Ausnahmen bildeten einige katholische Zonen in Polen, der Ukraine, Böhmen, Slowenien und Kroatien. Hinzu kam, daß im östlichen Europa die bäuerliche Bevölkerung weniger lesekundig war als in katholischen oder protestantischen Gegenden. Wie hätten sie also Zauberliteratur verwenden sollen?

Analphabetentum und die Unterdrückung magischer Literatur erzeugten eine östliche Form der Hexerei, die von vornherein weit abgemildert war. Auch in Osteuropa gab es den Hexenglauben, und auch hier erwuchsen daraus Prozesse, aber keine, die mit dem westlichen Hexenwahn der Renaissance vergleichbar wären.[10] Die slawischen Herrscher erstickten die Hexerei schon dadurch im Keim, daß sie frühe Sekten, die hebräische Ideen zu verbreiten versuchten, kurzerhand eli-

*Magischer Kreis aus dem 6./7. Buch Mose (1849). Im 6. und 7. Buch Mose finden sich mehrere magische Kreise, mit deren Hilfe dienstbare Geister beschworen und herbeizitiert werden können. Mit dem oben abgebildeten magischen Kreis sollen die Wasser-, Luft-, Erd- und Feuergeister angerufen werden. Der Kreis enthält aber die Namen der vier Himmelsrichtungen.*

minierten. Das »*Sechste und Siebte Buch Mose*« ist bei weitem keine Antiquität. In vielen Teilen Deutschlands ist es noch sehr lebendig. Während es aus dem fränkischen Bereich verschwunden ist, wurde es etliche Male in anderen Teilen Deutschlands neu aufgelegt und nachgedruckt. Jede Ausgabe änderte sich in Stil und Inhalt. So produzierte etwa der Dresdener Buchversand Gutenberg in den 30er Jahren eine substantiell gesäuberte Ausgabe dieses Zauberbuches. Es war eine an moderne Bedingungen angepaßte Revision, zum Teil mit Anleihen aus der wissenschaftlichen Literatur durchsetzt, und sie erweckte deshalb auch den Eindruck der Urheberschaft bei Gläubigen.[11] In den 50er Jahren druckte und verkaufte der Planet-Verlag Braunschweig 9000 Exemplare und dazu noch ein achtes, neuntes, elftes und zwölftes, die angeblich auch in die Reihe der Moses-Bücher gehörten.[12]

Die letztere Veröffentlichung des Zauberbuches erfolgte nicht unangefochten. Johann Kruse, ein Lehrer aus Schleswig-Holstein, dessen Mutter in seinem Heimatdorf noch als Hexe verrufen war, wurde zum selbsternannten Volkskundler, der es sich zur Aufgabe machte, die Verbreitung der Hexerei zu bekämpfen. Er wurde zum Gründer und Direktor des Deutschen Archives zur Erforschung des Hexenglaubens in der Gegenwart in Hamburg. Dieser Mann setzte seinen persönlichen Rachedurst daran, das Buch zu unterdrücken, wenn auch im Endeffekt ohne Erfolg. Er sah im Buch eine Anstiftung zu illegalem, wenn nicht geradezu mörderischem Verhalten. Dabei bezog er sich auf eines der »Siegel« (magische Formel) im Buch, das demjenigen, der neun Menschen tötet, durch magische Mittel großes Glück verspricht.

Kruse konnte auf einen Fall aus den 20er Jahren verweisen, als ein Mann namens Angerstein, der nach dämonischen Anweisungen vorging, gerade noch vor seinem neunten Mord festgenommen werden konnte. Er wurde der acht Morde überführt und zum Tode verurteilt.[13] In einem weniger extremen Gedankensprung machte Kruse das Buch, und damit zwangsläufig auch den Veröffentlicher, dafür verantwortlich, daß die Verbreitung übersinnlichen Gedankengutes aus reinem Profitstreben angeregt würde, wodurch unsoziales Verhalten und die Schmähung unschuldiger Personen als Hexen entstünden. Er zitierte 56 Urteile im Zusammenhang mit dem Buch seit 1945 und Polizeistatistiken, nach denen um 1950 an die 10 000 »Hexenbanner« in Westdeutschland ihr Geschäft betrieben.

Kruse verklagte den Planet-Verlag. Eine gerichtliche Anhörung 1956 stellte zwei gegensätzliche Expertenauffassungen gegenüber: Auf der einen Seite sprach sich Professor Prokop für Kruses Fall aus; auf der anderen Seite testierte Professor Peuckert für die Verteidigung. Im Urteil wurde der Verlag der Täuschung und »schädlichen Veröffentlichung« schuldig befunden und zu einer hohen Geldstrafe verurteilt. Jedoch war das Berufungsgericht anderer Ansicht, nahm die Strafen zurück und Kruse verlor den Prozeß. Kruse und Peuckert gingen aus dieser Kontroverse als unversöhnliche Gegner, wenn nicht gar als persönliche Feinde hervor. Es wird berichtet, daß Peuckert es Kruse nie verziehen habe, daß er »in sein Gebiet eingedrungen« sei – in eine Domäne, die er durch viele Jahre der Forschung, der Stoffsammlung auf diesem Gebiet und als Gerichtsexperte in Prozessen um die Praxis und die strafrechtlichen Konsequenzen der Hexerei abgesteckt hatte. Er nahm Anstoß an beinahe allem, was Kruse angeführt hatte – an seinen Ideen, seiner Terminologie, seiner Schreibweise und Forschungsmethode.[14]

Während ich mit Peuckerts Kritik an Kruses fragwürdiger Untersuchungstaktik und theoretischen Schlußfolgerungen übereinstimme, empfinde ich seine Kritik am Stil ebenso übertrieben pedantisch wie erheiternd. Peuckerts eigene Veröffentlichungen zeigen einen unübersichtlichen Stil und verbergen sich oft hinter einer linkischen Grammatik, so daß man oft nur erahnen kann, was er zu sagen beabsichtigte. Was aber schwerer wiegt, ist, daß Peuckert Kruse für einen Unwissenden bezüglich des größeren Zusammenhangs der magischen Literatur hält, eines Genres mit einer eindrucksvollen Tradition, die bis auf antike römische, griechische und ägyptische Vorstellungen vom Heilen und einer *magia naturalis* zurückgeht.

Sei es, wie es wolle, auch akademische Diskurse sind nicht frei von emotionalen Verhexungen.

Dem *»Sechsten und Siebten Buch Mose«* stand es nun frei, seine Reise durch das 20. Jahrhundert fortzusetzen (tatsächlich hat es der Karin Kramer Verlag in Berlin 1979 wiederveröffentlicht), und es wird vermutlich auch triumphal das 21. Jahrhundert erreichen. Es hat die Ufer der Neuen Welt erreicht und erfreut sich auch in Amerika schon für wenige Dollar eines reißenden Absatzes in Läden, die sich auf das Okkulte spezialisiert haben. Und tatsächlich basiert meine spätere Beschreibung des *Grimoire* auf der amerikanischen Ausgabe, die vorgibt, eine direkte Übertragung aus dem Deutschen zu sein.[15] Es ist erwähnenswert, daß dieses Handbuch der Magie besonders unter den schwarzen Amerikanern an Popularität gewinnt. Viele Schwarze geben an, daß dieses Buch einen Stil der Magie widerspiegelt, der dem ihrer afrikanischen Vorfahren sehr ähnlich sei. Die Ironie dieser Bücher besteht demnach auch darin, daß sie einer Wiederbelebung des Voodoo in den USA Hilfestellung leisten.[16]

Werfen wir nun einen genaueren Blick auf den Inhalt des magischen Buches. Einige Teile bieten bibliographisches Material über Moses an und beschuldigen die Bibel, das magische Material vorzuenthalten, welches Moses von Jethro und/oder direkt von Gott auf dem Berg erfahren haben soll. Letztendlich wird die Bibel angeklagt, Moses seinen zustehenden Platz als größter Zauberer der Geschichte vorzuenthalten.

Der eigentliche Zweck der Zauberbücher ist jedoch, Dämonomagie zu lehren, also Magie, um die Hilfe von Dämonen anzurufen und Zauber und Flüche aussenden zu können. Zu diesem Zweck konzentrieren sich viele Teile des Buches auf eine Prozedur, die in Ermangelung besserer Ausdrücke genausogut als Voodoo bezeichnet werden könnte. Und tatsächlich besteht eine deutlich erkennbare Ähnlichkeit zwischen der Praxis »Rache-Magie« bei afrikanischen Stämmen und den Suggestionen des magischen Handbuchs.[17] Der Fairneß halber muß jedoch gesagt werden, daß nicht alle in diesem Buch angebotenen Siegel eine negative oder schädigende Intention besitzen. Peuckert verweist in seiner Verteidigung der erlösenden Qualitäten des Buches darauf, daß die Bedeutung der meisten Siegel »medizinischer Art« ist, gefolgt von magisch-medizinischen, und daß nur ein geringer Anteil aus schädigenden Zauberformeln besteht.

Ungeachtet der Gewichtung von positiven und negativen Siegeln sollte nicht übersehen werden, daß die fränkischen Bauern sehr wählerisch in dem waren, was sie aus dem Angebot der Zauberformeln verwendeten, und daß sie meistens diejenigen Aspekte herausgriffen, die mit bestimmten interpersonalen Problemen zu tun hatten – Diebstahl, Krankheit, Tod, Rache und andere Schadenzauber. Die Destillation der Zauberformeln durch die psychologischen, sozialen und natürlichen Probleme der Bauern stellten das Buch in ein ausgesprochen unseliges Licht, eine Charakterisierung, die hauptsächlich durch die Auslese getroffen wurde. Da dies jedoch der Einstellung der Bauern entsprach, muß ich mich ebenfalls daran halten, weil ich anders der Bedeutung nicht gerecht werden kann, die es für sie hatte.

In diesem Sinne folgen nun ein paar willkürlich herausgegriffene Beispiele, wie sie in den magischen Folgen gefunden werden können. Eine Anzahl der Beispiele besteht aus Formeln, die in alten Sprachen gesprochen werden müssen, etwa in Hebräisch. Rabbiner, die sich mit dem Buch beschäftigt haben, stellten fest, daß es sich dabei weitgehend um Pseudo-Hebräisch handelt, mit fehlerhaften Schriftzeichen, die nach Eigenerfindung oder schlechter Imitation aussehen.

Ein kompliziertes Siegel verspricht, »daß der Teufel einen Feind überwältige«. Zur Anwendung dieses Siegels gibt das Ritual an: »Nimm einen Stein und werfe ihn nach einem Hund, der darein beißen muß, und schreibe darauf diese Namen, und wirf ihn in das Haus deines Feindes, und du sollst Wunder sehen.«[18]

Ein anderes Siegel ist zu verwenden, um »Rache an einem Feind zu üben«. Ein bestimmtes Emblem muß auf eine Unterlage geschrieben werden. Die Zeichnung soll dann mit Wasser weggewaschen werden, bis die Fläche wieder sauber ist. »Nimm das Wasser davon und spritze es in das Haus eines Feindes in der zweiten oder vierten Nacht der Woche um die siebente Stunde.«[19]

Um einer anderen Person einen bestimmten Traum einzugeben (was wohl treffender als Alptraum gesehen werden muß), muß ein geheimnisvoller Text mit dem Auszug der Myrrhe auf eine »Schreibtafel« geschrieben werden. Eine »gänzlich schwarze Katze, die getötet wurde« dient als Medium. Der Text muß in das Maul der toten Katze gesteckt

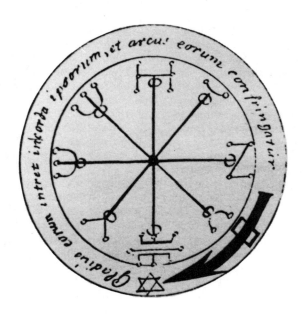

Magische Kreise aus England und aus Babylon.
Diese Zeichen in Kreisform kommen zeitunabhängig und international vor.

werden.[20] Um einen Feind zu vernichten, »nimm einen vollen Teller, dazu etwas von seinen Haaren und Kleidern, und sprich darüber das ›Schwerter-Gebet‹ und vergrabe es in einem verlassenen Haus, so wird er fallen.«[21]

Zaubermittel lassen sich auch zur Befriedigung von Liebes- und Besitzwünschen anwenden. »Wenn du von einer Frau begehrst, daß sie dir folgt, so nimm von deinem Blut und schreibe ihren Namen auf ein frisch gelegtes Ei und sprich zu ihr das Wort: RAMPEL.«[22]

Geheime Rituale werden mitgeteilt, die angeblich in die Lage versetzen, eine Anzahl von Geistern und Dämonen herzuzitieren und sie ebenso wieder zu entlassen. Von diesen Abgesandten der Geisterwelt glaubt man, daß sie der Person zu Diensten sein müssen, die das Ritual in der richtigen Art und Weise vollzieht. Unter den Dämonen befindet sich Mephistopheles (die Personifikation des Teufels). Er bereitet die »Vertrauten« vor (die Tiere, welche die Hexe begleiten und ihr assistieren) und er bringt auch Goldschätze aus der Tiefe der Erde herbei.[23]

Die zentralen Anliegen, die in diesen Schriften immer wieder vorkommen, sind Gesundheit, langes Leben, Glück und Schutz vor Feinden; was gleichzeitig ausdrückt, daß sich die Hexereigläubigen aufs höchste über Probleme wie Krankheit, Tod, Armut und gefährliche Feinde sorgten. Im Spiegel dieser Bedürfnisse werden die essentiellen Empfindungen deutlich, die der Hexerei als einer Form der Magie zugrunde liegen: Angst, Rache, Hoffnung und Machtstreben.

Das Buch ist in den Gedanken vieler älterer Bauern immer noch geheimnisumwittert. Das zeigte sich in den Antworten auf meine Frage, warum Hexerei und Zauber in den letzten Jahrzehnten weitgehend im Fränkischen Jura verschwunden seien. Einige hatten schnell die Erklärung parat, daß niemand mehr das Buch besitze und ohne dieses niemand Hexerei ausüben könne. Die Logik ist klar und einfach: kein Buch, keine Hexerei.

Noch heute sieht man das Buch in einer Aura des Bösen. Wir vermögen nicht genau zu ergründen, wer von diesen scheinbar einfachen Bauern die Tollkühnheit besessen haben mag, sich außerhalb der Moralvorstellungen seiner Gesellschaftsordnung und religiösen Konventionen zu begeben, indem er oder sie sich an das verdammte Buch hielt. Die Kirchenstrafe bestand in der Exkommunikation – der höchstmöglichen Bestrafung für die religiöse Bevölkerung. Der Ausschluß aus den Reihen der Gläubigen war gleichbedeutend mit dem Ausschluß aus dem normalen gesellschaftlichen Leben in der Dorfgemeinschaft. Wer wollte sich schon solcher Feme aussetzen?

Nach meinen Beobachtungen wurden Personen (oder ganze Familien), die den theologischen und sozialen Ausschluß riskierten, von Nachbarn darin bestärkt und erreichten eine Selbsteinschätzung, die schließlich ihren Ruf akzeptierte und festigte: Sie betrachteten sich selbst als außerhalb des Kreises gläubiger Christen stehend und wähnten sich im Bund mit dem Teufel.

Es war eine vorbehaltlose Rollenverstärkung. In den meisten Fällen hatte sie eine einfache pragmatische Bedeutung: Die Menschen glaubten fähig zu sein, in dieser Welt mehr zu erreichen und Unheil und Schmerz abhalten zu können, wenn sie ein Abkommen mit dem Teufel eingingen. Wieder waren die faustischen Hoffnungen die Triebfeder. Außerdem betonte dieses Verhalten – anders als beim literarischen Prototyp – die negative Seite, da man sich mehr mit der Vermeidung von Schmerz und Unglück als mit dem Erwerb von Reichtümern und Macht beschäftigte. Die fränkische Hexe hatte einen wundertätigen Ruf, das heißt, sie versuchte, durch rätselhafte Kunststücke Erlösung von unmittelbaren persönlichen Problemen zu erreichen.

Es ist bezeichnend, daß die Lebensangst einige Menschen dazu trieb, auf einer faustischen Insel Sicherheit und Geborgenheit inmitten einer stürmischen See zu suchen. Dieselben Gefahren führten andere dazu, eine Anzahl von Schutzmaßnahmen gegen den Zugriff des Bösen zu ergreifen. Es scheint also, als wären sowohl die gläubigen Christen als auch die Häretiker in Franken aus Elend und Besorgnis motiviert gewesen, ihre kontrastierenden Lebensstile anzunehmen.

Noch ein Wort zur Rollentheorie. Es ist schwierig festzustellen, was zuerst da war: der Ruf und dann die Verfestigung der Rolle oder eine private Entscheidung zur Verbindung mit Satan, aus der dann der dazugehörige Ruf erwuchs?

Von unserem historischen Standort ist die Beantwortung dieser Frage nicht mehr möglich. Es gibt keine Belege oder mündlichen Überlieferungen, die soziologische oder psychologische Prozesse festgehalten hätten, an denen abzulesen wäre, wie der Leumund und das Selbstverständnis der Hexe zusammenhingen oder welcher der beiden Aspekte zuerst aufkam. Dies ist vermutlich einer jener Vorgänge, die wir mit der fruchtlosen Frage nach der Priorität von Ei oder Hühnchen vergleichen müssen. Eine der klarsten Beschreibungen dieses Prozesses kommt von Inge Schöck, die ebenfalls den Hexenglauben der Neuzeit in Deutschland untersuchte: »Die an ihrem ›Hexenruf‹ Unschuldige erfüllt letztlich die Rollenerwartungen, welche die Hexengläubigen einer Hexe entgegenbringen, sie stößt ihren Peinigern gegenüber Drohungen aus, als ob sie tatsächlich über die erwarteten Fähigkeiten verfügen würde. Die Folge dieses Mechanismus ist natürlich, daß die Hexengläubigen sich erst recht in ihrer Ansicht bestätigt sehen. Für die ›Hexe‹ ist die Akzeptierung eine mögliche Antwort auf die zwar falsche, aber von einer Mehrheit ständig vorgetragene Rollen-Definition.«[24] Wie immer dieser komplizierte Rollenprozeß ablaufen mag, wir können jedenfalls zusammenfassend feststellen, daß es Dorfbewohner gab, die im Ruf standen, Hexen zu sein, und sich mit diesem Leumund identifizierten.

# 4. Fluch und Segen

*Das Herz besitzt ein längeres Gedächtnis als der Geist. Deshalb haftet eine Geschichte fester in uns als eine Statistik. Wieviel mehr ist dies der Fall, wenn die Geschichte zufällig auch noch wahr ist.*

*(Rabbi Morris N. Kertzer)*

Die Übeltaten der Hexen erstreckten sich von boshaften Streichen bis zu tödlichen Handlungen. Im vorliegenden Kapitel soll diese Bandbreite dargestellt werden, um die Verallgemeinerungen der vorhergehenden Kapitel zu illustrieren und den bisher recht abstrakten Darstellungen etwas Substanz und Farbe zu verleihen. Die Beispiele stützen sich auf Primärquellen, also die Berichte von Personen, die angeben, selbst diese Erfahrungen gesammelt oder zumindest Wahrnehmungen davon gemacht zu haben. Schauplätze dieser Vorgänge sind die Dörfer der Fränkischen Schweiz um die Zeit von 1900 bis 1940. Ein paar davon ereigneten sich noch bis in die frühen 50er Jahre.

Wir beginnen mit den Beispielen aus dem Bereich des Schabernacks seitens der Hexe und kommen später zu ihren ernstlicheren Verbrechen.

## *Läuse anhexen*

Als häufigster unter den vielen Streichen, die von Hexen zu erwarten waren, galt das Anhexen von Läusen. In Franken hielt man dies für den verbreitetsten Vergeltungszauber. Dieser Fluch war insofern äußerst personenbezogen, als der Körper des Opfers von Parasiten heimgesucht wurde, die auch bei größer physischer Nähe nicht dazu zu bewegen waren, auf einen anderen Menschen überzugreifen. Hierzu ein typisches Beispiel.

Eines Nachmittags entdeckte ein Bauernjunge eine Schar fremder Hühner, die frisch gedroschenes Getreide in der Scheune stahlen. Der Wirbel, den er beim Versuch verursachte, die Hühner aus der Scheune zu jagen, brachte die Nachbarsfrau, die Besitzerin der Hühner, auf den Plan. Sie war zornig und fluchte: »Warte nur, dafür sollst Du büßen!«

Als der Junge am nächsten Morgen erwachte, fand er seinen Körper von Läusen übersät, während sein Bruder, mit dem er das Bett teilte, nicht eine einzige an sich entdecken konnte. Der lästige Befall dauerte in dieser exklusiven Art mehrere Wochen an, bis der Junge das Übel nicht mehr aushalten konnte und sich beim Dorfschäfer Rat holte. Dieser nickte wissend und riet ihm, zur verärgerten Nachbarsfrau zu gehen und sie um Verzeihung zu bitten.[1] Ohne Zögern befolgte der Bursche den Rat, und die Läuse verschwanden so schnell, wie sie gekommen

»Hexenzauber«. Eine Hexe bezaubert zwei Männer. (1531)

waren.² Der Schauplatz eines anderen Läuse-Zaubers war das Dorf Waidach, wo man mir erzählte, daß eine Frau aus einem Nachbardorf dafür bestraft wurde, daß sie in den Obstgarten eines Mannes geschlichen war und dort Pflaumen und Äpfel gestohlen hatte. Einen Tag nach dem Diebstahl wurde sie unvermittelt von Hunderten von Kopfläusen befallen. Da vom Eigentümer des Obstgartens bekannt war, daß er ein Hexenbuch besaß, schloß man daraus logischerweise, daß er die Diebin mit dem Fluch behaftet hatte. Die Frau entschloß sich zur einzig möglichen Erlösung: Sie ging zu dem Mann und leistete »Abbitte«, das heißt, sie bat ihn um Verzeihung. Sie entschuldigte ihren Diebstahl mit der Bedürftigkeit und dem Hunger ihrer Familie und bat um Vergebung. Der Mann zeigte sich einsichtig und sagte: »Geh heim, es wird schon wieder gut werden.« Schon auf dem Weg nach Hause merkte die reumütige Sünderin, daß plötzlich alle Läuse verschwunden waren.

*Hexendrücken*

Eine Form des Incubus mit der Bezeichnung »Hexendrücken« wurde von den fränkischen Bauern weithin als einer der herkömmlichen Hexenstreiche angesehen. (Eine Interpretation des Incubus-Phänomens folgt im Kapitel 3, Teil III.) Erzählungen von nächtlichen Pressionen durch Hexen gehörten zu den regionalen Volksglaubensformen und wurden als Tatsache hingenommen. Noch heute sprechen ältere Menschen von furchteinflößenden Erlebnissen und können sich an solche Vorfälle erinnern.

Ein ältlicher Bauer aus dem Dorf Bärnfels schilderte einen repräsentativen Fall von »Hexendrücken«. Eines Nachts, schon halb im Schlafe, hörte der Mann, wie sich Schritte seiner Schlafkammer im Obergeschoß näherten. Die verriegelte Tür ging auf und die Schritte kamen näher. Plötzlich spürte er ein ungeheueres Gewicht auf seinen Brustkorb niedersinken. Er japste nach Luft und versuchte sich zu bewegen, konnte es aber nicht. Nach einer schier unendlichen Zeit der Todesangst hob sich das Gewicht, die Schritte entfernten sich, die Tür schloß sich wieder, und der Mann hörte etwas die Stufen hinab verschwinden.

Der Mann kannte das Konzept des Alptraumes und frage sich, ob dieses Erlebnis damit zu erklären sei. Er kam zu dem Schluß, daß er wach genug gewesen war, um es wirklich als das wahrzunehmen, was es war, nämlich »Hexendrücken«. Er fügte hinzu, daß er ganz deutlich gesehen hätte, wie die Tür von außen geöffnet wurde, obwohl sie von innen verriegelt war. Er hielt auch daran fest, daß er eindeutig Schritte gehört hatte. Außerdem hatte er einen Verdacht, wer die Hexe gewesen sein mochte: eine übel beleumundete Frau aus dem Dorf.

Dem Volksglauben nach konnte die Identität einer Hexe daran erkannt werden, daß man beobachtete, wer als erstes in den nächsten drei Tagen nach dem Vorfall zum Haus kam, um etwas zu borgen. Und tatsächlich klopfte am Morgen nach dem »Hexendrücken« die verdächtige Frau an die Tür, um sich ein Werkzeug zu leihen. Dies bestärkte den Mann in seinem Verdacht und klärte die Frage nach der Identität des nächtlichen Quälgeistes.

## »Hexenduelle« zwischen Nachbarn

Dieser Bericht handelt von zwei Familien, die sich zeitweise mit Hexerei bekämpften. In die eine Geschichte wurde ich von einer mittlerweile achtzigjährigen Frau eingeführt, die ich seit meiner Kindheit kannte. Die Familie, in der sie aufgewachsen war, stand im Ruf, ständig mit Hexerei zu experimentieren. Freilich blieb auch an der Tochter etwas von diesem Ruf hängen, obwohl es keine Anzeichen dafür gab, daß sie sich persönlich mit der Schwarzen Kunst beschäftigte.

Diese Familie war eine der wohlhabenderen in einem Nachbarort von Gößweinstein und lebte neben einer Obstbauernfamilie, der man ebenfalls die Beschäftigung mit Hexerei nachsagte. In die Geschichte dieser zweiten Familie wurde ich ebenfalls durch Familienabkömmlinge eingeführt. Ich hatte also die Gelegenheit, Vergleiche anzustellen. Meine Hauptinformantin blieb jedoch die Tochter der ersten Bauernfamilie. Die Aussagen der Parteien ergänzten sich und zeigten an, daß beide im großen ganzen wahrheitsgemäß berichteten. Richtige »Hexenduelle« ergaben sich zwischen den Nachbarhaushalten, und meine Informantin erinnerte sich an folgende Vorfälle in ihrer Jugend:

In einem Jahr hatte ihre Familie mehrfach »Pech im Stall«. Ferkel starben, Kühe molken Blut, und Kälber wurden krank. Eine natürliche Erklärung ließ sich nicht finden. Aber bald entdeckte man ein Zeichen, das nach altem Volksglauben das Treiben einer Hexe ansagte. Eines Morgens fand man nämlich die Pferde im Stall äußerst nervös, schwitzend und mit zu Zöpfen geflochtenen Schwänzen vor – der Beweis, daß der Teufel und seine Verbündeten am Werk waren.

Nachdem die Pferdeschwänze wieder entflochten waren und die gebräuchlichen Schutzvorkehrungen in Form von eingebundenen Kletten getroffen worden waren, kam die Mutter zu dem Entschluß, die Dienste eines gewissen Heilers in Anspruch zu nehmen, worin auch ihr Mann widerstrebend einwilligte. Sein Sträuben hatte wohl mit dem zweideutigen Ruf des Heilers zu tun. Man erzählte sich nämlich, daß er sich nicht nur auf das »Anfangen« verstand, was der christlichen Tradition akzeptabel erschien, sondern schon eher eine Art Zauberer war. (Einige nannten ihn einen »Hexenmeister«. Da jedoch bekannt war, daß er überaus erfolgreich im Aufheben von Verhexungen wäre, überwog dies bei der Abwägung seine übrigen dubiosen Fähigkeiten.

Der Heiler, Wirt einer Mühlengaststätte im Inneren der Fränkischen Schweiz, hielt sich anscheinend an die Leitlinien der christlichen Tradition, da er nach seiner Ankunft auf dem Bauernhof mit dem »Anfangen« begann, also mit Handlungen, die bei einer Hexe verpönt gewesen wären. Das »Anfangen« mußte am Ort des Unheils stattfinden und absolut unbeobachtet vor sich gehen. Nachdem der Heiler den Stall betreten hatte, schloß er die Tür. Die Familie war angewiesen, im Zimmer zu bleiben und auf ihn zu warten, um das Ritual abzuschließen. Meine Gewährsfrau war damals ein junges Mädchen und die Neugier in ihr gewann die Oberhand über den Gehorsam. Sie setzte sich über die Anweisung hinweg, schlich in einen an den Stall angrenzenden Schuppen, fand ein Astloch und beobachtete den Mann. Sie sah, wie er kniete und betete, oft das Zeichen des Kreuzes schlug und eine geweihte Kerze entzündete, einen sogenannten »Wachsstock«, der normalerweise nur beim Requiem in der Kirche Gebrauch findet. Nachdem er sein Ritual im Stall beendet hatte, verlangte er das Butterfaß zu sehen und machte sich daran, drei Kreuze in die Innenseite zu schnitzen. Dies sollte den Zauber aufheben, der auf diesem Gerät lag, da es seit dem Beginn des Unheils keine Butter mehr hervorbringen wollte.

Nachdem der Heiler seine verschiedenen Rituale des »Anfangens« beendet hatte, ermahnte er die Familie, in den nächsten drei Tagen keine Gegenstände anzunehmen oder auszuleihen. Er kündigte auch an, daß in diesen drei Tagen jemand kommen würde, um etwas zu borgen. Dies wäre die Person, die den Stall verhext hätte. Nach einem Geldgeschenk (einer seltenen Form des Entgelts für solche Dienste) trat der zaubernde Wirt seinen Heimweg an.

Am zweiten Tag nach dem Ritual erschien die Nachbarin und fragte, ob sie nicht einen »Grasstumpf« (Sichel) ausleihen könne, da sie den ihren bei der Feldarbeit verloren hätte. Nun waren Urheberin und Ursache des Zaubers entlarvt. (Natürlich wurde ihre Bitte mit einer plausiblen Entschuldigung abgelehnt, da ja sonst der Zauber hätte erneuert werden können).

Das »Anfangen« des Heilers erwies sich nach Meinung der geschädigten Familie als wirksam. Die Tiere gesundeten, und das Butterfaß butterte wieder.

Nachdem es nun keinen Zweifel mehr an der Identität der Übeltäterin gab, sann die Hausfrau auf Rache. Sie ergriff die Initiative – ihr Mann ermutigte sie weder zu Hexereiaktivitäten, noch nahm er daran teil – und besorgte sich das verrufene *Sechste Buch Mose* von einem entfernten Verwandten, der einer in solche Dinge eingeweihten Familie in einem Nachbardorf angehörte.

Dieses Buch erläuterte, wie man einen Rachezauber bewerkstelligen könne, und verlangte als ersten Schritt, daß ein Gegenstand beschafft werden müsse, der der Zielperson gehörte oder von ihr benutzt wurde. Dies erwies sich als einfache Sache. Die Nachbarsfrau hatte etwas Gras von der Ecke einer Wiese gestohlen, die der Familie meiner Informantin gehörte. Beim Mähen mit der Sichel und dem Zusammenraffen war etwas davon liegengeblieben. Drei Halme von diesem Gras, das ja nun mit der Diebin assoziiert war, wurden ins Haus geholt. Mit Hilfe des geheimen Buches vollzog man darüber ein dämonisches Ritual. Als Vergeltung wollte man die Kühe der Nachbarin, die das gestohlene Gras gefressen hatten, austrocknen lassen. Tatsächlich fingen die Nachbarskühe schon am nächsten Tag an, Blut zu melken. (Man versicherte mir, daß dabei kein »Trick« im Spiel gewesen sei, wie etwa die Beigabe von Chemikalien zum Futter, um diese Wirkung herbeizuführen. Das magische Ritual sei wirklich nur an diese drei verhängnisvollen Grashalme gebunden gewesen.)

Wie zu erwarten, kam die Nachbarsfrau bald, um »Abbitte« zu leisten; meine Informantin konnte sich aber nicht mehr erinnern, ob ihre Mutter sich erweichen ließ und den Zauber aufhob. Jedenfalls setzte sich das Mißtrauen gegenüber der benachbarten Obstbauernfamilie fort, und alle Angehörigen ihrer Familie waren sorgsam auf der Hut vor zu erwartenden Verhexungen. Als sicherste Verhaltensregel versuchte man, ihr völlig aus dem Weg zu gehen und sogar den Sichtkontakt zu der verrufenen Nachbarin zu meiden. (Hier wurde eine der in dieser Gegend seltenen Vorstellungen vom »bösen Blick« deutlich.) Das Ausweichverhalten ging so weit, daß man nach Möglichkeit nicht einmal am Nachbarhaus vorüberging. Dies brachte, wie man sich vorstellen kann, Unbequemlichkeiten mit sich, weil die Dorfstraße direkt daran vorbeiführte. So mußte die Bauernfamilie, um zu ihren weit außerhalb des Dorfes gelegenen Felder zu kommen, zeitaufwendige Umwege über Nebenstraßen in Kauf nehmen. Man achtete sorgsam darauf, daß die Kühe nicht Gras vom nachbarlichen Feldrain fraßen, wenn sie den Wagen zum Feld oder nach Hause zogen.

Die Kinder wurden ermahnt, sich vom Nachbargrundstück fernzuhalten und keine Blumen von den Wiesen der Nachbarn zu pflücken. Die begehrten fetten Disteln, die in den Furchen der Kartoffelfelder wuchsen und normalerweise von den Kindern als Gänsefutter gepflückt wurden, waren strengstens tabu, wenn sie auf den Feldern des besagten Nachbarn wuchsen. Und natürlich wurde keinerlei Gegenstand an oder von den Nachbarn ausgeliehen. Der Austausch persönlicher Besitztümer hätte sie wieder für Verhexungen verwundbar machen können.

Gerade zu dieser Zeit der absoluten Meidung bat die Nachbarsfrau unverblümt, den in der Nähe des Hauses stehenden Backofen der Familie benutzen zu dürfen, um darin Früchte aus ihrem Obstgarten zu trocknen. Nicht jedes Anwesen hatte seinen eigenen Backofen, da er ein relativ komplexes und teures Nebengebäude darstellte. Die Bäuerin kam der Bitte nicht nach. Ihre Ablehnung war vorrangig mit der Furcht vor Verhexungen begründet. Sie sagte jedoch, daß sie den Ofen selbst brauche, da es Zeit für die Obsternte sei, die man entweder einmachte oder trocknete. Die Familie besaß nämlich auch einen Obstgarten.

Daß sie den Backofen nicht benutzen durfte, reizte die Nachbarin zu einem Racheplan — zumindest aus der Sicht der von Schuldgefühlen geplagten Familie. Als nun das gesamte Dörrobst im Ofen verdarb und andere Birnen schon am Baum verschrumpelten, war man von der Schuld der Nachbarin überzeugt und erwog Rachezauberei.

Diesmal aber gebot der Ehemann dem Hin und Her der Hexerei Einhalt. Er bestimmte, daß das vermaledeite Buch aus dem Hause geschafft, seinem Besitzer zurückgegeben und ein für allemal mit der Hexerei Schluß gemacht werde.

Das »*Sechste Buch Mose*« wurde zu der Mitwisserfamilie zurückgebracht, und der Friede hielt eine Weile an. Als man in Krankheit und Tod bei einem Wurf von 16 Ferkeln wieder Zeichen einer Verhexung zu erkennen glaubte, beschritt man jedoch den stärker institutionalisierten Weg der Erlösung durch christliches Heilen. Dieser führte sie zu den Franziskanermönchen des Klosters Gößweinstein. (Kurioserweise wurde die Kapelle dieses Klosters 1631 von dem berüchtigten »Hexenbischof« Johann Georg II. von Bamberg gegründet, der ein paar hundert Hexen verbrennen ließ.)[3]

Für drei Mark erhielt sie gesegnete Kräuter, die sie an die kranken Tiere verfütterte, die tatsächlich ziemlich schnell wieder gesundeten.

Die Bäuerin hatte inzwischen einen zweifelhaften Ruf erworben, und viele glaubten, daß sie mehr von Hexerei verstünde, als einem gottesfürchtigen Christenmenschen zukäme. Gerüchte schilderten sie ebensosehr als Betreiberin wie als Opfer der Hexerei. Dieser Ruf machte sie ebenso attraktiv wie abstoßend.

Etliche Hilfesuchende wandten sich an sie mit Fragen und sie wurde zu einer Ratgeberin in Hexereifragen aller Art.

Hexereiverdächtigungen wurden innerhalb dieser Familie fortwährend weitergenährt, und bald gab es eine ganze Reihe von Ereignissen, die ihre Befürchtungen bestätigten. Eines Morgens entdeckten sie wiederum geflochtene Schwänze an ihren Pferden. Die Tochter, die sich noch lebhaft an diese Ereignisse erinnern konnte, versicherte mir, daß die Zöpfe ein wahres Kunstwerk gewesen wären. Dieses Zeichen des Teufels wurde umgehend den Aktivitäten der Nachbarin zugeschrieben, die man auch schon wegen der früheren Übeltaten verdächtigt hatte.

Die satanischen Zöpfe in den Pferdeschwänzen wiederholten sich mehrere Nächte hintereinander. Schließlich gelangte man zu der Ansicht, daß etwas dagegen unternommen werden müsse. Ein Rachezauber schied aus, da das dazu nötige Zauberbuch nicht erreichbar war und der Familienvater keine Lust verspürte, sich noch einmal mit Hexerei einzulassen. Deshalb beschloß man, sich diesmal an einen alten Volksbrauch zu halten. Diese Volksweisheit versicherte, daß eine Hexe vom Stall ferngehalten werden könne, wenn man vor der Stalltür »hinschiß« und eine Mistgabel mit den Zinken nach oben in eine Ecke des Stalles stellte.

Dieses profane Ritual wurde ausgeführt, und das Ergebnis bestätigte seinen Wert für die Leute: Die Tiere wurden nicht mehr behelligt, und es fanden sich keine Zöpfe mehr.

Derartiges wußte man auch von anderen Familien aus der gesamten Umgebung. Der Grund für meine exemplarische Darstellung dieser Familie war die Zugänglichkeit und Glaubwürdigkeit der Informationen.

Ältere Bewohner des Dorfes erinnerten sich an diese und ähnliche Ereignisse und stimmten mit den Darstellungen überein.

Die Tatsache solcher übereinstimmender Angaben überraschte mich häufig. Es schien, daß einige Personen einfach jeden Bericht über Hexerei kannten und einige davon sogar Einzelheiten dieser Ereignisse wahrgenommen hatten.

Den Affären dieser Familie muß noch ein besinnliches Nachwort angefügt werden. Die Dorfbewohner behandelten die Hausfrau als eine boshafte Person, die jeden um sein Glück beneidete.»Sie stritt sich mit jedem«, berichteten mir Angehörige ihrer Familie, und »sie verfeindete sich sogar mit dem Dorfpfarrer, dessen Gottesdienste sie nie besuchte«. Kurz gesagt, die Beschreibungen kennzeichnen sie als ein weibliches Gegenstück des Jago in Shakespeares »*Othello*«.

Von noch größerer Bedeutsamkeit für die Dorfbewohner war, daß sie eine fremdartige und anscheinend dämonische Sprache benutzte, und man flüsterte sich zu, daß sie mit dem Teufel unter einer Decke stecke. (Die »fremdartige Sprache« mag den kabbalistischen Formeln entlehnt gewesen sein, die sie auswendiggelernt hatte und murmelte.) Die Leute hatten sie im Verdacht, daß sie auch das »*Sechste und Siebte Buch Mose*« besäße und sich mit Hexerei aktiv beschäftige. Schließlich kannten alle Nachbarn dieses Verhalten – einige nur zu gut, weil sie glaubten, selber Opfer ihrer Hexerei gewesen zu sein.

In der Folgezeit wurde die Familie von Unheil verfolgt: Unfälle, unerwartete Todesfälle unter den Abkömmlingen, finanzieller Ruin des Hofes.

Es war vorauszusehen, daß die Dorfbewohner diese Unglücksfälle mit übernatürlichen Erklärungen in Verbindung brachten. Sie meinten, daß Familie und Haus den Segen durch den Charakter der Frau verloren hätten. Viele Bauern glaubten, daß auch physische Gegenstände – wie etwa Haus, Stall und Brunnen – von Dämonen besessen sein könnten. So könne ein Haus seine guten Geister durch die Schlechtigkeit seiner Bewohner verlieren und eine dämonische Besitznahme geradezu anziehen. Dies ist eine Form des primitiven Animismus, das heißt der Glaube, daß natürliche Phänomene und Gegenstände, wie zum Beispiel Häuser, Felsen, Bäume und der Wind, lebendig sind und eine Seele besitzen – eine gute oder eine schlechte. Dies ist eine Grundhaltung, die von Anthropologen in vielen sogenannten primitiven Stammeskulturen entdeckt wurde.[4] Es mag manchen erstaunen, Ansätze dieser Weltsicht auch noch im Europa dieses Jahrhunderts zu entdecken.

### Hexen und die Seelen Verstorbener

Ein Sohn der oben beschriebenen Familie starb im Kindesalter. Der Tod trat gerade in dem Moment ein, als die hexenverdächtige Obstbäuerin vom Nachbarhof sich beim Misthaufen vor dem Stall nieder-

*Rezept gegen Zahnschmerzen aus dem Formelbuch eines Volksheilers. Diese sammelten häufig über Generationen magische Formeln, Siegel und Rezepte (um 1850).*

hockte, um ihre Notdurft zu verrichten. (Bis zur Mitte unseres Jahrhunderts waren Toiletten innerhalb von Bauernhäusern äußerst selten.) Die Frau behauptete später, daß sie bei dieser Gelegenheit einen weißen Engel aus dem Nachbarhaus entsteigen sah, der an ihr vorbeigeschwebt und dann in Richtung des Dorffriedhofs verschwunden sei.

Diese Behauptung ängstigte die Eltern des verstorbenen Kindes, da sie meinten, daß seine Seele keine Ruhe fände, wenn sie von einer Hexe gesehen werden konnte. In der Familie machte sich Furcht vor dem Geist des Verstorbenen breit, und man hielt sorgsam alle Türen und Fenster geschlossen für den Fall, daß die Seele des verstorbenen Kindes versuchen sollte, wieder ins Haus zu gelangen. Zusätzlich versammelte sich die Familie mehrere Monate lang jeden Abend, um Schutzgebete zu sprechen.

## »Anfangen« bei Menschen

Obwohl sich die Mehrzahl der Fälle von »Anfangen« auf Nutztiere bezog, kam auch Heilzauber für Menschen vor.

Einen solchen erlebte meine Informantin, als sie in jungen Jahren eine Augenreizung hatte. Der Beschreibung nach hatte sich wohl ein kleiner Fremdkörper im Augenwinkel festgesetzt. Deshalb suchte man die Ursache nicht in einer Verhexung. Die Reizung entwickelte sich zu einer schmerzhaften Entzündung, und die traditionellen pflanzlichen Heilmittel erwiesen sich als unwirksam. So beschloß die Mutter, eine für ihre Fähigkeit im »Anfangen« bekannte Frau aus dem Dorf zu holen. Meine achtzigjährige Gewährsfrau erinnerte sich, daß die Heilerin ihr »Anfangen« verschob, da es nur bei abnehmendem Mond wirksam wäre.

Als die Mondphase günstig war, kam sie wieder, bat die Patientin niederzuknien, über ihre rechte Schulter zu sehen und drei Vaterunser zu sprechen. Gleichzeitig betete die Heilerin, aber das Mädchen konnte ihre Worte nicht verstehen. Das »Anfangen« schien erfolgreich, denn in wenigen Tagen verschwand die Reizung.

## Die Kinder und die Hexe von Sachsendorf

Das verschlafene Dörfchen Sachsendorf beherbergte eine widerspruchsvolle Nachbarschaft. Nur einen Steinwurf voneinander entfernt lebte dort eine Familie im »Schneider«-Haus, deren Hausfrau als Heilerin bekannt war, während eine Nachbarin, nur wenige Höfe entfernt, als Hexe galt.

Obwohl es keine Feindseligkeit zwischen den beiden Familien gab, wurde die Hexe gemieden. Man machte Umwege, damit man sie nicht grüßen mußte oder von ihr angesprochen wurde. Man begegnete ihr weniger mit Haß als mit Unbehagen. Die meisten Dorfbewohner kannten sie als »schlechte« Frau – als Verbündete des Satans. Natürlich sagte man ihr auch nach, daß sie das gefürchtete »*Sechste Buch Mose*« besitze. Das ganze Dorf wußte über diese Frau Bescheid, und beinahe immer, wenn irgendwo »Pech im Stall« vorkam, schob man ihr die Schuld zu.

Der Gläubige, der die meisten dieser Vorkommnisse bewahrt hatte, war meine vertrauteste Quelle, nämlich mein Vater, der auf dem Schneider-Hof aufwuchs. Bevor ich diese persönlichen Erinnerungen darstelle, möchte ich anmerken, daß er die Hexerei als eine Realität betrachtete (im Gegensatz zu meiner Mutter, die sie, obwohl sie in derselben Umwelt aufwuchs, als eine Verirrung sozialpsychologischer Natur ansah). Seine Grundüberzeugung läßt sich folgendermaßen zusammenfassen: »Solche Dinge sind vorgekommen, sie sind wirklich passiert, sie haben gewirkt.« Er war überzeugt, daß die Hexerei der Nachbarin die Kraft hatte, Tiere und Menschen zu schädigen. Er war ebenso überzeugt, daß Menschen gegenüber der Hexerei machtlos waren, es sei denn, sie gingen zu einem Priester oder holten eine Frau, »die das Anfangen konnte«.

Die Dorfkinder, auch die vom Schneider-Hof, vergaßen oft den Ruf der Nachbarin und erwiderten, wenn sie an deren Haus vorbeigingen, ihren Gruß. Sie blieben mitunter auch stehen und plauderten mit ihr. Einige nahmen sogar Geschenke an und betrachteten sie als gewöhnliche Medaillons mit religiösen Emblemen und Bildern, wie man sie von den Mönchen des Klosters bekommen oder billig auf dem sonntäglichen Markt vor der Basilika in Gößweinstein kaufen konnte.

Meistens erzählten die Kinder ihren Eltern nichts von den Geschenken – vor allem deshalb nicht, weil die Annahme eines Geschenkes ohne Gegenleistung der Volkssitte widersprach, und nicht aus Furcht davor, daß ihre Kontakte zu der verrufenen Hexe aufgedeckt worden wären. Sie verstanden noch nicht das Stigma, das dieser Frau anhaftete. Eines Tages kamen die Eltern doch hinter die Sorglosigkeit der Kinder, und sie machten die erschreckende Entdeckung, daß diese in ihrer Naivität Gegenstände mit unheilträchtigen Zeichen in die Häusern eingeschleppt hatten (im Gegensatz zu ihrem religiösen Aussehen). Sie setzten diesem Treiben ein Ende. Bald benahmen sich auch die Kinder gegenüber der Frau so distanziert wie die Erwachsenen. Sie wurde isoliert. Ein paarmal noch rief sie einem vorbeigehenden Jungen nach, um mit ihm zu plaudern oder ihm etwas zu schenken, doch die Kinder wandten sich ab und liefen davon.

Die Überlegung, was die Motive der Frau gewesen sein mögen, sich Kindern zu nähern, führt zu interessanten Spekulationen. Suchte sie die Freundschaft von Kindern, weil diese die einzigen waren, die mit ihr sprachen? War sie einfach nur eine Frau, die Kinder gern hatte? Wollte sie durch das Verschenken religiöser Medaillons dem Dorf mitteilen, daß sie die gute Christin war, für die sie sich vielleicht selber hielt? Oder sah sie sich tatsächlich als Hexe und versuchte, die Kinder als Brieftauben zur Übertragung von Gegenständen zu benutzen, die ihr – wenn sie erst einmal in die Häuser der Dorfbewohner gelangt waren – Macht über sie geben würden?

Selbstverständlich lassen sich solche Fragen heute nicht mehr beantworten. Die Zeit ist längst tot, und nur die Erinnerungen ihrer jüngeren Zeitgenossen geleiten uns beim Versuch, das Vergangene zu verstehen. Im Gedächtnis der meisten war sie eine Hexe, und die Tragödien des Dorfes wurden ihr zugeschrieben. (Gelegenheit dazu bot sich in Vorkommnissen, die für jedes Dorf normal sind: schlechte Ernte, Feuer, Pech im Stall, Krankheiten in der Familie usw.)

Es erübrigt sich zu erwähnen, daß es bei den Vorkommnissen um diese Frau nicht einen einzigen Beweis dafür gab, daß sie irgendeinen tatsächlichen Schaden anrichtete. Aber für die Bauern in den ersten Jahrzehnten unseres Jahrhunderts war sie die Übeltäterin.

Dies führt zu der humanen Frage, ob wir hier nicht mit einer völlig aus der Luft gegriffenen Diffamierung einer unschuldigen Person konfrontiert werden, die verzweifelt versuchte, ein wenig Anerkennung und Freundschaft zu erringen. Wenn es so wäre, spiegelt diese Situation eine kolossale Unmenschlichkeit wider. Es wäre die Tragödie eines Menschen, der sich nach Menschlichkeit sehnt und verachtet wird.

Die Familie dieser geächteten Frau wurde von Unheil verfolgt. Der Sohn starb relativ jung an einer Krankheit, die wir heute wahrscheinlich als Krebs einordnen würden. Dessen Sohn wiederum starb ebenfalls früh. Im Alter von 25 Jahren erlag er einer Kriegsverletzung. Der Verlust eines Sohnes und eines Enkels in so jungem Alter waren ominöse Ereignisse für die Dorfbewohner und bestärkten sie in dem Glauben, daß etwas mit dieser Familie nicht in Ordnung sei. So drückte es auch ein älterer Dorfbewohner aus: »Der Sohn und der Enkel mußten für die Sünden der Frau büßen.« Die Bauern hielten die unzeitgemäßen Todesfälle also für Strafe oder Sühne für die Hexerei der alten Frau.

*Der Hochstapler*

Es ist wahrscheinlich ein universales Übel, daß Gläubigkeit zu lukrativen Zwecken ausgebeutet werden kann. Die Stellung des »Heilers« mag, unter anderen, wohl auch Schwindler angezogen haben, und die volkstümlichen Glaubensformen der fränkischen Bauern waren nicht vor Mißbrauch sicher.

Der Wirt einer bekannten Mühlengaststätte pflegte seinen Ruf, ein Zauberer zu sein und »Anfangen« zu können. (Soweit ich es klären konnte, handelte es sich um denselben Mann, den man im vorher geschilderten Fall herbeigeholt hatte.) Er erwarb sich eine Klientel von Menschen in Schwierigkeiten, die sich an ihn wandten als den auserwählten Vertrauensmann in übernatürlichen Kräften.

Dieser Mann beeindruckte die Öffentlichkeit mit einer Zauberqualität, der in anderen Fallberichten nicht viel Aufmerksamkeit zukam, der Hellseherei. Er imponierte seinen Besuchern dadurch, daß er fast bis ins Detail ihre Probleme kannte. Unfehlbar konnte er ihnen schon bei der ersten Begegnung sagen: »Ich weiß, du möchtest wissen, warum zwei von deinen drei Kühen Blut melken. Stimmt's?« Jedesmal war der Besucher von dieser Hellseherei überwältigt und ließ sich natürlich leicht von der Erklärung beeindrucken, die der Wirt zur Sache abgab. Zweifellos verlangte so ein Talent nach einer außergewöhnlichen Entlohnung, und der Wirt machte in der Regel einen guten Profit bei solchen Besuchen: entwder in Form von Naturalien oder Geld oder durch den eifrigen Zuspruch zu seinem Bierausschank.

Viele einträgliche Jahre vergingen, bis das Talent des Gastwirts schließlich als Betrug entlarvt wurde. Sein Trick war unglaublich einfach. Wenn ein Gast sein Wirtshaus betrat, hielt er sich eine Zeitlang für den Besucher unsichtbar in der Küche auf, die sich an die Gaststube anschloß, und öffnete ein kleines Verbindungsfenster einen Spalt breit – weit genug, um zu hören, wie seine Frau den Besucher empfing und ihn nach seinem Begehr fragte. Man bat den Gast, es sich bequem zu machen, und entschuldigte die Wartezeit damit, daß der Wirt außer Haus sei und erst in etwa einer Stunde zurückkäme. Während er wartete, gab der Besucher meist alle Informationen von sich, die der Wirt brauchte. Hatte er genug gehört, schlich sich der Scharlatan aus der Hintertür, ging um das Haus herum und erschien an der Haustür, als käme er von einem Gang zurück.

Anschließend begann er, das Opfer mit seinem »Vorwissen« zu beeindrucken. Dann erteilte er Ratschläge, was gegen das Übel unternommen werden sollte. Er sagte den Klienten, was sie ohnehin hören wollten, und hielt sich eng an die Inhalte des Volksglaubens. Beispielsweise diagnostizierte er die Krankheit eines Kalbs als Fluch einer Hexe und bot einige geweihte Kräuter an, die unter das Futter zu mengen waren. Zusätzlich gab er Anweisungen, wie der Zauber gelüftet werden könne. Und er vergaß auch nie, die kritischen drei Tage zu erwähnen, in denen die Heilung mißlingen könne, wenn durch einen Fehler ein persönlicher Gegenstand in die Hände der Hexe gelangen sollte. Es gab immer eine einleuchtende Erklärung, wenn die Heilung fehlschlug, und in solchen Fällen machte er den Kunden glauben, daß, vielleicht unbedacht, ein Aspekt seiner Anweisungen mißachtet worden sei. (So war der Pseudozauberer auf jeden Fall abgedeckt).

Ich habe nur wenige Belege dafür, daß der betrügerische Wirt »Hausbesuche« machte und die Rituale des »Anfangens« wirklich ausübte. Entweder erschien es dem Mann als unnötige Belastung, das Haus zu verlassen, da er auch zu Hause ein einträgliches Geschäft machen konnte, oder er hatte Skrupel, weil er fühlte, daß das richtige Ritual des »Anfangens« seine Kräfte als Sakrileg und Schwindel entlarven würde.

107

Die Aufdeckung seiner Schwindelei kam durch vage Gerüchte an die Öffentlichkeit, die nur unwesentlich den Glauben der Bauern an die Wirksamkeit der von ihm beschriebenen Heilmittel untergrub. So folgte dem Gerücht kaum etwas, was einem Skandal oder einer Strafe entsprochen hätte – nur wendete sich der Wirt hinfort leiblicheren Dingen zu, wie etwa dem Verkauf von Bier, und nahm von seinen übernatürlichen Diensten Abstand.

## *Innerfamiliäre Hexerei*

Das idyllische Dörfchen Kühlenfels war die Heimat einer Familie, die sich mit Versuchen herumschlug, übernatürliche Kräfte zu manipulieren. Als der jüngere Sohn heiratete, lud man ihn und seine Frau ein, im alten Bauernhaus zu wohnen. Dies war eine relativ ungewöhnliche Übereinkunft, da normalerweise der ältere Sohn auf dem Hofe blieb. Anscheinend bekamen der jüngere Sohn und seine junge Familie wegen der früheren Heirat den Vorzug.

Als der ältere Sohne heiratete, wurde der Grundbesitz des Hofes geteilt. Man baute ein kleines Haus Wand an Wand zum alten und wurde zu unmittelbaren Nachbarn. Die Neuvermählten begannen ihr eigenes Land zu bebauen und ihren eigenen Viehbestand aufzuziehen. Alles schien in bester Ordnung.

Doch der ältere Bruder und seine Frau sahen sich bald damit konfrontiert, daß der Bruder bzw. Schwager auf der anderen Seite der Mauer im Ruf stand, das magische Buch Mose zu besitzen, und auch sonst »allerhand unheimliche Dinge« tat. Ihre Abneigung wurde zur Furcht, als die Frau des älteren Bruders (die hier die Hauptrolle spielte) merkte, daß die Küken, die sie großziehen wollte, eins nach dem anderen starben. Sie beschuldigte ihren Schwager, eine Verhexung ausgesprochen zu haben. Auch schrieb sie die schnelle Abnahme des Wintervorrats an Kartoffeln in ihrem Keller ihm zu, da er sie entweder stehle oder durch magische Kräfte verschwinden lasse. Um Gewißheit zu erlangen, spannte sie haarfeine Fäden unter die oberste Schicht Kartoffeln. Ihre Kontrollmaßnahme ergab eine positive Anzeige. Die Fäden waren beim nächsten Nachschauen sichtbar, und sie wußte, daß ihre Kartoffeln gestohlen wurden. Da sie sicher war, daß der Mann nicht persönlich im Keller gewesen war, schloß sie, daß die Kartoffeln durch Zauberei weggeholt worden waren.

Es war durchaus nicht ungewöhnlich, einen Diebstahl als magisches Werk zu betrachten; im Gegenteil, dies stimmte sogar mit den Anschauungen vieler, wenn nicht der meisten fränkischen Bauern vergangener Generationen überein. (Berichte zu diesem Thema geben selbst die jüngsten überlieferten Hexereien, und sie passierten noch um 1950.)

In ihrem Verdacht bestärkt, verwehrte die Frau ihrem Schwager den Zutritt zu ihrem Haus, und das Verhältnis zu ihren Verwandten kühlte merklich ab. Schließlich wurden alle Kontakte zwischen beiden Haushalten eingestellt. Man borgte sich nichts mehr, da man fürchtete, daß teuflische Mächte durch persönliche Besitztümer übertragen werden könnten.

Die Frau pilgerte des öfteren zum Kloster Gößweinstein, um den Franziskanerabt wegen der unheimlichen Vorgänge zu konsultieren. Nach der Darstellung von Zeugen (ihrer Kinder und anderer Verwandter, die mir ihre Beobachtungen mitteilten) kehrte sie immer mit geweihten Medaillons und neuem Mut zurück, das Böse mit Gebeten auszumerzen.

Die Absonderung der beiden Haushalte war vollständig, da auch der Mann den angstvollen Darstellungen seiner Frau Glauben schenkte und nicht mehr mit seinem Bruder sprach.

Eine gemeinsame Freifläche erstreckte sich hinter den zusammengebauten Häusern und diente als Hofraum und Spielplatz für die Kinder. Das besorgte Paar, das inzwischen zwei Töchterchen hatte, beachtete streng die Mittellinie, schärfte den Kindern ein, sie nicht zu übertreten, und verbot ihnen sogar, die Verwandten von nebenan zu grüßen. Man warnte die Kinder, daß die Nachbarn »das böse Buch« besäßen. Schließlich erstellte man einen robusten Zaun.

Die Situation besserte sich nicht. Im Laufe der Jahre entstanden Zwistigkeiten zwischen den Brüdern darüber, was wem gehöre. Von nun an wurde alles Unheil der hexenden Verwandtschaft angelastet. Diese innerfamiliäre Hexerei führte schließlich so weit, daß die sich verfolgt fühlende Familie ihr Haus aufgab und wegzog.

## Der Austausch von Fetischen

Es gab eine zusätzliche Episode aus dem Bereich des Übernatürlichen, die indirekt zu den oben beschriebenen innerfamiliären Problemen gehörte.

Die Frau des älteren Sohnes der Kleinbauernfamilie bekam eines Tages Besuch von einer Zigeunerin, die zu einer Gruppe von Landfahrern gehörte, die sich in der Gegend herumtrieb. Die verwirrte Bauersfrau war von der Hexerei in der Familie zu diesem Zeitpunkt gerade ziemlich bedrückt und suchte Rat und Hilfe bei der Fremden. Daß sie eine Zigeunerin in solchen Dingen heranzog, zeigt, wie stark ihr die Sache am Herzen lag, da Zigeuner im allgemeinen als Zauberer und Hexen betrachtet und daher gemieden wurden.

Die Zigeunerin versicherte der Frau, daß sie Mittel und Wege kenne, böse Geister fernzuhalten, und wieder Sicherheit in Haus und Stall schaffen könne. Sie ließ die Bäuerin einen Talisman in ihr Haar flechten (das sie als Knoten trug), und sie mußte versprechen, ihn drei Tage nicht zu entfernen. Diese Wanderokkultistin ging nicht, ohne der Frau vorher eine ansehnliche Summe Geldes und das beste Essen im Haus abgeschwatzt zu haben. Bald nach diesem »Hausbesuch« faßte sich

die Frau wieder und sie entfernte den Talisman aus ihrem Haar. Als Okkultgläubige, die sie war, muß sie dies mit äußerst gemischten Gefühlen getan haben, da sie ja gewarnt worden war, daß bei vorzeitiger Entfernung Gesundheitsschäden und sogar der Tod drohten. Der Talisman bestand aus einem Stück Papier.
Niemand in der Familie konnte je in Erfahrung bringen, ob etwas darauf gestanden hat. Man vermutete jedoch, daß es sich um okkulte (kabbalistische) Zeichen handelte. Jedenfalls rannte die Frau voller Entsetzen zum Kloster und sprach mit den Mönchen. Was bei dieser Unterredung herauskam, wurde nie enthüllt. Eines war sicher, sie zahlte für besondere Gebete und eine heilige Messe in ihrem Namen. Sie brachte auch ein geweihtes Medaillon heim, das die Mönche ihr gegeben hatten, um dem entgegenzuwirken, was immer an dämonischer Bedrohung über ihr schweben mochte.

Es ist schwer zu erklären, was wirklich geschah. Bald glaubten Verwandte, die dem Okkulten keinen sonderlichen Wert beimaßen, daß die Zigeunerin sie hypnotisiert hatte, um Geld un Essen von ihr zu erlangen. Sie meinten, daß die Frau als getreue Gläubige an das Okkulte ein ideales Medium zur Manipulation war und leicht für hypnotische Suggestion zugänglich sei. Die Handlungsweise des Abtes, der ihr geweihte Medaillons gab und ihr die heilbringende Wirkung versicherte, kann entweder als psychotherapeutische Maßnahme oder mittelalterliche Theologie betrachtet werden. (Einige Beobachter übersehen geflissentlich den Unterschied.)
Jedenfalls erwies sich der Austausch als wirksam: die Gabe der Zigeunerin beseitigte die Besorgnis und die der Mönche beruhigte. Für die Frau und ihre unmittelbare Familie waren solche Dinge und die Mächte, für die sie standen, real.

## Der Schmied von Gößweinstein

Die Ereignisse, die sich um den Schmied von Gößweinstein rankten, sind älteren Ursprungs als die beiden vorher dargestellten Vorkommnisse und ereigneten sich in den ersten beiden Jahrzehnten unseres Jahrhunderts. Seine Beschreibung als Zauberer und Hexer ist jedoch so fest in das Volksgut eingeprägt, daß fast jeder aus der älteren Generation dieser Gegend mit den Schmiedesagen vertraut war. Für sie waren sie wahre Geschehnisse.

Einige meiner Informanten waren vom schändlichen Charakter und den Übeltaten des Schmieds überzeugt. Sie hatten den Mann gekannt; sie schworen, außergewöhnliche Beobachtungen gemacht zu haben; und sie überlieferten die folgenden Ereignisse.
Es sei vorausgeschickt, daß der Schmied einen recht zweifelhaften Ruf genoß. Die meisten Leute »wußten« aus Gerüchten, Mutmaßun-

gen oder vermeintlicher persönlicher Beobachtung, daß er ein Zauberer war, vom Teufel besessen sei und natürlich nach den Büchern des Magiers Moses handelte. Man »wußte« auch, daß er nachts in Ställe ging, Beschwörungen sprach und sein Erkennungszeichen hinterließ, nämlich zu Zöpfen geflochtene Schwänze und Mähnen an fiebernden Pferden. Beinahe jeder fürchtete ihn. Er war auch einer der wenigen, denen man den »bösen Blick« nachsagte, obwohl dieses Konzept im allgemeinen nicht zum okkulten Volkstum der Gegend gehörte. Dennoch brauchte man seine Dienste. Der nächste Schmied befand sich in einer entfernten Ortschaft, zu weit weg für die meisten. Einige, die bereits unangenehme Erfahrungen infolge ihres Kontaktes zu diesem Mann gemacht hatten, nahmen lieber die Unbequemlichkeit des weiten Weges in Kauf, als daß sie das Risiko eingingen, Haus und Stall der Behexung auszusetzen.

Ein Bauer aus dem Dorf Geiselhöhe, ein Onkel von mir, ließ regelmäßig in der Schmiede arbeiten. Es gab Streben am Wagen zu reparieren, Pferde mußten beschlagen und Räder befestigt werden.

Das Unheil ließ nicht lange auf sich warten. Mein Onkel erzählte, daß nach jedem Besuch in der Schmiede irgendein Unglück im Stall passierte. Vieh wurde krank, Schweine starben, Kühe gaben keine Milch mehr oder molken Blut. Dieses »Pech im Stall« kam so regelmäßig im Anschluß an die Besuche in der Gößweinsteiner Schmiede, daß solche Ereignisse für meinen Onkel und seine Familie schon beinahe vorhersagbar erschienen. Daher zogen sie sich schließlich von dieser unheilschwangeren Schmiede zurück, machten ihre Schmiedearbeiten selber (das heißt, sie nahmen die relativ teure Anschaffung der dazu nötigen Ausrüstung in Kauf) oder brachten die Arbeit zur entfernteren, aber sicheren Schmiede. Daraufhin, versicherte man mir, hörte das »Pech im Stall« auf.

Andere Zeugen wollen beobachtet haben, daß immer wieder eine besonders schwarze Rauchwolke aus dem Schlot der Schmiede schoß. Wenn dies geschah, fand man den Schmied ohnmächtig oder in Trance im Haus oder in der Werkstatt liegen. In der Vorstellung der Gläubigen gab es keinen Zweifel an diesem unheilverkündenden Zeichen: Wenn der Teufel zeitweise den Schmied verließ, hinterließ er eine Art Leere, die den Mann besinnungslos umwarf. Sobald der Satan wieder in seinen Körper einzog, erwachte er erneut zum Leben.

Diejenigen, die mehr als nur eines dieser Symptome beobachtet oder erlebt hatten – Unglück im Stall oder das Ausfahren den Teufels durch den Schornstein –, zweifelten nicht daran, daß der Schmied einen Pakt mit dem Teufel eingegangen und ein Hexer war.

## Stallverhexungen

Ich habe zahlreiche Vorkommnisse von Heil- und Schadenzauber an Nutztieren gehört. Einige Fälle sollen kurz dargestellt werden.

Ein Bauer aus der Nähe von Kirchenbirkig bemerkte, daß Klee von seiner Weide abgesichelt worden war. Er und seine Familie konsultierten deshalb eine Hexe, die das Zauberbuch besaß. Sie verlangte nach einem Gegenstand, der mit dem Dieb in Berührung gekommen war, und die Familie beschaffte einige Kleeblätter, die der Dieb anscheinend in der Nähe verloren hatte. An Hand dieser Blätter war die Hexe in der Lage, ihren Strafzauber zu bewerkstelligen. Ein paar Tage später erschien ein reumütiger Bauer, um »Abbitte« zu leisten. Seine Kühe hatten begonnen, Blut zu melken, und er bat um die Aufhebung der Verhexung. Dies geschah erst, nachdem er sich bereit erklärt hatte, eine geringe Entschädigung für das Gestohlene zu leisten.

Ein anderer Bauer führte die Krankheit seiner Schweine auf Kartoffeln zurück, die er an sie verfüttert hatte. Diese kamen von einem Nachbarn, von dem bekannt war, daß er das verbotene Buch Mose besaß und den er nun verdächtigte, mit den Kartoffeln »etwas gemacht« zu haben. Sobald der Schweinezüchter die Futterkartoffeln von einem anderen Bauern bezog, erholten sich die Tiere.

Schon unscheinbare Situationen konnten Argwohn erregen. Ein Bauernehepaar arbeitete vor der Scheune, als es in ein Gespräch mit einer Frau verwickelt wurde, die ein Stück weiter an der Straße wohnte und zufällig vorbeikam. Nachdem man ihr mit verständlichem Stolz erzählt hatte, daß eine der Kühe gerade ein schönes Kalb geworfen hatte, wollte die Besucherin es gerne sehen. Dies verursachte Unbehagen, da die Frau eine Verwandte des verrufenen Gößweinsteiner Schmieds war. Dessen Ruf übertrug sich auf die ganze Familie.

Das Ehepaar befand sich nun in einem Konflikt. Einerseits fürchteten sie für das Wohlergehen ihres Kalbs, andererseits wollten sie die Frau nicht beleidigen, da sie keinen stichhaltigen Grund hatten, sie als Hexe zu behandeln.

Mit zwiespältigen Gefühlen begleiteten sie die Frau in den Stall und zeigten ihr das Kalb. Mit wachsender Bestürzung nahmen sie wahr, wie die Frau das Jungtier betastete. Ohne zu wissen, was sie tun sollten oder wie sie sie aufhalten könnten, litten sie still vor sich hin. Sobald die Frau sich verabschiedet hatte, holten sie eine im »Anfangen« kundige Frau. Zur Vorbeugung gegen mögliche dämonische Belästigungen, die die Besucherin hervorgerufen haben könnte, verrichtete die Heilerin schützende Geheimrituale.

In zahlreichen Berichten versicherten mir die Bauern, daß sich das Vertrauen in das »Anfangen« ausgezahlt hätte. In den paar Fällen, wo sie zugaben, daß das »Anfangen« keinen Erfolg zeitigte, hatten sie eine einfache Erklärung parat: Die Schuld lag immer darin, daß man die Ermahnungen der Heilerin nicht beachtet und in den drei Tagen nach der Zeremonie etwas ausgeliehen oder verborgt hätte.

Eine andere Geschichte spielt in einer ziemlich romantischen Szenerie. Zwei junge Burschen wollten dem alten Brauch des »Fensterlns« nachgehen und auf diese Art ihren Mädchen einen nächtlichen Besuch abstatten. (Der im allgemeinen eher humorvoll geduldete Brauch bestand darin, daß man einen Besuch *am* und nicht *durch* das Fenster machte.) In der Regel lagen die Schlafstuben im ersten Stock; daher war für diesen Besuch eine Leiter nötig. Dieses verstohlene Geschäft mußte möglichst leise vor sich gehen, um die dabei unerwünschten Eltern nicht zu wecken. Die beiden jungen Freier kamen zum Haus von zwei Schwestern, wollten sich am Fenster bemerkbar machen und dann abwarten, welche mehr oder weniger einladende Reaktion erfolgen würde. Sie lehnten gerade die Leiter ans Haus, um hinaufzusteigen, als sie Stimmen durch das Fenster hörten. Es war die Mutter, die mit den Töchtern sprach und ihnen mitteilte, daß die Kuh eines Bauern kalben würde. Da dies in einem Nachbardorf stattfand, nötigte die Mutter sie, hastig loszugehen und »zu tun, was getan werden muß«. Die Mädchen erwiderten, daß sie schon am Stall des Bauern gewesen seien. Es habe eine Mistgabel mit den Zinken nach oben an der Stalltür gelehnt, deshalb hätten sie »nichts ausrichten können«.

Die Möchtegern-Freier standen wie versteinert. Ihnen wurde plötzlich klar, daß die Mutter ihre offensichtlich recht willigen Töchter in die Praktiken der Hexerei einführte und sie ausschicken wollte, um einen Fluch über das neugeborene Tier zu verhängen. Die Pläne der Mutter waren allerdings durch die Vorsichtsmaßnahme des Bauern zunichte gemacht worden. Überflüssig zu sagen, daß die Möchtegern-Freier abgeschreckt davoneilten und keine Sehnsucht mehr verspürten, die Mädchen wiederzusehen.

Die Einheimischen waren äußerst mißtrauisch gegenüber Fremden. Dies spiegelte sich im Bericht eines Bauern wider, der »Pech im Stall« hatte und sich auf den Weg machte, eine Heilerin in einem entfernten Dorf um Hilfe zu bitten. Unterwegs stieß er auf eine fremde Frau, die ihm riet umzukehren, da die Heilerin gestorben sei. Der Mann setzte trotzdem seinen Gang weiter fort und fand die Heilerin quicklebendig. Sie interpretierte die Sache als Hexerei, wobei der Fremden die Hauptrolle zugeschoben wurde, und versprach, einschlägige Heilgebete und -rituale sogleich zu verrichten. Da sie das aber zuhause tat, wurde ihre Heiltätigkeit »Abhelfen« anstatt »Anfangen« genannt. Augenscheinlich muß das letztere immer am Ort des Unheils stattfinden. Der Bauer konnte jedenfalls melden, daß das »Abhelfen« die Gesundheit im Stall wiederherstellte.[5]

Eine alternative Quelle der Erlösung war das Kloster Gößweinstein. Ein älterer Bruder erinnerte sich, daß dämonische Geister eine Kuh nach der anderen im Stall eines Bärnfelser Bauern töteten. Er konnte sich noch lebhaft an dieses Ereignis erinnern, das er um 1915 datierte. Man holte damals einen Franziskanermönch, um den Stall exorzieren zu lassen. Nach dieser Prozedur erholten sich die verbliebenen Rinder, und man beschenkte den Mönch mit bäuerlichen Produkten.

Wenn ein Priester oder Mönch (Mönche genossen noch mehr Vertrauen bei der Landbevölkerung als die regulären Priester) wegen eines Unglücksfalles im Stall geholt wurde, nannte man die Prozedur »Aussegnen«, ein Segensprechen zur Vertreibung böser Geister. Dies stellte

*Magischer Kreis aus einem oberfränkischen Zauberbuch (um 1800). Er sollte abgezeichnet und als Amulett getragen werden, um gegen verschiedene Übel wie etwa Krankheiten, Überfälle oder Verhexung zu schützen.*

eine gemilderte Form des Exorzismus dar, aber nicht den »Großen Exorzismus«, der teufelsbesessenen Menschen vorbehalten war. Anders als bei Taufe und Begräbnis war für das Aussegnen keine offizielle Gebühr festgelegt. Statt dessen wurde der Gottesmann mit Essen und Trinken und zusätzlich mit bäuerlichen Produkten wie frischen Eiern, einem Hähnchen oder einer Gans entschädigt, die er mit den Brüdern im Kloster teilte.

Der Volkskatholizismus war eng mit dem Okkulten verstrickt, besonders mit der Hexerei. Aus diesem Grund wurden Priester oft in okkulte Begebenheiten hineingezogen, obwohl sie offiziell möglichst damit nicht befaßt werden wollten. Einer der Gößweinsteiner Geistlichen teilte ein Erlebnis aus den 1950er Jahren mit. Damals versuchte ein protestantischer Bauer ihn für die Exorzierung seines Stalles zu gewinnen. Die Fränkische Schweiz ist überwiegend katholisch, mit Ausnahme einiger Gemeinden. Ein versprengter Bauer aus dieser Minderheit, der ebensosehr an das Okkulte glaubte wie seine katholischen Nachbarn, wandte sich an den Priester, als er Unglück im Stall feststellte. Seine Kühe gaben keine Milch mehr, und er erklärte sich dies durch satanische Mächte, die von einer gehässigen Hexe auf ihn losgelassen wurden. Der Priester lehnte die Bitte mit dem Hinweis ab, daß die Familie als Protestanten außerhalb seines geistlichen Zuständigkeitsbereiches liege. Trotzdem besuchte er die Familie und gab ihnen den irdischen Ratschlag: »Säubert und schrubbt den Stall!« Er vermutete, daß die Ursache für die Unpäßlichkeit der Tiere in den ausgesprochen unhygienischen Verhältnissen jenes Bauernhofes zu suchen sei.

## Verhexte Personen

Von den Bauern am meisten gefürchtet wurden die Zauber, die direkt gegen ihren Geist und Körper gerichtet waren. Es gab für sie keinen Zweifel daran, daß der Fluch einer Hexe sie krank machen, ja vielleicht sogar sterben lassen könne.

Das Schutzbestreben der Bauern begann deshalb schon bei der Geburt eines Kindes. Die Familie umsorgte das Kind, um ja sicherzugehen, daß keine Hexe Zugriff erlangen konnte. Besondere Wachsamkeit war in der Zeit bis zur Taufe geboten, da man glaubte, daß in dieser geistlich ungeschützten Zeitspanne eine Hexe Macht über die Seele des Kindes gewinnen könnte. Dies geschah, indem sie das Kind fütterte oder es einfach streichelte. Starb ein Kind vor der Taufe, vergrub man es auf dem Friedhof ohne weitere Riten.

Noch mehr fürchtete man, daß eine Hexe das gesunde Baby gegen eine »Wechselbutte« oder einen »Büttling« austauscht, ein häßliches und meist deformiertes Kind. (Diese Furcht ist jedoch älteren Ursprungs und kaum noch in der Erinnerung heutiger Bauern vorhanden).[5]

*Teufelsbuhlschaft.*
*Der Teufel, erkennbar an seinen Füßen, nähert sich einer Frau.*

Sogar auf dem Sterbebett fühlte man sich nicht vor den Boshaftigkeiten einer Hexe sicher. Der Sterbende war von Verwandten umgeben, die beteten, um Satan und die Hexen aus seiner Gefolgschaft fernzuhalten. Nach dem Tod öffnete man sogleich die Fenster und hob einige Schindeln am Dach, um der Seele einen ungehinderten Ausgang zu gestatten. Beim Verlassen des Hauses wurde der Sarg dreimal gesenkt (eine Anspielung auf die Dreifaltigkeit Gottes), um der Seele die ewige Ruhe zu sichern.

Zwischen Geburt und Tod gab es mannigfaltige Möglichkeiten der Verhexungen – und ebenso natürlich Abwehrmaßnahmen. Ein alter Glaube war zum Beispiel, daß das am Freitag gebackene »Freitagsbrot«, geheiligter Natur sei und daß es, solange man es in der Tasche bei sich trug, vor satanischem Zugriff und Verhexungen schützte.[7]

Der obenerwähnte Bauer aus Bärnfels verwies eindringlich darauf, daß man »nicht jedem etwas antun« könne, das heißt, nicht jeder war durch Hexerei verwundbar. Ein strenger christlicher Glaube schuf den wirksamsten Abwehrschild gegen Hexerei. Trotzdem meinte der Bauer, daß sogar eine fromme Einstellung keine Sicherheit garantieren könne, wenn es der Hexe gelinge, persönliche Dinge in ihre Gewalt zu bringen. In dieser Situation könnte nur noch das »Anfangen« helfen. Zusätzlich stand den besonders Vorsichtigen auch ein großes Arsenal an Schutzfetischen zur Verfügung (viele davon wurden schon beschrieben: geweihte Pflanzen, Wachsstückchen von Kirchenkerzen etc.).

Trotz solcher Schutzbräuche konnten sich die Bauern vielerlei Kummer nicht erklären, ohne auf den Satan und seine Hexen zurückzugreifen. Beispiele zur Behaftung mit Läusen und Diarrhoe wurden schon beschrieben. Das schon erwähnte »Gfrasch« war das vorrangigste Beispiel. Die Konvulsionen des Kindes wurden oft dämonischen Geistern zugeschrieben, die von einer Hexe befehligt wurden, und in einigen Fällen wurden Exorzismen durchgeführt. Mehrere Bauern konnten sich erinnern, daß man eilig nach einem Priester oder Mönch schickte, um über dem von Krämpfen geschüttelten Kind zu beten und in den Fällen, wo man ungewöhnliche Umstände argwöhnte, das Ritual des Exorzismus auszuführen. Man nahm an, daß das Kind vom Teufel besessen war und eine Hexe ihre Hände im Spiel hatte.

Eine bizarre Schilderung, die auch Brückner[8] aufzeichnete, berichtet von einer übelbeleumundeten Mutter, die mit ihrer Tochter zu Füßen der Streitburg wohnte. Die Tochter hatte einen naiven Verehrer, der ihre wahre Identität nicht durchschaute. Die hinterhältige Mutter ritzte ein geheimes Zeichen in den Balken ihrer Haustür, der bewirkte, daß der erste männliche Besucher, der sie durchschritt, schwer erkranken sollte.

Es trug sich aber zu, daß der erste männliche Besucher nicht der Freund der Tochter, sondern dessen Bruder war, der eine Nachricht überbringen wollte. Der arglose Junge wurde bald krank und starb.[9]

Der Verehrer kam weiterhin, ohne die wahren Umstände zu kennen. Eines Tages aber fand er das Mädchen in tiefer, todesähnliche Trance vor, aus der sie durch nichts zu wecken war. Da merkte er, daß etwas nicht stimmte, daß sich der Geist des Mädchens irgendwo als bösartige Hexe herumtrieb und erst nach seiner boshaften Mission wieder in den Körper zurückkehren würde. Der junge Mann floh von Entsetzen gepackt aus dem Haus und kam nie zurück.

Allgemein glaubte man, daß eine Hexe, wenn sie ins Haus gelangt war, freundlich behandelt und bedient werden müsse. Man wollte sie keinesfalls beleidigen oder verärgern. Es konnte sogar ganz wohltuend sein, wenn eine Hexe im Haus verkehrte. Ihre Anwesenheit schützte die Familie und das Haus gegen Schädigungen. Ein solcher Fall wird aus Gasseldorf erzählt, wo eine Hexe mit einer Familie 16 Jahre in einem Haus lebte. Während dieser Zeit passierte keinem Mitglied des Hauses ein Unheil oder Unfall. Nachdem die Hexe aber verschwunden oder gestorben war, verarmte die Familie, erkrankten Familienmitglieder, und die gesamte Familie starb in kurzer Zeit aus.

Die Gefahr für jemand, der eine Hexe beleidigte und ihr einen persönlichen Gegenstand überließ, wurde als horrend eingeschätzt. Als Beispiel erzählten mir verschiedene Bauern[10] von der 12jährigen Tochter einer armen Witwe, die einen Korb Gras vom Feldrain mähte und dabei ihren Wetzstein liegen ließ. Kaum war das Mädchen nach Hause gekommen und hatte das Gras den Ziegen gefüttert, da wurde sie ohnmächtig. Sie mußte zu Bett gebracht werden, und kein volksmedizinisches Mittel konnte ihren unerklärlichen Zustand bessern.

Die Mutter bekam heraus, daß das Gras vom Rain einer Hexe stammte. Diese war eine ältliche, relativ wohlhabende und als unheimlich geizig bekannte Frau. Zu ihr eilte nun die Mutter, um sie um Entschuldigung für das Versehen und die Rückgabe des Wetzsteins zu bitten. Aber die Hexe hatte kein Mitleid. Sie öffnete eine Schublade, zeigte der angstvollen Mutter den Wetzstein und drohte, daß jeder bestraft würde, der ihr Eigentum anrühre. Dann schob sie die Mutter grußlos aus der Tür.

Bei ihrer Rückkehr fand die Mutter das Mädchen dem Tode nahe. In ihrer Verzweiflung lief sie zur Hexe zurück und bat sie auf Knien, ihren Zauber aufzuheben. Sie versicherte der Frau immer wieder, daß die Verletzung unabsichtlich geschehen sei und nie wieder vorkommen würde. Die Hexe quälte die Mutter mit einer bewußt langen Predigt, dann kündigte sie Vergebung an, warnte aber, daß künftige Beleidigungen oder Verletzungen nicht verziehen würden. Die Mutter eilte mit neuer Hoffnung heim und konnte feststellen, daß ihre Tochter auf dem Wege der Besserung war. Am nächsten Tag hatte sie sich völlig erholt.

Hexen konnten Warzen anhexen. Ein alter Bauer gab mir ein persönliches Erlebnis weiter. Als Junge hatte er Warzen an beiden Händen. Das »Anfangen«, das man durchführte, verband besondere Gebete mit dem einmalig esoterischen Ritual. Zu einem geeignet scheinenden Zeitpunkt vergrub man ein Stück Speckschwarte unter der Regentraufe.

Nachdem sie halb verrottet war, wickelte man den Rest um die Warzen. Der Mann hegte keinerlei Zweifel daran, daß das baldige Verschwinden der Warzen auf diesen mysteriösen – wenn auch nicht gerade hygienischen – Umschlag zurückzuführen wäre.

Mehr noch als durch physische Schäden konnte eine Hexe ihre Opfer schädigen, indem sie zum Beispiel geistige Verwirrung oder wirtschaftlichen Ruin hervorrief. Der alte Schmied von Allersdorf überlieferte die folgenden Beispiele aus seiner Jugendzeit. Zwei junge Brüder mußten jeweils um Mitternacht durch die Schlüssellöcher von 12 Kirchen sehen. (Der Grund dafür ist unklar. Obwohl die Leute in der Gegend darin übereinstimmten, daß die Burschen es tun mußten, konnten sie nicht erklären, weshalb.) Als sie zur sechsten Kirche kamen, gab ihnen ein Fremder einen Krug und bat sie, ihn mitzunehmen. Im Zug ihrer nächtlichen Pilgerschaft wurde der Krug immer schwerer. Als sie schließlich zu Hause anlangten, flog eine Krähe heraus. Der Vogel kehrte täglich in verschiedenen Gestalten zurück. Er wurde zum Spuk des Hauses. Da anscheinend nichts half, den Dämon loszuwerden, gab die Familie das Haus auf und baute ein neues daneben. Aber der Spuk folgte nach, diesmal in Form des schon behandelten Wütenkers. Eine Wilde Jagd, die am Himmel röhrte, vertrieb schließlich die Familie aus der Gegend.

Das Hirtenhaus von Allersdorf beherbergte eine illustre Gesellschaft armen Volkes. Es bot Platz für vier Personen. Alle vier gingen der Wilderei nach – eine Niederung im Wald war ihr bevorzugter Jagdgrund. Um Mitternacht eines Heiligabends, als die meisten Dorfbewohner auf dem Weg zur Messe waren, schlich sich einer der Wilderer zu dieser Senke. Als er dort lag und wartete, erschien ein großer schwarzer Hund aus dem Nichts und setzte sich lautlos zu Füßen des Wilderers. Vor Furcht erstarrt, wagte der Mann nicht, sich zu rühren, bis die Glocken zur Mitternachtsmesse zu läuten begannen und der Hund aufstand und verschwand.

Sofort sprang der Mann auf und rannte nach Hause. Er war so verängstigt, daß er die verschlossene Tür des Hirtenhauses einrannte und seinen Kameraden alles berichtete. Sie sahen in dem Hund die Personifikation einer Hexe oder eine Dämons. Im Dorf erzählt man, daß damit das Wildererdasein des Hirtenhaus-Quartetts beendet war. Sie zogen aus, und das Gebäude wurde 1912 abgerissen.

Der Glaube an den schwarzen Hund als Inkarnation eines teuflischen Geistes ist alten heidnischen Ursprungs. Diese Vorstellung wurde in Verbindung gebracht mit den Slawen, die den Dämon Cernobog als schwarzen Hund ansahen.[11] Nach interessanten, wenn auch nicht ganz unumstrittenen Theorien sind manche Ortsnamen in Ostfranken slawischen Ursprungs. Wenn hier slawische Siedlungen gegründet wurden, so könnten auch Spuren slawischer Glaubensformen in fränkischen Sagen erhalten sein. Auf literarischer Ebene wurden schwarze Hunde als Zeichen des Teufels von Agrippa und später von Goethe aufgegriffen, der diese Erscheinung in den »Faust« einbrachte.

Keine Kultur hat den alleinigen Zugriff auf ihre gesamte Bevölkerung. Die Kultur der Fränkischen Schweiz ist keine Ausnahme; nicht alle Bauern glauben an Hexerei und Übersinnliches. Der Anteil der Ungläubigen hat vermutlich in den letzten Jahrzehnten zugenommen und in den 50er Jahren im Dorf Birkenreuth zu einer strittigen Gruppenbildung geführt. Eine ziemliche Anzahl der Bürger glaubte an Hexen und fürchtete den Teufel; andere lehnten den »Aberglauben« ab, und eine dritte Gruppe zog eine Art von Agnostizismus vor und schloß sich keiner der Parteien an.

Eine Familie im Dorf glaubte fest, daß sich Hexen und Dämonen in schwarze Katzen und Hunde verwandeln könnten und daß ihr Haus von diesen heimgesucht werde. Viele andere teilten diese Ansicht und konnten der gequälten Familie den Verlust an Schlaf und Geistesfrieden nachfühlen.

Einige Ungläubige kamen überein, aus dem, was sie als Spinnerei dieser Gläubigen abtaten, »Kapitel zu schlagen«. Ein Rädelsführer gab vor, er sei nicht nur ein Glaubender, sondern sogar ein Exorzist, und bot seine Dienste an, um den Teufel, die transsubstantiierte Hexe oder was immer der Dämon sein mochte, auszutreiben. Die Familie war einverstanden, und zur ausgemachten nächtlichen Stunde fand sich der Mann mit einem Komplizen im verhexten Haus ein. Er führte seine Pseudorituale aus. In einem bestimmten Augenblick am Höhepunkt dieses Ulk-Exorzismus sollte der Gehilfe eine schwarze Katze kneifen, die sie in einem Leinensack ins Haus geschmuggelt hatten.

Es war eine perfekte Vorstellung: Die Katze schoß mit einem schrillen Fauchen aus dem Sack, sprang durch das Fenster und verschwand in der Nacht. Die Familie war erleichtert. Sie glaubte, die Austreibung der Hexe miterlebt zu haben. (Einige meinten, es wäre der Teufel persönlich gewesen.) Der »Exorzist« nahm seinen Lohn in Empfang, eine Summe Geldes, und machte sich auf den triumphalen Heimweg.

In seinem Überschwang war ihm nach Feiern zmute, und er kehrte mit seinem Kollegen im Dorfgasthaus ein. Bei Bier und Schnaps enthüllten die beiden Verschwörer bald ihren Ulk. Doch dies wurde ihnen zum Verhängnis. Sie wurden verklagt und zu einer Geldstrafe verurteilt.

Die Leute im heimgesuchten Haus, die merkten, daß sie einem Betrug aufgesessen waren und der Dämon nicht wirklich vertrieben war, wandten sich einer zuverlässigen Autorität zu und holten einen Priester, der eine »Aussegnung« vornehmen sollte.

Ein anderer Beleg handelt von einem Metzger, der von einem Bauern aus Geiselhöhe zur jährlichen Hausschlachtung gerufen wurde. Am Morgen dieses Tages bemerkte er, daß die Bänder seiner Arbeitsschürze sorgfältig zu Zöpfen geflochten waren, und erkannte darin das Werk einer Hexe. Er weigerte sich, mit der Arbeit zu beginnen, weil er fürchtete, daß eine Hexe in der Luft wäre. Da alle Vorbereitungen bereits getroffen waren, versuchte der Bauer mit allen Mitteln der Überredungskunst, den Metzger zur Beendigung der Arbeit zu bewegen.

Schließlich begann der Mann unter gutem Zureden, vielen inbrünstigen Gebeten und mit einer brandneuen Schürze zu metzgern. Anscheinend hatten diese Schutzmaßnahmen geholfen, denn an diesem Schlachttag geschah kein Unheil.

# III. Die Bedeutung der Hexerei

*Ist unsere Spezies verrückt? Es spricht viel dafür. Die Menschheit konnte noch nie leben, ohne von Dämonen besessen zu sein, und mußte sie wieder bekommen! O welch einen erbärmlichen, sehnsüchtigen, leidenden, bedürftigen, idiotischen Genius einer Kreatur haben wir hier vor uns! Und wie absonderlich hat er mit all den Besitztümern seiner Existenz gespielt, mit der Vielfalt seiner Möglichkeiten, mit Possen aller Art, mit der Seele der Welt, mit dem Tod.* (Saul Bellow)

*Könnt ich Magie von meinem Pfad entfernen,*
*Die Zaubersprüche ganz und gar verlernen.*
*Stünd ich, Natur! vor dir ein Mann allein,*
*Da wär's der Mühe wert, ein Mensch zu sein.*
(Goethe, Faust II)

*Zauberei gehört zu jener Art Medizin, die wir psychosomatisch nennen – sie wirkt auf den Körper durch die Emotionen.* (Anne Twitty)

# 1. Das Wesen der Hexerei

Hexerei ist eine von mehreren Formen der Beschäftigung mit der Magie. Und Magie beruht auf dem Glauben an übernatürliche Kräfte, die man beeinflussen kann, um Wohlwollen, Schutz, Reichtum oder Rache zu bewirken; umgekehrt kann sie gegen Schmerz und Unglück eingesetzt werden. Der Glaube an Magie wird in der Regel von einer Reihe esoterischer Handlungen begleitet – Riten, Beschwörungen, dem Gebrauch von Amuletten usw. –, welche die Kooperation der übernatürlichen Mächte fördern sollen.[1]

Hier wird die pragmatische Seite der Magie dargestellt. Für den Praktiker ist die Magie ein irdisches Streben und keine theologische oder theoretische Übung. Sie wird angewandt, um jene Dinge tun zu können, die angesichts unserer menschlichen Schwäche überwältigend erscheinen. Der Ursprung dieser Gefühle liegt in der existenziellen Unsicherheit des Menschen und seiner Angst vor der Machtlosigkeit. Der Mensch fürchtet sich vor Unheil, Krankheit und am meisten vor dem Tod. In seiner nie enden wollenden Suche nach Schutz wendet er sich der Magie zu.

Experten stimmen in der Theorie überein, daß ein Kausalzusammenhang zwischen tiefliegenden Emotionen und der Hexerei besteht. S. F. Nadel nimmt an, daß Frustrationen, Ängste und anderer mentaler Druck Glauben und Praktik der Hexerei hervorrufen.[2] In gleicher Weise sieht Borislaw Malinowski das Wesen der Magie und der Hexerei in der »Reaktion auf überwältigende Gefühle oder quälende Sehnsüchte«.[3]

Es liegt in der Natur emotionaler Bedürfnisse, übernatürliche Wesen zu erfinden, die sich der Menschheit mit Schutz und Hilfe annehmen. Die Menschheit gibt sich einem Hoffnungsdenken hin. Aus dieser Denkhaltung heraus entsteht eine verblüffende übernatürliche Morphologie. Es fällt den Menschen schwer, fremdartige Dinge nicht zu vermenschlichen. So nehmen seine Götter, Götzen und Geister personale Formen an. Bevor sie es merken, reduzieren die Gläubigen hochabstrakte Ideen zu konkreten Figuren, die sich leichter vorstellen lassen. Ist dies erst einmal geschehen, versuchen die Menschen, mit ihnen zu verhandeln. Wie könnte es anders sein? Das Leben ist zu unsicher und zerbrechlich – und der Tod sicher. Wie Sigmund Freud es uns zu veranschaulichen versuchte: Wir erflehen lindernde Heilmittel. Und in dem Augenblick, in dem wir uns mit diesen personalen Übermächten einlassen, lassen wir uns auch mit der Magie ein.

Magie erscheint in verschiedenen Versionen. Wie oben bemerkt, ist die Hexerei nur eine davon. Es gibt noch andere. Die meisten lassen sich als »Okkultes« zusammenfassen. Aber auch ein gut Teil des religiösen Gedankengutes ist nichts als sorgfältig getarntes magisches Bestreben. Doch gibt es einige Unterschiede zwischen Volksmagie und Religion, die ich hier klären möchte.

In einem begrenzten Sinne stimme ich den Anthropologen und anderen Autoren zu, die scharfe Grenzen zwischen den verschiedenen Formen menschlicher Suche nach Wissen und Wahrheit des Lebens ziehen. Diese Akademiker definieren Magie, Religion und Mystizismus, als wären sie Praktiken völlig unterschiedlicher Gattung. Tatsächlich befaßt sich ja, wie oben erwähnt, Magie mit gänzlich empirischen und praktischen Angelegenheiten.[4] Sie wird als Mittel benutzt, um konkrete Ziele zu erreichen und bleibt dabei weitgehend von komplexen und theoretischen Untermauerungen unbelastet. In magischen Systemen bestimmen praktische Ziele die Regeln des Handelns, wogegen in religiösen Systemen ethische Regeln ein Selbstzweck sind und um ihrer selbst willen beachtet werden müssen.

Die Jenseitsorientiertheit der Religion steht im Gegensatz zum Diesseitsbezug der Magie. Obwohl auch Bauern gelegentlich über mögliche Schädigungen sprechen, die durch Malediktion von Hexen an ihren Seelen verursacht werden könnten, befassen sich die Zaubersprüche immer mit faßbaren alltäglichen Dingen: physischer Gesundheit, Sicherheit bei der Arbeit, Wohlstand im Stall, Fruchtbarkeit der Erde usw.

Außerdem unterscheiden sich Magie und Religion in der Komplexität nötiger Begriffe und Glaubensvoraussetzungen. Religion überflutet beinahe unweigerlich ihre Gläubigen mit einer endlosen Menge theoretischer Informationen, die man Theologie nennt. In vielen Fällen bedarf der Erwerb dieses theoretischen Wissens vieler Jahre – manchmal eines lebenslangen Studiums, bevor es verstanden wird und man die unzähligen Konzepte logisch miteinander verknüpfen kann.

Religiöses Verhalten besteht demnach im Grunde aus dem Versuch, eigentliches Verhalten mit den religiösen Regeln in Einklang zu bringen. Die Verhaltensregeln sind somit von den Regeln der Theologie abgeleitet. Magie besitzt nach den meisten Anthropologen keine solche formale Struktur. Sie enthält eine praktische Anwendungsmöglichkeit für das Alltagsleben und arbeitet mit einfachen Regeln, die sie benutzt, um die unmittelbaren Ziele zu erreichen. Funktioniert eine Regel nicht, kann eine andere ausprobiert werden. Die Trial-and-error-Methode ist völlig akzeptabel – vom praktischen wie auch ethischen Standpunkt.

Dies führt zu einem zweiten Unterschied zwischen Magie und Religion, nämlich der verschiedenartigen Verteilung der Macht. Während der Magiegläubige Macht für sich selbst anstrebt, überläßt der Religiöse diese Macht Gott. Jedoch bestehen innerhalb der Religionsgemeinschaft folgenschwere Statusunterschiede, die wiederum die Machtverteilung beeinflussen. Religiöse Systeme haben massenhaft privilegierte Statusschichten hervorgebracht, die dem einen Personenkreis mehr Zutritt als anderen zugestehen. Geistliche Würdenträger fühlen sich berufen, der Masse der Gläubigen die richtige Denkart und das korrekte Verhalten vorzuschreiben. Dabei bedient sich diese Führungsschicht absoluter Autorität, denn die Essenz der Religion hat nichts mit demokratischen Prinzipien zu tun: Die Natur Gottes oder der Götter wird nicht gewählt, sondern proklamiert. Und so geht es mit den übrigen Aspekten der Religion, welche übrigens in ihrer Theologie nie versäumt, diese Machtstellung innerhalb des Religionssystems logisch zu erklären und legitimieren.

Während Priester, Bischöfe und andere religiöse Würdenträger Anspruch auf einen meist exklusiven Zugriff auf übernatürliche Quellen erheben und ihre eigene Auslegung als Imperativ für das gemeine Volk verstehen, das dadurch eine Gemeinschaft mit Gott oder jeglicher Gottheit erreiche, erlaubt die Magie, wie sie in bäuerlichen Gesellschaftsformen verwendet wird, jedem, der das Verlangen danach hat, die Initiative zu ergreifen und mit übernatürlichen Mächten in Kontakt zu treten. Im Falle der fränkischen Bauern war dazu nicht mehr nötig als das esoterische Buch, ein Pakt mit dem Teufel und der Wille, Dämonen anzurufen. Es stand in jedermanns Macht, dies zu tun. Über diese persönlichen Entscheidungen hinaus wurden keine weiteren Qualifikationen verlangt.

Magische Macht ist eine Sache des persönlichen Charismas. Religiöse Macht ist Sache eines unpersönlichen Status. Die Hexe, wie auch die Heilerin, besitzt in Systemen der Volksmagie eine persönliche Autonomie, die nicht auf einer institutionalisierten Hierarchie beruht. Diese magische Autonomie ist ein Erbe der Antike – im Gegensatz zur rigiden Hierarchie des Christentums, die auf die Vermittlung übernatürlicher Autorität besteht. (Die gegenwärtige charismatische Bewegung in den christlichen Kirchen, einschließlich der katholischen, spiegelt ein Unbehagen an der bevormundenden Tradition wider und versucht, eine direkte Beziehung zwischen Mensch und Gott herzustellen und die Bevormundung durch die kirchliche Struktur zu übergehen.)

Somit erkennen wir eine Anzahl von Unterschieden zwischen beiden Modi übernatürlichen Denkens. Die Hauptunterschiede lassen sich folgendermaßen zusammenfassen:

| Problem | Religiöse Lösung | Magische Lösung |
|---|---|---|
| Grundeinstellung<br>– kognitiv<br>– emotional | jenseitsbezogen<br>passiv | diesseitsbezogen<br>aktiv |
| Verhältnis zur Macht | indirekt, vermittelt | direkt, unmittelbar |
| Soziale Stellung | unpersönlicher Status | persönliches Charisma |
| Generelle Orientierung | abstrakt, theoretisch | pragmatisch, materiell |
| Verhaltensmotiv | dogmatisch | pragmatisch, experimental |
| Ziel | außerpersönlich (Gottheitsorientierung) | persönlich (Selbst-Orientierung) |
| Mittel | begrenzt durch Dogma/Hierarchie | unbegrenzt |
| Autoritätsinstanz | Institution, Würdenträger | eigene Person |
| Sanktion<br>– Strafe | geistliche Mißbilligung oder Verdammnis | materieller oder physischer Schaden |
| – Belohnung | geistliche Versprechungen | materielles oder physisches Wohlergehen |

Diese signifikanten Unterschiede haben anscheinend Anthropologen und Autoren wie Evans-Pritchard,[5] Malinowski[6] und Judith Willer[7] dazu bewogen, zwischen den Konzepten zu unterscheiden, als würden sie sich nicht überlappen und besäßen keine gemeinsame Grundlage. Angesichts der spezifischen Gruppen, die diese Forscher untersucht haben, ist das ein logischer Schluß. Sie und die meisten Anthropologen konzentrierten sich auf Stammesgesellschaften mit relativ monistischer Ordnung, wie die Azande in Afrika und die melanesischen Inselgesellschaften. Trotz der oben aufgelisteten Unterschiede sehe ich von einer scharfen Differenzierung ab, denn ich erkenne zumindest ein identisches Element, das meiner Ansicht nach so wichtig ist, daß es die ganze Liste der Unterschiede aufwiegt. Dieses Merkmal zieht sich durch beide Glaubenssysteme und ist das schon früher erwähnte Charakteristikum der Volkmagie: das Streben nach Beeinflussung übernatürlicher Kräfte für eigene Zwecke. In dieser Hinsicht haben Magie und Religion dasselbe Ziel.[8] Trotz der priesterlichen Vermittlungsrolle, die den einzelnen abhängig vom Priester und machtlos gegenüber der Gottheit macht, steht es dem Gläubigen frei, die persönliche Beeinflussung des Gottes zu versuchen. Während Magie nicht immer Religion ist, zeigen fast alle Formen der Religion magische Elemente. Dies wurde anscheinend von Judith Willer übersehen, die ein fesselndes Buch über die unterschiedlichen Formen des Zugangs zum Wissen schrieb. Sie läßt jedoch die Überlappung im Falle der altgriechischen Religion gelten.[9] Das griechische Beispiel stellt einen Mittelweg dar zwischen Magie und Religion. Menschliche Manipulationen waren eindeutig möglich. Der Olymp wimmelte nur so von Göttern und Halbgöttern, die ebensooft Opfer von Intrigen und Manipulationen wurden, wie sie sie selbst anzettelten. Und die Menschen spielten eine aktive Rolle in der göttlichen Komödie oder dem Drama, was immer es sein mochte.

Ist es bei der Christenheit wirklich anders?

Nehmen wir das Beispiel des katholischen Pantheon mit seiner ähnlichen Bevölkerung von Gottheiten und Göttergleichen; da gibt es Gott den Vater, den Sohn, den Heiligen Geist, die Muttergottes, unzählige Heilige, Engel, Erzengel und die Seelen Verstorbener, für die die Tore zum Himmel geöffnet wurden. All diese können angeblich durch Gebete und/oder gute Taten beeinflußt werden. Viele können als freundliche Vermittler zu jenen angerufen werden, die höher in der himmlischen Hierarchie stehen. Kurz, der Olymp des Katholizismus ist gespickt mit nahbaren Übermächten, die manipuliert werden können. (Die Manipulation kann auch negativ sein – durch Gebete kann man Gott bitten, Feinde zu vernichten, besonders jene, die ein anderes Gesangbuch verwenden.)

Die Bemühungen, Götter zu beeinflussen, treten quer durch die jüdisch-christlichen Schriften auf, und die Bibel enthüllt die Praktiken des Menschen beim Versuch, mit dem Herrn zu schachern. Gerichtliche Schacherei ist nicht überall der weltlichen Jurisprudenz überlassen; sie war und ist ein bevorzugtes Unterfangen der Anhänger christlicher Traditionen, die sich immer den besten Vorteil von der Gottheit erfeilschen wollen. Es ist eine nur dünn als religiöse Praktik ausgegebene, im Grund aber magische Übung.

Ein Gläubiger, der zu Gott um Schutz und Hilfe bei einem persönlichen Problem betet, hat genauso die Absicht, eine Übermacht zu beeinflussen, wie die Hexe, die Mephisto anruft, er solle kommen und »Macht und irdische Schätze« bringen. Im ersteren Fall beteten wir »Unser tägliches Brot gib uns heute« und im letzteren »Bring uns Macht und Reichtum« (damit wir dann Brot kaufen können). Wo ist der Unterschied?

Einige Theoretiker wenden ein, daß das Gebet eines Kirchenmannes ein Flehen sei, eine Form der unterwürfigen Bitte, während der Zauber des Magiers vorgibt, selbständig zu wirken. Ein Gebet sei nicht mit Erfolgsgarantie verbunden und würde nur erfüllt, wenn Gott seine Zustimmung gebe. Bei einem Zauber gehe man dagegen davon aus, daß er nie mißlinge, es sei denn, ein Detail des Ritualdienstes sei mißachtet worden oder eine rivalisierende Magierin habe eine stärkere Gegenmagie angewandt. Dies weise auf die unverbindliche Natur des christlichen Gebets hin – praktische Resultate könnten folgen oder nicht. Alles sei abhängig von Gottes Willen.

Im praktischen Leben und der Einstellung der religiösen Gläubigen ist diese Unterscheidung weitgehend untergegangen. Ist denn der Strenggläubige, der das Bekenntnis spricht, nicht überzeugt, daß ihm nach den Bußgebeten seine Sünden vergeben sind? Natürlich gibt es einige zusätzliche theologische Einwände, aber im Geist des gemeinen Mannes tragen diese Gebete die Garantie des praktischen Ergebnisses, der Vergebung, in sich. Die mechanische Effizienz von Gebeten – oder zumindest ihre Versprechung effizient zu sein – wird durch ihre Rezitation in fremder Sprache (Latein) erhöht. Tatsächlich erfolgten die Rezitationen im traditionellen Katholizismus in der Annahme, daß das Anbieten eines regulären Gebetes eine wohltuende Wirkung auf die Seele des Betenden habe. Man könnte sagen, daß ein magischer Wert schon in der bloßen Wiederholung von Formeln lag.

Gläubige Christen glauben heute noch an die Erlösung und die Erfüllung irdischer Bedürfnisse durch Gebete – besonders durch wiederholte Gebete, wodurch ein quantitativer Maßstab zum Streben nach Beeinflussung der übernatürlichen Macht hinzukommt. Wir sehen daraus, daß das Vertrauen in die mechanische Effizienz des Gebetes einerseits und der Zauberprüche andererseits große Übereinstimmung zeigt.

Sogar die Konsequenzen beider Methoden sind ähnlich. Treue Gläubige beider Versionen heben gewissenhaft jene Aspekte ihres Lebens hervor, die den Erfolg der Manipulation bekräftigen. Sie sind wahrscheinlich auch dann überzeugt, wenn die ersehnten Ergebnisse nicht besonders sichtbar werden. In solchen Situationen werden Rationalisierungen die ausbleibenden Erwiderungen seitens der Übergewalt in einer Weise erklären, daß der anfängliche Grundglaube ungestört bleibt.

Ein deutliches Beispiel dafür findet sich in den Forschungen von Leon Festinger mit dem passenden Titel *»When Prophecy Fails«,* worin eine Gruppe Gläubiger den Weltuntergang vorhersagte und den Tag, an welchem Gott die Welt mit einer Sintflut überschwemmen würde. Gerettet würden nur jene, die darauf vorbereitet wären und an einem bestimmten Platz auf *Ihn* warteten.[10]

Als das erwartete göttliche Ereignis ausblieb, machte sich unter den Gläubigen eine rückblickende Besinnung breit, die störende kognitive Dissonanzen eliminierte und den passenden Glauben aufbaute, Gott habe die zweite Sintflut verschoben, weil er ihnen den Auftrag erteile, hinzugehen und noch mehr Menschen zu bekehren bis zu der Zeit, wo er seinen Plan ausführen werde. So erstaunlich es klingen mag, das Ausbleiben des angekündigten Ereignisses führte zu einer Wiederverfestigung des Grundglaubens. Zu solchen geistigen Wandlungen ist der

Mensch angesichts nicht eintretender Wirkungen oder Voraussagen fähig.[11]
Sehr oft wird die Bestätigung des Erfolges für die Ausführenden der Magie oder Religion deutlich sichtbar. Das größte Zentrum der Welt für psychosomatische Heilung durch eine Art Magie ist zweifellos Lourdes in Südfrankreich. Dieser renommierte Pilgerort des Katholizismus hat Hunderttausende von Gläubigen angezogen, die nach Heilung aller nur vorstellbaren Krankheiten suchen. Ihr Glaube an die göttliche Gnade, vermittelt durch diesen bestimmten Ort und das geheiligte Wasser einer Quelle, hat »Wunderheilungen« bewirkt.

Es jedoch interessant festzustellen, daß die Heilungen oder Genesungen ohne Ausnahme an psychosomatische Probleme geknüpft waren; Magengeschwüre, Hirnfunktionsstörungen, Paralyse aufgrund psychischer Traumata oder Streßsituationen usw. Die Heilungen konzentrieren sich besonders auf ein Gebiet, das sich unter dem altmodischen Begriff »Hysterie« zusammenfassen ließe. Es gab nicht einen nachgewiesenen Heilungsfall, bei dem eine nichtpsychiatrische Fehlleistung repariert wurde.

Sogar Fachleute der Medizin haben Schwierigkeiten, die Einzelheiten des Vorgangs einer psychosomatischen Heilung – also einer Glaubensheilung – zu erklären. Wir wissen wohl, daß ein Gehirn, das auf einen strengen Glauben programmiert wurde, einen immensen Einfluß auf das Soma hat und durch neurale und endokrine Prozesse bestimmte Arten von Fehlfunktionen korrigieren kann – einige mit überraschender Schnelligkeit.

Da wir noch nicht in der Lage sind, diese psychosomatischen Prozesse voll zu verstehen, haben sich Spekulationen um Wunder bilden können. Diese Spekulationen nehmen unter den Gläubigen, Traditionalisten und jenen, die an einem akuten emotionalen Bedürfnis nach solchen Wundern leiden, epidemische Ausmaße an. Unwissenheit und das Gefühl der Machtlosigkeit heizen den menschlichen Traum von der Wundertätigkeit auf – den Traum, daß Wunder geschehen können, wenn man sich richtig in übernatürliche Prozesse einreiht.

In der traditionellen Form der Volksmagie tat man dies durch das Versammeln von Dämonen und körperlosen Geistern (die physische Formen annehmen konnten, wie die Gestalt von Menschen oder Tiere). Diese Praktik stimmt mit der Hexerei fränkischer Bauern überein, die glaubten, daß der angemessene Gebrauch magischer Formeln und Rituale (wie in den kabbalistischen Büchern enthüllt) die Dienste einer breitgefächerten Vielzahl von Dämonen befehligen könne.

Psychosomatische Konsequenzen (krankmachende ebenso wie gesundmachende) können sowohl von magischen als auch von religiösen Glaubensformen ausgelöst werden. Die Kraft der magischen Vorstellung ist ebenso stark wie die der religiösen. Charles Mackay, der als einer der ersten die Aufmerksamkeit auf die Natur der Massenhysterie und deren psychosomatische Effekte lenkte, illustrierte eine Anzahl überzeugender Beispiele in seinem klassischen Werk »*Extraordinary Popular Delusions and the Madness of Crowds*«.

Als erstes beschreibt er den Fall zweier englischer Mädchen, die an schrecklichen Anfällen und Magenschmerzen litten, einseitige Lähmungen zeigten, äußerst schmerzempfindlich auf Berührungen reagierten und für Tage die Sprache verloren.[12] Nachdem zwei »Hexen« als Verursacherinnen verhaftet, verurteilt und gehängt waren, wurden sie sofort wieder gesund – ein nachträglicher »Schuldbeweis« gegen die Hingerichteten.

In einem anderen Fall ließ ein Engländer seinen durch die Medizin unheilbaren Abszeß von einem »*Hexenbanner*« behandeln.[13] Dieser »*cunning man*« diagnostizierte als Ursache eine Art Voodoo-Zauber durch einen Nachbarn, verabreichte Arzneien und am Körper zu tragende Amulette, empfahl täglich den 109. und 110. Psalm zu beten und kassierte ein Honorar. Als nach drei Wochen die Heilung eingetreten war und man das Amulett öffnete, fand man darin ein Pergament mit kabbalistischen Schrift- und Planetenzeichen.

Mackay verweist auch auf Beispiele aus Bamberg, wo Frauen hingerichtet wurden, weil sie angeblich fremde Objekte in die Körper jener gezaubert hätten, die sie verärgert hatten. Dazu gehörten Nadeln, Nägel, Glasscherben, Holzsplitter, Leinenfetzen, Haare, Kieselsteine, sogar Messer und heiße Kohlen. Diese Dinge wurden oft spontan durch Darm, Mund, Ohren oder Nasenlöcher ausgeschieden. Obwohl hier die Möglichkeit einer Vortäuschung in Betracht gezogen werden muß und es sich nur zum Teil um psychosomatische Heilungen handelt, mag die Ausscheidung dieser Gegenstände auf ein Signal hin, an das das Opfer glaubte, hervorgerufen worden sein.

Auch modernen Ärzten sind Fälle untergekommen, bei denen Kinder zum Beispiel Nadeln einstachen oder verschluckten, die an anderer Stelle wieder auftauchten. Mangels wissenschaftlicher Erklärung endeten solche Fälle in früheren Zeiten jedoch, wie Mackay es beschrieb: »Jede Nadel, die eine Dienstmagd verschluckte, kostete einer alten Frau das Leben. Nein, wenn nicht mehr als eine die Konsequenzen tragen mußte, konnte der Bezirk sich glücklich preisen. Die Verfolger machten selten bei einer Halt. Die Enthüllungen auf der Folterbank zogen meist ein halbes Dutzend mit hinein.«[14]

Man könnte über die Wertigkeit der psychosomatischen Kuren in diesen Beispielen geteilter Meinung sein. Möglich ist, daß die Beschwerden zu der Zeit, als man die Aufhebung des Fluches erwartete, ohnehin vorbeigingen. So war es die Gleichzeitigkeit, die die Massen bewog, darin eine Bestätigung ihres Glaubens zu sehen. Wenn die Gesundung unter den Bedingungen einer besonderen Erwartung geschieht, rechtfertigt sie die Erwartung und festigt die übernatürliche Erklärung. Das Prinzip, welches den Massen die volkstümliche Heilung glaubhaft macht, besteht aus der Fähigkeit des Organismus, sich selbst heilen zu können. Deshalb kann *jegliche* Heilbemühung, die zwischen Beschwerden und Heilung eingesetzt wird, als Ursache der Heilung interpretiert werden. Wenn sich dann einmal der Glaube an die Wirksamkeit der Prozedur eingebürgert hat, dient der allerkleinste Anlaß als »positiver Beweis«, und die Mißerfolge, die die Mehrzahl der Fälle charakterisieren, werden übersehen. So beschützen die Menschen ihre Glaubenssysteme und ignorieren ihre Mißerfolge.

Trotz meiner Skepsis möchte ich am Gedanken festhalten, daß Glaubensheilungen eine Realität sind. Ich glaube, daß noch heute teilweise unerforschte oder unverstandene neurale und endokrine Heilprozesse unter dem machtvollen Einfluß von Glaubenssymbolen (Gebeten, Segnungen und anderen Ritualen) stattfinden.

Zusammengefaßt sehe ich nicht nur eine deutliche Ähnlichkeit zwischen Magie und sogenannten religiösen Bestrebungen der Menschheit, die Übermächte zu manipulieren, sondern erkenne auch die Ähnlichkeit der *Folgen* des Glaubens an den Erfolg der Manipulationen: *Es ist in beiden Fällen eine Heilung durch Glauben.*

Beiden Bestrebungen liegt ein identischer Ursprung zugrunde: Der Mensch sehnt sich nach einem Ausweg aus Leiden und Unglück. Die Unterschiede zwischen beiden Formen, eine Linderung zu suchen, werden hinsichtlich des übereinstimmenden Kerngehaltes relativ unwesentlich.

Trotzdem ist die Differenzierung einer Reihe verschiedener Charakteristika ratsam, und ich glaube, dem schon Rechnung getragen zu haben.

Die fränkischen Bauern beachteten eine komplexe Mischung magischer und religiöser Gesichtspunkte. Sie suchten eine Balance zwischen dem uralten Menschheitstraum der Hier-und-jetzt-Magie und dem jenseitigen Trost der Religion. Daraus resultierte eine Verschmelzung heidnischer Ideen und christlicher Ideale. Einerseits eroberte sich der christliche Teufel die zentrale Rolle in der fränkischen Zauberei, andererseits konnte man den Hexenflüchen durch christliche Rituale entgegenwirken (durch Gebete, Segen, Exorzismen, Kirchgang, Hl. Abendmahl usw.).

In ähnlicher Weise entwickelten sich die kabbalistischen Bücher aus dem jüdisch-christlichen Erbe zur Voraussetzung für die Hexerei. Sie sind daher ebensosehr ein Teil der Religion wie der Magie. Aber, und das ist äußerst wichtig, der Satanismus, eine christliche Häresie, wurde zum vorrangigsten Verschmelzungsmittel von Magie und Religion. Die Verschmelzung von Religion und Magie befriedigt also die Sehnsucht nach magischer Macht ebenso wie das Verlangen nach ewig gültigen Antworten.

Andererseits spielt der Mystizismus eine untergeordnete Rolle im Leben fränkischer Bauern. Nach vielen Sozialwissenschaftlern, besonders Willer, unterscheidet sich der Mystizismus ganz klar von Religion oder Magie hinsichtlich der Erlangung von Erkenntnissen und der Bildung einer Weltanschauung. Er vollzieht sich ohne Anleihen aus der rationalen Gedankenwelt oder eingebrachten Logik; er bietet kein theoretisches Gedankengebäude in Form eines Dogmas oder einer

Theologie an; und er ist eine absolut persönliche Erfahrung des Einklangs mit dem Wesen der Wahrheit. Was auch sehr wichtig ist: Mystizismus birgt keinen Machtanspruch in sich. Seine Faszination hängt nicht davon ab, wie man manipuliert, sondern wie man Weisheit und innere Seligkeit erreicht. Es ist besonders das Gebiet der Machtanmaßung und Einflußnahme, worin sich Mystizismus von Magie und Religion unterscheidet.

Die meditative Neigung des Mystizismus, die jedes Ereignis zu einem höchstpersönlichen und einzigartigen Erlebnis werden läßt (wie dies im Fall des Zen klassisch ist), ist der fränkischen Bauernschaft relativ fremd. Das heißt nicht, daß Spuren des Mystizismus völlig fehlen. Bei älteren Bauern, die irgendwann einige ihrer magischen und religiösen Annahmen hinterfragt haben, fand ich einen gewissen Grad mystischer Neigung. Aber solche Leute waren selten.

Religiöse Dogmen haben mystische Betrachtungen im vorhinein ausgeschlossen oder erübrigt. Keine Frage blieb unbeantwortet. In der Tat dokumentiert die Kirchengeschichte, daß mancher christliche Mystiker als Häretiker gebrandmarkt wurde. Das massive Pantheon des Christentums überschattete alles und ließ wenig Spielraum für mystische Besinnungspausen.

Magie als Volkszauberei und Magie als religiöse Lehre repräsentieren die stärksten Elemente in der bäuerlichen Weltsicht. Die Einmaligkeit dieser Bauern liegt im Reichtum ihrer magischen und übernatürlichen Vorstellungen.

## 2. Hexerei und ihre vielfältige Deutung

Manchem leichtgläubigen Leser mag die Hexerei des Mittelalters und der Renaissance als Tatsache erscheinen, als eine Tätigkeit satanischer Diener, die wirkliches Unheil anrichteten oder zumindest anrichten wollten. Diese Auffassung wird jedoch nicht einmütig akzeptiert. Die Meinungen darüber, *was* das Hexenwesen tatsächlich war, sind geteilt. Sogar die Frage, *ob* Hexerei überhaupt stattfand, wird nicht von allen Geschichtsschreibern und Wissenschaftlern in gleicher Weise bejaht. Wir stellen uns hier also die Frage, wie gewisse »Schulen« oder verschiedene Wissenschaftler und Forscher das Hexenphänomen interpretieren. Ich möchte die Antwort – eigentlich die verschiedenen Antworten – in vier Kategorien einteilen.

### 1. Die Gläubigen

In diese Kategorie fallen beinahe automatisch all die Menschen, die das traditionelle christliche Glaubensbild als die wahre Kosmologie anerkennen. In diesem Bild regiert der Teufel (wenn auch unter Gott) als eine mächtige Figur. Besonders im Mittelalter sahen die Menschen in dieser Figur eine äußerst dominierende und Furcht einflößende Realität. Die *Tief*gläubigkeit drückte sich buchstäblich darin aus, daß die Tiefe der kirchlichen Lehre, also die Hölle mit dem Teufel, und nicht deren Höhe – der Himmel – betont wurde. Falls die Teufelsfigur als ein inkarnates und personifizierbares Wesen angesehen wird, ergeben sich logischerweise verhältnismäßig unschwer eine Menge teuflischer Möglichkeiten. Dieses Wesen könnte unter verschiedenen Aufmachungen und Tarnungen mit Menschen verkehren, sie in Zellen oder Zirkeln *(coven)* organisieren und zu bösen Taten anleiten.

All das war keineswegs der Niederschlag einer absurden Idee, sondern eine logische Folgerung, die sich auf eine grundsätzliche Voraussetzung stützt. Wo immer wir diese Teufelsprämisse finden, dürfen wir keinesfalls überrascht sein, auch die Überzeugung von der Existenz teuflischer Dienerschaft unter den Menschen anzutreffen.

Diese Prämisse durchzieht die gesamte Geschichte des Christentums, besonders des Mittelalters, aber auch noch heute. Der Grundgedanke, tief verankert im offiziellen Dogma der Kirche ebenso wie in der volkstümlichen Betrachtung, erlaubt den Glauben an die Existenz und das Wirken teuflischer Hexen. Im Mittelalter war dieser Glaubensaspekt nicht nur erlaubt, sondern sogar aufgezwungen. Der »*Malleus maleficarum*« (»Hexenhammer«) weist ausdrücklich darauf hin, daß es ein Zeichen der Häresie sei, nicht an Hexen zu glauben.[1] Es war ein gefährliches Risiko, dem Eifer der Inquisition mit dem Einwand gegenüberzutreten, daß ihre Lehrmeinung falsch investiert sei. Solche Skepsis konnte schlimme Folgen haben, und dem Skeptiker drohte mitunter dieselbe Verfolgung wie den sogenannten Hexen.

Zu den berüchtigtsten Predigern und Schreibern des Mittelalters, die diese Prämisse vorwärtstrieben und die »gebildeten« Scholaren wie auch die ungebildeten Massen anfeuerten, gehörte das Dominikanerduo Jakob Sprenger und Heinrich Kraemer (gen. Institor), die Verfasser des »*Malleus maleficarum*«, des Handbuches der Hexenverfolger. Man könnte natürlich auch die ganze Reihe von Päpsten anführen, die, ohne Ausnahme, weder den Teufelsglauben im allgemeinen noch den Hexenglauben speziell als falsch widerrufen haben. Es sei nicht vergessen, daß die Bulle »*Summis desiderantes affectibus*« von Papst Innozenz VIII. zum Vorwort des »*Malleus*« erkoren wurde – eine päpstliche Würdigung des mörderischen Handbuches. Weder die Bulle noch der »*Malleus*« sind je widerrufen worden. Ein Widerruf wäre übrigens kompliziert, da dadurch die päpstliche Unfehlbarkeit in Frage gestellt würde – es sei denn, daß man nachweisen könnte, daß Innozenz nicht auf seinem Unfehlbarkeit verleihenden Stuhl saß, als er die Bulle verkündete.

Dem »*Malleus*« folgten weitere dämonologische Werke, verfaßt von geistlichen und juristischen Experten aller Art. Der französische Philosoph und Rechtskundler Jean Bodin (1530-96) veröffentlichte zum Beispiel 1580 sein berühmtes Buch »*Dämonomanie*« und erklärte das Hexenwesen zu einem außergewöhnlichen Verbrechen, das extreme Maßnahmen und rabiate Behandlung rechtfertige. So wurde für richtig gehalten, daß man einer beschuldigten Person die Namen der Denunzianten vorenthalte, daß Kinder zum Zeugnis gegen ihre Eltern gezwungen werden dürften, daß Verdacht allein ein ausreichender Grund zur Folter sei usw. Andere notorische Werke, die den Hexenglauben bewahrten und auf dessen Verfolgung beharrten, kamen aus den eifrigen Federn von Pierre de Lancre, Henri Boguet, Martin Del Rio, Bartolommeo Spina, Paulus Grillandus u.v.a. Wir werden auf einige von ihnen im Kapitel »Hexerei und Theologie« zurückkommen.

Die Teufelsprämisse und die daraus abgeleitete Existenz von Hexen ist keineswegs eine Wahnvorstellung vergangener Jahrhunderte. Noch in unserem Jahrhundert sprechen und schreiben Autoritäten über die Realität des Teufels und seiner Hexen. Darüber sollte man sich eigentlich nicht wundern, denn das christliche Dogma hat sich ja nicht geändert. Allerdings vermeidet die Kirche neuerdings den Ausdruck »Hexe«; das Wort ruft unangenehme Erinnerungen an Greuel und Mas-

...enmord wach, und man wäre wohl mancherorts um eine Entschuldigung verlegen.

Zu den modernen Gläubigen, die an einen inkarnaten Teufel und seine menschlichen Konspiranten glauben, zählen heute noch viele Millionen gläubiger Christen katholischer und protestantischer Konfession. Erst vor einigen Monaten las ich in den Zeitungen Arizonas von der Auspeitschung einer Frau in einer hiesigen protestantischen Gemeinde, deren Pfarrer mit Billigung des Gatten der Frau diese Prozedur für angebracht hielt, um den Teufel auszutreiben. 1976 ereignete sich im Frankenland der etwas verspätete mittelalterliche Exorzismus an der Studentin Anneliese Michel. Der Würzburger Bischof Stangl übertrug die Aufgabe, die Teufel (Luzifer, Nero, Hitler, Judas und Kain) aus dem Mädchen auszutreiben, zwei Geistlichen, die sich später vor Gericht wegen fahrlässiger Tötung des Exorzismusopfers zu verantworten hatten. Zwar definierten die Exorzisten das Mädchen nicht als Konspirantin (oder Hexe), vielmehr als von Teufeln besessen, doch der Glaube an den inkarnaten und personifizierbaren Teufel kam voll zum Ausdruck – unangefochten, ja akzeptiert seitens der bischöflichen Obrigkeit.

In meinen Interviews mit katholischen Geistlichen in den Gemeinden der Fränkischen Schweiz kam der Teufelsglaube ebenfalls zum Vorschein. Ein Pfarrer, dessen Schreibtisch mit Stößen theologischer Werke beladen war, sprach eloquent von seiner Überzeugung, daß es neben der Benediktion des Priesters auch die Malediktion des böswilligen, teufelsbündischen Menschen gäbe. Wieder vermied er – wie beinahe alle katholischen Geistlichen, mit denen ich sprach – das Wort »Hexe«. Warum eigentlich? Wäre es nicht semantisch einfacher, ein simples Hauptwort für solche Maledikter – die letztlich leicht Malefizer werden könnten – zu verwenden? »Hexe« wäre ein klarer Begriff. Aber mit dem Wort steht eine peinliche Vergangenheit wieder auf. Und es ist die »peinliche Inquisition«, die damit ins Gedächtnis gerufen werden könnte. Darüber will man heutzutage lieber schweigen.

Zu meinen Vorlesungen an der Universität lud ich kürzlich einen Dominikanerpater ein, der für die Betreuung der katholischen Studenten zuständig ist, und gab ihm Gelegenheit, den offiziellen *Status quo* der Teufelsfigur im katholischen Dogma darzustellen. Seine Ausführung ehrte die mittelalterliche Auffassung, sah von einer psychologisierten Definition ausdrücklich ab und stellte den Teufel als ein personifizierbares Wesen vor. Und das im 20. Jahrhundert an einer staatlichen Universität, die 40 000 Studenten immatrikuliert!

Zu den modernen Schriftstellern, die den Teufelsglauben unterhalten, gehört der bekannte englische Geistliche Montague Summers, der etliche Bücher über das Thema schrieb. Dieser Nachzügler des finstersten Mittelalters ist fest davon überzeugt, daß die Hexenverfolgungen und -hinrichtungen gerechtfertigt waren, da die Hexen eine riesige weltweite, verschworene Bewegung darstellten, die die christliche Kultur zerstören wollte. Er spricht von der Inquisition wie von einer sanften Heilsarmee. Wenn es sich nicht um soviel traurige Schicksale unschuldiger Menschen handelte, könnte man sich über solche Albernheiten erheitern. In seinem Buch, »*The History of Witchcraft*«, schreibt er beispielsweise:

>»*Die Inquisitoren, die Söhne des St. Dominik, der grenzenlos in seiner Güte war, und die des St. Franziskus, dessen Name allein christusartige Liebe zu allen Kreaturen atmet, waren Männer tiefsten Wissens und Mitleides, deren erste Pflicht es war, die Infektion auszumerzen, bevor die ganze Gesellschaft korrumpiert und verflucht werden würde.*«[2]

Diese Behauptung enthält nicht nur einen Widerspruch in sich selbst, sondern ist angesichts der wahren Taten der Inquisitoren auch ein Zynismus. 1948 unternahm es Summers, den »*Malleus maleficarum*« aus dem Lateinischen ins Englische zu übersetzen. Im Vorwort preist er ihn als »eines der wichtigsten, weisesten und bedeutsamsten Bücher der Welt ... zu dem man sich immer und immer wieder mit Erbauung wendet«.[3]

Es wäre interessant, darüber zu spekulieren, was passieren würde, wenn ein Mitglied einer Neonazi-Organisation solches Lob über Hitlers »*Mein Kampf*« ausspräche. Es würde sich wahrscheinlich gerichtliche Schwierigkeiten zuziehen und müßte zumindest damit rechnen, daß man ihm den Massenmord an den Juden vor Augen hielte. Und dies mit Recht! Lobt dagegen ein Mitglied einer kirchlichen Organisation, die den Massenmord ebenfalls Unschuldiger auf dem Gewissen hat, das Anleitebuch zum Massenmord, geschieht absolut nichts. Es darf sich ungeniert an den Tantiemen seines Lobes bereichern.

Noch in allerjüngster Zeit haben Satans- und Hexengläubige ihre Stimmen erhoben. Zum Beispiel meint der Theologe Egon von Petersdorff, der 1957 in München sein zweibändiges Werk »*Dämonologie*« fertigstellte, daß die dämonischen Mächte real seien und die Möglichkeit des Satans, auf Menschen Einfluß zu nehmen, die sich ihm öffnen, nicht unterschätzt werden dürfte. Ähnlich argumentierte 1961 der Theologe L. Monden in seinem Buch »*Theologie des Wunders*«, worin er »satanische Pseudowunder« für durchaus möglich hält. Eine verwandte Auffassung wurde 1981 von Felicitas Goodman verbreitet, die in ihrem Buch »*The Exorcism of Anneliese Michel*« die vermeintliche Teufelsbesessenheit des fränkischen Mädchens als eine reale Tatsache hinstellte. Da Frau Goodman keine Theologin ist, der man solche Einfälle als berufliche Anwandlung verzeihen könnte, sondern einen Titel als Anthropologin innehat, stellte sie ihre Meinung gefährlicherweise als wissenschaftlich begründet hin. So besteht die Gefahr, daß naiven Lesern glauben gemacht wird, die Besessenheit des Mädchens sei ein wissenschaftlich bewiesenes *übernatürliches* Ereignis gewesen.

## 2. Die Skeptiker

Nicht alle Stimmen des Mittelalters und der Renaissance schlossen sich der Vorstellung der machtvollen Mehrheit von Hexen und Teufeln an. Einige prominente Männer erhoben Bedenken gegen das unerbittliche Vorgehen der Inquisition. Sie stellten in Frage, daß der Teufel in leiblicher Form mit den Hexen verkehre und mit ihnen den obszönen Hexensabbat feiere, und versuchten, das Hexenwesen aufgrund von Wahnvorstellungen der sogenannten Hexen zu erklären. Sie glaubten aufgrund persönlicher Beobachtungen und Befragungen der Beschuldigten oft nicht, daß die Aussagen, die häufig unter Folter, jedoch manchmal auch freiwillig gemacht worden waren, auf realen physischen Erlebnissen beruhten. Statt dessen sahen sie die Basis dieser Aussagen in Wahnvorstellungen, die dem Traum oder der Trance entstiegen seien.

Bevor wir jedoch diesen Stimmen Aufgeklärtheit zuschreiben, müssen wir feststellen, daß sie vom allgemeinen Hexenbild nur *teilweise* abweichen. Sie halten an dem Prinzip der Teufelsexistenz fest und meinen, daß der Teufel diese diabolischen Traum- und Trancebilder eingeflößt habe, wohl aber nicht leiblich zugegen war. Im Gegensatz zu den meisten modernen Wissenschaftlern, die solche Traumvorstellungen als Folgen von kulturell gelernten Symbolen und Bildern erklären, sahen die Skeptiker darin einen Übertölpelungsversuch des Großen Dämons.

Die Hexen flogen also nicht leiblich zum Hexensabbat, sondern träumten nur davon und stellten sich hinterher den Traum als Realität vor. Die als Hexen verdächtigten Frauen konnten demnach als unfreiwillige Opfer Satans angesehen werden – als Opfer, die nicht Folter oder Scheiterhaufen verdienten, sondern medizinische und geistliche Therapie.

Die skeptischen Stimmen sind also noch weit von den wahren Aufgeklärten des späteren Zeitalters der Aufklärung (ca. 18. Jahrhundert) entfernt, als solche humanistische und rationale Männer wie Diderot, Voltaire, Hume und Kant das europäische Denken beeinflußten und den Glauben an die Existenz der Verbindung zwischen Teufel und Hexen als eine Fata Morgana am Horizont umnachteter mittelalterlicher Gehirne betrachteten. Besonders Voltaire verurteilte mittelalterliches Denken und warnte: Solange Menschen an Absurditäten glauben, werden sie Greueltaten verüben.

Der halbaufgeklärte Protest kam teils vom Klerus und teils von weltlichen Figuren. Unter den ersteren finden wir sogar einen Großinquisitor, den Jesuiten Alonso de Salazar y Frias, der eine leitende Position in der spanischen Inquisition innehatte und überraschend früh in seiner Laufbahn einsah, daß die Hexen lediglich das Produkt menschlicher Vorstellungskraft waren und die Hexenbeschreibung so detailliert und überzeugend gewirkt hatte, daß Imitation und Selbst-Identifikation davon ausgehen konnten. Salazars Interpretation wird von modernen Sozialpsychologen als wissenschaftlich gültiges Prinzip anerkannt. Der Kern seines Berichtes an die *Suprema* (Zentrale der spanischen Inquisition) im Jahre 1612 ging davon aus, daß es weder Hexen noch Behexte gab, »bis man über sie sprach und schrieb«. (Meine Tüchersfelder Großmutter sagte es kurz und bündig: »Es is Leut's Gered.«) Salazar konnte solche Äußerungen wagen, da er sich der Gunst des Generalinquisitors der spanischen *Suprema* erfreute, der sein Onkel und Beschützer war.[4]

Ein anderer katholischer Geistlicher, der Jesuit Friedrich von Spee (1591-1635), äußerte eine ähnliche Überzeugung inmitten der schlimmsten Jahre der Verfolgungsmanie und erklärte Hunderte von Verurteilten für völlig unschuldig, die er als Priester auf ihrem letzten Gang zur Hinrichtungsstätte tröstend begleiten mußte. In seiner Schrift »*Cautio criminalis*« (die er 1632 anonym veröffentlichte, um seine persönliche Sicherheit zu wahren) verschrie er den Verfolgungseifer als ein Moment des Unverständnisses, des korrupten Gerichtssystems, des dümmsten Aberglaubens und des reinen Selbstbetrugs.[5]

Unter den weltlichen Kritikern der Hexenverfolgung finden wir den Hofarzt des Herzogs Wilhelm von Kleve, Johannes Weyer (ca. 1516-88), der für das Unglück, das angeblich durch Hexen verursacht wurde, und für deren »Geständnisse« natürliche Erklärungen fand. Sogar freiwillige Geständnisse sollten nicht als Zeichen wirklicher Schuld angesehen werden, sondern als Symptome der Illusion und Delusion. Weyer veröffentlichte seinen Aufruf zur Mäßigung in seinen Büchern »*De prestigiis demonum*« (1563) und »*De Lamiis*« (1577). Historiker sind sich jedoch einig darüber, daß er auf taube Ohren stieß.[6] Im Gegenteil, seine Äußerungen erregten militante Kritik. So erwiderte beispielsweise der prominente Hexenjäger Jean Bodin mit hexenhassender Leidenschaft und schlauem Sophismus »Refutation des opinions de Jean Wier« in seinem Buch »*Demonomanie des Sorciers*« (1580).

Weyer verdankte es höchstwahrscheinlich dem Schutz seines toleranten Herzogs, daß er nicht selbst als Häretiker oder »Hexenliebhaber« in den tödlichen Apparat der Inquisition gezerrt wurde. Solchen Nichtgläubigen drohte der »*Malleus*« mit Exkommunikation und weltlicher Bestrafung.[7] Der Jesuit Del Rio wiederholte diese Drohung um 1600 und meinte, daß die Anzweiflung der Richtigkeit der Hexenverfolgung und -hinrichtungen bereits selbst das Indiz für die Häresie liefere.

Ein weiteres Beispiel der weltlichen Kritik bietet uns Reginald Scot (1538-99), der in seinem satirischen Werk »*The Discoverie of Witchcraft*« die Inquisition der Erfindung des Hexenwahns beschuldigt. Der Historiker Henry C. Lea gibt Scot die Ehre, das erste kritische Buch gegen die Hexenverfolgung und deren unrealistische Basis geschrieben zu haben.

Wir müssen uns aber vor Augen halten, daß Scot, genau wie die anderen Halbaufgeklärten, keine totale Loslösung vom grundlegenden christlichen Dogma vollzog. Das bedeutete, daß alle die Existenz des

Teufels weiterhin anerkannten, nur verneinten sie dessen *leibliche* Erscheinung und Tätigkeit.[8] Vielleicht griffen die Schriftsteller unbewußt auf den »*Canon episcopi*« zurück, der bis zum 13. Jahrhundert die Kirchenlehre über das Hexenwesen erläuterte, welches demzufolge aus Trancen und diabolischen Träumen bestand.

Mit zusätzlichen Lehrstücken, insbesondere mit deren Zusammenfassung im »*Malleus maleficarum*« (1487), änderte sich diese Anschauung jedoch: Teufel und Hexe verbanden sich nun (beginnend im 15. Jahrhundert) in leiblicher einschließlich geschlechtlicher Form; und es war diese angeblich organisierte Gruppentätigkeit, die der Inquisitionsindustrie stetig Material lieferte, denn durch Folterung erpreßte man immer neue Namen von angeblichen Mitgliedern und Teilnehmern. Die Folter diente also als das *Perpetuum mobile* der Hexenverfolgung. Ohne die Voraussetzung der leiblichen Teufelstätigkeit und der Gruppenteilnahme der Hexen wäre die Inquisition nie zu ihrem tödlichen Höhepunkt gelangt. Genau diese wichtige Voraussetzung wurde von den Skeptikern bedroht. Die offizielle Reaktion war radikal: Die Abweichung wurde als falsch und kirchenfeindlich hingestellt.

Daß es den Skeptikern nicht gelang, ihre Moderation durchzusetzen, war nicht nur eine Folge der militanten Reaktion, die gewiß große politische Macht besaß, sondern auch der Aufrechterhaltung des grundsätzlichen Teufelsglaubens seitens der Kritiker. Diese Prämisse der Kirchenlehre – damals wie auch heute – förderte allzu leicht die logische Folgerung der leiblichen Teufelstätigkeit, so daß das Argument der Skeptiker nicht nur politisch, sondern auch logisch leicht besiegt werden konnte.

Die politische Macht der Gläubigen darf auch heute noch nicht unterschätzt werden. 1984 wurde die niedersächsische Feministin und Atheistin Birgit Römermann vom Göttinger Amtsgericht mit einer Geldbuße von DM 400,- belegt, weil sie die Stirn hatte, die christliche Kirche aufgrund ihrer Geschichte zu den »größten Verbrecherbanden der Welt« zu zählen.[9] Die Bestrafung erfolgte ironischerweise im 500. Jubiläumsjahr der Hexenbulle des Papstes Innozenz VIII., worin zur Verfolgung der Hexen aufgerufen wurde.

## 3. Die Romantiker

Im 19. Jahrhundert waren die Europäer offensichtlich weit genug von der Hexenverfolgung entfernt und genügend berauscht von ihrem großen romantischen Zeitalter, daß sie die verwirrten Opfer der Inquisition als eine Art stolze Märtyrer auferstehen ließen. Es waren Schriftsteller wie der antiklerikale Jules Michelet, die mit einer neuen interessanten Deutung des mittelalterlichen Hexenwesens die Öffentlichkeit faszinierten. Michelet schrieb 1862 über die Hexen als von einer sozialrevolutionären Bewegung, die sich auf zwei Hauptelemente gründete:

erstens auf die Auflehnung der unteren armen, meist ländlichen Bevölkerung gegen die feudale Ausbeutung (mit dem berüchtigten *droit du seigneur* als krassestes Beispiel) und zweitens auf die Wiederbelebung antiker Kultgedanken und -gebräuche. Diese Paarung erzeugte das mittelalterliche Hexenwesen, leidenschaftlich verfolgt von der feudalen Klasse unter dem Deckmantel der katholischen Inquisition. Diese Interpretation ist dem Marxismus freundlich gesinnt und preist den demokratischen Geist der Hexen.

Michelet inspirierte die nachfolgenden Schriftsteller. Seine Romantik beeinflußte zum Beispiel den schottischen Klassizisten und Anthropologen Sir James George Frazer, der 1890 sein zweibändiges Werk *»The Golden Bough«* veröffentlichte und die Idee des andauernden Hexenkultes vertiefte. Der amerikanische Folklorist Charles Leland spann dieses Thema fort und veröffentlichte – angeblich fundiert durch Forschungen in Italien in den 1860er Jahren – 1899 das aufsehenerregende Buch *»Aradia, or the Gospel of Witches«*. Der Inhalt beschäftigte sich mit den Informationen, die er angeblich von einer italienischen Hexe namens Maddalena erhalten hatte, und mit einem fragwürdigen Manuskript, das ihm diese ebenso fragwürdige Hexe überließ.

Eine wichtige Nachfolgerin in dieser romantischen Reihe war die englische Folkloristin Margaret Murray, die in den 1920er Jahren in ihrem Buch *»Witch Cult in Western Europe«* die Verfolgten und Gemarterten der Inquisition als Anhänger einer ganz bestimmten Religionsgemeinschaft feierte. Sie überzeugte viele Leser, darunter einige Wissenschaftler, daß es sich um eine uralte heidnische Naturreligion mit sinnesfrohen Fruchtbarkeitsritualen und üppiger Naturverherrlichung gehandelt habe. Die vorchristlichen Träger dieser Religion wären angeblich die Kelten bzw. die Druiden, die Priester-Lehrer der Kelten, gewesen. Was die Inquisition als den Hexensabbat bezeichnete, war, nach Margaret Murray, eigentlich das keltische Gegenstück unseres Gottesdienstes. Der druidische Kult drückte sich angeblich ungeniert aus und erlaubte der Freude an der natürlichen Sinnlichkeit und Sexualität der Menschen einen orgiastischen Verlauf.

Margaret Murray spricht von der ekstatischen Hingerissenheit dieses Naturvolkes im Banne ihrer Naturreligion, und ihre Beschreibung erinnert an Emile Durkheims Theorie, wonach durch Gruppenekstase der Funke der Religiosität im Menschen so angefacht wird, daß er die Emotionen, die dadurch in ihm entflammen, als eine überirdische Manifestation erlebt. Geister, Götter oder Gott traten dadurch auf die Bühne menschlicher Vorstellungen. Durkheim sieht in dieser primitiven Erfahrung, die seiner Meinung nach alle alten Naturvölker im Rahmen ihrer Gruppentätigkeit erzeugt haben müssen, den eigentlichen Ursprung der anscheinend universellen Tendenz der Menschheit zur Religiosität. Margaret Murray will also den vermeintlichen Hexensabbat in dieser Weise erklären. Die Hexen der heidnischen (spezifisch keltischen) Welt formten *coven* (Zirkel oder Gruppen) mit 13 Mitgliedern und versammelten sich regelmäßig zu ihren Sabbaten. Jeder »*coven*« hatte einen Priester, der mit Tierfellen be- und verkleidet war, dem Fell, den Hufen, den Hörnern und dem Schädel eines Bisons oder eines anderen kraftvollen Tieres. Der Priester wurde als eine Reinkarnation eines Gottes angesehen und herrschte über seinen »*coven*«.

Mit der Ausbreitung des Christentums fiel das heidnische Ritual in Mißkredit und wurde mit der Teufelsverherrlichung in Verbindung gebracht. Tatsächlich glauben die Anhänger von Margaret Murrays Theorie an die physische Beschreibung des christlichen Teufels – behaart, behuft, gehörnt –, die von der Erscheinung des Gruppenpriesters abgeleitet ist. Vorchristliche Sinnenfreuden wurden als Angriff auf die asketischen Werte des Christentums betrachtet; ihre Zusammenkünfte wurden zu Orgien hochstilisiert; ihre Priester betrachtete man als Teufel; und die trancehaften Gefühle von Macht und Ekstase, die bei solchen Versammlungen deutlich wurden, hielt man für Zeichen der Teufelsbesessenheit. Nach Margaret Murray waren die von den Christen verfolgten Hexen übriggebliebene Gläubige dieser alten Religion, die treu zu ihrer Lehre standen, sogar unter der Folter – eine ironische Parallele zu den christlichen Märtyrern.

Margaret Murrays Theorie, daß mittelalterliche Hexen einem mysteriösen gehörnten Gott aus alten Zeiten gehuldigt hätten, ist schonungslos angegriffen worden.[10] Die Kritik läßt sich in vier Punkten zusammenfassen. Der erste und wichtigste ist, daß Margaret Murray die vorchristliche keltische Religion falsch darstellte und den römischen Synkretismus als reine Druidenreligion mißverstand. Während die alten Druiden ihren übernatürlichen Kosmos auf eine animistische Form beschränkten, führten die okkupierenden und konvertierenden Römer ihre Anthropomorphismen ein, die Götter, Halbgötter, Halbmenschen, Halbziegen und den Teufel duldeten – all die Symbole, die wir auch in der Hexerei widergespiegelt finden. Kurz, Margaret Murrays Annahmen basieren nicht auf zuverlässiger Historie und erwecken daher den Verdacht, auf der Grundlage theoretischer Vorurteile ausgewählt zu sein.

Die Kritiker weisen Margaret Murray vor allem deshalb zurecht, weil ihnen die Spekulationen über die Existenz von Hexenzirkeln und eine selbstbewußte religiöse Organisation absolut unbewiesen erscheinen. Man warf ihr vor, daß sie mittelalterlichen Glaubensvorstellungen ethnologische Grundlagen unterschieben wollte.

Der englische Historiker Ewen entdeckte sogar, daß Margaret Murray das historische Belegmaterial für die Existenz eines 13-Mitglieder-Hexenzirkels (*coven*) gefälscht hatte, indem sie die Mitgliederzahl verschiedener Gruppen von hexenverdächtigen Personen manipulierte, um die ominöse Zahl 13 zu erreichen. In keinem einzigen Fall stimmte ihre Behauptung, und Ewen kam zu der Überzeugung, daß es im englischen Hexenwesen überhaupt keine *covens* gab.[11]

In Wirklichkeit wissen wir äußerst wenig über die keltische Religion. Der international anerkannte Erforscher der keltischen Kultur, Professor Stuart Piggott, schrieb Seite um Seite in seinem Buch »*The Druids*« nur um die Unwahrscheinlichkeiten, die über diese Kultur verbreitet sind, zu widerlegen. Auf nur verhältnismäßig wenigen Seiten beschreibt er das, was wir als gesichertes Wissen über die Kelten bezeichnen dürfen.[12] Margaret Murrays Beschreibung der Druiden übersteigt das bei weitem.

In diesem Zusammenhang ist es interessant festzustellen, daß die Vorstellungen über die angeblichen Hexenkulte im Mittelalter äußerst unklar waren, jedoch in der Renaissance definiert und ausgeweitet wurden. So war zum Beispiel das Konzept des Hexensabbats nur rudimentär in der Hexenmythologie der mittelalterlichen Theologen und Rechtsgelehrten enthalten und wurde erst im 15. Jahrhundert richtig definiert.[13]

Selbst wenn ein uralter druidischer Hexenkult der Art existiert hätte, wie Margaret Murray ihn beschreibt, so hat sie doch keine Belege für die Zeitspanne zwischen der römischen Invasion in das keltische Reich mit dem begleitenden Glaubenswechsel zum Christentum und dem Beginn der ersten Hexenprozesse erbringen können. Es gibt keine verläßlichen Hinweise auf eine Kontinuität eines alten Kultes von der Antike bis ins Mittelalter.

Margaret Murrays Nachforschungen beschränkten sich auf England und Schottland. Selbst wenn ihre Beobachtungen in diesem Bereich zuverlässig wären, so wären Übertragungen auf andere Gebiete, etwa die zentraleuropäischen Schauplätze der Hexenprozesse, von zweifelhaftem Wert.

Letztlich ist auch die Auswahl von Margaret Murrays »Beweismaterialien« spät angesiedelt – sie beruhen auf Material aus der Zeit nach den Prozessen. Es besteht daher die Möglichkeit, daß abstrakte Ideen über einen Hexenkult in das öffentliche Leben eingesickert sein könnten und ein Rollenverhalten der durch die Inquisition geschaffenen Vorstellungen des Kultverhaltens erzeugt haben – ein Verhalten, das in den vorhergehenden Perioden kein Vorbild hatte.

Der Historiker Julio C. Baroja untersuchte diesen letzten Punkt und deutet an, daß der Ursprung der Hexerei weitgehend im Mittelalter zu finden ist, wobei Anleihen aus Glauben früherer Zeiten und deren veränderte Ableger hereinspielten.[14] Es fand keine direkte physische Fortsetzung des Kultes statt, und die Opfer der Hexenaufstöberungen waren Leidtragende einer christlichen Erfindung. Er argwöhnt einen künstlichen, wenn auch erstaunlich gelehrten Versuch, die mythische Gestalt der Göttin Diana (oder Holda im germanischen Zusammenhang) in das mittelalterliche Vorstellungsbild der Hexen einzubringen. Baroja stimmt Margaret Murray zu, daß es einen blühenden Diana-Kult im bäuerlichen Europa des vierten bis sechsten Jahrhunderts gegeben hat, kurz vor der Machtergreifung des Christentums.

Von besonderer Bedeutung in diesem Zusammenhang waren die Frauen, die im Wald lebten und als Priesterinnen angesehen wurden.

Diana selbst wurde als Gottheit der Felder und Wälder betrachtet – als Göttin, die durch die Lüfte ritt. Diese heidnische Figur kann, wie Baroja annimmt, Christen inspiriert haben, in ihr einen Dämonen zu sehen. Und die Hexe war geboren. Somit waren die mittelalterlichen Hexen unbewußte Nachfolgerinnen der Waldpriesterinnen, der Repräsentantinnen von Diana oder Holda. Aber die Nachfolge war künstlich hineininterpretiert und daher von eher symbolischer als mitgliedschaftlicher Natur.

Diese Theorie würde das christliche Beharren (besonders zu Beginn der Hexenverfolgung) auf der Weiblichkeit der Hexen erklären. Baroja versucht, die Vorstellung der von Diana abstammenden Hexe durch den Hinweis auf die römische und frühgotische Kunst und Architektur zu dokumentieren, wo Hexen auf mehr oder weniger phantastischen Tieren reitend abgebildet wurden. Er meint, daß solche Darstellungen auf den Diana-Kult zurückgingen.[15]

Zum europäischen, heidnischen Kult bestimmter weiblicher Gottheiten – oder, wahrscheinlicher, zum spätmittelalterlichen *Glauben*, daß es diesen Kult gegeben habe – kam die christliche Teufelsvorstellung. Diese Verknüpfung ließ den Glauben an schwarze Hexen aufkommen. Ebenso entstand daraus eine Spaltung der früher ganzheitlichen Personifizierung der antiken Zauberin, die sowohl dem Guten als auch dem Bösen huldigen konnte. Der Hexe gestand man nur die Repräsentation der bösen Seite der Zauberin zu. Dies ließ eine Lücke für die gute (oder Weiße) Magie. Die Heilerinnen der ländlichen Gesellschaften sprangen anscheinend in diese Lücke hinein und vervollständigten somit die antike Ganzheit. Zwei Personifizierungen waren nun erforderlich, um die ganzheitliche Magierin der Antike wiedererstehen zu lassen. Dank der ungestümen Einmischung der mittelalterlichen katholischen Kirche haben wir nun eine Dualität – eine Art schizophrener Vorstellung von magischer Macht.

Joseph Hansen, ein passionierter Geschichtsforscher auf dem Gebiet des Hexenwesens, vertrat die Auffassung, daß das Bild der Hexe aus zwei Grundelementen entstanden sei: dem nordeuropäischen Element, das sich mit Wetter- und Viehzauber beschäftigte, und seit dem 13. Jahrhundert dem süd- und südosteuropäischen Element, das sich grundsätzlich vom keltisch-germanischen Stil unterschied und den Sabbat, nächtliche Flüge und den Pakt (einschließlich sexueller Verbindung) mit dem Teufel betonte.[16] Das entstellte Produkt, das die Inquisition aus dem Zusammenfluß beider kultureller Strömungen entstehen ließ, führte zur Hexenpanik und der damit verbundenen Verfolgung.

Unsere Gegenüberstellung zeigt eine Spannbreite verschiedener Interpretationen des historischen Ursprungs der Hexerei von physischer Kontinuität bis zur freien Erfindung, die Margaret Murrays Kult-Theorie fraglich erscheinen lassen. Trotzdem hat sie eine Gefolgschaft um sich geschart, die solch bekannte Schreiber wie Pennethorne Hughes, Hugh R. Williamson, Arne Runeberg, Peter Haining und unabsichtlicherweise sogar Elliot Rose (der einerseits Margaret Murray extrem kritisiert, aber andererseits mit einigen Aspekten ihrer Theorie übereinzustimmen scheint[17]) einschloß.

Vom Glauben an die Existenz einer Hexentradition der Antike zum Glauben an die Lehren dieser Tradition war es für viele Leute nur ein kleiner Schritt. Murray-Anhänger verwandelten sich leicht in Gläubige. Dies ist verlockend, weil beide Gruppen in Hexen vorwiegend die Mitglieder eines Kultes sehen und im groben das gleiche *äußere* Bild dieses Kultes akzeptieren. Das bedeutet, daß sie zwar in dem übereinstimmen, was Hexen bei ihren Versammlungen *taten* – aber nicht notwendigerweise in dem, was sie *waren*. Zu den vielen, die sich von Margaret Murray inspirieren ließen und den zusätzlichen Schritt zu einem »wahren Glauben« getan haben, gehörte auch Gerald B. Gardner (1884–1964), der Gründer vieler Hexenzirkel in England. Das heißt jedoch nicht, daß alle Murray-Anhänger diese Gruppen unterstützen. Peter Haining zum Beispiel glaubte, daß sie Abergläubigkeit ausbeuteten.[18]

Margaret Murrays Theorie – und die ihrer Vorgänger Michelet, Frazer, Leland u.a. – übte einen starken Anreiz auf jene neuzeitlichen Menschen aus, die mit dem traditionellen Christentum und vielleicht mit dem europäischen Kulturbild im allgemeinen unzufrieden geworden waren. Ihre Erben kamen in zwei Wellen.

Ende der 30er Jahre entwickelten sich unter der Führung von Gardner die englischen Neu-Hexen. Angeblich wurde er 1939 durch »Old Dorothy Clutterbuck«, eine englische Hexe, in die Hexenkunst eingeweiht. »Old Dorothy«, so behauptete man, marschierte an der Spitze der englischen Hexen zum Meeresstrand, von wo sie gegen Hitler einen Energiekegel mit dem Befehl »Du darfst nicht kommen!« ausstrahlte, der dann auch angeblich Hitlers Invasion verhütete. Die Echtheit dieser fragwürdigen Geschichte über Gardners Einweihung wird von Forschern schwer bezweifelt.[19] Jedenfalls schrieb der Eingeweihte eine Reihe von Büchern, die 1954 in dem vielgelesenen *»Witchcraft Today«* (deutsche Ausgabe 1965: »Ursprung und Wirklichkeit der Hexen«) kulminierte. Margaret Murray lieferte nicht nur die Inspiration zu diesem Buch, sondern schrieb sogar ein lobendes Vorwort dazu. Gardner richtete ein *Museum for Magic and Witchcraft* auf der Isle of Man ein und wurde, neben dem Hexenguru Alex Sanders, zum Mittelpunkt des englischen Neu-Paganismus.

Die zweite Welle deckte sich mit der großen Welle der kulturellen Unzufriedenheit in unserer westlichen Welt, die in den 60er und 70er Jahren über den europäischen und den nordamerikanischen Kontinent rollte – wir sprechen von der sogenannten Gegenkultur. Dieser soziokulturelle Aufstand führte viel romantisches Gedankengut ein, darunter auch die Murrayische Theorie, und begann daran noch weiterzuflechten, so daß sich seit etwa 1960 in Europa und in den USA die neuheidnischen Wicca-Gruppen überraschend schnell entwickelt und verbreitet haben.[20]

Wicca, auch die Alte Religion oder die »Weißen Hexen« genannt, pflegen eine Religiosität, die sie als Druidismus erkennen. Sie betrachten Schriftsteller wie Margaret Murray, Gerald Gardner, Raymond Buckland und vielleicht sogar den scheinheiligen Carlos Castaneda als ihre »Propheten«. Es muß allerdings auf einen gewaltigen Unterschied zwischen Margaret Murray und den anderen Propheten hingewiesen werden. Die Akademikerin Margaret Murray machte einen ernsthaften Forschungsversuch, während die anderen entweder simplistische Parasiten ihrer Theorie sind oder gar Bauernfänger der billigsten Art, die durch geschickte Handhabung der Gegenkultursprache Kapital aus dem romantischen Verlangen der Jugend geschlagen haben. (Ich werde in einem späteren Kapitel noch einmal auf Castaneda, dem die Krone der Bauernfängerei gebührt, zurückkommen.)

Das romantische Image des Hexenwesens und des Okkulten im allgemeinen ist natürlich zur Goldgrube des *Show business* geworden. Bücher, Filme, Theater und Zeitschriften spiegeln das Verlangen der heutigen Massen nach dem Romantisch-Okkulten und wetteifern mit bizarrer und absurder Unterhaltung, die sich jährlich in Umsätzen von vielen Millionen Mark ausdrückt.

Vor allem in den USA treibt diese Kommerzialisierung üppige Blüten. Dennis Wheatley ist zum Beispiel eine Mischung aus Romantiker und Gläubigem (sind nicht alle Romantiker irgendwie Gläubige?) und hat eine Reihe von geschichtlichen Romanen geschrieben. Die Figuren der Romane, so Wheatley, wären jedoch echt, und die Begebenheiten, in die sie verwickelt sind, könnten wahr gewesen sein. Er bereicherte unsere Zivilisation (jedoch besonders sich selbst) durch den Verkauf von über 40 Millionen seiner etwa 80 okkulten Romane. Einige davon wurden Bestseller, wie *»The Devil Rides Out«* und *»The Forbidden Territory«*. Jüngere Jahrgänge haben diese Tradition fortgesetzt, und zeugungseifrige Thrillerschreiber wie Stephen King publizieren okkulte Bestseller mit Fließbandschnelligkeit, darunter *»Pet Sematary«*, *»The Shining«*, *»Christine«*, *»Cujo«*, *»Firestarter«* usw. Die amerikanische Filmindustrie steht diesen Leistungen nicht nach und hat Millionenerfolge erzielt mit Filmen wie *»Rosemary's Baby«*, *»Carrie«*, *»The Omen«*, *»The Exorcist«*, *»Poltergeist«*, *»Damien«* u.a.

Was seit etwa 1960 in Europa und den USA passiert ist, bedeutet eine Verpopularisierung des Okkulten. Das Okkulte wurde in das Allgemein-Romantische eingeschlossen und auf diese Weise zur »populären Kultur«. Mit dieser Definition diagnostiziert der amerikanische Soziologe Marcello Truzzi den derzeitigen Stand des Okkulten in der westlichen Gesellschaft und sieht darin eine allmähliche Abschwächung der Macht des Okkulten über das menschliche Denken und Fühlen.[21] Er meint, daß, wenn man dauernd durch die Medien mit okkulten Geschichten berieselt wird, sich die ehemalige Scheu und Angst, die die Menschen vor diesen unheimlichen und übernatürlichen Vorstellungen von jeher empfunden hatten, langsam abbauen. Kurz gesagt, sie werden durch Überbeanspruchung abgestumpft.

Ob die Romantik des ernstlicheren Okkulten, speziell des neuzeitlichen Hexenwesens, wie wir es in Wicca finden, dadurch auch abgestumpft und letztlich dieser Anfang einer neuen Religion vor lauter Unterhaltungsatmosphäre im Sande der Geschichte versickern wird, ist eine interessante Frage, die ich zu diesem Zeitpunkt offenlasse. Gewöhnlich ist es aber so, daß eine neue Religion, um ein notwendiges Momentum zu erreichen und Vitalität zu behalten, eine menschliche Not *exklusiv* befriedigen muß. Wenn dieses Bedürfnis durch »populäre Kultur« laufend befriedigt werden kann, zerrinnt die Notwendigkeit für die neue Religionsgemeinschaft.

## 4. Die Wissenschaftler

Der echte Wissenschaftler analysiert und zeigt die Verbindung zwischen verschiedenen Variablen, oder er beschreibt genau und objektiv die Begebenheiten, ohne sie *a priori* aus Vorurteilen zu sammeln und sie dann für subjektive Zwecke zu verwerten.

Aber das ist leichter gesagt als getan. Besonders bei der Bearbeitung geschichtlichen Materials beobachten Historiker verschiedene Aspekte und streiten sich oft über die Frage, welcher davon wohl der hauptsächlichste oder der kausale sei. So wird bei der Frage nach der Hauptursache der Hexenverfolgung mal der kulturelle Symbolismus hervorgehoben, mal auf die ökonomischen Um- und Zustände hingewiesen. Eine dritte Meinung verlegt sich ganz und gar auf theologische Prämissen, eine weitere sieht den Ursprung in Drogen oder Geisteskrankheiten, und wieder eine andere erkennt ihn in einer grundsätzlichen menschlichen Hilflosigkeit.

Der Zwiespalt zwischen den Theoretikern, die einen alten Hexenkult annehmen, und jenen, die ihn ablehnen, ist nicht der einzige Anlaß zur historischen Diskussion.

Es gibt ein ganzes Heer weiterer Theorien, und Rose bemerkte sarkastisch: »Es würde mich nicht überraschen, wenn jemand eine Theorie verträte, die die Hexerei zu einem degenerierten Zweig der Sozialwissenschaft erklären würde, der von Atlantis auf uns überkommen ist.«[22]

Unter den ernsthafteren Theorien befassen sich einige mit der kausalen Rolle von Elend, Sündenbock-Suche, Schuldgefühlen, religiösem Gezänk, Weiberfeindlichkeit und der »Industrie« der Hexenverfolgung. Viele Gelehrte würden jedoch bestreiten, daß diese Ideen den Status etiologischer Theorien beanspruchen können. Sie bezeichnen sie als Zusatztheorien oder Leckerbissen unter interessanten Informationen, die, obwohl sie in einem begrenzten Gesichtsfeld Gültigkeit besitzen, doch nicht mehr als bestimmte Aspekte beleuchten können.

Einige Autoren heben beispielsweise die Rolle der kommunalen Hoffnungslosigkeit der Massen im Mittelalter hervor, als verheerende Kriege, Pest und andere Seuchen Europa heimsuchten. Gemeinsames

Elend verlangte nach Sündenböcken, und die Hexen waren oft willkommene Zielscheiben zum Abreagieren von Frustrationen.[23]

Die Hexenjagd von Salem 1692 wird oft als eindringliche Illustration für die Elend-Sündenbock-Theorie gebraucht. Eine trostlose Stimmung herrschte in Massachusetts zu dieser Zeit – der Krieg mit Frankreich drohte, Indianer waren auf dem Kriegspfad, es gab unerträgliche Steuern, die Blattern gingen um, Piraten gefährdeten den Handel, und der Winter war grausam streng. Männer und Frauen waren in einem engen evangelischen Kosmos befangen, der eine gewichtige Rolle des Teufels und seiner Agenten, der Hexen, herausstellte. Hexereianklagen einer Gruppe junger Mädchen lösten eine Lawine aus, die 150 Menschen ins Gefängnis und für alle sieben Männer und 24 Frauen das Todesurteil brachte.[24]

Wir werden daran erinnert, daß zu den Heimsuchungen, die der Hexenverfolgungsperiode in Zentraleuropa vorausgingen, auch die Einfälle von Türken und Schweden gehörten, religiöse Zwistigkeiten, Kriege und Pest. Schließlich haben zwei Historiker, die sich mit Franken beschäftigten, der Pest eine ursächliche Rolle zugeschrieben. Friedrich Leitschuh glaubte, daß die Pestzeit des 14. Jahrhunderts, die über 25 Millionen Europäer oder ein Viertel der Bevölkerung hinwegraffte, gemeinhin als satanischer Anschlag gedeutet wurde und die Hexenpanik anfachte. Die Hysterie begann 1470 in Frankreich und ergriff in kurzer Zeit den übrigen Kontinent. Johann Looshorn erinnert daran, daß 1611, nur ein paar Jahre vor dem Höhepunkt der Hexenjagd, die Pest mit besonderer Hartnäckigkeit in Franken gewütet hatte.[25]

Hannsferdinand Döbler sieht einen weiteren stimulierenden Faktor im wissenschaftlichen Fortschritt der Renaissance, als neue Erkenntnisse auf den Gebieten der Mathematik, Medizin, Astronomie und verschiedenen Naturwissenschaften die alten Überzeugungen verdrängten und Fragen nach der Allmacht Gottes, seiner Engel, der zentralen Stellung der Erde und der allgemeinen anthropozentrischen Weltsicht aufkommen ließen. Das Gefühl, daß traditionelle Werte geschützt werden müßten, ließ eine höchst defensive Reaktion auf seiten der konservativen Autoritäten entstehen – kirchlicher ebenso wie weltlicher –, und diese äußerte sich unter anderem in der Verfolgung von Sündenböcken, zu denen auch hilflose, als Hexen gebrandmarkte Menschen gehörten.[26]

Einige Forscher beschreiben Hexenanklagen gegen bestimmte Bevölkerungsschichten als wirkungsvollen Schritt, um unerwünschte Opposition und/oder religiöse Minderheiten auszuschalten. In mindestens einem Fall diente die Hexenverfolgung offenbar als effektives Werkzeug der Gegenreformation, als die katholischen Autoritäten protestantische Bürger für die Hexereianklagen aussonderten, ihren Besitz einzogen und etliche von ihnen exekutierten.[27]

Ich halte dieses Beispiel jedoch für höchst unrepräsentativ für die Hexenverfolgung. Im allgemeinen verfolgten die religiösen Gemeinschaften innerhalb ihrer eigenen Reihen und gingen selten darüber hin-

*Ausführung der Todesstrafe. (Holzschnitt, Ende 15. Jahrhundert)*

aus. In der Geschichte Frankens ist mir nicht ein einziger Fall untergekommen, wo jemand eine andere Person außerhalb seiner eigenen Religionsgemeinschaft beschuldigt oder verfolgt hätte. Interessanterweise hatte Würzburg mit einer der heftigsten Verfolgungsmanien eine relativ große jüdische Gemeinde, jedoch nie ein Verfahren gegen einen Juden. Juden entkamen dem Hexenverdacht und der Hexenverfolgung, weil sie in ihrem Getto lebten, ihre eigenen Gesetze hatten und als Nichtchristen nicht als Hexen definiert werden konnten, sondern allenfalls als Zauberer.[28] (In den späteren Jahren der Renaissance verbannte man sie aus der Stadt – aber nicht wegen Hexereiverdachtes.)

Andere historische Belege, die zeigen, daß die Hexenverfolgung keine Geißel einer Religionsgemeinschaft gegenüber einer anderen war, kamen aus dem lutherischen Lager. Luther selbst glaubte an die Existenz von Hexen. 1540, als im übrigen Deutschland die Verfolgung ins Stocken geriet, wurden in Wittenberg noch drei Hexen verbrannt.[29] Die Tradition innerhalb des lutherischen Bereichs wurde mehr als geschickt durch den sächsischen Juristen Benedict Carpsov (1595-1666) fortgesetzt, der sich brüstete, 20 000 Todesurteile gegen Hexen unterschrieben und die Bibel dreiundzwanzigmal gelesen zu haben. Carpsov veröffentlichte sein Hauptwerk »*Practica rerum criminalium*« 1635 in Wittenberg. Es wurde zum »*Malleus maleficarum*« des Protestantismus und maßgebend für die Definition einer der größten gesetzlichen Absurditäten der Verfolgung, des »Vermutungsbeweises«, der auf weitere Beweismittel verzichtete.[30]

Es gibt weitere Theorien, die die Exzesse der Hexenjagd zu erklären versuchen. Eine stammt von Elliot Rose. Aber ich frage mich, ob der Zusammenhang, den er zwischen der Heftigkeit der Hexenjagd und der schwachen kirchlichen Disziplin zu erkennen glaubt, wirklich bestand. Umgekehrt argumentiert er, daß es dort, wo die autoritäre Hierarchie unangefochten regierte, keine Prozesse gab. Diese Theorie wird durch Beispiele aus der fränkischen Geschichte widerlegt: Würzburg und Bamberg besaßen unerschütterliche kirchliche Autoritäten, und dennoch erwuchs gerade hier die Hexenjagd zu einem Fieber.

Man könnte auch das Beispiel Sachsens heranziehen, mit lutherischem Regiment verwurzelt und einer hoch aufwallenden Hexenverfolgung. Selbst Schweden mit seiner monolithisch lutherischen Regierung hatte seinen Anteil an der Hexensuche. Fallweise scheint Roses Argument, daß die Intensität der Hexenverfolgung dort zunimmt, »wo zwei oder mehr Religionen nach der Vorherrschaft strebten«[31], unangebracht angesichts der Offenkundigkeit, die wir bei Religionsspaltungen in England, Ungarn und Böhmen finden, wo extreme religiöse Disharmonie bestand, ohne daß ein sonderliches Bedürfnis nach der Verfolgung von Hexen entstanden wäre. Und in der Zeit, als die Schweden das katholische Franken besetzt hatten und nach politischer Autorität strebten, ging die Hexenjagd stark zurück.

Auch der Oxford-Professor Hugh R. Trevor-Roper stellt den Religionsstreit als Hauptgrund für die wachsende Hexenverfolgung heraus.

Er verallgemeinerte: »Jedes Hauptvorkommen geschah in einem Grenzgebiet, wo religiöser Streit nicht intellektuell..., sondern zwischenmenschlich war.«[32] Diese Hypothese trifft kaum auf die Fränkische Schweiz zu, denn das Juragebiet war keineswegs einheitlich katholisch. Es bestanden etliche protestantische Enklaven. So gab es zum Beispiel die rein protestantischen Orte Aufseß, Weidenhüll, Bronn und Streitberg in unmittelbarer Nachbarschaft zu den rein katholischen Gemeinden Hollfeld, Waidach, Kühlenfels, Ebermannstadt und Gößweinstein. Und Pegnitz war in sich zu beinahe gleichen Teilen zwischen den Konfessionen gespalten.

Neben den brandenburgischen Markgrafen, die Randgebiete der Fränkischen Schweiz besaßen, entwickelten sich verschiedene protestantische Ritterschaften (wie in Aufseß und Streitberg), die reichsunmittelbar waren und nicht dem katholischen Hochstift Bamberg unterstanden. Zwischen diesen andersgläubigen Territorien gab es Streitigkeiten und Kämpfe – religiöse, politische und rein zwischenmenschliche. »Der Glaubenskrieg wurde von Dorf zu Dorf geführt, von Kirchturm zu Kirchturm... Das katholische Bamberg bekämpfte das evangelisch gewordene Kulmbach-Bayreuth.«[33]

Aber diese Streitereien verschärften keineswegs die Hexenverfolgung. (Religiöse und politische Unterschiede konnten oftmals zur Zufriedenheit beider Parteien gelöst werden. So leisteten zum Beispiel im Dreißigjährigen Krieg die protestantischen Ritter von Aufseß den katholischen Bambergern militärischen Beistand gegen die Schweden. Als Gegenleistung ließ sie der Bamberger Bischof in Frieden.) Es gab eher weniger Hexenprozesse in den Berührungsterritorien als in den katholisch homogenen Gegenden, besonders in Bamberg selbst. Je näher man Bamberg kam, desto mehr wuchs die Neigung, Hexen zu verfolgen. Je weiter man sich dagegen Nürnberg näherte, desto gemäßigter wurde die Hexenverfolgung; und doch lag Nürnberg, das sich einer der niedrigsten Verfolgungsraten unter allen fränkischen Städten erfreute, in der Mitte eines konfessionellen Grenzgebietes.

Meine Ansicht wird von Alan Macfarlane unterstützt, der das Motiv für die Hexenverfolgung nicht im religiösen Bereich sieht, sondern in den Krisen kleiner Gemeinden, »erzeugt durch Nachbarschaftsstreitigkeiten, die aus tagtäglichen Vorkommnissen entstehen«.[34]

Außerdem wird Trevor-Ropers Argumentation von Gustav Henningsen widerlegt, der dänische und spanische Hexenprozesse untersucht hat und eine weit größere Anzahl von Gerichtsfällen vorfand, die von ordentlichen Bürgern vor Gericht gebracht wurden. Diese befaßten sich weit mehr mit *konkreten* Hexereianschuldigungen als mit religiösen Belangen. Er schließt daraus: »Somit hatte die Hexenjagd in den westeuropäischen Dörfern nur wenig mit der religiösen Verfolgung zu tun. Sie war in der Tat eng mit der Funktion des Hexenglaubens im sozialen Leben der damaligen Zeit verknüpft.«[35]

Es mag stimmen, daß die Theologie oft Beschuldigungsgründe lieferte; sie stellte jedoch nicht selbst das Verfolgungsmotiv dar. Prozesse waren in Wahrheit nur das Resultat sozialpsychologischer Umstände. Eine weitere Widerlegung der religiös-wettkämpferischen Begründung ergibt sich aus Monters Studien des französisch-schweizerischen Grenzgebietes. Er verwirft Trevor-Ropers Erkenntnisse als »Unsinn, wenn man sie auf die Verhältnisse jenes Juragebietes bezieht«.[36] Obwohl Monters Gebiet ein religiöses Grenzgebiet war, scheint es dort keinen religiösen Zank gegeben zu haben. Der Bezirk Neuchâtel schlummerte friedlich durch die Zeiten religiöser Kriegswirren – doch er hatte einen regelmäßigen und konstanten Fluß von Hexenprozessen in der Zeit des Wahns.

Eine Ähnlichkeit zwischen den Juragebieten (dem fränkischen und dem französisch-schweizerischen) scheint die abrupte Abnahme der Hexenprozesse in Zeiten gewesen zu sein, wo militärische Besetzung drohte oder stattfand. »Unter diesen Umständen klagte man nur sehr wenige Menschen der Hexerei an. Ob dies so war, weil die Bürger wußten, daß Gottes Fügung oder fremde Söldner für ihre Not verantwortlich waren und sie keine Notwendigkeit sahen, sie auf Hexen zu schieben, oder einfach, weil ihre Gesetzesmaschinerie nicht ordentlich genug funktionierte, um sie verfolgen zu können, läßt sich nicht ermitteln.«[37] Jedenfalls versiegten die Prozesse, genau wie in Bamberg und Würzburg, in den schlechtesten Krisenjahren des Dreißigjährigen Krieges plötzlich, als die Schweden die Bistümer bedrohten und später wirklich zeitweise besetzten. Die fränkische Geschichte scheint zu zeigen, daß religiöser Konflikt ein starkes Abschreckungsmittel gegen und nicht ein Anreiz für die Verfolgung war, während im Gegensatz dazu in ungestörten Jahren die Verfolgungsmühlen auf vollen Touren mahlten.

Man wird die Gründe für die Fluktuation der Prozesse anderswo suchen müssen.

Eine überzeugendere Kombination von Gründen wurde von der schottischen Soziologin Christina Larner vorgeschlagen. Zum ersten muß der Glaube an die Macht des Satans als grundlegend angesehen werden. Die Kirche prägte diesen Glauben dem gewöhnlichen Menschen ein. Dann folgten ein Wandel in der Justizphilosophie und eine Erweiterung des Gerichtsvollzugs, wobei sich nun der Gesichtspunkt von Vergütung auf Vergeltung verschob. Das heißt also, daß sich ein Justizverfahren einbürgerte, das sich mehr mit Bestrafung als mit Wiedergutmachung befaßte. Ein kritisches Element in diesem Wandel war das Ende des *lex talonis* – des Gesetzes, wonach falsche Beschuldigungen bestraft werden können. Nun konnten falsche Anklagen und spekulative Beschuldigungen überhand nehmen.[38]

Larners These dient einigen Forschern als Basis, auf der sich die Hexenverfolgung zu einer Art Industrie aufbauen konnte, in welcher Gewinnsucht die Maschinerie der Verfolgung antrieb. Eine ganze Hierarchie von Gewinnsüchtigen konnte sich entfalten: vom Bischof und seinen »gelehrten« Räten, die aus Klerikern und Juristen bestanden, bis hinunter zu den Hexensuchern, Richtern, Henkern, Folterknechten und den gewöhnlichen Leuten, die mit Beschuldigungen an die Obrigkeiten herantraten. In Franken konnte die Denunziation einer Person (eines Nachbarn, Verwandten, einer Persönlichkeit des öffentlichen Lebens, was immer auch sie war) zehn Gulden einbringen. Solche Anzeigen wurden als bürgerliche Leistungen anerkannt. Wenn sich der Verdacht als richtig »erwies«, zahlte man einen zusätzlichen Bonus an den Ankläger aus dem Vermögen des Verurteilten. Auch von Kindern kommende Diffamierungen waren annehmbar.[39] Kurz, die »Industrie« der Hexenverfolgung basierte auf handfesten Interessen, die sich zum Perpetuum mobile verselbständigte.

Dieses Argument kann aber nicht pauschal hingenommen werden. In vielen Gegenden und Ländern (z. B. in England) war die Hexenverfolgung ein Defizitgeschäft – es brachte kein Geld ein und bereitete dem Gerichtsapparat nur Unkosten.

Bamberg dagegen war außerordentlich profitsüchtig und -fähig. Die Berechtigung des Hochstiftes, Gelder einzuziehen, war gesetzlich gesichert. Der Bischof besaß die geistliche und weltliche Gesetzgebung innerhalb seines Bistums. Vertreten durch einen Vogt, der alle zwei Wochen in auswärtigen Ämtern Gericht hielt, konnte der Bischof seine strafrechtliche Macht ausüben. Das Hollfelder Stadtstatut, das vom Bamberger Hexenbischof 1592 persönlich verfaßt und erlassen wurde, besagt unter anderem:

(1) Der Bischof hat die Oberherrschaft über die Stadtgerichtsbarkeit.
(2) Ein Teil (gewöhnlich 50%) der von der Gemeinde auferlegten Geldstrafen gehören dem Bischof (zu Händen des Vogtes).
(3) Landstriche, die nicht von einer Stadt erfaßt sind, unterstehen gänzlich dem Bischof und seiner Gerichtsbarkeit. Der Vogt darf die volle Geldstrafe für den Bischof beanspruchen.
(4) Jeder Aspekt des Lebens der Bürger, einschließlich intimster Einzelheiten, ist durch Verordnungen geregelt und überwacht.
(5) Die Obrigkeit über Jagd und Fischerei steht dem Bischof zu.[40]

Eine Stimme war mutig genug, die Verantwortung für die Profitgier der höchsten aller Autoritäten zu Füßen zu legen: dem Papst. Canon Döllinger, ein Kirchenmann des 19. Jahrhunderts, sammelte ein ganzes Arsenal von fachkundigen Argumenten, um die päpstliche Schändlichkeit anzuprangern.[41] Herausragend unter den vorgebrachten Verfehlungen war die päpstliche Verantwortung für die Einführung des Satanismus. Als diese Erfindung vervollständigt war, folgten anthropomorphe Formulierungen, um weitgehend unauffällige Frauen als Verbündete Satans abzustempeln. Die hilflosen Opfer wurden mißbraucht, um die christliche Anschauung vom Teufel zu festigen.

Neben historischen Forschungen können Soziologie und Psychologie fundamentale menschliche Konditionen verdeutlichen, die solche Auswüchse wie den Hexenwahn ermöglichen.

Not hat viele Gesichter. Für alte Bauern war sie vornehmlich der nahezu verlorene Kampf gegen Hunger, Kälte und Krankheit. Es war der oft verlorene Kampf gegen Ausbeutung und soziale Ungerechtigkeit. Für das moderne, vom Zusammenbruch sozialer Ordnungen verfolgte Individuum hat Not die Bedeutung von Ziellosigkeit, die es in die Verzweiflung und zum Selbstmord treiben kann. Wieder sehen wir einen Grund für den Rückgriff zum Okkulten durch moderne Menschen: das Versprechen von Macht über ein Umfeld voller Anomie.

## Zusammenfassung

Norman Cohn, einer der einsichtsvollsten Historiker, stellt die Deutungsvarianten unter die Frage der Epistemologie. Das heißt, er setzt voraus, daß die Varianten der Hexen-Definition von den Umständen der Zeit geprägt sind, denen die jeweiligen Schriftsteller ausgesetzt waren. Der Zeitgeist des Mittelalters war vom kirchlichen Dogma beherrscht, worin die Figur des Teufels eine Hauptrolle spielte. Der Einfluß des Zeitgeistes des späten 19. Jahrhunderts hat Michelet anscheinend dazu verleitet, den Freiheitsdrang der Arbeiter- und Bauernklasse und den Emanzipationswillen der Frauen zum Kern seiner Definition zu machen. Der Zeitgeist der Jahrhundertwende betonte die antiken Kulte als die Vorläufer der Religion und beeinflußte Margaret Murray und Runeberg. Cohn geht sogar noch weiter und entdeckt in Russells und Roses Hexendarstellungen den Einfluß der 60er und 70er Jahre mit ihren psychedelischen und orgiastischen Experimenten.[42]

Obwohl die vier Hexen-Deutungen, die ich in diesem Kapitel angesprochen habe, in einer ungefähren geschichtlichen Sequenz entstanden sind, können wir diese Varianten heute auch simultan finden.

Besonders die Kontroverse zwischen Romantikern und Wissenschaftlern ist bei weitem noch nicht abgeschlossen. Die erste Welle der Romantiker setzte sich aus logisch denkenden Köpfen und talentierten Schriftstellern zusammen, wie Michelet, Frazer und Margaret Murray. Die Prämisse der Logik basierte jedoch auf der Aussage der Inquisition, die den Hexensabbat als Tatsache hinstellte. Wenige heutige Historiker akzeptieren diese Behauptung. Vielmehr erkennen sie dieses Phänomen als Erfindung der Inquisition, als Wahnvorstellung oder als Folge von Geständnissen unter der Folter.

Und doch mag die romantische Interpretation insofern ein gewisses Element der Wahrheit enthalten, als sie die mögliche Überlieferung von vorchristlichen Gebräuchen einschließlich der Pflanzenheilkunde und des Fruchtbarkeitszaubers der Antike betont. Dieses antike Erbe könnte sehr wohl von dem mittelalterlichen Menschen, besonders von den Frauen, gepflegt worden sein. Aber wir sprechen hier von volkstümlichem Gemeingut, das von Menschen in Einzelsituation ausgeübt wurde. Über die Existenz einer organisierten, zusammengeschlossenen Geheimgemeinschaft haben wir keine stichhaltigen Belege. Die Wissenschaftler beschuldigen also die Romantiker, Gerüchte mit wirklich Geschehenem zu verwechseln.

# 3. Hexerei als Antwort auf menschliche Not

Wir verlassen nun die Bühne der Renaissance, auf welcher sich die schlimmsten Jahre der Verfolgung abspielten, und wenden uns unserem eigenen Jahrhundert zu. Dabei merken wir einen Wandel in der Hexenvorstellung und die Entwicklung neuer Funktionen derselben. Was während der Renaissance zum größten Teil pure Erfindung und Einbildung war und was anfänglich wahrscheinlich kaum Gegenstücke im eigentlichen Verhalten der Menschen hatte, hat seitdem zu beachtlichen Nachahmungen geführt. Diese Nachahmungen haben sich in einigen Gegenden, wie in der Fränkischen Schweiz, zu komplizierten Vorstellungssystemen gebildet.

Was ist das Sonderbare an den menschlichen Lebensbedingungen, das die Hexerei oder Magie auf die Bühne ruft? Bezeugt nicht das beständige Zelebrieren Schwarzer Kunst, daß die Magie Notwendigkeiten menschlicher Existenz entgegenkommt – in sozialer wie auch individueller Hinsicht? Viele Sozialwissenschaftler sind diesen Fragen nachgegangen. Leider ist es unmöglich, im Rahmen dieses Buches all ihren Gedankengängen gerecht zu werden. Es muß deshalb genügen, dem Leser die hauptsächlichen Zusammenhänge sichtbar zu machen.

Unsere Betrachtung erstreckt sich größtenteils auf die Periode, in der Hexen nicht mehr verfolgt wurden, und auf jene Funktionen der Hexerei im dörflichen Leben, die sich im Zuge des Wandels von der Verfolgung zur Tolerierung geändert haben. Die Rolle des Hexenwesens in der Gesellschaft und im persönlichen Leben ist vielfältig. So sind zum Beispiel einige Funktionen eng mit der Sozialstruktur der Gesellschaft verknüpft, da sie sie gegen Umsturz schützten und jene bestraften, die Frieden und Ordnung störten. Wie wir sehen werden, dient die Hexerei als ein soziales Sanktionssystem – sozusagen als Gerechtigkeitszauber – und als ein Maßstab der Wertabgrenzung zwischen Gut und Böse. Andererseits nimmt sich die Hexerei einer Reihe sehr persönlicher Nöte an, gibt Erklärungen für quälende idiosynkratische Probleme und unverständliche und furchteinflößende Ereignisse und besänftigt Unsicherheit, Besorgnis und Furcht durch die Einbildung persönlicher Macht.

Natürlich lassen sich die Funktionen der Magie nicht bequem in dichotomische Lager teilen – hier die gesellschaftlichen, da die persönlichen. Vielmehr überschneiden sie sich gewöhnlich oder haben duale

Zwecke. Hexerei als Rachezauber hat beispielsweise eine typische Zwitterfunktion zwischen Gesellschaftsnützlichkeit und Eigennutz: auf kollektiver Ebene dient sie als soziales Sanktionssystem, das eine ordnungsgemäße und kooperative Interaktion zwischen den Mitgliedern der Gemeinschaft hervorruft; auf persönlicher Ebene bietet sie Erlösung von Aggressivität und das Gefühl, daß der Gerechtigkeit Genüge getan wurde.

*Erklärung natürlicher Phänomene*

Eine der ältesten und dauerhaftesten Funktionen der Hexerei entwikkelte sich aus der Sehnsucht nach Erklärung. Anthropologen sind sich einig, daß die magische Vorstellung teilweise zur Institution wurde, da sie den Durst nach Antworten auf Ereignisse stillt, für die keine anderen Erklärungen vorliegen.[1] Es gibt für die Menschheit kaum etwas Unerträglicheres, als fortwährend beunruhigt zu werden, ohne zu wissen, warum, und ohne sich die Situation in einer Weise erklären zu können, die Gegenmaßnahmen und Lösungen zuläßt. Kurz, eine Situation ist ihres Sinnes beraubt, und dies ist für den Menschen unerträglich.

In dieses irre Labyrinth, das wir Leben nennen, läßt sich Ordnung und Erklärung durch das Okkulte, einschließlich des Glaubens an Hexenwerk, hineinbringen. Dieser Glaube vereinfacht die Einordnung unerklärlicher Ereignisse und läßt den Menschen mit Ängsten fertigwerden.

Die sich daraus ergebenden Erklärungen verwandeln *Angst* (eine typische Reaktion auf unbekannte Gefahren) in *Furcht* (die Reaktion auf eine bekannte Gefahr), die den Menschen angemessener handeln läßt.

Die Handhabung einer beunruhigenden Situation vollzieht sich dann mit einem Minimum an Unsicherheit, und stereotypisierte oder routinierte Antworten nehmen auf die Eventualitäten des Lebens Rücksicht. Mit anderen Worten, Hexerei läßt letztendlich Institutionen und Traditionen entstehen – Routine entwickelt sich, wird von der Gemeinschaft anerkannt und schafft die Probleme aus der Welt.

Und es gab viele Probleme: die rauhen Umweltbedingungen, Armut, unhygienische Zustände, mangelhafte Ernährung und primitive Technologie, denen die Landbevölkerung ausgesetzt war, bereiteten den Boden, in den Hexerei und die magischen Aspekte der Religion eingepflanzt wurden. Zu diesen Problemen gehörten auch hohe Kindersterblichkeit, mysteriöse Krankheiten (hartnäckige Krankheit ohne offensichtliche natürliche Ursache) unter Menschen und Tieren, unzulängliche medizinische Versorgung, Überarbeitung und die Elemente, denen sie ausgesetzt waren. Zusätzlich gab es die mysteriösen psychosomatischen Erscheinungen, die durch zuviel Sorgen und zuviel Furcht erzeugt wurden. Schließlich kam der Tod oft ohne erkennbaren oder verständlichen Grund.

Einer der glänzendsten Schriftsteller zu diesem Punkt war Charles Mackay:

> »Es gibt so viele wundersame Erscheinungen in der Natur, für die Wissenschaft und Philosophie noch nicht einmal jetzt Erklärungen haben, so daß es nicht verwunderlich ist, daß zu einer Zeit, als natürliche Gesetzmäßigkeiten noch kaum verstanden wurden, der Mensch jede Erscheinung, die er sich nicht erklären konnte, übernatürlichen Fügungen zuschob.«[2]

Viele »wundersame Erscheinungen«, die sich für die fränkischen Bauern ereigneten, waren furchteinflößend und manchmal katastrophal. Die Menschen waren nicht fähig, natürliche Begründungen dafür zu erkennen, und griffen auf Hexereierklärungen zurück. Es folgt eine Reihe von Beispielen, von denen die meisten schon erwähnt wurden.

Das häufig den Hexen angelastete »Blutmelken« ist zum Beispiel wissenschaftlich erklärbar. Es hängt zusammen mit inneren Verletzungen des Euters, wenn die Kühe als Zugtiere verwendet wurden. Mit der Abnahme von Tierfuhrwerken kamen auch weniger solche Verletzungen vor. Die Bauern erklärten sich diese Veränderung übernatürlich: die Kühe melken nicht mehr soviel Blut, weil weniger Verhexungen ausgesprochen werden. Der magische Glaube vieler Bauern wurde durch diesen angenommenen Zusammenhang aufgewertet.

Die Kinderkrankheit »Gfrasch« wurde in ähnlichem Zusammenhang gesehen und erklärt. Wie schon oben festgestellt, waren die Krämpfe Symptome von Fehlernährung (speziell von Kalziummangel), ein Umstand, der weitgehend durch verbesserte Ernährungsweise ausgerottet wurde. Fälle ernsthafter, einst unerklärbarer Diarrhöe können heute medizinisch erklärt werden. Durch die Massenmedien und die Erreichbarkeit von Ärzten erfuhren die Bauern zunehmend von den natürlichen Ursachen. Weitere »wundersame Erscheinungen« waren Fehlgeburten junger Bauersfrauen, die allem Anschein nach gesund waren und in ihrer Familie keine Vorbelastung für solche Übel hatten. Sie wußten jedoch nicht, daß man sich eine Krankheit durch Kontakt mit Tierexkrementen zuziehen kann, die eine spontane Abortation auslösen konnte; *Okular toxoplasmosis* kann durch das enge Zusammenleben mit Haus- oder Nutztieren ausgelöst werden. Sogar wenn kein spontaner Abgang stattfand, bestand das Risiko, daß das Kind mit Abnormalitäten des Nervensystems geboren wurde, zum Beispiel Retardationen oder Hydrozephalus.

Zu den unerklärbaren Kinderkrankheiten mag auch der Kinder-Botulismus gehört haben, der in einem plötzlichen Tod enden kann. Noch heute gibt es keine einfache Diagnosemöglichkeit, und viele Ärzte sind mit dem Krankheitsbild nicht vertraut, das durch das Bakterium *Clostridium botulinum* verursacht wird.[3] Wenn infizierte Kleinkinder überlebten, zeigten sie möglicherweise Lethargie, Verstopfungen und Appetitlosigkeit. Solche Symptome waren der bäuerlichen Bevölkerung unerklärlich, und eine magische Interpretation lag nahe.

Einer der Gründe, warum die Bauern in dieser Ecke Frankens hartnäckig den übernatürlichen Erklärungen für medizinische Probleme anhingen, war, daß Ärzte und Tierärzte nur in größerer Entfernung erreichbar waren. Erst nach 1910 siedelten sich Vertreter dieser Berufe auch in dieser Gegend an, und dann nur in den Kleinstädten (wie Pottenstein und Betzenstein), die von den meisten Dörfern Stunden entfernt lagen. Vor dieser Zeit boten lediglich die Bader medizinische Hilfe an (wenn man dies so bezeichnen kann) oder die Frauen, die das »Anfangen« konnten. Die tierärztliche Versorgung wurde oft durch Metzger ausgeführt (die mit Expertentum in »innerer Medizin« prahlten) und von Viehhändlern. Jedoch auch nachdem Human- und Tiermediziner erreichbar geworden waren, mißtrauten ihnen viele Bauern und bevorzugten die Dienste der Volksheiler.

Die differenzierte Infektion mit Läusen kann durchaus medizinisch erklärt werden. Einer von zwei Menschen in enger physischer Nähe wird wegen seiner unterschiedlichen Blut- oder Hautchemie von den Tieren bevorzugt – dies ist nichts »Wundersames«, wenn man die biochemischen Einzelheiten kennt.

Eine weitere übernatürliche Erklärung gab man dem Incubus oder »Hexendrücken«, wie die Franken nächtliche Alpdrücke nannten. Es scheint eine überraschende Ähnlichkeit zwischen den Incubus-Vorstellungen verschiedener Kulturen zu geben. Dieser Erlebnistypus wurde fast ausnahmslos als übernatürliches Ereignis interpretiert: als längst verstorbene Geliebte, Gottheiten, Engel oder Dämonen und Hexen. Von diesem Glauben begegnete mir eine Version in den Appalachen, wo eine ältliche Bergbewohnerin in Virginia vorgab, unter einem Incubus mit einer Leidenschaft für Pferdesport zu leiden: Eine Hexe setzte sich von Zeit zu Zeit auf sie und ritt auf ihr durch die Nacht. Die geplagte Frau glaubte an die Realität ihrer nächtlichen Ausflüge und zeigte am Morgen den Schmutz unter ihren Fingernägeln als Beweis dafür, daß sie auf allen vieren durch die Wälder galoppieren mußte, mit der Hexe auf ihrem Rücken.

Forscher haben herausgefunden, daß das Bild der Hexe als »häßliches altes Weib« die beständigste Vision des Incubus ist. Donald Ward entdeckte, daß »die ›häßliche Alte‹ jahrelang eine allgemeine, weltweit verbreitete Vision war, und daß sie verantwortlich für die Überlieferung vom nächtlichen Hexenritt ist, die es noch in vielen Gesellschaften gibt, besonders in bäuerlichen Gemeinschaften«.[4] Diese Incubi werden gewöhnlich als Dämonen angesehen, die sich auf den Brustkorb des Schläfers niederlassen. Wie oben beschrieben, gehört der Incubus durch eine Hexe auch zur fränkischen Überlieferung.

Es ist noch nicht lange her, daß man dieses komplexe psychosomatische Phänomen begriffen hat. In dem nebulösen Stadium zwischen Wachen und Schlafen verquickt das Gehirn Fantasie und Wirklichkeit und produziert Eindrücke von beängstigender Klarheit. Anscheinend befindet sich der Körper in der Paralyse des Tiefschlafes, und das Gehirn ist zum Traumerlebnis bereit. Aber die Augen bleiben offen. Diese Konstellation von Bedingungen scheint im Gehirn die Überzeugung zu wecken, daß das Traumerlebnis konkrete Wirklichkeit ist. Das Gehirn kann keine Nachricht als Traum akzeptieren, wenn die offenen Augen mitsehen. Diese Visionen, die Psychologen hypnagogische Einbildungen nennen, hält man für die Grundlage bestimmter Volksglaubensformen.

Der kanadische Psychologe James Alcock betont, daß Hypnagogismus weit häufiger vorkommt, als wir annehmen, und genaugenommen ein psychologischer und kein metaphysischer Prozeß ist. 63 Prozent der Befragten einer Untersuchungsgruppe aus College-Studenten hatten ihn selbst erlebt.[5] Unter anderem »sieht« der hypnagogische Schläfer lebhaft und detailliert die Vorstellungen von Gesichtern.

Das Phänomen des Hypnagogismus legt dem Individuum eine ungeheure Verantwortung auf: Wir müssen ständig auf der Hut sein, Reales von Irrealem zu unterscheiden. Gelingt dies nicht, so kann es vorkommen, daß die realistischsten Menschen darauf beharren, daß ihre Träume Wirklichkeit gewesen seien.

Dies erweckt eine interessante Frage. Könnten nicht einige der selbstgeständigen Hexen oder jede andere Person, die vorgibt, okkulte Erlebnisse gehabt zu haben, ein Opfer des Hypnagogismus gewesen sein? Die Frage ist besonders im Licht der Tatsache gerechtfertigt, daß sich hypnagogische Einbildungen in kulturelle Muster einordnen und von religiösen Glaubensformen ausgemalt werden.

Einige alte fränkische Bauern mißverstanden ein weiteres Phänomen, die Doline. Diese Bodeneinsenkung ist eine natürliche Öffnung im Untergrund, verbunden mit unterirdischen Hohlräumen und Höhlen, die häufig in Kalksteingebieten wie der Fränkischen Schweiz zu finden sind. Zu bestimmten Zeiten bewegen sich merkwürdige Luftströme durch diese Öffnungen, und ein entferntes Heulen ist zu hören. Heute wissen wir, daß es sich dabei um die Symptome der Lufttemperatur- und Luftdruckänderung handelt; die Menschen vergangener Generationen hatten jedoch keine wissenschaftliche Erklärung dafür und betrachteten sie als Anzeichen für die Anwesenheit von Dämonen und Hexen. Ein solcher Platz in der Nähe des Dorfes Elbersberg wurde gemieden und gefürchtet.

Es gibt eigentlich zwei Ebenen der Erklärung für Hexerei. Die eine, durch die obigen Beispiele beschriebene, befaßt sich mit der Erklärung von Phänomenen, für die die Leute keine natürliche oder wissenschaftliche Erklärung wußten. Eine andere beruht auf der Ursachensuche für Ereignisse, für die es bei ihrem Auftreten eine natürliche Erklärung gab. Die Dorfbewohner verstanden zum Beispiel das »Wie« eines Unfalles, grübelten aber über das »Warum« nach. Es ging um die Frage nach dem übernatürlichen Motiv, das hinter dem natürlichen Ereignis stand.

So konnte eine Krankheit als natürlich hingenommen werden, aber die Begründung oder Bedeutung dahinter war übernatürlich. Als meine Großmutter sich ein Bruchleiden zuzog, verstand fast jeder, worum es sich handelte – eine physiologische Invalidität. *Aber warum war es geschehen?* Drückte eine boshafte Hexe den Korb nieder, als sie ihn aufheben wollte? Oder strafte sie Gott für einen Fehler oder eine Sünde?[6]

Diese Fragen haben weitreichende Konsequenzen. Sie machen deutlich, daß sogar mit wachsender wissenschaftlicher Einsicht die Funktionen der Hexerei nicht notwendigerweise aufhören. Die Fragen nach dem letztendlichen »Warum« oder dem »Motiv« lassen sich nicht durch die Wissenschaft beantworten. Sie werden zur übernatürlichen Fragestellung. Deshalb ergibt sich aus wachsender wissenschaftlicher Einsicht und Technologie nicht automatisch eine Immunität gegen die Anfälligkeit gegenüber der Hexerei und anderen magischen Glauben.

Trotzdem dürfen wir annehmen, daß die erste Stufe magischer Erklärungen, die oberflächliche Fehldeutung natürlicher Phänomene, mit wachsenden wissenschaftlichen Kenntnissen abnahm. Es mag sein, daß der Abgänge auslösende Mikroorganismus als das begriffen wurde, was er ist und bewirkt – die Ursache für den Verlust eines Kindes. Aber auf wessen Veranlassung geschah dies? Wer war für die Ursache verantwortlich? Eine Hexe? Diese Fragen mögen auch für Menschen im wissenschaftlichen Zeitalter weiterhin wichtig geblieben sein. Noch einmal: Es gibt zwei Ebenen der Erklärung – eine direkte, natürliche, und die andere, die nach dem »Motiv« forscht.

Die Frage nach dem »Motiv« führt zur hochindividuellen Natur der Hexerei. Das Hexen war immer eine persönliche Angelegenheit und diente als Erklärung für ein spezielles Unglück im Gegensatz zum allgemeinen. Obwohl die Theorien vergangener Zeiten die Hexen auch für allgemeine Schwierigkeiten verantwortlich machten – wie schlechtes Wetter, Überschwemmungen und Seuchen –, zeigt die genaue Prüfung der eigentlichen Vorkommnisse (einschließlich der Gerichtsverfahren in der Verfolgungszeit), daß sie *spezifischer* Schädigungen angeklagt wurden.

Hexenbeschuldigungen unter fränkischen Bauern folgen noch dieser Regel. Die schmerzliche Frage »Warum ich?« wird von der Hexerei beantwortet und nicht von abstrakten und akademischen Wahrscheinlichkeitstheorien, statistischen Möglichkeiten oder der Auswahltheorie. Die meisten Landbewohner hatten wenig abstrakte Neigungen, sie besaßen nicht die akademischen Vorkenntnisse für statistisches Denken und richteten ihre Fragestellungen nach persönlichen Belangen aus. Ein Bauer würde sagen: »Ich habe tausendmal die Sense geschwungen. Nie hatte ich einen Unfall. Warum ist die Sense diesmal abgerutscht und hat mich ins Bein geschnitten?« Während der Bauer den natürlichen Zusammenhang von Ursache und Wirkung zwischen Sense und Verletzung versteht, ist die Erklärung auf der zweiten Ebene nicht einfach. »Warum ich?« »Warum heute?« Dies sind Fragen, die eine Antwort verlangen, und sie lautete für viele: »Weil dich jemand verhext hat!« Diese beharrlichen Fragen scheinen in allen Kulturen vorhanden zu sein, die noch nicht das moderne statistische Prinzip der Erklärung verinnerlicht haben. Das Bedürfnis nach individuellen Antworten hängt mit der universellen menschlichen Sehnsucht nach Gewißheit zusammen. Es gehört zur Funktion der Volksheiler oder Schamanen, eine besänftigende Antwort darauf zu geben.[7] Der Patient, der zum Heiler oder Schamanen geht, will wissen: »Warum leide *ich*?« oder »Warum bin gerade *ich* dafür auserwählt worden?« Es ist für einen afrikanischen Stammesangehörigen nicht ungewöhnlich, sich von einem westlichen Arzt einen gebrochenen Arm schienen zu lassen und dann den Schamanen aufzusuchen, um die »Ursache« für diesen Unglücksfall zu erfahren.[8] Es war auch für einen fränkischen Bauern nicht ungewöhnlich, einen zusammengebrochenen Wagen auf handwerkliche Art richten zu lassen und trotzdem darüber nachzugrübeln, warum dies geschah und wer die Verhexung ausgelöst habe.

Zusammengenommen funktionieren also Hexerei und Zauberei als persönliche Erklärungen für persönliches Unglück. Ein Autor geht so weit, persönliche Anspannungen und Unglücksfälle als ursächliche Entstehungsgründe der Hexen darzustellen.[9] Das gesamte Hexenphänomen dieser einzigen Begründung zuzuschreiben, dürfte jedoch überzogen sein. Das Bild ist viel komplexer. Doch es ist sicher richtig, daß Erklärungen auf der Grundlage von Hexerei das Landvolk in die Lage versetzten, Tragödien zu erklären.

Der Glaube, daß Unheil aus Hexerei entspringen kann, fand in einer gegensätzlichen Parallele eine Bestätigung, nämlich im Glauben, daß Glück durch einen Heiler wiederhergestellt werden könne. Da der Urheber des Unheils, die Hexe, ein Mensch war, erfanden die Menschen eine Gegenfigur, die das menschliche Streben nach Kontrolle und Glück befriedigen konnte. Die Bühne war somit für das Drama um zwei gegensätzliche Charaktere bereitet. Auf diese Weise begann der Wettstreit zweier Magierinnen, die die Schicksale unzähliger Menschen beeinflussen wollten – Menschen, die verzweifelt nach Erklärung und Erlösung suchten. Dieses Drama entstand aus dem fundamentalen Gefühl heraus, daß es einen gerechten Kosmos geben müsse, geordnet und gegliedert, in welchem das Böse gegen das Gute abgewogen wird. Die Moral des Stückes war, daß man durch das Lesen des richtigen Drehbuches Sicherheit vor Gefahren erreichen konnte. Man glaubte, daß der Mensch am Ende auf die eine oder andere Weise zum integralen Teil einer moralischen Ordnung wird.

Dies bedenkend, berühren wir nun die nächste Funktion der Hexerei.

## Soziales Sanktionssystem

Als ich einmal meinen Studenten die Funktion der Hexerei als soziales Sanktionssystem, das also das richtige Sozialverhalten innerhalb des Dorfes schützte, beschrieb, meinte einer von ihnen: »Warum unterdrückten die Autoritäten dieses Glaubenssystem? Es funktionierte besser als die meisten Regeln des Zusammenlebens, es war gewaltlos und demokratisch.« Der Student dürfte einen wichtigen Punkt angesprochen haben. Da Hexerei ein System war, an dem sich jeder beteiligen konnte, verwischte es soziale Klassenzugehörigkeit, Geschlecht, Alter und andere Unterschiede. Es bot ein universales System von Gerechtigkeit an, das offen war für alle Mitglieder der Gemeinschaft, unabhängig von sozialer oder materieller Macht. Da Hexerei nie aufs Geratewohl angewandt wurde, sondern nur ein bedeutsames Werkzeug war, um jene zu bestrafen, die gefehlt hatten, setzte es die Leute in die Lage, ehrenwert und hilfreich in ihrer Gemeinschaft zu sein. (Der Leser sei nochmals erinnert: Wir sprechen hier nicht von der Zeit der Hexenverfolgung, sondern von jüngeren Generationen.)

Ein Beispiel einer Gemeinschaft, die ihren Zusammenhalt durch eben diesen Typ von »Gerechtigkeitsmagie« zementiert, sind die Zigeuner. Obwohl es zahlreiche andere Gründe wie Familienbande, wirtschaftliche Sicherheit und die Unannehmlichkeiten einer feindseligen Umgebung gibt, die erklären, warum die Zigeuner strenge Solidarität bewahren, erhalten sie die Disziplin innerhalb ihrer Gruppen durch Furcht vor Strafe aufrecht – und die Strafe besteht in Zauberflüchen. Diese Tradition ist bei den Zigeunern institutionalisiert und wird von einem Rat ausgeführt, der eine formale Entscheidung über die Auferlegung einer Verhexung trifft.[10]

Bei den fränkischen Bauern hat sich die Hexerei nie zu einem solchen formalen und offensichtlich funktionalen Status entwickelt, aber sie mag an der sozialen Gerechtigkeit und sozialen Ordnung teilgehabt haben. In gewissem Sinne diente sie der Erlösung der Unterprivilegierten. Der Glaube, daß der Arme, der in Not Geratene, der Alte sich, wenn er ungerecht behandelt wird, mit Hexerei wehren könne, ist ein wirksamer Schutz für diese anderweitig machtlosen Mitglieder der Gemeinschaft. Hexerei kann also zu Recht als »Gerechtigkeitsmagie« bezeichnet werden. Mit anderen Worten, Hexerei diente als Mittel zur Aufrechterhaltung eines Stils sozialer Interaktion, die jedem Gerechtigkeit und Gleichständigkeit zusprach. Sie war ein Stabilisator, der über alle Schichten Kontrolle ausübte. Magie konnte als Erwiderung gegen Tyrannen dienen, seien es die Ritter oder Grafen, die den fränkischen Boden besaßen, oder gegen den *Constable* in den englischen Dörfern, der die jungen Männer oft in den Kriegsdienst zwang. Es ist jedoch ein negatives Sanktionssystem, weil die Furcht vor Strafe an seinem Anfang steht. Ein positives Sanktionssystem müßte Freundlichkeit und Ehrbarkeit ausdrücklich belohnen. Doch wo in der Welt haben es die Menschen je geschafft, so ein System hervorzubringen?

Vielleicht erklärt der Glaube an magische Bestrafung die extrem niedrige Rate von Kriminaldelikten und Gewalttaten im fränkischen Hinterland. Eine Parallele zu diesem Typ des Pazifismus findet sich bei den Indianern des amerikanischen Südwestens, wo die auffällige soziale Furchtsamkeit der Zuni, Taos und Laguna als Folge ihres Hexenglaubens gedeutet wurde. Diese Indianer nahmen Beleidigungen hin, ohne deswegen tätlich zu werden, und verteidigten sich nicht bei Streitereien.[11] Da sie glaubten, daß es viele Hexen gebe und ihre Identität unbestimmt sei, hielten sie es für klug, einen harmlosen Standpunkt zu bewahren. Dieses Verhalten deckt sich fast mit dem der fränkischen Bauern, die Verdächtigte eher mieden als verletzten.

Ein weiteres quer durch die Kulturen verlaufendes Beispiel besteht in der schon erwähnten Azande-Studie von Evans-Pritchard. Er bemerkte, daß der Beschuldiger dem Beschuldigten gegenüber gewöhnlich ein schlechtes Gewissen hatte. Zur »Hexe« gestempelt wurde jene Person, mit der man eine persönliche Feindschaft pflegte. »Und wenn man von einem Unglück befallen wird, geht man im Geiste sofort die Namen all jener durch, mit denen man auf schlechtem Fuße steht und deren Groll man aufgrund früherer Vorfälle fürchtet.«[12]

Da die fränkischen Bauern glaubten, daß bei Missetaten jeglicher Leidtragende sofort magische Mächte in Gang setzen könne, bedeutete dies ein effektiveres Sanktionssystem als ihr katholisches Dogma, das durch die Beichte und des Priesters Absolution den Stachel der unvermeidlichen Strafe wegnahm. Verglichen mit der Furcht vor unvermeidlicher magischer Vergeltung erschien die kirchliche Strafe gelinder und, wenn sie überhaupt erfolgte, in die ferne Zukunft gerückt. Außerdem konnte man die offizielle Vergebung durch die Sakramente der Kirche immer noch nachholen. Diesen Thesen des katholischen Dogmas fehlte die Effektivität der unmittelbaren Erwiderung, wenn man den Nachbarn verletzte. Wie jeder Psychologe, der sich mit den Bedingungen des Lernens befaßt hat, uns sagen kann, ist die unmittelbare Erwiderung (in diesem Falle Strafe) eine bei weitem wirkungsvollere Beeinflussungsmöglichkeit des Verhaltens als Versprechungen oder Drohungen, deren Wahrmachungen in die entfernte Zukunft gestellt werden. Die unbewußte Verankerung der Hexerei als soziales Sanktionssystem ist ein Zeugnis für die menschliche Neigung zur Erfindung von Dingen, die dem Überleben dienlich sind.

Der bäuerliche Glaube an die Hexerei war unter anderem auch eine Art von Besitzabgrenzung, der Respekt vor dem persönlichen Besitz sicherte und rückversichernde Regeln für das Verborgen, Ausleihen, das Wegerecht, das Stehlen und Wildern erzeugte. Auf diese Weise trug er zur Ordnung des menschlichen Zusammenlebens bei.

Wieder muß ich darauf verweisen, daß die Macht, eine Verhexung auszusprechen, nicht auf eine »Vollzeit-Hexe« beschränkt war, sondern von jedem ausgeübt werden konnte (vorausgesetzt, er oder sie hatte Zugriff auf die Zauberbücher oder kannte geheime Formeln). Daher konnte *jegliche* Übeltat eine Strafe nach sich ziehen. Um zu vermeiden,

Zielscheibe einer Hexe zu werden, kümmerte man sich am besten nur um seine eigenen Angelegenheiten, bewahrte die Umgangsformen und war ehrenhaft und hilfsbereit gegenüber den Nachbarn. Solche Zusammenarbeit und freundliches Verhalten gewährleisteten ein gutes Maß an Sicherheit.

Die Eltern erzogen ihre Kinder schon früh zur Einhaltung höflicher und hilfsbereiter Umgangsformen, da sie sonst eine Hexe beleidigen könnten.[13] Wenn man die Marke der Sicherheit noch höher setzen wollte, achtete man sorgsam darauf, mit wem man handelte oder wen man einlud.

Dieses soziale Sanktionssystem wirkte sogar, wenn ein Bauer außerhalb des öffentlichen Lichtes stand, da Dämonen oder die hellseherischen Fähigkeiten der Hexen Übeltaten unter fast allen Umständen aufdecken konnten.

Mehr noch, die Spuren des Animismus, die sich bei fränkischen Bauern finden lassen, verstärkten vorgeschriebenes Sozialverhalten, da der einem Gegenstand innewohnende Geist auf Diebstahl oder jede andere Art von Fehlverhalten reagieren könnte. Wir müssen außerdem eine schon früher erwähnte Eigenheit fränkischer Hexerei bedenken, nämlich den Glauben, daß unrechtmäßiger Besitz dem rechtmäßigen Eigentümer die Macht der Verhexung über den Dieb verleiht. Somit hätte ein gläubiger Bauer es sich zweimal überlegt, bevor er eine Besitztumsverletzung beging: ein perfekter Mechanismus zur Erzwingung von Ehrlichkeit.

Wenn ein Vergehen vorkam (zum Beispiel das Absicheln eines Korbes voll Klee von der Weide des Nachbarn), wurde es durch informale Sanktionen beigelegt, oft durch eine Art Voodoo-Magie, wie sie in den vorhergehenden Kapiteln beschrieben wurde. Der Schuldige hielt es fast immer für ratsam, zur geschädigten Seite zu gehen, um Verzeihung zu bitten und Ersatz zu leisten. Das legte in der Regel die Sache bei.

Familiäre Verantwortungen förderten Respekt für die Regeln der Hexerei. Da Fehlverhalten sich in Nachteilen einer Verhexung auch auf Stall, Haushalt und andere Familienmitglieder auswirken konnte, hatte jeder eine Verpflichtung zu korrektem Verhalten, um dadurch Unheil von seiner gesamten Familie abzuhalten. Somit sehen wir, wie die Furcht vor Hexerei auch den Familienzusammenhalt belebte: das Verantwortungsgefühl des einzelnen für die gesamte Gruppe hielt ihn von antisozialem Verhalten ab und somit vom Risiko, Unheil auf die Familie zu laden. Auf diese Weise erzeugte Hexerei ethisches und familienzentriertes Verhalten.

Der Glaube, daß die ganze Familie durch die Unüberlegtheit eines einzelnen Mitgliedes in Mitleidenschaft gezogen werden könnte, war weit verbreitet und läßt sich in vielen Volksgruppen beobachten. Die Zulu erklären beispielsweise Unglück durch den Verdruß, der aus Streitigkeiten entsteht und sich in Verhexungen ausdrückt. Sie fühlen sich berechtigt, die Schuld für den Ärger ihren Frauen zuzuschreiben.[14] Obwohl die fränkischen Bauern nicht so eng dachten, daß sie nur

Frauen beschuldigten, sinnierten sie dennoch über die Frage, welches Familienmitglied jemanden falsch behandelt hätte, Gott gelästert habe oder im allgemeinen so sündhaft gewesen sei, daß er dieses Unglück über die ganze Familie gebracht hätte.

Hexerei verlangt ihren Preis für die Dienste, die sie als Sanktionssystem leistet. Und die Kosten wiegen die Wohltaten auf. Die Angst, den Zorn und damit die Flüche anderer auf sich zu ziehen, war einer der Faktoren, die den Fortschritt – in technischer und anderer Hinsicht – bei den fränkischen Bauern behinderten. Die mit der Hexerei verknüpften Ängste machen jene handlungsunfähig, die Innovatoren und Vorreiter zur Verbesserung der Lebensbedingungen sein könnten. Diese Ängstlichkeit mag mit dazu beigetragen haben, daß die Gegend bis in die neuere Zeit herein unter Armut zu leiden hatte.

Die stagnierende Rolle der Hexerei wird auch in anderen Kulturen deutlich. Der Anthropologe Clyde Kluckhohn fand aus ähnlichen Gründen bei den Navajos wenig Willen, die Führungsverantwortung zu übernehmen oder fortzusetzen. Er zitierte einen Navajo-Richter, der sich zum Rücktritt entschied, weil die schwere Krankheit seines Vaters seiner Ansicht nach auf Hexerei zurückzuführen war, die wiederum auf Verärgerung über seine Entscheidungen als Richter zurückging.[15]

Kluckhohns Beobachtungen in den 40er Jahren sind keineswegs Vergangenheit geworden. Gleiche Ängste hielten 1977 den Stamm davon ab, den Posten eines Stammes-Staatsanwaltes zu besetzen, und führten dazu, daß einige hundert Fälle von Rechtsverletzungen ohne Gerichtsverfahren abgewiesen wurden. Die Furcht, daß sich Ankläger Rachezaubern aussetzten, die von Leuten ausgingen, die sie verfolgten, oder von durch die Verteidiger beauftragten Hexen, war einer der Hauptgründe, warum niemand diesen Posten übernehmen wollte. Frühere Staatsanwälte besuchten monatlich die Medizinmänner zu zeremoniellen Gesängen, um den Zauber abzuwehren und die geistige Harmonie wiederherzustellen.

Bis hierher haben wir die Hexerei als ein für fast jeden in der Gemeinschaft zugängliches Mittel besprochen. Was ist aber mit der Person, die als Hexe bezeichnet wird? Es kam vor, daß Hexen die geschilderten Regeln der sozialen Verantwortung mißachteten und ihre Macht für persönliche Boshaftigkeit und Neid mißbrauchten.[16] Es mag auch Fälle eines Rollenverhaltens gegeben haben, wo Personen, wenn sie einmal als Hexen betrachtet wurden, diese Rolle annahmen und die »normale«, gemeinnützige Hexentätigkeit überstiegen. In einigen dieser Fälle könnten krankhafte Persönlichkeitszüge mitgespielt haben. Deshalb waren die außerordentlichen Aktivitäten der Hexe und die ordnungsgemäße Hexerei der Dorfbewohner zwei unterschiedliche Dinge.

*»Vom Schatzfinden«.*
*Die Hexe hat einen Dämon gerufen, um sich von diesem zu einem*
*Schatz führen zu lassen. Gleichzeitig hat sie sich ihm damit ausgeliefert.*
*(Aus: Sebastian Brant, Das Narrenschiff. 1494)*

## Die Aufrechterhaltung ethischer Grenzen

Die Hexe diente als Beispiel für die Erhaltung von Abgrenzungen. Sozialwissenschaftler meinen damit die soziale Grenze, die gutes von bösem Verhalten trennt. Man nimmt an, daß es leichter ist, die Parameter angebrachten Verhaltens zu erkennen, wenn man eine klare Vorstellung vom Bösen hat. Verbrechen und andere abweichende Formen, so nimmt man an, könnten einen notwendigen Dienst für die Gesellschaft leisten, indem sie die Leute auf eine gemeinsame Haltung der Entrüstung einigen. Das abtrünnige Mitglied der Gemeinschaft verletzt Regeln des erwünschten Verhaltens, die andere respektieren, und wenn diese Leute geeint werden, um Mißfallen und Entrüstung zu äußern, stärkt sich ihre Solidarität.

Die sozialwissenschaftliche Berühmtheit, die diese Theorie zuerst aufstellte, war Emile Durkheim[17]: Wenn Soziologen abweichendes Verhalten erörtern, sehen sie sich ausnahmslos veranlaßt, auf Durkheims Theorie zurückzugreifen. Sie ist zu einer Regelreferenz geworden. Aber ob die Theorie der Wirklichkeit entspricht und damit zum Verständnis menschlichen Verhaltens beiträgt, scheint ein entferntes Unterfangen geworden zu sein. Ich fürchte, daß ihre Zuordnung zu Durkheim mehr stilistischer als substantieller Natur ist.

Die Werte und das Verhalten der Hexe stehen im direkten Gegensatz zu denen der Gemeinschaft. Ihre Hexerei hat wenig mit Gerechtigkeitszauber zu tun, sondern wird durch Habsucht und persönliche Schlechtigkeit motiviert. Verallgemeinerungen über das Verhalten der Hexe ergeben das Gegenteil des respektvollen Benehmens, verurteilen solches Verhalten und drängen die erwünschten kulturellen Werte in den Vordergrund. Die Hexe bietet ein Bild von dem, was man *nicht* sein sollte. Durch dieses Gegenbild werden den Leuten Leitlinien dargeboten, mit denen sie sich identifizieren können. Daraus folgt, daß das Bild der Hexe als Beitrag zur Erhaltung sozialer Ordnung geschaffen wurde.

Die Stereotype der Hexe reicht bis in grausige Einzelheiten, die ihre Schandtaten beschreiben. Auf der Höhe der Hexenverfolgungszeit wurde sie oft der Triebhaftigkeit in Verbindung mit dem Teufel angeklagt, sie wäre eine Verräterin der Gemeinschaft und ihrer eigenen Sippe und würde auch Kinder schlachten und verschlingen. Natürlich ist das Erbe aus diesem extremen Porträt abgetragen; das Stereotyp der modernen fränkischen Hexe beschränkt sich darauf, zu hexen und zänkisch zu sein.

Jedenfalls scheint eine Funktion der Hexensage die Festigung der Solidarität durch dramatisch definierte Greulichkeit gewesen zu sein.[18] Dadurch schuf man eine In- und eine Außenseitergruppe. Und dies ist schließlich die fundamentale Regel der Abgrenzung. Die Hexenlehre stärkte den Gemeinschaftskonsens über das, was als gut betrachtet wurde, indem es das Abweichende darstellte: geheime und schädigende Aktivitäten gegen Besitz, Gesundheit und Leben der Nachbarn. Noch heute meint man manchmal, die Hexe würde das Böse zum

Selbstzweck verfolgen, sexuelle Perversionen betreiben, verpönte Bücher besitzen und in fremden Sprachen reden.

Die Drohung, außerhalb der als Gemeinschaftsstandards anerkannten Grenzen eingeordnet zu werden, diente als Druckmittel zur Konformität. Unerwünschte Gewohnheiten konnten durch Hexerei-Anklagen kontrolliert werden. Manche Bauersfrau dürfte ihre Neigung, bissig, zänkisch, eigenbrötlerisch oder häretisch (abweichend vom Kirchendogma) zu sein, unterdrückt haben, aus Angst, als Hexe bezeichnet zu werden. Die Besorgnis der Leute, ihnen könnten Hexencharakteristika zugeschrieben werden, führte zu einer auffallenden Polarisierung der Mitglieder der Gemeinschaft. Jene, die als Hexen eingeordnet wurden, folgten gewöhnlich dieser Rolle und benahmen sich entsprechend – es gab einfach keinen Ausweg aus der allgemeinen Bewertung. Die als gute Bürger Beurteilten hielten sich so fern wie nur möglich von Dingen, die mit Hexen verbunden wurden. Insgesamt regte die Abgrenzung die Polarisierung von Ruf und Verhalten an.

Es gibt aber ein Problem: Die als Hexe angeklagte Person ähnelte der Person, die angab, von ihr geschädigt worden zu sein. Beide neigten dazu, angeberisch, zänkisch und mißgünstig gegenüber den Bedürfnissen ihrer Nachbarn zu sein. Der Leser möge sich an das typische Beispiel der Obstbauernfamilie erinnern, die sich abwechselnd als Leidtragende und Bestrafer definierte. Mit Ausnahme dieser bestimmten Nachbarn blieb der Rest der Gemeinde unbehelligt. Dies zeigt, daß die Hexerei – gleichgültig, ob jemand hexte oder behext wurde – eine Auslese in sich selber traf; sie erzeugte einen bestimmten Typ von Anhängern. Dieser Klient konnte leicht vom Schädiger zum Geschädigten wechseln und umgekehrt. Auf beide Arten galten er oder sie als abweichender Typ, der bestraft wurde, indem man ihn entweder der Hexerei anklagte oder mittels Hexerei quälte; in beiden Fällen gehörte die betreffende Person zur Schattenseite der Polarisation.

*Machthunger*

Viele Psychologen halten das Gefühl der Machtlosigkeit für die bedeutsamste Antriebskraft menschlicher Aktivitäten. Jede Art Magie, besonders die Hexerei, läßt sich auch unter dem Aspekt der Suche nach Macht betrachten.

Alfred Adler erkannte im Gefühl der Minderwertigkeit und Entmutigung die Grundelemente der Neurosen vieler Gesellschaften.[19] Obwohl er sich nicht speziell auf die Hexerei bezog, würde Adler sie höchstwahrscheinlich in diesen theoretischen Rahmen einbeziehen – als neurotisches Streben nach Macht, als Mittel zur Kompensation, um Elend erträglich zu machen, und als ein Beruhigungsmittel für die Sicherheit. Am ehesten würde er sie wohl als inhaltlose Überkompensation der Ignoranz darstellen. Nach Adler liegt ein gesundes Machtstreben – das Hilflosigkeit und Not zu überwinden sucht – auf der Linie breiterer sozialer Gerechtigkeit sowie eines objektiveren Verständnisses des Verhältnisses von Ursache und Wirkung, die dem Elend zugrunde liegt. Mit ähnlicher Neigung betrachtete Ernest Becker das menschliche Leben als grundsätzliches Machtdrama.[20] Der Mensch will sicher sein, den Tod verleugnen und das Leben auskosten; und Hexerei kann als symbolische Geste solcher Allmacht gesehen werden. Neue Kraft kommt auf die Menschen durch die Illusion der Magie zu. Es ist der uralte faustische Traum: Leben zu erkaufen, wodurch auch immer, selbst wenn dies den ewigen Tod bedeutet. Jedoch auf lange Sicht, meinte Becker, muß wirkliche menschliche Stärke aus dem Verständnis bezogen werden, daß Angst keine Feigheit ist, sondern akzeptabel und im Herzen des Lebens liegt.

Der vorwissenschaftliche Machtanspruch läßt sich in vielen Gesellschaftsformen mit auffallenden Ähnlichkeiten beobachten. In erster Linie bemerken wir die Abwesenheit des wissenschaftlich-empirischen Weltbildes und die Betonung der Machtteilhaberschaft an vorgegebenen natürlichen und übernatürlichen Kräften – wobei beide oftmals untrennbar sind. Mit Ausnahme des persönlichen Talents der Frau, die das »Anfangen« kann, ist der Zugriff auf übernatürliche Macht durch Hexerei jedem zugänglich. Dies war ein alternativer Weg zur Macht, der nicht der Vermittlung durch einen Fachmann bedurfte, etwa eines Priesters, Wissenschaftlers oder Psychiaters. Außer für die Franken galt dies auch für das Manitu-Konzept der Fox-Indianer:

*Macht ist universell erreichbar und unbegrenzt; sie hat keinen einheitlichen Ort; sie ist überall und für alle gleichermaßen erreichbar. Der Besitz von Macht ist zeitlich und kontingentiert; sie kann nicht ständig von einem menschlichen Wesen besessen werden, sondern wird erworben und verloren; ihr Besitz zeigt sich an der erfolgreichen Bewältigung spezifischer Situationen.[21]*

Welche Schwächen sind es, die diesen Hang zur Macht anregen? Es sind das unzuverlässige Umfeld (physisch wie sozial), der zerbrechliche Organismus und der unabwendbare Tod. Das Ziel der Magie ist die Kontrolle über diese Schwächen.

Um Not zu erfahren und voll zu begreifen, bedarf es – wie bei den meisten anderen Dingen im Leben – Zeit. Dies erklärt für einige Schriftsteller, warum die typische Hexe mittleren Alters war, wenn sie sich mit dämonischen Mächten befaßte. Baroja glaubt zum Beispiel, daß eine Frau dazu tendierte, Hexe zu werden, »nach den initialen Mißerfolgen ihres Lebens als Frau; nachdem eine frustrierende oder illegitime Liebesaffäre in ihr das Gefühl der Machtlosigkeit oder Schande zurückgelassen hat. Dies läßt sie ihrerseits zu verpönten Mitteln greifen, um ihr Ende selbst in die Hand zu nehmen.«[22] Wenn die Frau älter wird, ändert sich ihre Situation. Ihr sinnliches Verlangen und die begleitenden Frustrationen nehmen ab; nun erhält sie Genugtuung, wenn sie jüngere Frauen sieht, die sich auf demselben Weg wie sie bewegen und ein Leben nach umgekehrten Werten ausrichten. Für sie wird das Böse zum Guten, Geheimnistuerei bedeutsam, normale soziale Beziehungen überflüssig und Macht allein wichtig.

Obwohl diese Frauen vermutlich nie von Friedrich Nietzsche gehört hatten, sprach er für sie, als er schrieb: »Was ist das Gute? Alles, was das Gefühl der Macht im Menschen wachsen läßt, der Wille zur Macht, Macht selbst. Was ist das Schlechte? Alles aus Schwachheit Geborene.«[23] Nietzsche verachtete Religion und hielt sie für ein Produkt versklavender Schwäche; er zog ihr die Magie vor und hielt sie für einen noblen Ausdruck starker Persönlichkeiten. Während die philosophische Ästhetik dieses Gedankens im Fall der fränkischen Hexen vermutlich unbewundert blieb, stimmten die bäuerlichen Magier dem Punkt zu, daß in der Magie größere Macht stecke als in der Religion. Irgendwie hatten sie das Gefühl, daß Religion dem Leben die Macht entzieht, während Magie den Kühnen die Macht zuteilt.

Die Soziologie des Karl Marx und Friedrich Engels hätte eine ähnliche Anziehungskraft auf die Hexen ausgeübt.[24] Die Hilflosigkeit der Menge, epigrammatisiert durch das Sprichwort »Religion ist Opium für die Massen«, wurde durch die Volksmagier herausgefordert. Sie wollten die dumpfe Euphorie des »Opiums« überwinden, streckten sich nach Macht durch Magie und versuchten, ihr Schicksal in die eigenen Hände zu nehmen.

Sigmund Freuds Bewertung der Religion als weitgehend ohnmächtiges und delusionäres »schützendes Rückzugsgebiet« trifft nicht auf die Hexerei zu. Statt auf späteren Trost zu warten, sucht der einzelne, der sich mit magischen Vorstellungen abgibt, eine Hier-und-jetzt-Macht. Der Magier verabscheut, was Freud als des kleinen Mannes System von Lehren und Versprechungen bezeichnete, das ihm einerseits die Rätsel seiner Welt mit beneidenswerter Vollkommenheit erklärte und ihm andererseits versicherte, daß eine fürsorgliche Schutzmacht über sein Leben wache und ihn in einer fernen zukünftigen Existenz für viele Entbehrungen entschädigen würde.[25]

Freud sah diesen Glauben als absolut kindisch und einer realistischen Weltsicht abträglich. Der kleine Mann wird in der Not in seinem »schützenden Rückzugsgebiet« sitzengelassen, wo er ein Arsenal von Bestürzungen erlebt – »das Leben ist, so wie wir es vorfinden, zu hart für uns; es bereitet uns zu viele Schmerzen, Enttäuschungen und unlösbare Aufgaben«.[26] Er meint, daß die Religion die Entdeckung und fruchtbare Anwendung kreativer Möglichkeiten hemmt, während die Magie eine korrigierende Funktion erfüllt. Bei der Konfrontation mit Nöten halten die Volksmagier die Religion für unfähig und bevorzugen magische Mächte. Sie glauben, daß Religion lediglich beschwichtigt, während Magie ermächtigt.

Wie Adler und Becker vertrat auch Freud einen humaneren und wissenschaftlicheren Lebensstil und bemühte sich als erstes, das Bedürfnis nach einer fruchtlosen Einrichtung zur Erteilung religiösen Trostes zu reduzieren. Die Aufhebung religiöser Restriktionen würde einen Freiraum zur Errichtung einer heileren Welt schaffen. Freud war jedoch realistisch und räumte ein, daß bestimmte angstvolle Ereignisse, wie Krankheit und Tod, unüberwindbar sind und deshalb weiterhin akute Sorgen auslösen werden. Er fügte deshalb eine gütige Anmerkung hinzu, in der er zugab, daß ergebene Gläubige gegen das Risiko einer bestimmten geistigen Gebrechlichkeit geschützt sind und daß ihre Akzeptierung einer »kollektiven Psychose« (religiöses Dogma) ihnen die Aufgabe abnimmt, eine persönliche zu entwickeln.[27]

Freud hätte die Rolle der Magie wohl so gesehen: Sie verkürzt den aufwendigen Umweg über die Religion und bietet mehr an als nur ein »Refugium«. Sie attackiert die eigentlichen Probleme, die jene Miseren verursachen, die das Bedürfnis für religiösen Trost auslösen.

## Die Kanalisierung von Aggression

Fast alle Gemeinschaften leiden an einem gewissen Grad innerer Spannungen, seien sie durch verlorene Kämpfe gegen die Elemente ausgelöst oder durch die Frustrationen, die aus zwischenmenschlichen Problemen erwachsen. Aggression scheint ein wirksamer Mechanismus zur Lösung solcher Spannungen zu sein.

Die Hexenvorstellung spielte in diesem Zusammenhang eine wichtige Rolle. In den Zeiten der Hexenverfolgungen diente die Hexe auch als Sündenbock. Ihr Stigma erlaubte es, alle Arten frei fließender Verärgerung und Besorgnis zu kanalisieren. Das typische Merkmal des Sündenbocks zeigte sich im 17. Jahrhundert, als Tausende von Hexen angeklagt und verurteilt wurden, um die Gemeinde von Mißtrauen und Ängsten zu befreien. Das lieferte verzweifelten, durch ungewöhnliche Störungen erzeugten Gefühlen einen Brennpunkt.[28] Die öffentliche Feindin Nr. 1 war identifiziert, und man machte den Versuch, sie auszuschalten, so daß alle wieder freier atmen konnten. Anscheinend ist diese Art kommunaler Reinigung eine dauerhafte Neigung aller Gesellschaften, und die jüngst vergangenen Hexenjagden – wie etwa die Verfolgung der Juden durch die Nazis und das »Blacklisting« der »Roten« durch McCarthy – zeigen die soziale Tendenz, Schuld zuzuweisen.

Diese Tendenz wird manchmal als Notwendigkeit einer Entladung aufgestauter Frustrationen beschrieben. Menschen, die unter verdrängtem Ärger leiden, sind immer bereit, explosiv auf eine Zielscheibe zu reagieren, wenn der öffentliche Konsens es ermöglicht, diese Opferung zu legalisieren. (Die Vorstellung stimmt mit dem alten Modell von Frustration und Aggression überein, das von einigen Soziologen vertreten wird.) Wie dramatisch therapeutisch solche Befreiung von Zorn sein kann, wurde durch das radikalste Mittel der Sündenbocksuche gezeigt: das Töten. Die beste Medizin, sich von dem Unheil zu befreien, das eine Hexe ausgelöst hatte, bestand darin, sie zu verfolgen und hinzurichten. So war der Zweck vieler Prozesse kein Zugeständnis an die Rache, sondern die Suche nach Erleichterung. Keith Thomas zitiert Beispiele, bei denen die Gesundheit mehrerer »verhexter« Kinder umgehend wiederhergestellt wurde, nachdem die Warboy-Hexen hingerichtet waren. Die Annahme aus den Zeiten des Hexenschreckens war, daß »das Unheil mit der Hinrichtung abgewendet oder beseitigt sei«.[29]

Die Heftigkeit der Verfolgung wird somit noch verständlicher, weil sich die Prozesse mit einem echten therapeutischen Effekt auf die Opfer (die »Behexten«) auswirkten. Mehr noch, in jenen Tagen war dies die einzige Prozedur, die die Theologen erlaubten, da sie alle Formen volkstümlicher Gegenmagie ablehnten oder als Häresie verdammten.

Die besondere Anwendbarkeit der Hexerei zur Kanalisierung von Aggressionen erhöht sich, wenn die Aggression gegen Personen gerichtet wird, die man normalerweise vom Zorn ausnehmen würde – wie etwa Nachbarn oder Verwandte. Die Anklage der Hexerei war ein Mittel, diese Immunität aufzubrechen. Wie anders konnte die Enttäuschung darüber ausgedrückt werden, daß im Obstgarten des Nachbarn eine reiche Ernte heranreifte, während die eigene vertrocknete? Der Nachbar tat ja nichts Böses. Die Nachbarin wegen ihres Wohlstands zu hassen, war keine begründbare Entschuldigung; aber man konnte sie hassen, weil sie eine Hexe war. Dies war eine akzeptable, und vielleicht plausible, Art, mit negativen Emotionen gegen Personen der engen Umgebung fertig zu werden, und stellte einen Freibrief dar, um jemand ungestraft hassen zu können.

Die Einschaltung der Hexerei war ein ausgesprochener Deckmantel, um auf die gegnerische Person zurückzugreifen, vielleicht der einzig gangbare Weg, um Animosität auszudrücken und eine Bestrafung herbeizuführen.

Solche Anklagen waren durch den Unwillen zur Versöhnung beider Parteien motiviert und wurden oft mit der Absicht angezettelt, eine unangenehme Verwandtschaftsbeziehung abzubrechen. Somit war selten ein legaler Vorwurf das zentrale Problem, obwohl es manchmal so ausgesehen haben mag.

Dieses Motiv ist ausgiebig durch die Beispiele von Fluch und Segen unter fränkischen Bauern belegt worden. Fast alle Hexereianklagen spielten sich zwischen Nachbarn und Verwandten ab, weil etwas im Verwandtschaftsverhältnis selbst verstimmt war. Das deutlichste Beispiel verwandtschaftlicher Fehlfunktion mit einer begleitenden Anklage wegen Hexerei ist wohl das der beiden Brüder, die sich einen Hof teilten und Schwierigkeiten bei der Besitzabgrenzung hatten. (Siehe: »Innerfamiliäre Hexerei« im Kapitel »Fluch und Segen«.)

Das Prinzip kam auch bei Forschungen in anderen Kulturen zum Vorschein. Max Marwick zeigte, daß bei den Cewa Hexereianklagen erhoben wurden, um Verwandtschaftsverhältnisse zu beenden, wenn sie nicht mehr tragbar geworden waren. »Hexenglaube und -anklage dienten dazu, zerrüttete Teile aus der Sozialstruktur hinauszudrängen, um Platz für neue Strukturen zu machen.«[30] In ähnlicher Weise erkannte

Philip Mayer, daß die Gusii Hexereianklagen benutzten, um die Haltung in der Verwandtschaft zu ändern – meist, um sie aufzubrechen –, während andere Arten von Anklagen nach bestimmten Angleichungen zu Wiederversöhnungen führten.[31] Clyde Kluckhohn entdeckte, daß die Navajo Hexereianklagen zur Legalisierung feindlicher Gefühle gegen Personen benutzen, denen gegenüber solche Gefühle anderweitig verboten wären.[32]

Eine andere Gattung von Spannung, aus der besonders pervertierte Aggressivität erwachsen kann, sind Schuldgefühle. Solche Emotionen lassen sich manchmal lindern, wenn die Feindseligkeit gegen den Verantwortlichen für die Schuldgefühle gerichtet wird. Ein interessanter psychologischer Mechanismus setzt ein: Man erfindet Gründe, die bestätigen, daß die Verletzung oder Verunglimpfung einer Person berechtigt war. Am Ende ist es die gekränkte Person und nicht der Verursacher der Kränkung, die für schuldig gehalten wird. So sind die alltäglichen emotionalen Verrenkungen der Menschheit!

Wir haben die Funktionsweise dieses Prinzips in mehreren Beispielen gesehen, die in einem vorhergehenden Kapitel zusammengestellt sind. Gewöhnlich war es die Person, die zuerst mit der Tradition der Zusammenarbeit und Hilfsbereitschaft gebrochen hatte, die später behauptete, behext zu sein. Ein Teil der Kleinbauernfamilie, der die Beteiligung an gemeinsamen Vorhaben abgelehnt hatte, verklagte den anderen wegen Hexerei.

Dieses Modell zeigt das Versagen einer Funktion der »demokratischen« Hexerei, nämlich des Ansporns zur Zusammenarbeit und Friedfertigkeit. Schuldgefühle sind das Trojanische Pferd in der Funktionalität der Hexerei, sie können die Funktion der Umgänglichkeit übersteigen und Menschen zu Verleumdern machen.[33] Eine Mehrheit der dokumentierten Fälle trägt den Wesenszug, daß ein Bedürftiger mit leeren Händen weggeschickt wurde und eine Verwünschung murmelte, und daß, als kurz darauf etwas im Haushalt schiefging, eben diese verachtete Person prompt dafür verantwortlich gemacht wurde. Die verdächtigte Hexe war, wie man sieht, die doppelt ungerecht behandelte Partei. Keith Thomas führt einen typischen Fall an:

*Margerys Nachbarn verweigerten ihr die Freundlichkeit und Hilfe, die traditionell erwartet wurde. Wenn sie ihr die Tür vor der Nase zumachten, waren sie sich jedoch nur allzu bewußt, daß sie vom ethischen Code abgewichen waren. Sie wußten, daß sie ihre eigennützigen Interessen über ihre sozialen Pflichten gestellt hatten. Wenn ein geringfügiger Unfall kurz danach sie, ihre Kinder oder das Vieh befiel, war es ihr eigenes Schuldbewußtsein, das ihnen eingab, sie sollten nach dem Verursacher ihres Unglücks suchen.*[34]

Diesen Wesenszug deckte unter anderem auch Alan Macfarelanes Studie der Hexenprozesse in Essex auf. Auch hier richteten sich Anklagen

173

in der Regel gegen Frauen, die von bessergestellten Gemeindemitgliedern Wohltaten erbeten hatten, abgewiesen und später zauberischer Racheübungen bezichtigt worden waren. Er hat mit dem moralischen Versäumnis zu tun, mit dem sich daraus ergebenden Schuldkomplex und dem Bestreben, den eigenen Fehler auf das von der Schuld betroffene Individuum zu schieben. Kurz, er rührt von einem Schuldbewußtsein her, das versucht, sich reinzuwaschen. Deshalb könnte man annehmen, daß es bei weniger Gründen zu Schuldbewußtsein weniger Fälle von Hexenanklagen geben müßte. Genau zu diesem Schluß kam auch Macfarlane, als er untersuchte, inwieweit der Gedanke der Nächstenliebe als persönliche Christenpflicht durch die Vorstellung der Nächstenliebe als Verantwortung formaler Sozialinstitutionen ersetzt wurde. Der Forscher bemerkte, daß es im Zuge dieses Wechsels eine stetige Abnahme der Hexenverfolgung in England gab.[35]

Manchmal bildete eine komplizierte Verwicklung von feindseligen Emotionen das Motiv für eine Person, auf eine andere zu zeigen und sie als Hexe zu bezeichnen. Dies hat wenig mit Schuldgefühlen zu tun. Es handelt sich um Leute, die sich ihrer Gemeinschaft grundsätzlich entfremdet haben, ihre sinnvolle soziale Integration verloren, feindselige Gefühle hegen und ihre eigene Feindseligkeit anderen anrechnen. Ihre eigene Feindseligkeit führt sie zu dem festen Glauben, daß andere ihnen gegenüber genauso feindselig seien. Deshalb nehmen sie an, sie seien Opfer von Verhexungen.

Kluckhohn machte Beobachtungen über dieses Phänomen bei den Navajo:

> *Wenn ausgesprochene Angst vor Hexen in einer Person aufkommt, zum Teil, weil sie aggressive Gefühle hegt und daher andere verdächtigt, sich ihr gegenüber genauso zu verhalten, beruht die »Hexen-Krankheit« in diesem Stadium auf einem Verlust an Beziehungen mit der Gesellschaft – dies ist die Strafe dafür, Gefühlen Lauf zu lassen, die die Gesellschaft nicht duldet.*[36]

Dieser Prozeß des Projizierens und der Opferhaltung kann uns helfen, einige der Hexenopfer zu verstehen, die im Kapitel »Fluch und Segen« beschrieben wurden. Er erinnert mich an die hadernden Familien bei Gößweinstein, die Gefühle der Entfremdung und Feindseligkeit zeigten, diese Empfindungen auf ihre Nachbarn übertrugen und sich schließlich von den Verhexungen der Nachbarn verfolgt fühlten.

Man hat Hexenanklagen auch für das Ergebnis von Spannungen und Ängsten gehalten, die von sozialen Umwälzungen mit ursprünglich außerkommunalem Ursprung herrühren. Lyle Steadman deutet die Hexentötungen der Hewa auf Neu-Guinea weniger als Akt der Feindseligkeit, sondern eher als symbolische Geste, die Außenseiter warnen sollte, die Gemeinde in Ruhe zu lassen.[37] Er meint, daß solche Ersatztötungen – eigentlich gezielt auf Außenseiter, die nicht erreichbar waren – auch einen Gutteil der Hexentötungen im Europa des 17. Jahrhunderts erklären könnten, als die Reformations- und Gegenreformationsbewegungen einander gegenüberstanden. Im Augenblick ist dies aber noch eine Hypothese.

Letztlich vermuten einige Forscher und Autoren eine ganz bestimmte Aggressivität: Mysogynie, die Feindseligkeit gegenüber Frauen. Unter dem Deckmantel der Verleumdung als Hexen konnten Männer ihren Frauenhaß in tödliche Verfolgung umsetzen. Dieses Thema ist so wichtig, daß es ein spezielles Kapitel verdient.

Bis jetzt haben wir ausschließlich über die Möglichkeit zur Schleusung von Feindseligkeit in der Form der Hexenbeschuldigung gesprochen. Aber wie steht es mit der Handhabung der Aggressionen aus der Sicht der Hexe? Eine Person, die Schwarze Kunst praktiziert, kann Feindseligkeit direkt abladen, indem sie gegen gegnerische oder verhaßte Nachbarn oder Verwandte Verhexungen aussendet. Eine Verärgerung könnte sie veranlassen, einen Fluch auszusprechen, der das Opfer dazu bringen soll, zu kommen und »Abbitte« zu tun. Die Hexe würde dann in der Regel einer Verhärtung aus dem Weg gehen und die Verhexung aufheben. Somit wäre das soziale Gleichgewicht wiederhergestellt.

Wir sind nun am Ende unserer Erörterung der Lenkung von Aggression angelangt, und ich muß den Leser warnen, falsche Eindrücke daraus abzuleiten. Es wäre naiv, Hexerei als einen Mechanismus darzustellen, von dem nur heilsame Wirkungen ausgehen. In vielen, wenn nicht den meisten Fällen tragen die Hexenanklagen mehr zur Schürung der Angst und Einschüchterung bei als zur Zerstreuung aufgestauter Aggressions- und Haßgefühle. Hexenanklagen verschlechtern das soziale Verhältnis. Wenn man von dieser Art der Reinigung erwarten wollte, daß sie das kommunale Leben fördert, wäre dies reichlich abwegig. Solche Anklagen verbittern die Leute mehr, als sie sie besänftigen, und die Fälle, bei denen feindschaftliche Gefühle gemildert wurden, werden vermutlich bei weitem übertroffen von den Fällen, in denen sich Gefühle der Besorgnis verbreiteten. Diese irritierenden Nebeneffekte der Hexerei wurden auch in anderen Kulturen beobachtet, wie zum Beispiel bei den Navajo, wo die sozial zerrüttenden Wirkungen der Hexerei sich erheblich auswirkten.[38]

Hexerei hält eine Gemeinschaft bestenfalls gerade noch intakt und erzeugt genug Sanktionen, um daraus einen notdürftigen Lebensstil zu machen. In Ermangelung anderer Erklärungsmodelle und sozialer Sanktionssysteme mag Hexerei die einzige oder vorrangige Alternative sein, um die Gemeinschaft zusammenzuschmieden. Als solche ist sie umlagert von den Mängeln, die typisch für soziale Institutionen im allgemeinen sind: Manchmal funktionieren sie und erfüllen die hineingesetzten Erwartungen, und manchmal schlagen sie in ihren konstruktiven Absichten fehl. In gewissem Sinne bilden die der Hexerei innewohnenden Kräfte ein zweischneidiges Schwert, das manchmal den Gordischen Knoten mit einem einzigen Schlag zerschneidet und das Problem umgehend löst – und das manchmal das Problem verschlimmert und den Unbedachten oder Unschuldigen verletzt. Obwohl Hexerei im Grunde ein System zur Vermeidung von Leid ist und seine Werkzeuge in Form von Ritualen, Beschwörungen, Tabus und Regulativen den Gläubigen denken läßt, er sei zumindest teilweise geschützt, so erweckt sie doch mindestens genausoviel Ängste, wie sie lindert.

Man könnte meinen, die Hexerei erzeuge in vieler Hinsicht ihr eigenes Gleichgewicht von Heil- und Schadenzauber, ein Repertoire, worin beide Seiten sich gegenseitig aufheben – eine nutzlose Vergeudung von Energie. Auf der einen Seite entsteht Angst, und auf der anderen Seite gibt es ein Gegenmittel, das genau diese Angst bekämpft. Eine Frau, die fürchtet, daß ein Nachbar sie verhext habe und die deshalb mit psychosomatischen Problemen zu kämpfen hat, könnte beispielsweise eine nachhaltige Erleichterung finden, indem sie zum Nachbarn geht und ihn um Verzeihung und die Aufhebung des Zaubers bittet. In diesem Fall ist der Gordische Knoten leicht durch die Kraft der Hexerei zu lösen. Man darf aber nicht vergessen, daß dieser Knoten vorher mit Mitteln der Hexerei geknüpft wurde.

Sogar wenn wir die Erleichterung von Frustrationen aus der Sicht der Hexe betrachten, müssen wir feststellen, daß der Gewinn begrenzt war. Es waren vermutlich die aggressiven Persönlichkeiten, die sich in die »Vollzeit«-Hexerei flüchteten, während die nichtaggressiven die Schwarze Kunst als Bedrohung erlebten, als eine Zerrüttung von Verwandtschaftsverhältnissen und als Quelle der Angst.

# 4. Hexerei und Frauenverfolgung

Der Haß auf Frauen, der sich hinter dem Begriff Misogynie verbirgt, ist durch verschiedene Strömungen zum Ausdruck gekommen: durch theologische Abhandlungen, durch die Einseitigkeit des juristischen Prozesses, durch sozioökonomische Unterwerfung und Ausbeutung sowie durch die Vorurteile volkstümlicher Anschauungen, die anscheinend im männlichen Gedankengang verankert zu sein scheinen. In der Hexenverfolgung sind diese Strömungen zusammengeflossen und zu einer mitreißenden und tödlichen Flut angeschwollen.

Eine der mächtigsten Strömungen finden wir zweifellos in der jüdisch-christlichen Theologie. Bereits die Heilige Schrift liefert Ansatzpunkte, worin die Minderwertigkeit und die stärkere Anfälligkeit des Weibes für alles Übel zum Ausdruck kommen. Die Schöpfungsgeschichte des Menschen in der Bibel stellt das Weib als eine Art Zweitschöpfung vor – eine Modellierung aus dem Manne. Das ist ein verwunderlicher Mythos, wenn man bedenkt, daß in Anbetracht der biologischen und reproduktiven Fähigkeiten der Frau ein umgekehrter Schöpfungsmythos logischer und folgerichtiger erscheinen würde. Offensichtlich wurde die Bibel nicht von Frauen geschrieben. Und nicht lange, nachdem Eva aus einem Teil Adams geformt worden war, war sie es, die die selige Existenz im Paradies durch Ungehorsam und Verführung zunichte machte. Der Mann wird größtenteils als der etwas tölpelhafte Leidtragende hingestellt.

Die speziellen Stellen der Bibel, auf die ich mich beziehe, finden wir in der Genesis I, wo Gott von Adam eine Rippe nimmt und daraus eine Frau formt, und in der Genesis III, wo Eva der Versuchung nachgibt, vom Baum der Erkenntnis ißt und Adam ebenfalls dazu verführt. Gott wirft die beiden anschließend aus seinem schönen Garten hinaus. Aber bevor er dies tut, sagt er zu Eva: »Ich will dir viele Schmerzen schaffen, wenn du schwanger wirst; du sollst mit Schmerzen Kinder gebären, und dein Wille soll deinem Manne unterworfen sein, und er soll dein Herr sein.«[1]

Von dieser Ursprungsgeschichte des menschlichen Geschlechtes können wir vier allgemeine Eindrücke ableiten: (1) Die Frau wurde aus einem Teil des Mannes gemacht und ist ihm deshalb an selbständigem Wert unterlegen. (2) Die Frau war die Verräterin an Gott und die Verführerin des Mannes. (3) Sie trägt die Hauptschuld an der Verstoßung aus dem Paradies. (4) Die Frau soll dem Manne untertan sein. Diese volkstümliche Meinung, die gewiß von der Kirche nicht gerade unterdrückt wurde, läßt freilich außer acht, daß andere Aspekte der Schöpfungsgeschichte die Gleichheit von Mann und Frau vor Gott möglich erscheinen lassen.[2]

Die Meinung des Apostel Paulus ist sicherlich auch nicht dazu angetan, die Gleichwertigkeit von Frauen zu stärken. In seinen Briefen an die Korinther und Epheser drückt er klaren Antifeminismus aus. Zum Beispiel: »Das Haupt der Frau aber ist der Mann.«[3] Und die Frau muß, um ihre Unterordnung kundzutun, beim Gottesdienst ihr Haupt verhüllen:

> »Der Mann dagegen darf das Haupt nicht verhüllt haben, weil er Gottes Abbild und Abglanz ist; die Frau aber ist der Abglanz des Mannes. Der Mann stammt ja doch nicht von der Frau, sondern die Frau vom Manne; auch ist der Mann ja nicht um der Frau willen geschaffen, sondern die Frau um des Mannes willen. Deshalb muß die Frau ein Zeichen der Herrschaft auf dem Haupt tragen ...«[4]

Überhaupt sei es besser, so Paulus, wenn die Frauen den Mund halten, besonders in den Gemeindeversammlungen. Wünschen sie irgendwelche Belehrung, können sie ja nachher daheim ihre Ehemänner fragen.[5]

Die theologisch-kirchlichen Lehrmeinungen des Mittelalters haben dieses Thema weiterentwickelt. So finden wir in der Logik des Thomas von Aquin, daß die Frau eine überaus mangelhafte Natur hat und dem Mann nur im Zeugungsakt eine Gehilfin sein kann, während in allen anderen Lebensaufgaben ein Mann immer der Bessere sei. Dieser prominente Kirchenlehrer schenkte der Kirche die eigenlogische Einschätzung der Frau als *status subjectionis hominis* (ein Status, der dem Manne untergeordnet ist). Er kleidet diese Defizittheorie in drei systematische Punkte: Das Weib ist dem Manne gegenüber in ihrer Biogenese (Aspekt des Werdens) ebenso wie in ihrer Qualität (Aspekt des Seins) und in ihrer Funktion (Aspekt der Tätigkeit) minderwertig.

Diese ausgesprochen frauenfeindliche Lehrmeinung wurde von der kirchlichen Hierarchie kritiklos akzeptiert. Sie wurde von den Protestanten übernommen, denn Luthers unverblümter Antifeminismus ist bekannt. Er meint, daß der Platz der Frau im Haushalt sei und daß die Frau dort am wenigsten Schaden anrichten könne:

> »Wenn sie aber außer der Haushaltung reden, so taugen sie nichts. Denn wiewohl sie Wort genug haben, doch fehlt und mangelts ihnen an Sachen, als die sie nicht verstehen, drum reden sie auch davon läppisch, unordentlich und wüste durcheinander über die Maßen. Daraus erscheinet, daß das Weib erschaffen ist zur Haushaltung, der Mann aber zur Polizei, zu weltlichem Regiment, zu Kriegen und Gerichtshändeln, die zu verwalten und führen ...«[6]

Der Antifeminismus der christlichen Front hatte eine unverkennbar antisexuelle Spitze. Keuschheit und Enthaltsamkeit wurden als große Tugenden hingestellt. Der Apostel Paulus empfahl die Ehe nur als letztes Mittel gegen die menschliche Triebhaftigkeit, während er eigentlich wünschte, »daß alle Menschen so wären wie ich«[7], das heißt zölibatär und enthaltsam. Kirchenväter und -lehrer wie Hieronymus, Ambrosius, Augustin und wieder der Meister der kirchlichen Logik, Thomas von Aquin, ehrten den Stand der Jungfrau weit mehr als den der Ehefrau. Es war diese Kirchenlehre, aus der die Nonnenmystik, das Virginitäts-Ideal und die Mariendichtungen des 12. bis 16. Jahrhunderts entstanden. Die Zölibats-Idee, die die Kirchenväter und die katholischen Geistlichen im allgemeinen in ihrem Lebensstil praktizierten (oder zumindest zu praktizieren angehalten wurden), wollte man verallgemeinern. Die menschliche Sexualität wurde als ein grundsätzliches Übel angeprangert.

Diese theologischen Auffassungen der weiblichen Natur und der menschlichen Sexualität erreichten im Mittelalter einen Höhepunkt. Sie bildeten einen wichtigen Teil des Fundaments, auf dem die Kirche den Hexenbegriff und die Hexenverfolgung aufbaute.

Es war im 15. Jahrhundert, als der *»Malleus maleficarum«* die Verbindung zwischen dem Frauen- und Hexenbegriff in der krassesten Form herstellte. (Es sollte erwähnt werden, daß der *»Malleus«* nichts völlig Neues darstellte; er war nur die Kulmination vieler ähnlicher Kirchenlehren und -meinungen, die ihm über etliche Generationen vorausgegangen waren.) Darin wurden Aspekte der Schöpfungsgeschichte zu misogynistischen Höhen getrieben, wenn die dominikanischen Autoren unerklärlicherweise behaupten, daß jene männliche Rippe, aus der das Weib erschaffen wurde, eine krumme war und das Weib deshalb ein »deformiertes Tier« sei.[8] Auch wollen diese »gelehrten Doktoren der Kirche« uns eine eigenartige Definition des Wortes *femina* geben: Es enthielte die Bestandteile *fides* = »Glaube« und *minus* = »weniger«, demnach wäre die Frau in ihrer Essenz weniger zu Glauben und Treue fähig als der Mann.[9] Es ist unnötig zu betonen, daß Sprachwissenschaftler über diese etymologische Verdrehung nur ihre Köpfe schütteln können.

Überhaupt könnte man sich über dieses Buch erheitern, wenn es nicht solche tragischen Folgen gehabt hätte. Hier eine Kostprobe, direkt aus dem *»Malleus«,* die seinen antisexuellen und männlich-chauvinistischen Charakter verrät. Die Autoren wiederholen, anscheinend mit allerernstester Miene, die Geschichte aus dem fünften Jahrhundert, wonach nachts ein Mann an das Bett einer adligen Dame schlich, sie zuerst mit obszönen Reden reizen wollte und sie dann zum »sündigen Akt« einlud. Da die Frau um Hilfe schrie, versteckte sich der Mann unter dem Bett und nahm das Aussehen des Bischofs Silvanus an. Als man ihn hervorzog, gab er zu, der Bischof zu sein.

Der Skandal, der sich daraus zu entwickeln drohte, wurde jedoch schon am nächsten Tag verhindert, als die Obrigkeit feststellte, der Verführer sei in Wirklichkeit ein Teufel gewesen, der lediglich die Gestalt und das Aussehen des Bischofs angenommen hatte und den Verführungsversuch am Grabe des heiligen Hieronymus gestand. Der gute Ruf des Bischofs war im Nu wiederhergestellt.[10]

Der *»Malleus«* wurde auch zum Sammelwerk von Projektionen männlicher Sexualprobleme, die man natürlich der Frau zur Last legte. So berichtet das Buch über einen Fall in Regensburg, wo ein Mädchen einen Burschen magisch entmannte: sein Penis war plötzlich verschwunden. »Nur der glatte Leib verblieb.« Der Bursche drohte, sie zu erwürgen (und rückte ihr bereits zu Leibe), falls sie nicht sofort seine »Gesundheit« wiederherstellte. Halb erwürgt, sagte sie zu und betastete ihn »in magischer Weise« zwischen den Schenkeln – und siehe da, der Penis war plötzlich wieder da!

Ein identischer Fall ereignete sich in Speyer, wo sich ein Priester vom Verschwinden und späteren Wiedererscheinen des Penis eines Burschen mit eigenen Augen im Beichtstuhl (!) überzeugte.[11]

Die Mischung von Mißtrauen und Verachtung gegenüber der Frau ist völlig offensichtlich in dieser Gebrauchsanweisung für Hexenjäger – einer Anleitung, die mit einem päpstlichen Vorwort beehrt wurde. Hinweise wie »Frauen sind schwach in Geist und Körper«[12] oder »Sie ist von Natur aus eine Lügnerin«[13] findet man auf vielen Seiten. Die »Gelehrten« des Mittelalters und der Renaissance nahmen solche verächtlichen Auslegungen der weiblichen Natur ernst.

Die breite Basis des kirchlichen Frauenbildes, von der der *»Malleus«* nur einer der vielen Auswüchse war, erweckte Verdacht, forderte Unterwerfung und schuf theologische und soziale Ungleichheit. Es ist dieses soziale Bild, das wir uns vor Augen halten müssen, wenn wir verstehen wollen, warum sich die Hexenjäger mit Fanatismus auf die Frauen gestürzt haben. Wenn nun die weibliche Natur, wie sie von den Kirchenvätern beschrieben wurde, mit der Teufelsidee verkoppelt wird, erhalten wir ein überaus anfälliges Produkt: die moralisch schwache, labile, unzuverlässige Kreatur, die vom schlauen Teufel und seinen Dämonen verhältnismäßig leicht verführt werden kann. (Wir werden den Teufel des Mittelalters noch in einem späteren Kapitel beschreiben.)

Der Frau, die auf die Bühne des Mittelalters trat, wurde also eine gefährliche – in der Tat lebensgefährliche – Rolle aufgezwungen. Sie spielte die Verräterin, der Teufel den Erzschurken, der immer und überall hinter den Kulissen lauerte; der tapfere Inquisitor war der weltrettende Held und der einfache Mann gewöhnlich der zu bemitleidende Tölpel.[14]

Wir müssen jedoch feststellen, daß dieses Bühnenspiel von *offiziell* definierten Figuren besetzt wurde. Größtenteils war das Drehbuch das Werk der Theologen und Inquisitoren. Es war deren Erfindung und nicht notwendigerweise eine Reflektion des Gedankengutes des ungebildeten Volkes. Die Inszenierung der Hexenkunst als satanische Häresie folgte dem Gebot der Inquisitoren und fing an, als Papst Johannes XXII. im Jahre 1320 zur Verfolgung all jener aufrief, die »Dämonen anbeten und Magie treiben«.[15] Und wie hatten sich die einfachen Menschen ihre Welt vorgestellt? Stimmten ihr Leben und ihre Vorstellungen mit dem Text des Drehbuches überein? Allem Anschein nach lag ihre Weltanschauung auf einer anderen Ebene, zumindest vor und zu Beginn der inquisitorischen Dreharbeit. Ursprünglich bestanden zweierlei Weltanschauungen: die offizielle und die volkstümliche.[16] Sie deckten sich anfänglich nicht, wurden dann aber doch durch die intensive und anhaltende Dreharbeit mehr oder weniger auf einen Nenner gebracht. Man kann sagen, daß die Anschauungen der oberen Klassen und die der unteren sich langsam einander anglichen und ergänzten.

Was war in der Weltanschauung des einfachen Volkes enthalten, das diese Ergänzung nicht nur erlaubte, sondern sogar förderte? Woraus bestand der sozialpsychologische Boden, aus dem man so leicht Beipflichtung für die offiziellen Begriffe züchten konnte? Wie kam es, daß sich die Dreharbeit solch massenhafter Mitwirkung unter der Bevölkerung erfreute?

Daß sich diese Mitarbeit wirklich entwickelte, ist eine historische Tatsache. Sie spiegelt sich in den zahlreichen Denunziationen, Anklagen, Illusionen, Delusionen und »Geständnissen« (erzwungenen und unerzwungenen) wider.

Die Antworten auf diese Fragen sind kompliziert, und Wissenschaftler, besonders Soziologen und Psychologen, versuchen immer noch, ein klares Bild der damaligen Zustände zu entwerfen. Wir können jedoch mit einiger Sicherheit sagen, daß zwei Strömungen zusammenflossen, eine von oben (die offizielle) und eine von unten (die volkstümliche). Die »obere« setzte sich mindestens aus drei Aspekten zusammen: (1) dem Teufelsglauben; (2) der Defizittheorie über Frauen speziell und über die schwache menschliche Natur im allgemeinen; und (3) der Einsetzung eines Inquisitionsmechanismus. Die »untere« setzte sich zusammen aus zwei Aspekten: (1) dem volkstümlichen und uralten Glauben an die Zauberei und die damit verbundenen möglichen »Missetaten« – mit anderen Worten, dem Glauben an die Möglichkeit des *maleficium;* und (2) einer meist vagen und unkonzentrierten Feindseligkeit der Männer gegenüber den Frauen, zumindest gewisser Frauen.

Nun aber zurück zum spezifischen Thema der Frauenverfolgung. Vor dem Zeitalter der Hexenmanie gab es wohl Zauberinnen und Heilerinnen, aber keine Hexen. Der Begriff Hexe wurde theologisch diesen Figuren unterstellt.

Die Teufelsbündlerei und das teuflische *maleficium* wurden erst im 14. Jahrhundert der breiten Masse als eine neue Häresie verkündet. Die Inquisition als solche wurde zwar bereits 1233 von Papst Gregorius IX. gegründet und anfänglich zum Zwecke der Vernichtung der Albigenser Häresie in Südfrankreich angewandt, aber erst im Jahre 1320 hielt es Papst Johannes XXII. für nötig, die Zauberei als Hexerei und Häresie zu verschreien, so daß die Inquisition auf die sogenannten

Hexen angesetzt werden konnte. Das heißt aber nicht, daß der Frauenhaß nun plötzlich durch kirchliche Lehre vom Himmel fiel. Anscheinend bestand bereits eine gewisse Anfälligkeit dafür im Volke.[17] Die mehr oder weniger formelle Lehrmeinung über die gefährliche weibliche Natur gab nur einer uralten, bis dahin verschwommenen Frauenfeindlichkeit unter den Männern Ausdruck.

Es ist wichtig zu verstehen, daß mit der Gründung der Inquisition zum erstenmal ein *institutionalisiertes* Mittel erfunden wurde, den Frauenhaß zu legitimieren und auszubeuten. Die Bürokratie der Inquisition sorgte dafür, daß Haß in Beschuldigung, Beschuldigung in Verurteilung und Verurteilung letztlich in Vernichtung umgesetzt werden konnte.

Woher kommt diese männliche Feindseligkeit, von der verschiedene Wissenschaftler sprechen, eine Feindseligkeit, die sich im Rahmen der Hexenmanie austoben konnte?

Man möchte meinen, daß es etwas mit der mysteriösen Ehrfurcht zu tun hat, die der Mann seit uralter Zeit gegenüber der Frau empfunden hat, gegenüber ihrer dem Manne unerreichbaren Fähigkeit, Leben zu gebären. Aber *Ehr-Furcht* ist eine wankelmütige Waage; manchmal schlägt sie zugunsten der Ehre oder Ehrhaftigkeit des Objekts aus, und manchmal ist es die Komponente der Furcht, die den stärkeren Ausschlag erzeugt. Deshalb manifestiert der Mann so oft eine oszillierende Einstellung gegenüber der Frau.[18]

Schlägt die Waage zur Seite der Ehre aus, stimmen die Männer Loblieder auf die Frauen an und wetteifern als Kavaliere und Beschützer. Wenn aber die Waage nach der anderen Seite ausschlägt und sich die Schwere der männlichen Furcht auswirkt, kann eine Reaktion der Feindseligkeit, ja des Hasses über sie kommen. Die Emotion der Furcht ist eine unerträgliche Geißel. Entweder wenden wir uns vom Objekt der Furcht ab und laufen davon, oder wir greifen es an, um es zu beseitigen. Männer haben es selten fertiggebracht, vor Frauen davonzulaufen, da sie dann nur andere Frustrationen zu erleiden hätten. Also scheint es, daß die Mehrheit der Männer mit jener gewissen, beinahe mystischen Furcht leben muß.

Manche Wissenschaftler halten diese Theorie der *allgemeinen* Misogynie für unbelegbar, zu mystisch und schlagen eine Theorie der *spezifischen* Misogynie vor. William Monter, dessen Forschung im schweizerisch-französischen Juragebiet einsichtsreiche Daten erbrachte, entdeckte gewisse Regelmäßigkeiten in den Hexenbeschuldigungen: die patriarchalische Furcht vor den Frauen, die von Männern unabhängig lebten, also vor jenen Frauen, die nicht unter der direkten Kontrolle eines Vaters oder Gatten standen.[19] Das betraf natürlich in erster Linie die älteren, schutzlosen Witwen und Jungfern. Monter nimmt an, daß diese unabhängige Kategorie sich gegen die Erniedrigung und Schmähung der Männer weder physisch noch rechtlich verteidigen konnte und die Männer deshalb wahrscheinlich unbewußt eine Verteidigung oder Rache durch magische Macht fürchteten. Was wir hier wieder in vollen Zügen sehen, ist die Reaktion eines schuldigen Gewissens, das die Folgen seiner eigenen Vorurteile fürchtet. Alan Macfarlane fügt dieser Theorie eine Nuance hinzu. Er glaubt, daß der männliche Groll gegen diese unabhängigen Frauen einen praktischen Grund hatte. Im alten Dorfleben fielen alte arbeitsunfähige Frauen, besonders wenn sie keine Angehörigen zu ihrer Unterstützung besaßen, den Nachbarn oder der ganzen Gemeinde zur Last.[20] Falls die Mitmenschen ihre Verantwortung vernachlässigten, solchen Notdürftigen zu helfen, konnten sich in ihnen nagende Schuldgefühle entwickeln. Diese negativen Emotionen richteten sich leicht auf das kausale Objekt, also die armen Frauen, und beschuldigten sie in solcher Weise, daß sich das Schuldgefühl abbauen ließ. So kann sich anscheinend aus Schuldgefühl Haß und eine tödliche Aggression entwickeln. (Eine logische Frage, die Macfarlane nicht beantwortet: Wenn alte Frauen zur Last fielen und sich dadurch der Gefahr der Hexenbeschuldigung aussetzten, was geschah mit alten Männern in ähnlichen Lagen? Warum waren sie der Gefahr nicht ausgesetzt?)

Jedenfalls muß hier die verhängnisvolle Rolle der Inquisition angefügt werden. Wäre der offizielle Verfolgungsapparat nicht entwickelt worden, hätten die Männer, wahrscheinlich mit wenigen Ausnahmen, kein Mittel gehabt, die Objekte ihrer Vorurteile, ihrer Furcht oder ihrer Schuldkomplexe anzugreifen. In der Tat darf man darüber spekulieren, daß die Vorurteile und die Furcht vor der Zeit der Inquisition eine Art Schutzmittel für die anderweitig schutzlosen Frauen bildeten. Da sich die Männer vor möglicher Rachemagie fürchteten und nicht dagegen einschreiten konnten, ließ man diese Frauen in Frieden und ging höflich und gerecht mit ihnen um, damit man nicht einem Rachefluch zum Opfer fiel.

Anscheinend war es eine Folge der Ermutigung durch die Obrigkeit und durch das Schauspiel der öffentlichen Hexenprozesse, daß die Leute anfingen, jene Nachbarsfrauen anzuzeigen, die sie ohnehin der Hexerei verdächtigten.[21] Tatsächlich entwickelte sich dann allmählich ein Massenwahn, den mitunter sogar die Obrigkeit kaum im Zaum halten konnte. In manchen Orten verkehrte sich der Eifer soweit, daß es nun das Volk war, das eine schärfere Verfolgung forderte, während die Obrigkeit nicht oder nur zögernd Folge leistete.

Es kann nicht genug betont werden, daß diese unabhängigen Frauen, ob sie nun wirklich oder nur vermutlich hexten, hauptsächlich durch Errichtung der Inquisitionsstruktur zu Schaden kamen.

Gestatten Sie folgende Spekulation: Hätte man das Volk mit seinem Hexenglauben allein gelassen, wäre es nie zu einer Massen-Hexenjagd gekommen. Der Hexenglaube diente unter anderem den alten hilflosen Frauen als Schutz gegen Ungerechtigkeit. Vor der Verfolgungszeit hütete man sich, solche Frauen zu beleidigen oder zu schädigen; man bot sogar nachbarliche Hilfe an, um sich nicht ihren mysteriösen Rache- und Strafflüchen preiszugeben. Man hütete sich gleicherweise nach der

Verfolgungszeit, solche Frauen zu beleidigen – wie ich selbst bei Angehörigen der jüngst vergangenen Generationen in der Fränkischen Schweiz feststellen konnte. (Die Weisheit, Zauberinnen oder Hexen nicht zu beleidigen, war auch in den sogenannten primitiven Stammeskulturen bekannt, zum Beispiel unter den alten Indianern Amerikas.[22])

Eine Anzahl von Forschern ist sich darüber einig, daß die als Hexen verdächtigten Frauen von der Gemeinde als typisch streitsüchtig und aufhetzend betrachtet wurden[23], und meine begrenzten Befunde in der Fränkischen Schweiz passen in dieses Bild. Aber sogar solchen Frauen wurde die Immunität zuteil. Vor und nach der Zeit der Verfolgung ging man ihnen einfach aus dem Weg; aber man verweigerte ihnen keinesfalls nachbarliche Höflichkeit und Hilfeleistung.

Es gab jedoch Ausnahmen und vereinzelte Fälle von Lynchjustiz. Zum Beispiel wurden 1090 in Freising drei verarmte Frauen von ihren Nachbarn der Giftmischerei und Vernichtung von Menschen und Getreide beschuldigt. Ein Pöbelhaufen ertränkte sie zuerst halb in der Isar, peitschte sie dann wiederholt aus, und als sie immer noch nicht »gestehen« wollten, verbrannte man sie schließlich lebendig am Flußufer. All das geschah ohne die Erlaubnis der Obrigkeit. (Tatsächlich gab es auf die Frage, wer denn die Obrigkeit darstellte, keine eindeutige Antwort, denn Freising hatte zu jenem Zeitpunkt keinen Bischof.)

Der Klerus verwarf die Aktion; und der Mönch, der die Begebenheit meldete, sprach von der Ungerechtigkeit der Anklage, der »teuflichen Wut« des Pöbels und dem »Märtyrertum« der unschuldigen Opfer. Ein Priester und zwei Mönche sammelten die verkohlten Überreste der Frauen und gaben ihnen ein Begräbnis in geweihter Erde.[24]

Wir sehen hier ganz klar, daß das Drehbuch der Inquisition noch nicht geschrieben worden war. Das Bühnenspiel der Hexenhäresie hatte noch nicht begonnen. Nichtsdestoweniger sehen wir einen Fall von Frauenverfolgung, einen krassen Ausdruck der volkstümlichen Misogynie.

Der Vorgang ist auch insofern interessant, als er, so lassen es zumindest die Umstände vermuten, ein typischer Fall des Sündenbock-Syndroms gewesen sein mag – und die Theorie des Sündenbocks verbindet sich eng mit der Theorie der Misogynie. Wenn das Vieh starb oder Getreide verdarb und man keine plausible Erklärung dafür finden konnte, suchten die Menschen der vorwissenschaftlichen Welt oft die Erklärung im Magischen. Das vermeintliche *maleficium* der Zauberinnen oder, später, der Hexen gab den Leuten nicht nur eine Erklärung, sondern gleichzeitig eine Angriffsrichtung. In der vorinquisitorischen Zeit mußten sich die Leute allein mit der »Erklärung« abfinden; in der Zeit der Inquisition wurde die Angriffsrichtung hinzugefügt. Jetzt konnte man unerklärliches Unglück jenen Frauen in die Schuhe schieben, die nicht nur mysteriös erschienen, sondern den Beschuldigungen auch noch hilflos gegenüberstanden. Misogynie brauchte sich nicht mehr zu verstecken. Die Furcht vor der Zaubermacht der Frauen konnte sich jetzt durch legitimen Angriff entladen.

*Mittelalterliche Hinrichtungsarten.*
*Verbrennen, Aufschlitzen, Blenden, Zerbrechen der Glieder mit dem*
*Rad, Stäupen, Köpfen, Handabhacken.*
*Im Hintergrund rechts: Vorbereitung zum Ertränken.*
*(Aus: Tengler, Layenspiegel. 1508)*

Die Entladungsmöglichkeiten hatten beinahe keine Grenzen. Alle möglichen politischen, wirtschaftlichen und rein persönlich motivierten Intrigen und Denunziationen konnten sich nun hinter Hexenbeschuldigungen verstecken. Jetzt durfte man sogar jene Menschen angreifen, die vorher wegen ihrer Verwandtschaft, Freundschaft oder Nachbarschaft eine gewisse Immunität genossen hatten. Die Beschuldigung der Hexenhäresie konnte jedem Menschen ins Gesicht geschleudert werden.

Ironischerweise trugen diese zügellosen Denunziationen allmählich zum Abflauen der Verfolgungswut bei, denn sogar die Verfolger konnten beschuldigt werden. Der Verfolgungswahn dehnte sich von Frauen auf Männer aller Stände aus. Es wurden Priester, Mönche, Bürgermeister und Kinder beschuldigt, verhaftet, gefoltert, hingerichtet.

Der Begriff »Hexe« konnte also auch auf Männer übertragen werden. Ein Prozentsatz der als Hexen verfolgten und hingerichteten Personen waren Männer. Nach einer groben Schätzung dürfte das Verhältnis auf etwa zwei Männer pro zehn Frauen zu veranschlagen sein.[25] Allerdings verschob es sich örtlich (wie auch zeitlich), da manchmal politische Intrigen und finanzielle Interessen eine Rolle spielten. Die wichtigsten politischen Positionen waren fast immer von Männern besetzt. Wollte man also durch Hexenbeschuldigung einen politischen Gegner beseitigen, wurden meist Männer betroffen. Auch leitete sich das Motiv der Beschuldigung oft aus finanzieller Gewinnsucht her. Da Vermögen und Besitz in fast allen Fällen in den Händen der Männer lagen, waren viele Männer gefährdet. Aber sogar diese unterschwelligen Motive reichten nicht aus, die eindeutige Überzahl der Frauen als Beschuldigte zu beseitigen.

Bedeutsamerweise stieg die Zahl der männlichen Hexen in jenen Regionen an, in denen das gerichtliche Verfahren das Eigentum der Hexe konfiszieren durfte. Das war zum Beispiel in Bamberg der Fall, wo neben dem Bürgermeister Junius selbst der fürstbischöfliche Ratsherr Haan (mit Frau und Tochter) hingerichtet wurde.

In anderen Regionen lag der Fall anders. In England durfte das Eigentum nicht eingezogen werden – und interessanterweise waren fast alle als Hexen beschuldigten Personen Frauen.[26] Die Verfolgung war viel gemessener. Die Hexenverfolgung war ein »armes Geschäft«, das nicht zum Eifer anregte. Es ist dennoch – und vielleicht deshalb – bedeutsam, daß die typische englische Hexe eine Frau war. Misogynie scheint ein Motiv mit Eigenkraft zu sein, das auch ohne Geld funktioniert.

Auf der Suche nach anderen Motiven stellten einige Autoren Theorien auf, die hier der Vollständigkeit halber erwähnt werden sollten, wenngleich sie den historischen Tatsachen nicht Rechnung tragen dürften:

Barbara Ehrenreich und Deidre English vertraten 1973 in den USA die Auffassung, der männliche Medizinerstand des Mittelalters hätte die Konkurrenz der Heilerin/Hebamme ausschalten wollen, weil diese

Kenntnisse über Methoden der Empfängnisverhütung und Abtreibung besessen hätten. Außerdem verdächtigte man sie, verschiedentlich Neugeborene aufgrund eines satanischen Paktes Dämonen zu opfern oder gar »aufzufressen«.[27] Ehrenreich/English beziehen sich dabei auf diesbezügliche Aussagen im »*Malleus*«, wonach Hebammen Neugeborene den Dämonen weihen[28] und bei Como 41 Hexen verbrannt wurden, die gestanden hatten, ein Kind getötet und dessen Blut getrunken zu haben.[29]

Obwohl eine Aufdeckung des männlichen Chauvinismus in diesem Zusammenhang notwendig sein mag, so verrät doch diese Argumentation eine spärliche Literatur- und Geschichtskenntnis. Die Autorinnen übernehmen kritiklos die Murray'sche *coven*-Vorstellung, für die Belege fehlen. Andererseits sehen sie die Hexe durch die Augen ihrer Verfolger, der Inquisition, und übernehmen deren Behauptungen.[30] Im fränkischen Bereich dürfte es schwerlich möglich sein, einen überproportionalen Anteil von Hebammen unter den verurteilten Hexen nachzuweisen, deren Tätigkeit ohnehin durch Vereidigung und amtliche Kontrolle zu einer besonderen Vertrauensstellung herausgehoben war.

Allerdings ist zu beobachten, daß bis in neuere Zeit das neugeborene, ungetaufte Kind im Volksglauben als besonders verwundbar und dämonischen Zugriffen ausgesetzt galt. Die Ursache dafür lag jedoch nicht in ökonomischen und berufskonkurrierenden Motiven, sondern in theologischen Betrachtungen. Selbst wenn eventuelle »sündhafte« Kenntnisse (zum Beispiel über die »Pille« in Kräuterform) ebenfalls solche dogmatischen Motive unterstützt haben könnten, war die Stellung der Frau ohnehin so schwach und klar dem Mann untergeordnet, daß es eines derart aufwendigen Verfolgungsapparates nicht bedurft hätte.[31] Im übrigen spricht sogar der »*Malleus*« von guten Hebammen. (Einem Reichshofener Adligen wurde die Schuld an der Mißgeburt seiner Frau gegeben, weil er die Warnung der Hebamme vor Hexen mißachtet hatte.[32])

Ebenso fraglich sind die Schlußfolgerungen des Bremer Soziologen Gunnar Heinsohn und des Wirtschaftswissenschaftlers Otto Steiger.[33] Nach deren Hypothese war der Holocaust an den Hexen ein »politisches Kalkül« von Adel und Klerus, die das uralte Vorwissen der Hebammen über Geburtenkontrolle ausrotten wollten, um der »feudalen Klasse« ein ausreichendes Arbeitskräftepotential zu sichern. Dies wäre nötig gewesen, weil durch Kriege und Pest im 17. Jahrhundert ein starker Bevölkerungsrückgang den Wohlstand der Herrschenden bedroht habe. Noch absurder ist wohl die These, daß die später folgende Bevölkerungsexplosion ein Resultat der Hebammen- und Hexenverfolgung gewesen sei.[34]

Nichtsdestoweniger kommt sowohl den Theorien der Bremer Forscher als auch jenen von Ehrenreich/English ein bedeutsames Verdienst zu. Abgesehen von der Fragwürdigkeit ihrer geschichtlichen Voraussetzungen erinnern uns diese Forscher zumindest daran, daß der männliche Chauvinismus nicht nur auf einer persönlichen Ebene gesehen werden darf, sondern auch ganz besonders auf der Ebene der *institutionalisierten Struktur,* dargestellt von solchen Organisationen wie der kirchlichen oder medizinischen. Institutionalisierte Misogynie (das heißt ausgestattet mit sozioökonomischer Struktur und einer Hierarchie der Autorität) ist ein wesentlich anderes und weitaus mächtigeres Phänomen als die individuelle Misogynie des einzelnen Mannes. Größere Einsichtsmöglichkeiten eröffnen sich, wenn soziologische Maßstäbe anstelle von rein psychologischen angelegt werden, um das wahre Wesen des Hexenwahns zu erkennen.

Eine herausfordernde historische Theorie betrachtet die Hexenverfolgung als instrumental im Prozeß einer gewaltigen Sozialveränderung: die Änderung der Stellung der Frau.[35] Es fing angeblich mit einer grundsätzlichen Veränderung der Definition der Rolle der Frau an. Die Stellung der Frau sei vor der großen Hexenmanie des 16. und 17. Jahrhunderts von Selbstbewußtsein geprägt gewesen. Bis dorthin sei die Verhaltensweise der Frauen »hexenartig« gewesen im Sinne von Eigenmächtigkeit, Selbstbehauptung und Gleichstellung. Die große Verfolgung benützte Wahn- und Vorurteile, um diese Gleichstellung gewaltsam zu brechen. Deshalb sei seit dem 16. Jahrhundert der submisse Status der Frau zur »natürlichen« Sache geworden. Diese Theorie verdient weitere Aufmerksamkeit, und Geschichtsforschern obliegt es, das Postulat der geschichtlichen Definitionsverschiebung der Frau auf seine Richtigkeit hin zu untersuchen.

Die letzte Hinrichtung einer Hexe im deutschen Sprachraum fand vor etwa 200 Jahren statt (1782) – eine beängstigend kurze Zeit, gemessen an der gesamten Spanne der menschlichen Zivilisation. Seitdem sind weltliche und kirchliche Gerichtsbarkeiten voneinander getrennt, und die Frage des Glaubens, einschließlich der Häresie, ist angeblich eine rein kirchliche oder private Angelegenheit geworden.

Können sich Frauen darauf verlassen?

Im Jahre 1984 ereignete sich in Göttingen ein Zwischenfall, der uns mahnen sollte. Die Feministin Birgit Römermann beschimpfte die Kirche im Blick auf die Hexenermordungen als »Verbrecherbande« und sagte unter anderem: »Lieber befleckte Verhütung als unbefleckte Empfängnis« und »Orgasmus statt Abendmahl«. Das Göttinger Amtsgericht bestrafte sie mit 400 DM wegen »Beschimpfung von religiösen Bekenntnissen«.[36]

Wenn das weltliche Gericht diese Frau verurteilte, drängt sich die Frage auf, was würde die Kirche mit ihr tun, wenn sie wie im Mittelalter und der Renaissance die geistliche *und* die weltliche Macht hätte?

# 5. Hexerei als Geisteskrankheit oder Drogensymptom

Zur Zeit der großen Hexenverfolgung unterschied man nur wenige Krankheitsbilder. Die Mediziner jener Zeit hatten kaum eine Vorstellung von der überwältigenden Suggestivmacht der Kulturbilder und der Sprache schlechthin, auch nicht von unbewußten mentalen Prozessen, von Biochemie und den folgenschweren Wirkungen gewisser Mikroorganismen, die wir erst jetzt identifizieren können. Es ist deshalb kein Wunder, wenn eine Klasse subjektiver Erfahrungen – solche wie »multiple personality«, Schizophrenie, Hysterie, Delirium tremens, Drogenwirkungen, hypnotische Suggestionen, nachhypnotisches Suggestionsbenehmen usw. – bei den damaligen medizinischen Diagnosen außer acht gelassen und als magische oder übernatürliche Intervention bezeichnet wurde. Erschwerend für die damalige Erklärung solcher Erscheinungen kam vielleicht die nur zeitweilige Anfälligkeit solcher Konditionen hinzu. Das heißt also, daß ein und dieselbe Person im einen Moment gewisse Symptome zeigte und im nächsten Moment andere, die mit den ersteren nicht übereinstimmten und als abnormal oder übernatürlich angesehen wurden.

Dieses Kapitel untersucht – größtenteils spekulativ –, ob vielleicht medizinische Erklärungen für das Hexenwesen zu finden waren. Dabei müssen wir die Frage auf drei verschiedenen Ebenen stellen. Zuerst die Frage nach der Mentalität der Hexe, dann die Frage nach der Mentalität ihrer Opfer und endlich die Frage nach der Mentalität ihrer Feinde und Verfolger. Dürfen wir aufgrund des Benehmens dieser verschiedenen Klassen von Individuen eine Verwirrung im Sinne ernstlicher Geisteskrankheit vermuten? Oder, wie neuerdings mit Vorliebe spekuliert wird, haben psychedelische Drogen tatsächlich okkultes Verhalten verursacht? (Allerdings würde diese Ursache, wenn überhaupt belegbar, wahrscheinlich mehr den Hexen und ihren Opfern und weniger den verfolgenden Amtspersonen zufallen.)

Die Antworten auf diese Fragen werden durch die enge Verbundenheit der Personen auf den verschiedenen Ebenen erschwert. Man könnte sicher überzeugender von einer allgemeinen gesellschaftlichen Pathologie sprechen, die die Menschen der verschiedenen Ebenen in ähnlicher Weise umschlang. Im nächsten Kapitel behandeln wir diese allgemeine kulturelle Weltanschauung, die dem Hexenwesen Logik und Glaubwürdigkeit in der damaligen Gesellschaft verlieh. Hier jedoch folgt zumindest ein Versuch, das Hexenwesen als ein individuelles Problem zu erfassen.

## Die Mentalität der Hexe

Häufig wurde den Hexen ein Verhalten zugeschrieben, das wir heute als symptomatisch für Geisteskrankheit verstehen. Der erste, der solches öffentlich aussprach und tapfer dem Hexenmythos entgegentrat, war der rheinische Arzt Johannes Weyer (1515–88), der 1563 sein *»De Praestigiis Daemonum«* (»Über die Verlockungen der Dämonen«) veröffentlichte.[1] Darin bezeichnete er die Hexen als an Melancholie, Geistesschwachheit oder hysterisch-epileptischen Krämpfen leidende Kranke, die nicht bestraft werden sollten – schon gar nicht als Kapitalverbrecher. Weyer hielt Hexerei für pure Einbildung – die Geisteskranke sich entweder einbildeten oder die von Häretikern praktiziert wurde, die, wie er meinte, zu Recht mit Geldbußen oder zeitweiser Landesverweisung bestraft werden sollten.

Der Engländer Reginald Scot (1538–99) folgte ihm nach und veröffentlichte 1584 sein skeptisches und sarkastisch-spöttisches Werk *»The Discovery of Witchcraft«* (»Die Entdeckung der Hexerei«). Seiner Meinung nach waren spiritistische Manifestationen kunstvolle Gaukeleien oder Illusionen, entstanden aus der geistigen Verwirrtheit des Beobachters.[2]

Diese psychiatrische Sichtweise hat sich durch Jahrhunderte fortgesetzt und erwachte in den Werken von Charles Mackay, einem Autor des 19. Jahrhunderts, zu neuem Leben. Man kann sie heute noch bei Verfassern wie Ilza Veith und R. E. Masters finden.[3] Mackay beschrieb eingehend die Jahre des englischen Hexenwahns und glaubte, daß der Hypochonder und der »Nervöse im Temperament« leicht dem kulturellen Zeitgeist erliegen könnten und dementsprechende Visionen über das Hexenwerk erlebten. Er führte das Beispiel der Isabel Gowdie an, deren fixe Idee sie veranlaßte, die gesamte Hexenlehre ihrer Zeit zu verinnerlichen.

Isabel Gowdie stellte sich freiwillig den Behörden und gestand eine lange Liste scheußlicher Taten: Sie habe ungetaufte Kinder ausgegraben, deren Glieder zu Hexenritualen verwendet, sie sei auf Besenstielen durch die Luft geritten, habe dem Satan bei der Vernichtung der Ernte geholfen und sich auch in eine Katze oder einen Hasen verwandelt. Sie bewies anhand von Narben, daß sie einst in Hasengestalt von Hunden gebissen worden sei. Sie sagte, sie verdiene es, auf der Folterbank gestreckt und von wilden Pferden zu Tode geschleift zu werden.[4]

In einem anderen Fall wurde eine verdrehte alte Jungfer zum Tode verurteilt, nachdem sie die Verhexung der Kühe und Schweine eines Nachbarn zugegeben hatte. Sie war »verrückt und lachte und klatschte in die Hände, angesichts des ›lustigen Feuerchens‹, das sie verzehren sollte«.[5] Manchmal mögen die Ursachen dafür die von frühen Psychiatern als »Hysterie« bezeichneten Symptome gewesen sein. Charles Richet verglich die chronischen Fälle von Hysterie, die Charcot an der berühmten Pariser Schule für Hypnose des 19. Jahrhunderts untersucht hatte, mit Fällen dämonischer Besessenheit.[6] Die Hysterie-Patienten entwickelten Symptome, die denen der Hexen auffallend ähnelten. So stellte man an manchen Patienten fest, daß sie den Gefühlssinn in Körperteilen verloren. Höchst bedeutsam dabei war, daß solche Symptome in hohem Maße von Suggestion abhängig waren, die ebenso von anderen wie auch vom Patienten selbst ausgehen konnte und die Natur ansteckender Krankheiten hatte. Hexerei und Fälle von Besessenheit lassen sich daher als sehr ansteckende Massenhysterien betrachten.

In den Jahren des Hexenwahns konnte die Teilnahme an dieser Hysterie fatale Folgen zeitigen, da eine Methode der »Hexenfinder« darin bestand, die Verbundenheit mit dem Teufel aufzudecken, indem sie das beweiskräftige Hexenmal auf dem Körper der Verdächtigten fanden. Dieses erwies sich als schmerzunempfindlich und reagierte nicht auf Einstechen, Ritzen oder Brennen. Abgesehen von der hysterischen Anästhesie, die hier manchmal eintrat, war dieses Teufelszeichen weit häufiger nichts anderes als nervenloses Narbengewebe.

Bestimmte Menschen scheinen anfälliger für die Gefahr dämonischer Neurosen als andere, und zu diesen, die die Dämonolatrie förmlich anzieht, gehören die ästhetisch Sensiblen. Baroja meint, daß Magie und Dämonolatrie bevorzugt von Leuten mit hochentwickeltem künstlerischen Sinn praktiziert oder geschätzt werden und daß mehr als ein Protestant »aus ästhetischen Gründen zum katholischen Glauben konvertiert«.[7] Eine ähnliche Anfälligkeit wurde bei Unsicheren beobachtet, denen Dämonolatrie als Hafen der Geborgenheit erschien und unter denen die Unangepaßten die fanatischen Vorantreiber der Magie und anderer Aspekte des Okkulten sind. In diesen Fällen ist das religiöse Motiv, verglichen mit dem emotionalen Bedürfnis, unerheblich.

Bei einigen Verdächtigen beobachtete man Verhalten, das furchterregend auf ihre Umgebung wirkte. Dazu gehörte die Gewohnheit, vor sich hin zu murmeln und auf der Straße mit sich selber zu reden, ohne einen sichtbaren Gesprächspartner zu haben. Dies wurde als Rezitation magischer Formeln gedeutet, möglicherweise mit dem Ziel, Umstehende zu behexen. Genau diese Gewohnheit sagte man auch der Hexe in der Gößweinsteiner Gegend nach, und die Leute fürchteten sich, in ihre Nähe zu kommen. Jedoch ist es auch vorstellbar, daß es sich bei dieser Gewohnheit um eine Halluzination handelte, wobei die Gespräche mit Wesen – menschlichen oder anderen (eventuell übernatürlichen) Wesen – unsichtbar für die normalen Zuschauer geführt wurden. (Diese Erklärung trifft, nebenbei gesagt, auf die Gößweinsteiner Hexe nicht zu, da alles andere in ihrer Lebensweise gegen Anzeichen von geistiger Zerrüttung spricht. Sämtliche Berichte über sie deuten an, daß sie Formeln aus dem *»Sechsten und Siebten Buch Mose«* murmelte.) Diese Art der Halluzination besteht aus Höreindrücken, da die Person die Stimmen ihrer Gesprächspartner hört. Wenn sie diese auch noch sieht, handelt es sich um eine visuelle Halluzination. Ich kann mich an eine persönliche Begegnung mit einer unter solchen Halluzinationen leidenden Person in einem Restaurant in San Francisco erinnern. Eine Frau, die am Nebentisch saß, war in ein angeregtes Gespräch vertieft, mit Gestik und Zuwendung in die Richtung des einen oder anderen Gesprächspartners, wo sich für mich und etliche andere erschreckte Zuschauer nur leere Stühle befanden. Diese Frau erzeugte eine Atmosphäre von Verlegenheit und ungewöhnlichem Unbehagen; man wußte nicht, wie man sich verhalten sollte. Schließlich überwog die Unentschiedenheit, und keiner der Anwesenden unterbrach sie. In der Zeit des Hexenwahns hätten sich solche Halluzinationen in Verfolgung ausgewirkt; man hätte die Geisteskranke angeklagt, weil sie sich als Hexe mit Dämonen unterhielt.

Geistesstörungen könnten in einigen Fällen auch Verhaltensformen zugrunde gelegen haben, die als typisch für Hexen erachtet wurden. In diesem Zusammenhang stellt Edward Bever die Hypothese auf, daß psychosomatische, manisch-depressive oder schizophrene Symptome bei einer bedeutenden Zahl älterer Frauen über 50 aufgetreten sein könnten, die zu einer für Hexenanklagen äußerst empfänglichen Altersgruppe gehörten. Diese Altersgruppe scheint für bestimmte psychosomatische und mentale Abweichungen anfällig zu sein, auch für Delusionen und Halluzinationen. Solche abnormalen Geistesvorstellungen bestehen nicht *sui generis*, sondern werden von kulturellen Bildern erstellt. Folglich kann es sein, daß mental gestörte Personen innerhalb des Rahmens kultureller Bilder halluzinieren, besonders jener Bilder, die mit einer Aura außergewöhnlicher Bedeutungen umgeben sind.

Bever bringt den Fall der Magdalena Horn in diesen Zusammenhang, einer alten Frau aus Cannstadt in Württemberg, die sich 1565 freiwillig stellte und zugab, daß der Teufel sie Tag und Nacht in Versuchung führte.[8] Ihrer Beschreibung nach war er schwarz, trug schwarze Kleidung und veranlaßte sie, böse Dinge mit Menschen und Tieren zu tun – so viele, daß es ihr nicht mehr möglich war, alle aufzuzählen. Da etliche der unglücklichen Ereignisse wirklich in der Gemeinde stattgefunden hatten – obwohl sie niemand mit Magdalena in Verbindung gebracht hatte –, nahmen die Richter ihr freiwilliges Geständnis ernst, besonders da während der großen Verfolgung eine Theorie der Humoralpathologie vorherrschte, die die Wechseljahre mit Melancholie verband und ältere Frauen zur »leichten Beute für den Teufel« erklärte.[9]

Solche psychosomatischen Verhältnisse müssen im Zusammenhang mit einer weiteren Bedingung des vorgerückten Lebens gesehen werden: der sexuellen Frustration. Forscher kamen zum Schluß, daß viele ältere Frauen verbittert und frustriert über ihre persönlichen Situationen und über das Leben im allgemeinen gewesen sein müssen.[10]

Es ist möglich, daß der eingebildete Kult von einem Teufel – der in verschiedenen Verkleidungen mit seinen Anhängern verkehrte, sie zu sexuellen Festen mit Umarmungen und Geschlechtsverkehr einlud – ganz gut in die Art des rebellierenden Wunschdenkens gepaßt hat, das besonders jene Menschen entwickelten, die durch eine strikte und antisexuelle Religion unterdrückt worden waren. Es kann so gewesen sein, wie Cohn es ausdrückte: »Eine unbewußte Empörung gegen das Christentum als eine zu straffe Religion. Es ist nicht verwunderlich, daß die Beziehung zwischen bewußtem Glauben und Idealen einerseits und unbewußten Gelüsten und Verstimmungen andererseits eine frustrierte und neurotische Frau zur Vorstellung der Teufelsbuhlschaft verleiten konnten, zur Vorstellung, daß sie sich körperlich und seelisch dem Teufel hingegeben hätte.«[11]

Die sexuelle Frustration von Frauen hatte einen demographischen Hintergrund. Die Lebenserwartung war in den Jahrhunderten der Hexenverfolgung besonders für Männer extrem niedrig. Es gab für Frauen wenige Gelegenheit, wieder zu heiraten; zusätzlich herrschte noch die Ansicht, daß sexuelle Triebe nach der Menopause ebenso widerlich wie ungesund wären.[12] Demographische und kulturelle Barrieren hinderten zweifellos die sexuelle Aktivität, konnten aber trotzdem das Verlangen danach nicht ausschalten. Die Folge war, daß viele ältere Frauen an unentrinnbaren Frustrationen zu leiden hatten.

Diese ungünstige Mischung von Faktoren – psychosomatischen Symptomen, mentalen Problemen, demographischer Partnerverminderung und sexueller Frustration – dürfte die Verhaltenssyndrome geschaffen haben, die so manche Hexereianklage heraufbeschworen.

Es ist auch zu bedenken, daß der Mensch in den verflossenen Jahrhunderten in einer ganzheitlichen Sichtweise betrachtet wurde. Das Symptom einer bestimmten Krankheit oder einer psychosomatischen Fehlfunktion wurde also nicht als isoliertes Problem innerhalb des Menschen gesehen, sondern einfach als *Eigenheit* der ganzen Person. Folglich wurde demnach die ganze Person beurteilt. Das Symptom einer Störung bedeutete, daß die ganze Person gestört war – oder schlecht, wenn das Symptom schlecht schien. Es gab keine »Krankheit«, sondern nur einen »Kranken«. Somit konnten bis um 1700 magische Deutungen einen ungestörten Lauf nehmen, bis man schließlich den Menschen als einen biochemischen Organismus entdeckte, sogar als einen Mechanismus *und* als ein geistiges Wesen.[13]

Trotz verschiedener Berichte und Hypothesen, die Geisteskrankheiten als Ursache für die Charakterisierung der Hexen annehmen, entdeckten die meisten Untersuchungen nicht geistige Zerrüttung, sondern soziale Boshaftigkeit als den Hauptanlaß für Hexereianklagen. Eine erstaunliche Zahl von Forschern stellte (vergleichbar mit dem, was ich im Fränkischen Jura vorfand) fest, daß Hexenverdächtige ränkesüchtig, zänkisch und reizbar waren.[14]

Letztendlich war diese Zankhaftigkeit der Auslösefaktor, der in einer Hexereianklage kulminierte. Diese Eigenschaft mag sich in Entfremdung von anderen ausgedrückt haben, sogar von der Verwandtschaft, und in der Übernahme einer Sicht, die sich selbst als abnormal und böse einschätzte.[15] Es ist tatsächlich leicht möglich, daß sich das Abweichen von normalen zwischenmenschlichen Beziehungen in einer

»selbsterfüllenden Prophezeiung« äußerte, daß sich also die abgewiesene Person mit der ihr auferlegten Rolle identifizierte. Die Formulierung des Hexenverdachtes ist daher kein individueller Vorgang, sondern ein zweischichtiger sozialer Prozeß, wobei die Gemeinschaft den Verdächtigen ausschließt und der Verdächtige die Gemeinschaft zurückweist.

Die Sozialwissenschaftlerin Inge Schöck hat eine treffende Beschreibung dieser gegenseitigen Versteifung abgegeben. Sie sieht in der Akzeptierung der Hexenrolle eine mögliche Reaktion auf den überwältigenden Druck der Mehrheit, die sie als Hexe definiert. Diese akzeptierende Reaktion sieht zum Teil wie eine Unterwerfung aus, ist aber zugleich auch eine Machtergreifung, denn die Hexenrolle enthält Machtelemente. Sie ist »eine Art Trotzreaktion, ein Auflehnen gegen die innergesellschaftliche Isolierung, die ›abergläubische Verfemung‹, wie sie Theodore Geiger genannt hat. Eine solche Reaktion ist wohl nur denkbar als resignative Einsicht in die Unveränderbarkeit einer innergesellschaftlichen Isolierung, und aus dieser Position heraus erfolgt dann der aggressive Protest gegen die isolierende Gruppe bzw. Gesellschaft.«[16]

Alles in allem können wir nur in Ausnahmefällen durch Geisteskrankheit erklären, wie jemand zur Hexe »gemacht« wird oder wie sich die Gesellschaft darauf festlegt, jemand als Hexe zu betrachten; obwohl gewiß solche Fälle vorkamen, dokumentiert sind und klassische Anekdoten abgeben. Aber mehr Frauen wurden verdächtigt, weil sie ein boshaftes und ränkesüchtiges Wesen hatten; und noch mehr Frauen wurden Opfer von Hexereianklage aus Gründen, die mit ihrer Persönlichkeit überhaupt nichts zu tun hatten – aufgrund von Nachbarschaftsstreitigkeiten, politischen Intrigen, ökonomischem Neid oder religiösem Fanatismus der Ankläger.

## Die Mentalität ihrer Opfer und Gegner

Einige Autoren schoben die pathologische Diagnose von der Hexe auf ihre Gegner ab. Sie räumten die Möglichkeit ein, daß Hexen selbst vollkommen gesund waren, während die Ankläger, Richter und Zeugen paranoid waren und halluzinierten. Ob diese Verfasser wirklich die pathologische Diagnose umkehrten oder nur über die Hexen hinaus auch auf andere Personen ausdehnten, ist hier nicht von Belang. Die Bedeutung liegt in der Tatsache, daß Pathologien bei einigen auftraten, die anklagten und verurteilten. Die »Opfer« waren viel häufiger für die Hexereianklagen, den Hexenglauben und den Hexenwahn verantwortlich als das eigentliche Verhalten der Hexen. Zum Zustand einiger dieser Leute gehörten wohl auch klassische Verfolgungskomplexe und paranoide Reaktionen, die man auf die Sündenböcke der Gemeinschaft ablud. Sie waren nicht Opfer der diabolischen Hexe, sondern Opfer der Massendämonomanie, die damals viele Gesellschaften zerrüttete.

Diese Tendenz läßt sich heute noch beobachten – wenn auch mit geringeren Folgen als der einer Hexenverfolgung. Nachbarn, Dorfbewohner und Stadtbürger akzeptieren und verbreiten noch immer ernsthaft und leichtgläubig Gerüchte. Abgesehen davon, daß es sich dabei um einen Ausdruck der Ignoranz handelt, kann diese Gewohnheit auch ein perverses persönliches Bedürfnis befriedigen. Alle Menschen neigen aufgrund ihrer abstrakten symbolischen Fähigkeiten zum Verbreiten und Erfinden von Gerüchten. Einige gehen dabei weit über das normale Maß hinaus und werden das, was ein früher Erforscher dieser Verhaltenstendenz »Mythomanen« nannte. Dr. Dupré beschrieb die pathologische Neigung vieler Leute, zu lügen und fantastische Geschichten zu erfinden.[17]

Mythomanen glauben sogar, wenn sie anfangs bewußt lügen, schließlich selber, was sie gesagt haben. Dupré fand heraus, daß meistens Kinder oder geistig Zurückgebliebene dieser Gewohnheit verfallen. Während das Lügen eines Kindes nicht immer einen ernsthaften Befund anzeigt, ist das ständige Lügen bei Erwachsenen absolut krankhaft. Bei Kindern und Jugendlichen steht Mythomanie häufig in einem Zusammenhang mit der Eitelkeit, der Bosheit, den frühreifen sexuellen Gelüsten, dem Exzeß jugendlicher Vorstellungskraft und dem Bedürfnis nach Beachtung.

Die tödliche Rolle von Kinderaussagen ist im Laufe der Geschichte der Hexenprozesse ausgiebig dokumentiert worden. Kinder schwelgten oft in Mythomanie, um sich beim Tribunal einzuschmeicheln, um ein sadistisches Bedürfnis nach Rache zu befriedigen oder um Einbildungen und Übertreibungen freien Lauf zu lassen.

1669 wurden Kinder im schwedischen Städtchen Mora in einen Vorfall verwickelt, indem sie einen Hexensabbat beschrieben, den sie angeblich belauscht hätten. Dabei hätte sich der präsidierende Teufel tot gestellt, um feststellen zu können, ob seine Gefolgschaft ihn betrauern würde. Die Kinder bezeugten tatsächlich, daß seine Anhängerinnen ein lautes Wehklagen begonnen hätten und jede drei Tränen um ihn vergoß.

Dem Satan gefiel dies, er sprang auf und umarmte jene, die in eindeutiger Weise Sorge gezeigt hatten. Die Beschreibung stimmte mit den Aussagen erwachsener Hexen überein. Aber die außerordentliche Vorstellungskraft der Kinder schlug fatal auf sie zurück. Während am ersten Tag 23 Erwachsene wegen Hexerei verbrannt wurden, waren es am zweiten Tag 15 Kinder, die in gleicher Weise hingerichtet wurden, weil Erwachsene sie als Komplizen und Mitwirkende beim Sabbat hinstellten. 55 weitere Kinder wurden mit Spießrutenlaufen, Gefängnis oder öffentlicher Auspeitschung bestraft.[18] Heute würde man solche lügensüchtigen Kinder dem Schulrektor melden – und über die Leichtgläubigkeit ihrer Eltern lachen. Noch die meisten Erwachsenen der vergangenen Generationen betrachteten Kinderaussagen als Realität. Beispielsweise wurde der Schuldspruch der Gemeinde Mora sogar dann noch aufrechterhalten, als ein Rechtsassessor dem Gericht demonstriert hatte, daß ein Kind ein falsches Zeugnis ablegte, nachdem ihm dafür ein halber Taler versprochen worden war.[19]

Wie leicht Kinder zu Imitationen veranlaßt werden können, zeigte sich 60 Jahre nach den Prozessen von Mora, als ein 13jähriges norwegisches Mädchen, das die Mora-Geschichte gelesen hatte, versuchte, eine exakte Wiedergabe dieses schwedischen Hexendramas zu inszenieren. Sie klagte etliche alte Frauen desselben Hexenverhaltens an, das sie in der schwedischen Beschreibung vorgefunden hatte.[20]

Die Hexenjagd in Neu-England wurde von einer Gruppe von Mädchen angeführt, die Hexen für ihre wechselnden Anfälle und Lähmungen verantwortlich machten. Die erste Hinrichtung einer unschuldigen Frau, gegen die die Kinder einen Groll hegten, entfachte ihre Fantasie und Hysterie noch mehr. Die Mädchen gaben nun vor, unter weiteren Verhexungen zu leiden. Neue Hexen wurden hingerichtet. Als die Siedler schließlich ihren Irrtum erkannten, hörten die Peinigungen durch den Teufel und seine Hexen und die Anfälle der Mädchen plötzlich auf.[21]

Im Zusammenhang mit der Hexenpanik von Salem entwickelten Forscher eine interessante Theorie über die Rolle der Halluzinationen bei der Erkennung von Hexen. Eine jüngst vervollständigte Überprüfung des Ortes Salem des 17. Jahrhunderts spekuliert, daß das Korn, das alle acht befallenen Mädchen aßen, vom selben Feld kam. Die klimatischen Verhältnisse im Schlüsseljahr 1692 förderten angeblich das Wachstum von Mutterkorn, einem halluzinogenen Pilz, der sich hauptsächlich auf Roggen bildet. Der wirksame Bestandteil des Mutterkorns ist Lysergacidamid (Grundlage des LSD), und die Forscher nehmen an, daß dies die Symptome der Mädchen erzeugt haben könnte. Da Mutterkorn erst 1800 (durch Dr. John Stearns) entdeckt wurde, könnte die Gemeinde die toxischen Symptome als Teufelsbesessenheit diagnostiziert haben.[22]

Diesem Schluß widersprechen jedoch andere Forscher, die meinen, daß die Symptome der hysterischen Mädchen nicht denen des konvulsiven Ergotismus (Mutterkornvergiftung) entsprachen. Sie deuten an, daß das abrupte Ende hochschlagender Hexenwahnepidemien eher die Regel als die Ausnahme war und daß die wahre Erklärung dafür in Gemeinschaftsprozessen und Rollenspiel zu suchen sei.[23] (Diese Forscher, wie auch ich, halten die Mutterkorntheorie eher für eine farbige Ausschmückung als für glaubhaft.)

Außerdem hatten die Kinder von Salem Zugang zu gedruckten Belegen (Pamphleten oder Büchern) über Hexerei und Hexenprozesse in England, worin das typische »verhexte« Verhalten von Kindern in Einzelheiten beschrieben war. Sie wußten daher genau, welchen Verhaltenstyp die Richter von ihnen als Zeugen in den Verfahren erwarteten.

Die historischen Belege über Vorkommnisse, bei denen mythomanische und imitative Kinder Menschen als Hexen anklagten und oft eine totale Massenverfolgung einleiteten, sind schier endlos. Aufgrund der Belege von Hexenanklagen gewinnt man leicht den Eindruck, daß die

Hälfte aller Hexenjagd-Episoden von Anklägern initiiert und in Gang gehalten wurden, die unter 18 Jahre alt waren. Hier sind weitere Beispiele.

Ein englischer Prozeß im Jahr 1662 verwendete die Zeugenaussagen von zwei neun und elf Jahre alten Mädchen, die Nägel und Nadeln ausschieden, von Krämpfen geschüttelt wurden und behaupteten, daß zwei Witwen sie verhext hätten. Das Resultat war, daß die beiden Frauen gehängt wurden.[24] In einem lothringischen Prozeß erging sich eine neunjährige »geständige« Hexe in ausufernden Denunziationen und beschuldigte alle Mitglieder ihrer Familie – Vater, Mutter, Großeltern, Onkel und Tanten. Nachdem ihr Vater gezwungen worden war, die Vorwürfe zu bestätigen, endeten alle auf dem Scheiterhaufen.[25] Ein achtjähriges hysterisches Mädchen, Loyse Maillot, behauptete 1598 unter dem berüchtigten Chefrichter Henri Bouget im französischen Jura, von fünf Teufeln besessen zu sein. In einem Prozeß beschuldigte sie eine Frau der Hexerei und daß sie quälende Teufel geschickt habe. Andere junge Mädchen schlossen sich ihr durch ähnliche Behauptungen an. Die Beschuldigte wurde verhaftet und gefoltert. Sie »gestand« schließlich und benannte auch weitere »Komplizen«. Das Ergebnis war die Verbrennung von 40 Hexen, darunter mehrere Kinder.[26]

Im Jahre 1665 meldete sich beim Rat der Stadt Lemgo (Lippe) das 17jährige Mädchen Elisabeth und beschuldigte sich selbst, eine Hexe zu sein. Unter vielen reumütigen Tränen gestand sie, daß eine Frau P. sie zur Zauberei verführt und zum Hexensabbat mitgenommen hatte. Dort habe sie etliche vornehme Herrschaften der Stadt gesehen. Sie wiederholte diese Aussagen so oft, bis der Rat sich genötigt fühlte, Verhaftungen und Verhöre vorzunehmen. Vermischt mit politischen Intrigen, kam die typische Beschuldigungslawine ins Rollen. Endergebnis: verschiedene Bürger, meist ältere Frauen, wurden hingerichtet.[27]

In England fielen Beschuldigungen aus dem Mund von Kindern nicht immer auf williges Gehör, und in einigen Fällen wurden nicht die Beschuldigten, sondern die Beschuldiger streng verhört. Dabei kam bei den Yorkshire-Prozessen zutage, daß mehrere junge Mädchen falsche Zeugnisse abgelegt und Behexung vorgetäuscht hatten.[28]

Das 11jährige schottische Mädchen Christiana erklärte im Jahre 1696 ihre Konvulsionen und Ohnmachtsanfälle und das Erbrechen von Klumpen von Haaren und Nadeln als Folge der Verhexung durch eine Magd. Bald imitierte ein zweites Mädchen aus der Ortschaft dieselben Symptome. Die Beschuldigte wurde verhaftet, aber, nachdem sie eine Kaution hinterlegt hatte, wieder freigelassen.[29] Das Interessante an diesem Fall ist die offensichtliche Hysterie Christianas und der Glaube, den die Richter ihr trotzdem schenkten. Zum Beispiel fanden sie die Visionen und Erscheinungen des Mädchens glaubwürdig, denen zufolge sie ein nackter Mann fast täglich verführen wollte. Sie wies ihn immer zurück und flehte laut Jesus um Hilfe an. Im Beisein ihrer Eltern führte sie dann lange Dialoge mit diesen Erscheinungen. Heute würde man wahrscheinlich (aber nicht immer, wie der Fall der fränkischen

Anneliese Michel in den 70er Jahren beweist) dieses Benehmen als Halluzination oder ausgebufftes Rollenspiel bezeichnen.

In einen Fall, der sehr anschaulich die Elemente von Hysterie, Imitation und medizinischer Fehldeutung zeigt, war 1604 das 14jährige Mädchen Ann Gunter in England verstrickt. Das pubertierende Mädchen zeigte krampfartige Anfälle (Epilepsie?), gab Nadeln von sich (Trick?) und verweigerte für zehn bis zwölf Tage die Nahrungsaufnahme (nervöse Anorexie?). Eine zeitweilige Besserung wurde bewirkt, wenn eine Handvoll Stroh aus der Dachbedeckung des Hauses der Verdächtigten im Hause des »Opfers« verbrannt wurde. Aber sobald Besucher kamen und ihr Mitgefühl ausdrückten, kamen die Anfälle mit außerordentlicher Heftigkeit zurück. Ann beharrte darauf, zwei ältere Frauen der Hexerei zu beschuldigen.

Sogar König James I. zeigte persönliches Interesse an dem Fall. Mehrere Ärzte untersuchten sie, und alle kamen sie zu dem Schluß, daß das Mädchen an übernatürlichen Störungen litt. Interessanterweise hatte Ann, bevor die Störungen anfingen, das Buch *»The Witches of Warboys«* gelesen, in dem die berüchtigte Hexerei der Familie Warboy beschrieben wird und das die Volksfantasie etwa 15 Jahre vorher beflügelt hatte. Bei diesem Buch handelte es sich um eine verbreitete Erzählung, die anscheinend Ann dazu inspirierte, die Symptome der Verhexung nachzuspielen. Der Ausgang des Falles ist nicht klar überliefert, aber drei angeklagte Frauen, wie auch Ann selbst, wurden verdächtigt, zu hexen oder Verhexung zu simulieren.[30]

Dies sind genug Fallbeispiele, in denen Kinder die auslösende Rolle spielten. Ein Buch ließe sich mit solchen Episoden füllen. Und genau dies ist es, was Ronald Seth tat: Sein Buch *»Children against Witches«* (»Kinder gegen Hexen«) katalogisiert eine lange Liste und teilt die jugendlichen Ankläger in zwei Kategorien ein: (1) Jene, die behaupteten, daß sie gewisse Personen bei der Ausübung von Hexerei gesehen hätten. (2) Jene, die behaupteten, unter *maleficia* zu leiden.[31]

Das Phänomen, daß pubertierende Mädchen Visionen haben, Symptome angeblich übernatürlichen Ursprungs zeigen und völlig unschuldige Mitbürger beschuldigen, ist im Rahmen einer psychologischen Theorie verständlich, die voraussetzt, daß in den Jahren der Pubertät die Beeinflußbarkeit einen Höhepunkt erreicht. Dieser Gipfel wird besonders intensiv erlebt, wenn das Kind von unfreundlichen Bedingungen umgeben ist, wie etwa von allzu strengen Eltern oder einer repressiven Religion. Das Kind mag dann versuchen, natürlich unbewußt, aus diesen Beschränkungen zu entrinnen, indem es sich in die Fantasie flüchtet.[32]

Die Fantasie solcher Kinder wird stark angeregt, wenn sie Umstände erfinden können, die Mitleid erwecken. Damit entkommen sie nicht nur einem unliebsamen Zustand, sondern werden auch wegen der Plagen, unter denen sie unschuldig leiden müssen, gehätschelt und bedauert.

Was läßt sich zusammenfassend über die »Opfer« oder Ankläger der Hexen sagen? Es scheint, daß wir weitere sozialpsychologische Studien brauchen, bevor wir klar zwischen bestimmten mentalen Zuständen unterscheiden können. Ist die Bedingung des typischen »Opfers«, des anklagenden Kindes, eine Äußerung von bekanntem und erwartetem Rollenverhalten? Oder ist es ein Ausdruck einer Neurose, von unterdrückten Bedürfnissen, die sich zur Mythomanie steigern? Oder ist es das Symptom einer ernstlichen Psychose, eines geistigen Versagens beim Unterscheiden zwischen real und unreal? Oder ist es eine Mischung aus diesen Dingen?

Der Verfasser möchte, zumindest in der Mehrheit der Fälle, einer Mischung von Rollenspielvermögen und neurotischer Mythomanie der »Opfer« den Vorzug geben. Das nächste Kapitel wird sich mit einem dieser Aspekte weiterbeschäftigen, nämlich der Macht kultureller Symbole und Vorstellungen, die Rollenspiele hervorrufen.

Es erhebt sich noch eine zweite Frage. Was läßt sich über die Mentalität der Richter, Inquisitoren, Folterknechte und Helfershelfer sagen?

Es wäre abwegig, sie alle als entweder geistesgestört oder mit einem perversen sadistischen Gemüt beseelt zu beschreiben. Es gab wohl auch Sadisten, die weit über den Rahmen ihrer »Pflicht« hinausgingen. Eine Überlieferung berichtet von dem Fuldaer Zehntrichter Balthasar Voss, der mit Vergnügen die scheußlichsten Foltern veranlaßte und neue Folterinstrumente und -arten erfand. »Sogar an den höchsten Feiertagen verschaffte er sich das Vergnügen zu foltern, und öfter hörte man ihn sagen: ›Seyn größtes Vergnügen sey, wenn seine Inquisiten recht schreien und jammern. Er habe allein über 700 beiderlei Geschlechtes verbrennen lassen und hoffe, es über 1000 hinauszubringen.‹« Unter anderem war Voss dafür bekannt, daß er schwangere Frauen zu Tode quälte. So ließ er einige so lange auspeitschen, bis sie Frühgeburten erlitten und deformierte Embryos gebaren. Andere Verhaftete wurden während des Verhörs zu Krüppeln und Gelähmten gefoltert; und er versäumte selten, Verurteilte vor der Verbrennung noch extra mit glühenden Zangen zwicken zu lassen.[33]

Auch die Geistesverfassung der Hexenjäger ist gelegentlich fraglich. Einer der fanatischsten Hexenverbrenner war Nikolaus Remigius, der als Kriminalrichter in Lothringen in 15 Jahren 800 Hexen foltern und verbrennen ließ. »Zuletzt hielt er sich selbst für einen Zauberer, gab sich als solchen an und endete auf dem Scheiterhaufen.«[34]

Im allgemeinen jedoch folgten die »gelehrten« Inquisitoren und Juristen nur dem, was ihnen als logische Ableitung von etablierten und nicht in Frage stehenden theologischen Prämissen erschien. Und die ungebildeten Handlanger der Inquisitionsindustrie, die Folterer und Helfershelfer, »taten ihre Arbeit«. Wie Gesinde und Taglöhner waren sie nicht in der Lage, die Entscheidungen der »Höheren« in Frage zu stellen. Sie folgten Anweisungen, und sie folgten ihnen wahrscheinlich mit gutem Gewissen, in der Annahme, daß diese Anweisungen mora-

*Verfolgung von Hexen und Werwölfen im Fürstentum Jülich.*
*Hexen in Gestalt von Werwölfen fallen vor allem Kinder an. Ihre Verfolgung und Bestrafung in menschlicher Gestalt wird in mehreren Szenen dargestellt. (1591)*

lisch und legal gerechtfertigt und notwendig wären. Obwohl diese Tätigkeit geradezu nach Sadisten zu schreien schien, waren die Folterknechte und Scharfrichter nicht unbedingt von Natur aus grausam und sadistisch. Es gibt sogar einen Beleg dafür, daß die Folterer den Angeklagten baten, etwas zu sagen, *irgend etwas*, nur damit sie aufhören konnten, ihn zu mißhandeln. Ich meine damit den Fall des Johannes Junius, des Bamberger Bürgermeisters, der 1628 gefoltert und hingerichtet wurde.[35]

Folglich war es gewöhnlich nicht Geisteskrankheit oder -verwirrung, die die Gegner der Hexen veranlaßte, sie zu verfolgen und auszurotten, sondern die Macht des Glaubens, daß sie im Recht waren und das Richtige taten. Die meisten Forscher meinen, daß das Verhalten einer nur winzigen Zahl von Hexen und Hexenjägern als persönliche Geistesgestörtheit oder zeitweilige, chemisch erzeugte Sinnestäuschung oder Illusion verstanden werden kann. Statt dessen sehen sie die Bedeutung der Hexerei untrennbar verflochten mit sozialen Vorgängen und kulturellen Symbolen. Dies scheint sicherlich auch bei den fränkischen Bauern der Fall gewesen zu sein. Sie folgten der Tradition der Hexerei ebenso natürlich wie der christlichen Tradition, einer alten bäuerlichen Technik oder einem Verwandtschaftsmuster. Die Grundbedeutung der Hexerei liegt somit nicht in Geistesgestörtheit, sondern in kulturellen Symbolen.

## *Corporum mutatio in bestias*

Die Fähigkeit der Zauberer, sich in Tiere zu verwandeln, *corporum mutatio in bestias*, ist ein Thema, das sich in den meisten, wenn nicht allen Kulturen finden läßt, und die alten griechischen und römischen Schriftsteller wie Plato, Ovid, Plinius d. Ä., Vergil, Petronius und Apuleius erwähnen sie. Der Mythos war zum Teil bei den vorchristlichen nordisch-germanischen Stämmen ausgeprägt, die ihn in die mittelalterliche Vorstellung einbrachten. Nicht nur Leichtgläubige waren davon fasziniert, sondern – und das war noch bedeutsamer – Hysteriker und Geistesgestörte wurden zur Imitation angeregt. Obwohl die Tierverwandlung viele Formen haben konnte, gehörten zu den ausgewählten Tieren normalerweise jene, die in der gegebenen Gesellschaft am meisten gefürchtet waren. In Malaya verwandelten sich die Menschen zum Beispiel gewöhnlich in Tiger, in Island in Bären, in Afrika in Hyänen oder Leoparden, in Indien in Tiger oder Leoparden. In Europa war das am meisten gefürchtete Tier der Wolf, und daher bevorzugte ihn der Lykanthrop (der Mensch, der sich einbildete, er könne sich in einen Wolf verwandeln). Der Wolf wurde deshalb zu Europas verbreitetster Version der *mutatio*.[36] Diese besondere Sinnestäuschung war Anlaß zu vielen Verfahren.

Ich habe keine Belege dafür, daß Lykanthropie bei den fränkischen Hexenprozessen eine Rolle gespielt hätte[37], obwohl andere Formen der *corporum mutatio* Teil der allgemeinen Volksüberlieferung der Franken und ihres spezifischen Hexenbildes waren. So gehörten zur Vorstellung des »Wütenkers« auch Kreaturen, die als verwandelte Menschen betrachtet wurden. Auch der Incubus, die nachts den Schläfer quälende Hexe, erschien oft in metamorpher Gestalt, etwa als Katze, Hund oder fremdartiges menschliches Wesen.

In der Hexerei der Renaissance und den damaligen Prozessen des französisch-schweizerischen Alpenraums spielte die Lykanthropie jedoch eine tödliche Rolle.[38] Es gab Fälle, in denen bestimmte Individuen freiwillig gestanden, sich nachts in Wölfe zu verwandeln und Vieh totzubeißen und zu fressen. Diese Werwölfe behaupteten, im Dienste Satans zu stehen, und Charles Mackay fand einen englischen Jungen, der beschrieb, wie er »im Exzeß des Vergnügens aufheulte, als er mit seinen Zähnen das warme Fleisch eines Schafes auseinanderriß«.[39] Solche »Kriminelle« hielt man für zu verrucht, um erst gehängt und dann verbrannt zu werden; man verbrannte sie lebendig.

Vermutlich war der unbarmherzigste Verbrenner von Lykanthropen Henri Bouget, der Hexenjäger des französischen Jura, der darauf bestand, sie lebendig zu verbrennen, besonders die weiblichen. Seine Begründung war eine Mischung aus Theologie und merkwürdiger Psychologie:

> »Ich behaupte, daß es zum größten Teil die Hexe selbst ist, die als Totschläger umherläuft: nicht daß sie in einen Wolf verwandelt ist, sondern daß es ihr nur so scheint. Und dies kommt vom Teufel, der die vier Sinne der Hexe verwirrt, so daß sie repräsentiert, was immer ihr ihre Fantasie und Einbildung eingibt.«[40]

Lykanthropen standen bis in die 1720er Jahre vor Gericht. 1717 verurteilte ein Salzburger Gericht fünf Männer wegen Lykanthropie zu neun Jahren Galeerenstrafe in der venezianischen Flotte. Sie waren angeklagt, sich mit Hilfe von Salben in Wölfe verwandelt und über 400 Rinder getötet zu haben. Ein paar Jahre später ließ dasselbe Gericht Siman Windt für das gleiche Verbrechen köpfen und seinen Körper verbrennen. Vor der Hinrichtung dankte der Mann dem Erzbischof für die Gnade, vor der Verbrennung geköpft zu werden. In Moosburg wurde 1722 ein Mann aufgrund der Aussage einiger Jungen verhaftet. Unter schwerer Folter gestand er; später versuchte er, sein »Geständnis« zu widerrufen. Es nützte nichts: Er wurde in Landshut geköpft und verbrannt.[41]

Der Glaube an die Lykanthropie war weit verbreitet. Peuckert führt dafür Sagen aus den verschiedensten Teilen Europas an.[42] Aus Norddeutschland hören wir von einer Hexe, die sich in einen Werwolf verwandelte, um die Kühe des Nachbarn zu erlegen. Als ihr Ehemann erschien, der die wirklichen Umstände erriet und sie beim Namen rief,

*Kinderraub durch einen Waldmenschen. (Nach einem Holzschnitt von Lucas Cranach, um 1550)*

verwandelte sie sich in die menschliche Gestalt zurück, mit Ausnahme ihrer rötlichen Haare und glühenden Augen.

Zu den anderen nachgeahmten Tieren gehörten Werfüchse und Mannbären. Peuckert führt schweizerische Sagen an, die bei der ländlichen Bevölkerung allgemein verbreitet waren. Darin beobachtet ein Jäger einen unheimlichen Zug von Füchsen, die auf den Hinterbeinen durch den Wald marschierten. Er schoß auf einen von ihnen, erbeutete aber nur eine zurückgelassene Kutte. Man deutete dies so, daß es sich dabei um eine Gruppe von Werfüchsen auf dem Weg zu ihrem Gelage gehandelt habe.

In einer anderen Geschichte fand ein Jäger einen an einen Baum gebundenen abgemagerten Fuchs; er band ihn los, und das Tier verschwand im Wald. Jahre später belohnte ihn eine Dame, die sich als der Werfuchs zu erkennen gab, den er gerettet hatte. Sie erklärte ihm, sie sei vom Teufel für einen geringen Verstoß gegen eine seiner Regeln bestraft worden.[43]

Während es sich bei den meisten Geschichten dieser Art um Sagen handelte (die auch von den Leuten als solche betrachtet wurden), rührten einige von Ereignissen her, wo Menschen wirklich versuchten, Tiere zu imitieren. Ohne Rücksicht auf die Wirklichkeit konnten solche Geschichten als Modell für Verhalten dienen und Halluzinationen und geistige Abirrungen kanalisieren. Heute definieren Psychiater die Werwolf-Zwangsvorstellung als Lykorexie, wozu auch der wölfische Hunger gehört und die fixe Idee, ein grausamer Räuber zu sein. Er heult, ihn gelüstet nach rohem Fleisch, und er mimt die Bewegungen des Tieres. Praktisch *ist* er ein Tier. Er leidet an den Symptomen der Besessenheit.

Reginald Scots Erklärung von 1584, daß »Lykanthropie eine Krankheit ist und nicht eine Verwandlung«, kann nun verspätet, wenn nicht ganz, so doch teilweise, bewiesen werden; besonders in bezug auf die unheimliche äußere Erscheinung der Lykanthropen. Die medizinische und psychologische Fachliteratur nimmt heute eine Stoffwechselkrankheit namens Porphyrie an. Demzufolge ist es möglich, daß die uralten Geschichten über die Lykanthropie nicht nur Fiktionen sind, sondern eine übersinnliche Deutung eines medizinischen Problems.

Wenn Porphyrine, die von Natur aus als Blutfarbabbaustoffe im menschlichen Körper vorkommen, übermäßig zunehmen, tritt beim Betroffenen eine extreme Lichtempfindlichkeit auf. An dieser Erscheinung leidende Personen können das Tageslicht nicht ertragen, schon gar nicht direktes Sonnenlicht. Sie ziehen es daher vor, nach Einbruch der Dunkelheit das Haus zu verlassen. Die Porphyrine aktivieren auch Sauerstoffmoleküle im Körper in einer Weise, daß sie Zersetzung und eiternde Wunden am Gaumen und im weichen Bindegewebe um die Augen hervorrufen. Zusätzliche merkwürdige Symptome sind, daß die Zähne (und alles Kalziumhaltige) des Patienten zu fluoreszieren beginnen und die Körperhaare ungewöhnlich stark wachsen und möglicherweise das ganze Gesicht bedecken.

Das Erscheinen eines unter Porphyrie Leidenden in der Nacht kann daher so schreckenerregend sein, daß es zu einer übernatürlichen Erklärung Anlaß gibt: entzündete, gerötete, triefende Augen, lange glühende und möglicherweise deformierte Zähne, die durch Zahnfleischschwund entblößt sind, und ein Übermaß an Gesichtshaaren. In einer Vollmondnacht müßten diese Charakteristika sogar noch stärker auffallen und schaurig aussehen.

Mediziner sind der Auffassung, daß dieses Syndrom so überzeugend zur Beschreibung der mittelalterlichen und Renaissance-»Werwölfe« paßt, daß einige, vielleicht viele von ihnen, an Porphyrie gelitten haben mögen und als Hexen oder andere bösartige Geschöpfe betrachtet wurden.[44]

Diese Symptome waren für Leute ohne psychiatrische Kenntnisse furchterregend; sie konnten sich die Sache nicht anders erklären, als daß das Individuum vom Teufel deformiert wurde und daß diese Entstellung das Ergebnis einer freiwilligen Entscheidung war. Tatsächlich glaubte auch die wolfsähnliche Person selbst gewöhnlich, daß es sich um ein übernatürliches Phänomen handelte.

Dies galt auch für andere Umstände der Hexerei. Es gab zum Beispiel viele Fälle von Hexen, die glaubten, daß sie mit dem Teufel beim Sabbat verkehrt hätten, obwohl sie nachweislich nie ihr Bett verlassen hatten. Solche Zwangsvorstellungen, Halluzinationen und Visionen mögen manchmal die Folge von fortgeschrittenem Alkoholismus, Diabetes, Hypoglykämie, Depression, Unterernährung, Vergiftungen, Psychosen und Gehirnverletzungen gewesen sein.

## Die Frage der Drogen

In verhältnismäßig wenigen Fällen sprechen die Belege der Inquisition vom Gebrauch der Hexensalbe. Aus dem fränkischen Bereich hören wir erstaunlich selten darüber. Friedrich Merzbacher erwähnt in seinem umfangreichen Werk über die Hexenprozesse in Franken nur zweimal die Frage nach der Hexensalbe; einmal im generellen Sinne, als Folterknechte dazu angeleitet wurden, den Körper der zur Folterung geführten Gefangenen zuerst abzuwaschen, um gegebenenfalls schmerzmildernde Opiate zu entfernen; und zweitens hingerichtet wurde und neben vielen anderen Vorwürfen auch des Gebrauches einer Hexensalbe beschuldigt wurde, obwohl dafür keine Beweise vorlagen.[45]

Im französisch-schweizerischen Raum kamen solche Beschuldigungen häufiger vor. Monter erklärt zum Beispiel die Aussagen über den nächtlichen Sabbatflug als Drogentrance: »Aller Wahrscheinlichkeit nach waren es eher Drogen als Besenstiele, die Hexen hinauf in ihre Fantasiewelt trugen.«[46]

Julio Baroja gibt uns ähnliche Beschreibungen und Erklärungen aus dem spanischen Hexenwesen. Unerklärlicher- und unbelegterweise extrapoliert er diesen Punkt jedoch bis in unsere Zeit hinein und behauptet, daß »im heutigen Europa, besonders Zentraleuropa, arme Leute immer noch Pflanzen aus der Familie der Nachtschattengewächse als Opiate benützen... Sie fügen sie schwachen Bieren zur Aufbesserung zu.«[47]

Christiana Hole führt Berichte aus der englischen Hexenszene an. Demnach gestanden 1664 einige Somerset-Hexen, daß sie sich vor dem Sabbatflug mit Hexensalbe eingerieben hätten. Sie zitiert auch Francis Bacon, der in seinem *»Silva silvarum«* (1608) die Luftfahrten der Hexen als Drogentrancen interpretiert. Er meint jedoch mit wissenschaftlicher Nuance, daß diese Salbe nicht aus dem Fett von aus Gräbern geholten Kinderleichen und anderen unaussprechlichen Ingredienzen zusammengemischt wurde, sondern aus soporösen Pflanzenextrakten.[48]

Dieser Meinung schließt sich auch Edward Bever an, der das Benehmen mancher älterer Frauen in der Zeit der Verfolgung möglicherweise als drogenverursacht ansieht. Er glaubt, daß der halluzinogene Drogengebrauch in jener Zeit ein Phänomen unter älteren Leuten gewesen sei und daß diese Drogen eine tiefe soporöse Wirkung auf das Nervensystem älterer Menschen ausüben.[49] (In unserem Jahrhundert dagegen ist der Gebrauch von psychedelischen Drogen eine Jugenderscheinung, die wir besonders unter der Jugend der 1960er Gegenkultur beobachten konnten.)

Auch der amerikanische Anthropologe Marvin Harris stimmt dieser Auffassung zu und berichtet in diesem Zusammenhang über das Phänomen des »Träumens mit offenen Augen«, eine Erscheinung, die wir in einem früheren Kapitel im Zusammenhang mit der Incubus-Vorstellung besprochen haben. Allerdings meint Harris hier ein von Drogen und nicht von Alpträumen induziertes Erlebnis. Demnach fand Andrés Laguna, ein lothringischer Arzt im 16. Jahrhundert, einen Krug mit Hexensalbe, deren Analyse als Ingredienzen Bilsenkraut, Alraunwurzel und Schierling ergaben – alles soporöse Pflanzenstoffe. Er bestrich die Frau eines Metzer Henkers damit vom Scheitel bis zum Fuß. Im Beisein ihres Gatten beobachtete er dann, wie die Frau mit offenen Augen in einen tiefen Schlaf fiel. Erst nach langem Bemühen, nach 36 Stunden, gelang es den Männern, die Frau aus ihrer Trance zu schütteln. Sie beklagte sich zunächst, zu einer höchst ungelegenen Zeit aufgeweckt worden zu sein, denn sie hatte sich in den Lüsten und Freuden der Welt eingehüllt gefühlt. Grinsend drehte sie sich ihrem Mann zu und informierte ihn darüber, daß sie ihm eben Hörner aufgesetzt hatte, »mit einem hübscheren und jüngeren Liebhaber als du«.[50]

Diese Autoren und andere Historiker[51] und Wissenschaftler halten es also für möglich, daß manche Leute die psychedelische Trance als Wirklichkeit empfanden und tatsächlich glaubten, an dämonischen Handlungen teilgenommen zu haben. Insbesondere mögen sie geglaubt haben, den Hexenflug und den orgiastischen Sabbat erlebt zu haben. Diese Vorstellung mag ihre Selbsteinschätzung tief beeinflußt haben

»Hexen bei der Bereitung einer Hexensalbe«. (Holzschnitt von Hans Baldung-Grien)

und mag somit erklären, wieso einige Menschen die Hexen-Selbstdefinition erlangten. Die Hypothese lautet also: Von soporösen Pflanzenextrakten zur Kulturbild-Trance zur Selbstsicht.

Es scheint genügend zuverlässige historische Informationen darüber zu geben, daß die Blätter der Nachtschattengewächse manchmal geraucht oder gekocht wurden. Die am häufigsten verwendeten Kräuter waren das Bilsenkraut *(Hyoscyamus niger)*, der Eisenhut *(Aconitum napellus)*, der Stechapfel *(Datura sanguinea)* und die Tollkirsche *(Atropa belladonna)*. Die oft in Hexenprozessen erwähnten Absude und Salben bestanden möglicherweise aus diesen Drogen.

Der deutsche Pharmakologe H. Fühner überprüfte diese Drogen, meist Alkaloide, in den 20er Jahren und stellte fest, daß sie Schwindel, verzerrte Sicht, Koma, Schmerzunempfindlichkeit, sinnloses Lachen und alle Sorten von Halluzinationen erzeugten. Wenn man daraus eine Salbe bereitet und in die Haut einreibt, können sie Nervenzentren erreichen und narkotische Reaktionen auslösen – Reaktionen, die tatsächlich den Gebräuen der Hexen zugeschrieben werden: Trance, Träume vom Luftflug und Vorstellungen von Tanz und erotischen Erlebnissen.[52] Die Betroffenen waren nach dem Wecken von der Realität ihrer Träume überzeugt und ließen sie nicht einfach als Einbildungen abtun.

Zwei Akademiker waren neugierig – und mutig – genug, mit diesen Drogen an sich selbst zu experimentieren. Siegbert Frerkel befolgte 1954 das Rezept einer Hexe und rieb die Salbe auf seine Brust. Bald vergrößerten sich seine Pupillen, die Pulsfrequenz erhöhte sich, und er begann zu halluzinieren: Er sah dunkle, verzerrte Gesichter, rauschte mit großer Geschwindigkeit durch die Luft, schwebte über der Stadt und fand sich von anderen Gestalten beim Flug durch die Wolken begleitet. Schließlich begann alles im Kreis zu tanzen. Während all dem schien die Zeit stillzustehen.

Der Volkskundler Peuckert, ehemaliger Professor an der Universität Göttingen, experimentierte 1960 unter Verwendung eines Rezeptes aus der italienischen *»Magia naturalis«* des Giambattista Porta von 1568 und hatte ein mehr oder weniger gleiches Erlebnis: narkotischer Schlaf, wilde Träume, grausam entstellte Gesichter, die vor seinen Augen tanzten, die Wahrnehmung, meilenweit zu fliegen, und Einbildungen von orgiastischen Festen mit grotesken sexuellen Ausschweifungen.[53]

Während ich nicht an der persönlichen Integrität beider Experimentatoren zweifle, frage ich mich doch, bis zu welchem Grad die vorgefaßten Erwartungen die Richtung ihrer Halluzinationen beeinflußt haben. Vielleicht sind die LSD-Trips unter der Jugend der Gegenkulturbewegung in der westlichen Welt in den letzten beiden Jahrzehnten mit den Hexendrogen-Experimenten insofern vergleichbar, als sie ähnliche neurochemische Reaktionen hervorrufen, aber unterschiedliche Vorstellungsbilder erzeugen, die sich nach den verschiedenen vorgefaßten Einstellungen richten.

Bevor ich mit einigen Anmerkungen zur Gegenkultur fortfahre, möchte ich ein Wort der Bedachtsamkeit zur obigen Diskussion anfügen.

Schon bei der Synode von Ancyra im Jahre 314 drückten die Bischöfe ihre Betroffenheit über den volkstümlichen »Glauben an die Möglichkeit dämonischer Zauberei und die Möglichkeit von Nachtfahrten zu und mit Dämonen« aus.[54] Sie hielten dies für reine Illusion, die in ihren Gemeinden und Diözesen energisch zu bekämpfen sei. Und noch im Jahre 1310, anläßlich der Synode von Trier, sprachen sich die Kirchenfürsten gegen diese Vorstellung aus: »Kein Weib solle vorgeben, daß sie nachts mit der heidnischen Göttin Diana oder mit der Herodias ausreite. Denn das sei teuflischer Trug.«[55] Der Hintergrund dieser »nachtfahrenden Vorstellung« könnte wohl etwas mit einem altertümlichen Drogengebrauch zu tun haben.

Der deutsche Ethnologe Hans Peter Duerr erinnert uns daran, daß Drogentrance weniger den sogenannten Hexen zuzuschreiben sei, sondern mehr den vorchristlichen und heidnischen »nachtfahrenden Weibern«. Die Vorstellung des Nachtfluges gewisser Frauen bestand lange bevor die keltischen und germanischen Stämme zum Christentum bekehrt wurden. Es mögen diese heidnischen Drogengebräuche und -vorstellungen gewesen sein, die die frühen europäischen Christen wahrnahmen und dann später auf die als Hexen beschuldigten Frauen übertrugen. Diese Übertragung entspricht also nicht den wirklichen Drogenpraktiken der überwältigenden Mehrheit der sogenannten Hexen des Mittelalters und der Renaissance. »Wir haben gesehen, daß allem Anschein nach die Meinung, die Teufelsbündnerinnen schmierten sich vor ihren Flügen zum Sabbat ein, auf die nachtfahrenden Weiber zurückgeht, die sich tatsächlich mit teilweise ›halluzinogenen‹ Salben einrieben.«[56]

Interessant ist in diesem Zusammenhang, daß sich die Kirchenlehre dieser Wirklichkeit weithin anpaßte. Dadurch erklärt sich auch, warum sich die Inquisition verhältnismäßig wenig mit der Drogenfrage abgab. Duerr bietet dazu wieder eine aufschlußreiche Darstellung an. Anhand der Fastenpredigten des Johannes Geiler von Kaisersberg im Jahre 1508 zu Straßburg sehen wir, daß er die Behauptung der altertümlichen »nachtfahrenden Weiber« als Fantasie zur Seite schiebt, aber jene der zeitgenössischen Hexen als tatsächlichen Teufelstransport herausstellt. Er glaubte, »der teuffel kan ein ding von einem ort an das andere tragen... Daher kummet es, wann ein hex uff ein gabel sitzt und salbet die selbig und spricht die wort, die sie sprechen sol, so fert sie dan dahin, wa sie numen wil. Daz hat die gabel nit von ihr selber, die salb thuot es auch nit.«[57]

Aus der ehemaligen Drogentrance wurde also die leibliche Teufelsfahrt; und nur äußerst wenige, die man dieserhalb beschuldigte, hatten irgend etwas mit Drogen zu tun.

## Die Romantik der modernen Gegenkultur

Das auffälligster Merkmal der Gegenkulturjugend ist ihre Faszination von all dem, was sie für Magie und Mysterium hält. Psychedelischen Drogen wird dabei eine Schlüsselrolle zugesprochen. Deshalb verehrt diese Jugend den schwatzhaften Carlos Castaneda, der seit den 1960er Jahren mit Erfolg Bücher verkauft, in denen er seine magischen Erfahrungen unter der Anleitung eines obskuren *Yaqui-brujo* (Zauberers) namens Don Juan bezeugt. Er berichtet über sein »Flugerlebnis«, nachdem er eine aus der Datura-Pflanze hergestellte Salbe angewendet hatte.[58] Während das Alkaloid der Datura zur Erzeugung einer Flugempfindung durchaus tauglich ist, entbehr der Rest von Castanedas »Report« jeglicher Glaubwürdigkeit. Es macht verlegen, wenn der anderweitig urteilsfähige dänische Volkskundler Gustav Henningsen Castaneda als »Anthropologen« anführt und seine Schriften unhinterfragt als bewiesene wissenschaftliche Forschung annimmt.[59] Anscheinend war Henningsen sich zur Zeit seines Schreibens der ernsthaften Zweifel nicht bewußt, die amerikanische Anthropologen an dem »Bericht« Castanedas hegen. Diese Leichtgläubigkeit – im Gegensatz zu seinem fähigen Umgang mit der Geschichte der Hexerei Europas – verbündet ihn mit vielen College-Studenten, die Castaneda unkritisch akzeptieren und so ihr Verlangen offenbaren, einen Beweis zur Rechtfertigung ihres Magieglaubens zu finden. Sie übersehen, daß Castaneda keinerlei Beweise anführt, die auch nur einen Aspekt seiner »Erlebnisse« als tatsächlich erscheinen lassen.

Ich befasse mich mit diesem Punkt, weil ich in den vergangenen 20 Jahren in der Sonora-Wüste gelebt habe, dem angeblichen Schauplatz von Castanedas Geschichte, und ihm in fast allen Punkten widersprechen muß, wenn er die natürliche Umwelt beschreibt. Ich baute mein Haus direkt an die Grenze eines riesigen Wildnisgebietes (Superstition Mountains) und habe die Wüste mit Leidenschaft erforscht. Aufgrund meines Wissens über diese Umwelt bin ich überzeugt, daß Castaneda das, was er als »Beobachtungen« darstellt, frei erfunden hat.[60]

Sei es, wie es wolle: Das Prinzip, daß bestimmte Halluzinationen ihre eigene Realität erzeugen, kann nicht von der Hand gewiesen werden – vorausgesetzt, daß solche psychedelischen Erlebnisse wirklich stattfanden. Jedenfalls beeinflussen psychedelische Erfahrungen, wenn sie als Wirklichkeit hingenommen werden, die Persönlichkeit. Die Bedeutung solcher Eindrücke besteht darin, daß sie gegebenenfalls das Selbstbewußtsein verändern. Die Streitberger Geschichte von der Weitergabe der Hexenkunst von der Mutter auf die Tochter mag psychedelische »Trips« illustrieren, in denen die beiden Frauen annahmen, daß ihre Seelen durch die Nacht fliegen könnten, während ihre Körper zurückblieben. Sogar der skeptische Elliot Rose pflichtet bei: »Wenn diese Salben wirklich angewendet wurden, könnten sie das Element der aufrichtigen Selbsttäuschung in den Geständnissen erklären helfen.«[61]

# 6. Hexerei und die Macht der Symbole

Ein Symbol wird oft als bildhaftes Zeichen verstanden, das eine gewisse kognitive Vorstellung hervorruft. Eine wichtige Begleiterscheinung sind Emotionen, die dem Symbol einen Platz im Gefühlsleben des Menschen einräumen. So sind beispielsweise die Fahne des Vaterlandes, das Wahrzeichen einer Religion, der Militärorden oder der Drudenfuß offensichtliche Symbole, die gewisse Emotionen auslösen.

Man darf dabei aber nicht vergessen, daß diese Symbole auch in reiner Wortform bestehen können, also nicht notwendigerweise immer in bildlicher oder physischer Darstellung erscheinen müssen. So ruft bereits das Wort Hexe eine bestimmte kognitiv-emotionale Vorstellung hervor.

Ich will damit sagen, daß der Mensch ein symbolisches Wesen ist, und daß, ganz einfach gesagt, Worte Symbole darstellen. Jegliche Sprache kann deshalb als ein System von Symbolen betrachtet werden, mit dem Wort als grundsätzlicher Einheit.

Symbole dienen einem weit tieferen Zweck als lediglich zwischenmenschlicher Verständigung: Sie prägen ein Weltbild in unserem Verständnis, gestalten, was wir als wahrhaftig und real betrachten, und üben eine unübertroffene Macht auf unsere Psyche ebenso wie auf unseren Körper aus. Die Machtausübung auf den Körper kann sich manchmal in psychosomatischen Symptomen widerspiegeln, wobei die Weltdarstellung, die durch die Symbole hergestellt wird, zerstörende oder aufbauende Folgen für den Menschen haben kann, je nach der Natur der Symbole, denen er ausgesetzt ist.[1] Im extremsten Fall kann eine Person sich in die Rolle des »Sterbenden« versetzt verstehen – und tatsächlich sterben.

Derartige Sterbefälle sind für anthropologische Forscher, die Stammesangehörige in verschiedenen Erdteilen beobachtet haben, keineswegs Raritäten.[2] Solche Machtmanifestationen können natürlich auch ganz simpel als die Folgen von Gläubigkeit angesprochen werden. Aber da Gläubigkeit beinahe immer durch Symbole hervorgebracht und gefördert wird – werden muß –, kann man aufgrund der Unmittelbarkeit eine direkte Machtausübung der Symbole auf die menschliche Reaktion beobachten.

Was hat das alles mit dem Hexenwesen zu tun?
Die Vorstellung von den typischen Zügen der Hexerei muß offensicht-

lich durch symbolische Belehrung gezüchtet werden. Diese Belehrung ist informell, kann natürlicher Bestandteil einer Kulturepoche sein und wird durch Symbole (Worte, Definitionen, Glaubensartikel usw.) vermittelt.

Das Vorstellungsvermögen, das durch solche Einimpfungen erzeugt wird, kann so überzeugend wirken, daß es keineswegs einer schizophrenen Gestörtheit bedarf, um zu glauben, daß man Teufel und Dämonen sehe. Es ist der Zweck des vorliegenden Kapitels, diese sprachwissenschaftliche Theorie dem vorhergehenden Kapitel gegenüberzustellen.

Hexerei mit einer Geistesstörung gleichzusetzen, die die Hexen oder ihre Gegner und Verfolger befallen hat, ist bei modernen Gelehrten in Mißkredit gefallen. Obwohl in ein paar Fällen ein Körnchen Wahrheit daran sein mag, weisen die Sozialwissenschaftler im allgemeinen diese Gleichsetzung als oberflächliche Einstufung zurück, die die komplexeren Sozialprozesse und damit verbundenen kulturellen Symbole verschleiert. Sie sehen größeren Nutzen darin, sich auf die kulturellen Symbole zu konzentrieren, die das Hexenverhalten hervorrufen. Gewissermaßen waren Hexen und ihre Ankläger intelligent und sich dessen bewußt, was man von ihnen erwartete – und was sie letztlich *sein* sollten. Die Theorie des symbolischen Antriebs und der symbolischen Interaktion bildet den tauglichsten Rahmen, um die Bedeutung der Hexerei zu verstehen.

Wenn eine Kultur eine gewisse Rolle sozusagen anbietet, wird es immer einzelne geben, deren besondere Persönlichkeitsmerkmale sie wie geschaffen für diese Rolle erscheinen lassen. Dies gilt auch für die verschiedenen Rollen, die mit der Hexerei einhergehen: Hexe, Opfer, Ankläger, Verfolger usw. Symbole wirken somit als Organisatoren und Förderer des Verhaltens. Wie mächtig die organisierende Kraft der Symbole sein kann, wurde schon früher beschrieben, als ich von Religion und Magie und dem daraus hervorgehenden Verhalten sprach, einschließlich einiger erstaunlicher psychosomatischer Symptome.

Es ist daher völlig verständlich, daß kerngesunde, sogar ganz empfindsame und intelligente Menschen sich mit kulturellen Einflüsterungen einlassen, sich mit ihnen identifizieren und nach einer gewissen Zeit als Hexen oder deren Opfer daraus hervorgehen. Es gibt Berichte von Leuten, die sich ungeachtet ihrer Intelligenz darüber Gedanken machten, ob sie vielleicht ein Teufelszeichen an sich hätten. Da sie feinfühlig waren, mißdeuteten sie ihre eigenen Ängste als objektive Wahrheit der Hexerei. Was wir heute als abergläubische und unrealistische Furcht einordnen würden, war für sie unter den Bedingungen weitgehend unbestrittener kultureller Symbole ein Zeichen dafür, daß sie wirklich entweder Hexen oder deren Opfer wären.

Ein Beispiel aus der Zeit der Hexenverfolgung beschreibt eine ehrbare Frau, die, »weil sie eine Hexe genannt worden war, glaubte, eine zu sein, und den Richter fragte, ob es möglich wäre, daß jemand eine Hexe sein könne, ohne es zu wissen.«[3] Ein anderer Verdächtiger, ein

Wasserprobe.
Blieb die vermeintliche Hexe an der Oberfläche, so war sie leichter als normale Menschen und damit schuldig. Ging sie unter, so galt sie als unschuldig, ertrank dabei aber gleichzeitig meistens. (Holzschnitt, 16. Jahrhundert)

mitteloser Weber, gestand, ein Hexer zu sein. Gefragt, warum, erwiderte er: »Weil er den Teufel wie eine Fliege um die Kerze habe tanzen sehen.«⁴ Diese Beispiele sind keine Anzeichen von Geisteserkrankungen, sondern hauptsächlich einfältige Versuche, die Kulturbilder zu verstehen und ihnen gewisse persönliche Erfahrungen zuzuordnen. Wenn wir unbedingt von Pathologien sprechen wollen, so sollte man sie auf der kulturellen und nicht auf der persönlichen Ebene ansprechen.

In einem anderen Beispiel stimmte eine alte, häßliche Greisin mit der Stereotype überein, die sich die Gesellschaft von einer Hexe gemacht hatte, und baute diese Rolle vielleicht sogar noch aus, in die man sie gedrängt hatte. Ihre Erscheinung war so abstoßend, daß sie unweigerlich von allen, die sie kannten, als Hexe behandelt wurde. Sie ging extrem gebückt, hatte außergewöhnlich helle (man sagte »böse«) Augen, trug einen roten Umhang und bewegte sich an einer Krücke fort – kurz, sie war das *Idealbild* einer Hexe. Sie schien die Reaktionen, die sie bei anderen hervorrief, zu genießen, akzeptierte bereitwillig Hexereibeschuldigungen und verfluchte freizügig diejenigen, die sie beleidigten.⁵

Dieselbe Einfältigkeit taucht in den Berichten über die Hexenverfolger auf. Die meisten Hexenfinder waren vermutlich im Grunde ehrenhafte Leute, die an Hexen und an ihre eigene Fähigkeit, sie ausfindig zu machen, glaubten. Ein typisches Beispiel war Matthew Hopkins, ein bekannter Hexenfinder zu Zeiten des Hexenwahns in Essex. Dieser Mann führte verschiedene Proben durch, die angeblich die Identität einer Hexe offenbaren sollten. Darunter war auch die »Wasserprobe«, bei der Hände und Füße kreuzweise zusammengebunden und der Verdächtigte, in eine Decke gehüllt, auf dem Rücken in einen Teich oder Fluß gelegt wurde. Gingen die Geprüften unter, waren sie unschuldig (wenn auch in der Regel ertrunken); schwammen sie (was vorkommen konnte, wenn sie sorgfältig auf das Wasser gelegt wurden), befand man sie für schuldig und handelte entsprechend.

Wer könnte sagen, daß der Generalhexenfinder, wie man Hopkins nannte, unaufrichtig gewesen wäre? Er glaubte wahrscheinlich ebensosehr an kulturelle Symbole wie jeder andere auch. Die Gleichförmigkeit der »Geständnisse«, Visionen und Erscheinungen deutete die Macht des religiösen Symbolismus an, die auf die Bevölkerung seiner Zeit ausgeübt wurde, und nicht etwa die Tatsächlichkeit einer von Margaret Murray angenommenen Hexenorganisation.

Dies alles läuft auf einen Glauben an kulturelle und religiöse Symbole hinaus. Akzeptiert man diese Symbole, so wirken sie perfekt als Autosuggestionen. *Was ein Krankheitsbild zu sein scheint, ist im Grunde ein Glaubensbild.* Die Leute schrieben den Hexen bestimmte Fähigkeiten zu; die sogenannten Hexen identifizierten sich mit ihnen; somit wirkten die Fähigkeitsvorstellungen. Dies ist ein Prinzip, das allen magischen Glaubensformen und ihren oft ungeheuren Effektivitäten zugrunde liegt. Genau dasselbe Prinzip wirkt in den Wundern aller Kirchen und wird normalerweise in diesem Zusammenhang als eine *legitime* Machtmanifestation betrachtet, während man es im Zusammenhang mit Hexerei als *illegitime* Machtmanifestation sieht.

Heterosuggestion beruht ebenfalls auf der Anwendung von Symbolen und ist der Glaube, daß andere Menschen oder okkulte Wesen Macht über einen haben. Die große Mehrzahl der »Flüche« fällt genau unter diese Klasse von Suggestionen. Flüche funktionieren, weil kulturelle Symbole sie verstärken. So sehen wir vielerlei Ergebnisse: die Rolle des »Sterbenden«, sexuelle Verklemmung, dämonische Besessenheit und zahllose weitere.

Betrachten wir die Hexerei im symbolischen Zusammenhang, wird uns bewußt, daß es sich um ein selbstverstärkendes Phänomen handelt. Ob Jäger oder Gejagter, beide stützten ein System von Symbolen, das den Hexenglauben schuf. Es gibt keinen Zweifel, daß einer der Gründe, warum Hexerei so lange überleben konnte, in diesem Kreislauf der Selbstbestärkung lag, der von denjenigen, die daran teilnahmen, und jenen, die ihn verurteilten, unterhalten wurde. Der Prozeß war besonders dort wirksam, wo man ihn ungestört ließ und wo er sich in einer Gegend abspielte, die großenteils von den Einflüssen der städtischen deutschen Kultur abgeschlossen war. Fränkische Bauern zum Beispiel hielten an Ideen fest, die nichts mit der neuzeitlichen wissenschaftlichen Weltsicht zu tun hatten. Aber dies ist nicht der Hauptpunkt. Wichtig ist, daß jene Gedankenkonstruktionen, nachdem sie erst einmal eingeleitet waren, ein damit in Einklang stehendes Verhalten erregten und sich selbst am Leben erhielten.

Die Konstruktionen enthielten Rollendefinitionen. Rollen, wenn sie fest definiert sind, entwickeln ihre eigene Triebkraft und sind geeignet, sich der Unvorsichtigen und Uninformierten zu bemächtigen.

Bildung schützt nicht vor der Macht der Rollen. Der sogenannte Gebildete, dem wir durch die Geschichte des Hexenwahns begegnet sind, diente oft als überzeugendes Beispiel: Er klammerte sich pedantisch und fanatisch an eine absurde Vorgabe und folgte dieser Prämisse mit typischer Sorgfalt makellos in seinen logischen Schlüssen. Massen von »*Mallei maleficarum*« beweisen dies.[6]

Dieses Prinzip findet sich bei allen Typen der Hexenjagd. So griff beispielsweise in den 50er Jahren die McCarthy-Panik in den USA um sich. Nachdem die Realität einer »großen Verschwörung« etabliert war, konnte sie vielen politischen »Rettern« als Vorwand dienen, mit einem Minimum an Rücksichtnahme auf den Rechtsweg vorzugehen. Schuldzuweisungen aufgrund bloßer Assoziation und Rufmord wurden akzeptable Mittel, politische Macht auszuüben und »heimliche Verbrecher« auszumerzen.

Zu den weiteren Beispielen gehört die Verfolgung der Juden durch die Nazis, die Millionen für den Staatsfeind Nummer 1 hielten und die man als riesige Verschwörung definierte und vernichtete. Die Große Kulturrevolution des kommunistischen China brandmarkte einen erheblichen Teil der Bevölkerung als Reaktionäre, die eine ernstliche Bedrohung für das Volk darstellten und liquidiert werden müßten. Zu den allgemeinen soziologischen Dimensionen, die sich durch die verschiedenen Hexenjagden hinziehen, gehören die Verkündung großer Gefahr, die Konzentration auf Sündenböcke, der Versuch, die Bedrohung zu begrenzen und abzuwenden, und entweder das Umgehen des rechtmäßigen Gesetzesweges oder die Schaffung neuer, die Verfolgung vereinfachender Gesetze.

Eine der heimtückischsten Folgen der Hexenjagd ist die psychologische Wirkung, die sie auf die Opfer zu haben pflegt. Im Ablauf vieler Hexenprozesse erlitten die Angeklagten eine völlige Persönlichkeitsveränderung. Wenn die Hoffnungslosigkeit der Lage deutlich und Schmerz und Verzweiflung unerträglich wurden, legten sie die alte Identität ab und nahmen diejenige an, die ihnen von den Verfolgern aufgedrängt und oft aufgefoltert wurde. Dieser »Gehirnwäsche«-Effekt trat auch bei den Hexenverdächtigen in den Händen der Inquisition auf, die das Perverseste aus ihrer Vorstellungskraft mit dem kombinierten, was man allgemein über die Rolle der Hexe wußte. Sie legten unter Umständen eine Art Geständnis ab oder bewiesen ein Nachahmungsverhalten, von dem sie glaubten, daß man es von ihnen erwartete.

Die Furcht vor der Folter drohte immer denen, die diesen Erwartungen nicht entsprachen. Warum sollten sie es sich deshalb nicht einfacher machen, äußere Agonie vermeiden und die erwartete Rolle annehmen? Außerdem konnten Reumütigkeit oder freiwillige »Geständnisse« sie vor dem Scheiterhaufen bewahren – so hofften sie zumindest. Die Wiedererlangung der normalen Identität unter solchen verführerischen Umständen war vermutlich eher die Ausnahme als die Regel. Die persönliche Nachricht von einer bemerkenswerten Ausnahme ist uns durch einen Brief überliefert, der aus dem Hexengefängnis des Hexenbischofs Johann Georg II. geschmuggelt wurde. 1628 ertrug der Bamberger Bürgermeister Johannes Junius die Folter so lange, daß schließlich sogar die Wachmannschaft Mitleid zeigte und ihn bat, um Gottes willen etwas zu gestehen. Wenige Tage, bevor er am Pfahl verbrannt wurde, gelang es Junius, einen Brief an seine Tochter zu schikken, worin er schrieb:

> *»Zu viel hundert tausend guter nacht hertzliebe dochter Veronica. Vnschuldig bin ich das gefengnus kommen, vnschuldig bin ich gemartert worden, vnschuldig muß ich sterben. Denn wer in das [Hexen-]Haus kompt, der muß ein Drudner [= Hexer] werden oder wird so lange gemartert, biß daß er etwas auß seinem Kopff erdachte weiß, vnd sich erst, daß got erbarme, vf etwas bedencke...«* [7]

Diese erstaunlich geistesklare Haltung ist vermutlich die Ausnahme unter denjenigen, die in solche aussichtslosen Situationen geraten waren.

Leitschuh, ein Geschichtsforscher, der besonders Bambergs Hexenmanie untersuchte, lenkt unsere Aufmerksamkeit auf die überwältigende Wirkung, die die hohen Gerichtsherren und hochstudierten Geistlichen auf die zu verhörenden untertänigen und ungebildeten Menschen ausgeübt haben müssen. Allein schon vor gebildete Personen geführt zu werden und mit solcher scheinbaren Wissenssicherheit gefragt zu werden, bestätigte die Existenz all jener Dinge, die nun gefragt oder sogar unterstellt wurden.

> *»Da finden wir alte, kränkliche Weiber, die anfangs von ihrer Unschuld überzeugt, bald jedoch von der Würde des Richters erzitternd, furchtsam fragen, ob es möglich sei, mit dem Teufel in Verbindung zu stehen – und am Ende selbst überzeugt waren, gethan zu haben, was man ihnen schuld gab.«* [8]

Der Begriff der »Gehirnwäsche« dient als tauglicher Rahmen zum Verständnis solcher radikaler Wandlungen in der Selbstsicht des Betroffenen. Wer für eine beträchtliche Zeit von allen isoliert ist, die zu ihm gehören und ihm Kraft geben, wer gleichzeitig durch Gewaltmethoden wie auch durch wohlmeinendes Zureden ständig gedrängt wird, seine Verbrechen zu gestehen, legt gewöhnlich leicht ein falsches Geständnis ab. Es ist sogar möglich, daß er sich so sehr mit dem erfundenen Geständnis identifiziert, daß er seine wahre Identität aufgibt und daran zu zweifeln beginnt, wer er wirklich ist. Dies machte sich die Inquisition (wie auch die Gestapo oder die chinesische Gesinnungspolizei) zunutze. Es diente der Gehirnwäsche, dem Beschuldigten erst nach Monaten zu eröffnen, was ihm zur Last gelegt wurde, und ihm nur Gespräche mit Befragern zu erlauben, die dem Angeklagten unablässig einredeten, er solle die »Wahrheit« sagen.

In der Tat zeichnete die Forschung von Robert J. Lifton über die Geistesreform in China ein universales und zeitloses Bild dessen, was in allen Formen der Gehirnwäsche vor sich geht – beobachtbar ebenso bei den Hexenprozessen der Renaissance wie in den Konzentrationslagern unseres Jahrhunderts. Man vergleiche zum Beispiel die Gedanken eines katholischen Priesters, während er in einem chinesischen Gefängnis unter der Anklage antikommunistischer Aktivitäten saß, und bemerke dabei die gleichartige psychologische Bedrängnis:

> *Sie werden ihr falsches Geständnis bekommen. Aber ich möchte kein falsches Geständnis ablegen. Vielleicht gibt es einen Weg, etwas zu sagen, was nicht völlig unwahr ist, um sie zufrieden zu stellen – aber was? ... Ich habe die Wahrheit gesagt. Sie wollen die Wahrheit nicht. Ich habe nur einen Weg, herauszukommen: zu erraten, was sie wirklich wollen ...* [9]

Lifton teilt den Prozeß der Gehirnwäsche in mehrere Hauptschritte ein: (1) Erschütterung der Identität; (2) Erwecken von Schuldgefühlen;

*Tränenprobe.*
*Die Annahme, daß Hexen keine echten Tränen vergießen könnten, führte zu dieser absurden Prüfung.*

(3) Selbstverleugnung; (4) Zusammenbruch – totaler Konflikt und grundlegende Angst; (5) Milde und Gelegenheit, Buße zu tun; (6) Bedrängung zum Geständnis; (7) Kanalisierung der Schuld; (8) Umerziehung und die logische Verdrängung der früheren Identität und all dessen, was damit zu tun hat; (9) Fortschritt und Harmonie; (10) Schlußgeständnis: Abrechnung; (11) endgültige Geburt einer neuen Identität.[10]

Die übereinstimmenden »Geständnisse« aus den Hexenprozessen der Renaissance müssen als Folge identischer psychologischer Unterdrucksetzung der Opfer betrachtet werden. Wenn wir diesen psychologischen Vorgang nicht verstehen, fallen wir leicht auf Theorien wie der von Margaret Murray herein, die die gleichartigen Geständnisse als Beweis für die Existenz eines organisierten Hexenkultes und einer wahrheitsgetreuen Schilderung dessen, was dort vor sich ging, deutete. Der Ablauf dieses psychologischen Vorgangs wird in vielen Prozessen der Renaissance sichtbar, wo die Angeklagten »Verbrechen« eingestanden, die gänzlich illusorisch waren, und in dem Prozeß ihre wirkliche Persönlichkeit ablegten.

Mehrere Beispiele dafür entstammen dem langen Verfahren, das der Verbrennung von Hexen durch die spanische Inquisition in Logrono 1610 vorausging. Eines davon handelt von einer 40jährigen Frau aus den Pyrenäen, die nach 18 Monaten Haft verstarb und in dieser Zeit die unmöglichsten Dinge gestanden hatte; sie zeigte tiefe Reue und benahm sich wie eine gläubige Katholikin. Auf ihrem Sterbebett bat sie unter vielen Tränen um Gottes Vergebung.[11]

Die Quintessenz aus diesen Ereignissen ist, daß symbolische Bedeutungen sowohl die Verfolger als auch die Opfer in bestimmte Rollen drängten und daß diese Rollen substantielle Bestandteile ihrer Persönlichkeit wurden.

Abscheuliche Folterungen bei der Hexenverfolgung müssen unter dem gleichen Licht betrachtet werden und, ob es uns gefällt oder nicht, auch als sinnvolle Handlung. Die Anwendung der Folter war für gewöhnlich nicht dem persönlichen Hang der Inquisitoren nach sadistischer Erregung anzulasten, sondern weit häufiger deren Glauben, etwas Rechtmäßiges und Nützliches zu tun. Die theologische Meinung der Renaissance besagte auch, daß Satan oder ein Dämon durch die Folter getroffen werden könne. Man wollte also eine Austreibung aus der Person bezwecken, damit diese, wenn sie erst einmal davon befreit war, die Wahrheit sagen würde.[12] Die Anwendung der Folter war daher die verhaltensmäßige Umsetzung einer theologischen Prämisse.

In der Praxis mag dies anders gewesen sein. Meine Sichtung historischer Daten ergab wenige Anzeichen dafür, daß Folterknechte und Scharfrichter innegehalten hätten, um theologische Doktrinen zu erwägen. Ich zweifle, daß sie vor Erleichterung seufzten, wenn sie »Geständnisse« bewirkt hatten, und daß sie dem Gemarterten freudig gratulierten, daß er den Teufel losgeworden sei. Es scheint eher, daß die Ausführenden bei der Folter und Hinrichtung ihrem »Gewerbe« mit theologischer Indifferenz und persönlicher Unempfindlichkeit nachgingen.

Es ist interessant, daß die Legalisierung und Popularität der Folter von den Mittelmeerländern in die Länder Zentral- und Nordeuropas gebracht wurden. Folter war der germanischen Überlieferung fremd und fast unbekannt, bis sie durch die Römer eingeführt wurde und in der Renaissance ihren Höhepunkt erreichte.[13] Die Römer schufen somit, zumindest teilweise, aufgrund theologischer Überlegungen die Grundlage der Folter, und es ist bezeichnend, daß man feststellen kann, wie die Verbreitung dieses Gedankengutes mit der Verbreitung der Folter einherging. Neue Symbole schufen neues Verhalten.

Im Kern war die Hexenverfolgung wirklich eine Sache des Glaubens an den Satan. Im Hinblick auf das Motiv für die Folter sind wir der Wahrheit näher, wenn wir diese eher der Überzeugung der Richter und Verfolger von ihrer Pflichterfüllung zuschreiben als ihrem Sadismus. Solange der Glaube an einen inkarnaten Teufel ein Teil des christlichen Weltbildes bleibt, wird es auch den Glauben an Hexen als logische Ableitung daraus geben, der relativ immun gegenüber wissenschaftlichen Angriffen ist. Alles, was es bräuchte, um die Hexenverfolgung wieder anzufachen, ist eine Verbindung von kirchlichem Dogma und zivilem Strafrecht – und jeder, der es wagte, Hexerei für irrational oder abergläubisch zu erklären, würde als Atheist, Häretiker oder Hexe gebrandmarkt. Definitionen machen die Welt der Hexen real, und die symbolischen Wechselbeziehungen, die von diesen Definitionen ableitbar sind, würden ebenso respektiert und einen »natürlichen« Status erreichen wie jede andere fest aufrechterhaltene Tradition.

Wenn Symbole erst einmal fest etabliert sind – in Rollen, Ritualen und Glaubensformen –, vollzieht sich eine der faszinierendsten geistigen Wandlungen des Menschen: Unsere Wahrnehmung von der Welt um uns herum wird verengt und selektiv, und wir sehen und hören nur noch, worauf wir vorbereitet sind. Hexerei bietet hierfür treffende und oft fatale Beispiele. Nachdem man erst einmal angenommen hat, jemand sei eine Hexe, wird jeder Aspekt ihres Verhaltens als ein »Hinweis« darauf gewertet, daß diese Annahme richtig sei. Wenn solch eine Frau durch Wohlstand oder Selbständigkeit unabhängig ist, verdächtigt man sie der nächtlichen Metamorphose in eine herumstreunende stehlende Katze; ist sie bettelarm, meint man, sie sei hinter einem persönlichen Gegenstand her, um damit den Besitzer verhexen zu können; ist ihr Fenster nachts finster, sagt man, sie sei aus, um Zaubereien zu vollbringen; ist Licht in ihrem Fenster, so nimmt man an, sie studiere ihre Zauberbücher.

Sollte jemand die Verdächtigte verteidigen, kann der Verteidiger sich selber verdächtig machen und für einen Komplizen gehalten werden; sollte jemand sie anklagen und der Ankläger ist unbeliebt, kann auch er zum Verdächtigen werden, und man meint vielleicht, er wolle durch diese Beschuldigungen den Verdacht von seiner eigenen Hexerei ablenken.

Symbole sind Machwerke, die oft eine verblüffende Ansteckungsfähigkeit zeigen. Diese Ansteckung kann am Konsens über die minutiösen Einzelheiten aufgezeigt werden, die in der Rolle der Hexe stecken. In ganz Europa »wußte« man zur Zeit der Hexenjagd, daß die Hexe das Teufelszeichen trug, einem Zirkel angehörte, dem Satan huldigte und mit bösen Gebräuen und Salben hantierte. Die Bevölkerung entwickelte eine erstaunliche Übereinstimmung darüber, daß die Hexen diese oder andere Züge hatten.

> *»Der Volksglaube damaliger Zeit behauptete nicht bloß die Möglichkeit und das Vorhandensein der Hexerei, sondern wußte eine Menge von Einzelheiten, die durch Hexen bewirkt wurden. Die Hexe konnte auf Geheiß des Teufels Stürme erregen, Felder verwüsten, mit Krankheiten heimsuchen. Ja, sie konnte mehr: Auf einem Besenstiel in wenigen Minuten einige Hundert Meilen durch die Luft reiten, sich an einem Hexensabbath in der Nacht beteiligen, die Gestalt eines beliebigen Thieres, namentlich einer schwarzen Katze oder eines Wolfes annehmen und – morgens wieder ruhig im Bett liegen!«* [14]

Margaret Murray nahm diesen Konsens als Anzeichen eines organisierten Hexenkultes auf. Dementsprechend war für sie das Teufelsmal eine Tätowierung, die die Mitgliedschaft im Kult verriet. Der Zirkel war die Gruppe von devoten Okkultisten, »Satan« der in Tierhäute gehüllte Priester, die Gebräue und Salben waren pflanzliche Arzneien und psychedelische Drogen usw.

Sprachwissenschaftler und viele Historiker nehmen jedoch an, daß der Konsens vermutlich weniger auf einer Ansammlung von Fakten beruhte, sondern eher auf der Eindringlichkeit von Symbolen, die sich durch komplexe sozialpsychologische Prozesse im Mittelalter entwickelten. Die Hexenlehre war, anstatt auf Fakten gegründet, lediglich symbolisch oder delusorisch.

Die Ansteckungskraft der Symbole wird gefördert, wenn sie geschrieben sind. Die geschriebene Form verspricht Symbolen und ihren Bedeutungen ein langes Leben. Hier müssen wir der Rolle der »geheimen Bücher« gedenken, wie sie in vielen verschiedenen Kulturen zu finden sind. Die *»Bücher Mose«* verbreiteten und förderten die Hexerei unter den fränkischen Bauern (und auch in anderen Teilen Deutschlands) und bezeugen die verstärkende Wirkung des gedruckten Wortes, das sich mit Dämonenkunde befaßt. Das geschriebene Wort begünstigt oder verursacht sogar das Wiederaufleben von Traditionen, die ohne schriftliche Aufzeichnung ausgestorben wären. Ich denke an das gegenwärtige Wiederaufleben des Voodoo unter schwarzen Amerikanern, die in denselben kabbalistischen Büchern wie die Franken vergangener Generationen nach Schutz und magischer Macht suchen.

Von einem wissenschaftlichen Standpunkt können gewisse Ereignisse in unserer modernen Gesellschaft, wie etwa die »Besessenheit« der fränkischen Anneliese Michel in den 70er Jahren, als Rollenprägung machtvoller religiös-okkulter Symbole angesehen werden. Interessanterweise wurde das Material für Anneliese Michels Rollenspiel durch den weitbekannten Film »Der Exorzist« nicht lange vor dem Beginn der Symptome ihrer »Besessenheit« geliefert. Das exemplifiziert die Ansteckungsgefahr der Symbole.

Den Schatten dieser Gefahr erkenne ich wieder ganz deutlich in der Verbreitung des Buches »The Exorcism of Anneliese Michel« (von dem es auch eine deutschsprachige Ausgabe gibt) von der amerikanischen Autorin Felicitas Goodman. Darin beschreibt sie das gestörte Benehmen des Mädchens als wissenschaftlich belegte tatsächliche Besessenheit von fünf verschiedenen Teufeln. Man darf sich nun fragen, wie diese Bejahung eines mittelalterlichen Kulturbildes seitens einer »Wissenschaftlerin« diese Wahnvorstellungen weiterhin bestärken und verbreiten wird. Aufgrund persönlicher Gespräche weiß ich, daß manche deutschen Leser von Goodmans Buch tief beeindruckt worden sind, ja daß sogar Leser, die dieser Glaubenstradition anfänglich skeptisch gegenüberstanden, nun ihrer Skepsis unsicher geworden sind.

Zum Schluß ein Wort der Warnung. Jene, die mit dem Okkulten liebäugeln, sind gut beraten, mit Vorsicht vorzugehen, wenn sie Symbole übernehmen, um daraus einen Glauben aufzubauen. Die oft fehlende faktische Grundlage eines Glaubens oder einer Annahme mag in diesem Zusammenhang von geringerer Bedeutung sein; schließlich ist es das Wesen des Glaubens, die Wahrheit zu versichern, aber nicht notwendigerweise zu beweisen. Von größerer Wichtigkeit ist hierbei das Verständnis der potentiellen Konsequenzen von Symbolen: Während manche die Kraft haben, zu heilen und Menschlichkeit zu fördern, haben andere die Macht, zu zerstören und Unmenschlichkeit zu nähren.

# 7. Hexerei und Theologie

Jemandem, der sich der christlichen Orthodoxie verschrieben hat, wird es kaum Schwierigkeiten bereiten, sich die Hexerei zu deuten: Sie ist ebensosehr eine Wirklichkeit wie eine Häresie. Das mittelalterliche Hexenwesen ist tief in der christlichen Theologie verwurzelt, hat dort seinen Ursprung und holt sich von dort seine Nahrung. Und da die religiösen Prämissen, aus denen ihre Bedeutung wuchs, sich über die Jahre in ihrer Substanz nichts geändert haben, behält der Glaube an die Möglichkeit der Existenz des Hexenwesens seine ungestörte Gültigkeit. Wenn strenggläubige Christen versäumen, auf die Logik des Dogmas folgerichtig zu antworten, dann geschieht das nicht wegen eines Mangels an Glauben, sondern wegen eines Mangels an politischer Macht. Es ist durchaus vorstellbar, da es absolut logisch aus dem orthodoxen Dogma folgen würde, daß sie bei entsprechender sozialer und politischer Macht gegen »Hexenverdächtige« strafrechtlich vorgehen würden.

## Die Macht des Teufels

Um diese Gefahr gebührend zu würdigen, muß man verstehen, daß eine zentrale Figur des alten christlichen Dogmas unvermindert weiterbesteht: der Teufel.

Dieser Traditionalismus lebt nicht nur unter halbanalphabetischen Bauern fort, sondern ist bei vielen gegenwärtigen Scholastikern zu finden, die auf Deduktionen von archaischen Kirchenlehren beharren. Für sie enthält die Bedeutung des Hexenwesens keine Ambiguität: Es ist klipp und klar das Werk Satans und seiner Hexen.

Wird diese Voraussetzung einmal aufgestellt und akzeptiert, ist es nur ein kleiner Schritt, gewisse Menschen als Diener und Helfer, also als Hexen, zu verdächtigen und gegebenenfalls anzuklagen und vor Gericht zu stellen. Da Gott Satan unheimliche Macht gewährt hat, ist es innerhalb dieses theologischen Rahmens plausibel, daß er von Menschen Besitz ergreifen, sie für seine üblen Taten benutzen und sogar in Tiergestalten verwandeln kann.

Wenige gelehrte Doktoren der Kirche haben diese Möglichkeiten in Zweifel gestellt. Man fürchtete die Macht und List des Teufels über alles und vermutete sein Werk hinter allem Unheilvollen. *Er* war es, der wirklich im Mittelpunkt der Hexen- und Häresieprozesse stand; man sah seinen Schatten im Unwetter, im Unfall, in der Pest, der Hungersnot, den schwarzen Katzen und sogar in den dunklen Trüffeln, welche im Mittelalter als des Teufels Früchte galten, die der Spucke der Hexen entsprossen.[1]

Die komplizierte Frage, die sich dabei erhob, lautete, wie sich die Macht des Teufels mit der Macht Gottes vertrug. Die Antwort bestand – vereinfacht – darin, daß Gott dem Teufel diese Macht gewährte, damit die Menschen seiner Verführungskunst widerstehen und ihre Gottestreue beweisen können. Thomas von Aquin meinte, der Teufel könne alle Ereignisse und Veränderungen, die in der Natur vorkommen, nachahmen. Dies war ein überraschendes Bekenntnis, denn es gab zu, daß neben Gott noch eine beinahe ebenbürtige Macht existierte. Die einzige Überlegenheit Gottes bestehe in seiner Fähigkeit, Wunder zu wirken.

Die einfachen Menschen des Mittelalters waren also mit einem beunruhigenden Zwiespalt des Lebens und des Universums konfrontiert. Wie konnten sie zwischen gottgeschaffener und vom Teufel erfundener oder nachgeahmter Natur unterscheiden? Die Unschuld der Natur lag in Trümmern. Eine beängstigende Ungewißheit muß über ihrem Leben gelegen haben. Alle und alles konnte nun in Verdacht geraten. Es war also leichte Sache für die Inquisitoren, Schiedsrichter oder Richter schlechthin zu spielen.

Die Praxis der Inquisition mißachtete jedoch häufig die Nuancen der Kirchenlehre und schien dem Teufel durchaus die Macht einzuräumen, diabolische Wunder zu wirken. Wie sonst ließe sich die Fähigkeit des Teufels erklären, Menschen durch die Luft zu transportieren? Die Schwerkraft aufzuheben ist gewiß keine natürliche Nachahmung der Natur. Solche Mißachtungen tauchen in vielen Einzelheiten der Hexenprozesse auf. Soldan verweist auf ein Beispiel in Bamberg, wo eine »Hexe« (unter Folter) »gestand«, daß sie kürzlich im Friedhof das Grab eines Kindes ausgegraben hätte, um dessen sterbliche Überreste in ihrer Hexenbrühe zu verwenden. Ihr Gatte erreichte jedoch, daß man das Grab öffnete, und man fand die Überreste des Kindes ungestört vor. Trotzdem entschied der Richter, entgegen eigener Anschauung, daß diese körperlichen Formen nur eine Erscheinung, eine Illusion Satans seien, und beharrte auf dem »Geständnis« der Frau. Das verzweifelte Weib wurde verbrannt.[2]

Thomas von Aquin war vorsichtiger in seinen Auslegungen. Obwohl er beispielsweise fest daran glaubte, daß Geschlechtsverkehr zwischen Dämonen (oder dem Teufel selbst) und Menschen möglich sei, glaubte er nicht an eine richtige Befruchtungsmöglichkeit seitens eines dämonischen Incubusses, da ja solche Wesen keinen eigentlichen Leib hätten und ihn lediglich nachahmen oder vortäuschen könnten. Und doch gab es Fälle, wo Frauen durch solche geschlechtlichen Verbindungen schwanger geworden sein sollten.

*Hexensabbat.*
*Links oben: Kinder werden dem Satan geweiht.*
*Rechts oben: Taufe im Namen des Satans.*
*Links unten: Empfang satanischer Schriften.*
*Rechts unten: Satan empfängt seine Jünger zur Audienz.*
*(Aus: Francesco Maria Guazzo, Compendium maleficarum. 1626)*

Wie wären solche biologischen Kunststücke zu erklären? Thomas hatte die Antwort: Der Incubus stiehlt den Samen eines unschuldigen Jünglings während einer seiner nächtlichen Emissionen, trägt ihn schnell (denn er muß ja warm bleiben, um seine Befruchtungskraft zu bewahren) zu einer Frau und schüttet ihn ihr in die Gebärmutter. Der Vater ihrer Leibesfrucht ist demnach nicht der Dämon, sondern der unwissende Jüngling, von dem der Samen gestohlen wurde. Dadurch kann also, ohne daß ein Wunder gewirkt wurde, ein Mann zugleich »Jungmann« und Vater sein.[3]

Es sei hier an eine in einem früheren Kapitel erwähnte Darstellung im *»Malleus maleficarum«* erinnert, wonach ein Incubus, den Bischof imitierend, eine Frau verführen wollte. Den damaligen Gelehrten wäre es durchaus glaubwürdig erschienen, daß dieser wohlgetarnte Dämon der Träger von Samen eines unschuldigen Jünglings gewesen sein könnte - eines Jünglings, der noch mit spontanen Emissionen beglückt war, welche leider älteren Bischöfen fehlen. Eine neue Frage wäre jedoch entstanden, wenn eine Kopulation stattgefunden und das resultierende Menschenkind unverkennbare Züge des Bischofs manifestiert hätte. Ich vertraue jedoch Thomas von Aquins Lehrkunst, daß er auch diese Frage irgendwie zur Zufriedenheit des Klerus gelöst hätte.

Der Teufel, grundsätzlich ein geistiges Wesen, hatte *ipso facto* die Fähigkeit, Menschen gegenüber unsichtbar zu sein - mit der Ausnahme von Hexen, für die er sichtbar war. Diese Voraussetzung hatte bei manchem Prozeß interessante Folgen. Die Teufelsbuhlschaft einer Hexe konnte sehr leicht zeugenlos stattfinden, da niemand außer der Hexe den Teufel sehen konnte. Also brauchte sich das Gericht gar nicht auf Zeugen zu stützen. Solche Buhlschaften oder andere Assoziationen mit dem Teufel wurden durch »Geständnisse« bewiesen. Es gab praktisch keine Verteidigung gegen solche Beschuldigungen, da die Inquisitoren Fragen wie »Wer hat es gesehen?« oder »Wer kann es beweisen?« nicht berücksichtigen mußten.

Dem grausamen Spiel der theologischen Logik unterlagen gewöhnlich alle Beschuldigten. Der Versuch des Gegenspiels kam den meisten verschüchterten und verzweifelten Leuten gar nicht erst in den Sinn - und geschah es doch, dann verloren sie trotzdem. Dem berüchtigten Dominikaner und Inquisitor Nikolaus Jacquier, der gegen die Hussiten vorging, wurde der Fall einer überraschend scharfsinnigen Verteidigung vorgelegt. Eine »geständige Hexe« behauptete, Frau X beim Sabbat gesehen zu haben. Frau X wies das zurück und sagte, daß der Teufel sie personifiziert und imitiert habe. Der Inquisitor befahl, die Beschuldigung aufrechtzuerhalten, es sei denn, Frau X könne den Teufel als Zeugen herbeirufen und von ihm glaubwürdigen Beweis erheben, daß er mit der Genehmigung Gottes gehandelt habe. Sollte sie das nicht fertigbringen, wäre ihre Verteidigung Lug und Trug.[4]

Die Rolle des Teufels fand seinen erschreckendsten Ausdruck in der Anwendung der Folter. Wir haben im Kapitel »Hexerei als Geisteskrankheit oder Drogensymptom« (siehe Anmerkung dort) bereits die

Frage gestellt, ob Pflichterfüllung oder Sadismus die Motivation zur Folter war, und sind zum Schluß gekommen, daß gewöhnlich impersonale Pflichtausführung die Basis darstellte. Diese Basis muß weiter untersucht und im Lichte theologischer Voraussetzungen betrachtet werden. Obwohl in manchen Fällen (häufig in der fränkischen Jurisprudenz) materielle Gier und persönlicher Sadismus als Motiv zu verzeichnen sind, war die Folteranwendung meistens eine Sache des religiösen Eifers. Zu foltern war nicht nur gerichtlich legitim, sondern auch theologisch angeraten. Die Hexe war nicht nur Verbündete des Teufels, sondern auch sein oder seiner Dämonen Besitz. Diese Besitzergreifung mußte gebrochen werden, und in der Folter sah man eine diesbezüglich wirksame Technik.

Jeder Prozeß war ein Kampf zwischen himmlischen und höllischen Mächten, und die Seele der Hexe war das Pfand des Sieges. Ein reumütiges »Geständnis«, auch wenn dabei die Folter den Leib in Stücke riß und sie doch noch lebendig von den Flammen verzehrt wurde, brachte ihr das Heil der ewigen Erlösung, während das »Nicht-Geständnis« ewige Verdammung bedeutete. Ironischerweise hieß dies, daß ihr die Folterknechte, je schärfer sie zugriffen, einen um so größeren Gefallen taten. Diese Ausgeburt menschlichen Denkens, die in unmenschliche Behandlung ausartete, hatte also eine theologische Konzeption, wobei die Teufelsfigur wieder die Mitte der Bühne einnahm.

Wie sah nun die bildliche Vorstellung vom Teufel aus? In seiner Exegese kam Isaac Asimov zu dem Schluß, daß das Wort »Teufel« oder »Feldteufel«, wie wir es in Luthers Übersetzung der Bibel vorfinden (z. B. im 3. Buch Moses, 17,7), vom hebräischen *sairrim,* »wilde Ziegen«, abstammte. Die Griechen der Antike modifizierten dieses Konzept und vermuteten darin Naturgeister in menschlicher Form, aber mit den Hörnern, Hufen, Schwänzen und haarigen Hintern der Ziegen, die sich immer im Zustand sexueller Erregung in der Natur tummelten. Sie nannten sie *Sátyros,* wovon der moderne Ausdruck Satyriasis (eines Mannes exzessiv sexuelle Lust) abgeleitet wurde. Dieses Bild bürgerte sich in der christlichen Teufelsvorstellung ein[5] und wurde zum Standardbild des Teufels während seines Präsidiums beim orgiastischen Hexensabbat.

Es muß betont werden, daß die Vorstellung vom Teufel keineswegs auf das Naiv-Bildhafte begrenzt war, sondern tiefe psychologische Selbstinterpretationen hervorrief. In aller Ehrlichkeit fragten sich anscheinend manche gläubigen Christen, ob ihr Benehmen ein Zeichen dafür sei, unabsichtlich mit dem Teufel verbündet zu sein. Der Inquisitor Delcambre kannte manche Person mit üblem und unehrlichem Charakter, deren Unschuld in Sachen des Hexenwesens er jedoch nicht bezweifelte. Eigenartigerweise widersprachen ihm einige davon selbst und kamen mit freiwilligen Geständnissen zu ihm. Sie interpretierten ihre eigenen schlechten Gedanken als das Werk des Teufels und wollten lieber beichten und büßen, als ewige Verdammnis zu riskieren. Wenn sie Geschichten hinzufabrizierten, die von Hexentänzen und der

Metamorphose in Tiergestalten sprachen, mögen sie es getan haben, um den Erwartungen der hohen gelehrten Herren der Inquisition entgegenzukommen.[6]

Überhaupt dürfen wir nicht aus den Augen verlieren, daß sich das ganze mittelalterliche Christentum auf Schuldgefühlen aufbaute. Bereits das immer wieder gepredigte Konzept der »Erbsünde« vertiefte den naiven Massenglauben an die grundsätzliche Schlechtigkeit des Menschen. Mit diesem Grundgedanken rückte die Idee vom Teufelsbündnis und der Hexenverschwörung in den Bereich des durchaus Möglichen.

Die Gelehrten und Inquisitoren waren überzeugt, daß das »Geständnis« ein genügender Beweis sei, und mißachteten dabei die offensichtliche Tatsache, daß die Folter *jeglichen* »Beweis« lieferte, den man forderte. In den freiwilligen Geständnissen ignorierten sie psychiatrische Phänomene wie Sinnestäuschungen, Halluzinationen und andere Symptome von Geistesgestörtheit. Heute würde man Personen, die sich zum Beispiel vorstellten, in Tiere verwandelt zu sein, nicht auf den Scheiterhaufen, sondern in ein Krankenhaus überweisen. Ebenso fehlte den gelehrten Meinungen jegliches Verständnis für das soziologische Phänomen der Rollenannahme und -ausführung.

Das heißt aber ganz und gar nicht, daß heutzutage der moderne Mensch, einschließlich der Geistlichen, dieses un- oder vorwissenschaftliche Gedankengut verworfen hätte. Ein Beispiel dafür kommt aus der akademischen Szene, wo man eigentlich psychiatrische oder soziologische Interpretationen erwarten dürfte. Der Dominikanerpater, der die katholischen Studenten an der Arizona State University betreut, schob in einer Vorlesung 1983 jeglichen Zweifel an einem inkarnaten Teufel beiseite und bekräftigte die mittelalterliche Vorstellung des Teufels und seiner Fähigkeit, sich in inkarnaten Verstellungen zu manifestieren. Oder denken wir an den katholischen Priester Montague Summers, der in diesem Jahrhundert den *»Malleus«* übersetzte und ihm im Vorwort Lob und Preis zukommen ließ.

Es ist interessant, daß das geschehen kann, ohne eine Welle des Protestes innerhalb wie außerhalb der Kirche auszulösen. Man fragt sich wieder, was geschehen würde, hätten solche Autoritäten die Macht, das mittelalterliche Dogma öffentlich zur Geltung zu bringen. Joseph Hansen erinnert uns: »Es ist nicht die Theologie gewesen, welche die Menschheit von der Plage des Hexenwahns wieder befreite.«[7]

Grundsätzlich sollte ganz klar erkannt werden, daß die katholische Kirche die Prämissen der Hexenverfolgung niemals öffentlich zurückgenommen hat. Da jedoch bestimmte historische Tatsachen nicht vollkommen unterdrückt oder ignoriert werden konnten und können, wurde in den auch von der Kirche selbst im Rahmen ihrer Ausbildung benutzten Geschichtsbüchern die Verfolgung von Hexen entweder bagatellisiert oder deren Beschreibung als kirchenfeindliche Übertreibung klassifiziert.

Die Entkriminalisierung der Hexerei wird heutzutage nur von der mehr als dünnen und veränderbaren Barrikade der modernen Legislatur bewacht. Dieser Schutz ist schwach, da er sich nicht unbedingt mit volkstümlichem Gedankengut, geschweige denn mit theologischen Überlieferungen deckt. Charles Mackay warnt uns, daß das Wurzelwerk des Hexenwesens immer noch am Leben ist und daß »ein weiterer König Jakob VI. es wieder wuchern lassen könnte; und noch schlimmer, daß ein weiterer Papst wie Innozenz VIII. die halbverfaulten Wurzeln wieder zu Stärke und Wachstum anregen könnte«.[8]

Es besteht keine Veranlassung, uns auf die fränkische Landbevölkerung und deren katholischen Klerus zu beschränken, wenn wir nach zeitgenössischen Beispielen für mittelalterliches theologisches Denken suchen. Robert Balch, der gegenwärtig Hexenglauben und Satanismus in den nordwestlichen Vereinigten Staaten untersucht, berichtet, daß »... viele Christen sich im wörtlichsten Sinne vor Hexerei und Satanismus fürchten. Weil sie so von Furcht besessen sind, öffnen sie sich faktisch dem Risiko dämonischer Besessenheit«.[9] Er beschreibt das, was in vielen Staaten der USA an der Tagesordnung ist: Man hält dämonische Besessenheit für eine Realität in der Welt der protestantischen Pfingstgemeinden – in einer Welt, in der Satan als wirkliches Wesen existiert, in der Dämonen reale Wesen sind und in der alle Formen menschlichen Leids dem Satan und seinen dämonischen Helfern zugeschrieben werden. Der oben erwähnte englische Pfarrer Summers schrieb zwischen 1933 und 1958 mindestens 17 Bücher und spricht von Institor und Sprenger, den Verfassern des »*Malleus maleficarum*«, und von Bodin, dem spitzfindigen Juristen, mit einer Ehrerbietung, als ob sie Förderer der Humanität gewesen wären. Umgekehrt kritisiert er jene freizügig, die der Hexerei angeklagt waren, und nennt sie ungläubig, verdammenswürdig und widerwärtig. Sogar die fragwürdigsten mittelalterlichen Gesetze und Edikte sind nach seiner Meinung heute noch zu verteidigen.

Ich muß jedoch einfügen, daß die obigen Beispiele keineswegs für die moderne christliche Theologie repräsentativ sind. Es gibt heutzutage eine breitere Streuung in den Auffassungen moderner Theologen als in der Vergangenheit. Für viele heutige Theologen war die Hexenjagd ein bedauernswerter Fehler, und sie versuchen, die theologische Prämisse, aus der sich dieser Fehler ergab, zu psychologisieren. Daher sehen sie das Böse, den Satan und die Hexen als Abstraktionen, die, wie sie uns versichern, nicht wörtlich genommen werden sollten. Für sie sind diese Figuren »nur« von symbolischem Wert und dienen lediglich zur Begrenzung menschlicher Sündhaftigkeit und Fehlbarkeit.

## Vom »Canon Episcopi« zu den »Mallei Maleficarum«

Solche Phänomene können jedoch niemals nur als symbolische Werte betrachtet werden. Symbolisch mögen sie sein, aber ihre Konsequenzen im menschlichen Glauben sind äußerst real. Die menschliche Torheit hat im Laufe der Geschichte eine kompulsive Neigung zum Ausdruck gebracht: Abstraktionen verwandelten sich in konkrete Inkarnationen, und den symbolischen Werten entstiegen physische Wesen.

Dieses menschliche Verlangen, aus Abstrakta konkrete Darstellungen oder inkarnate Repräsentationen hervorzuzaubern zu wollen, ist einer der Gründe, warum die Kulturgeschichte sich nicht in einer ständig aufwärtsstrebenden Linie entwickeln und eine unumstößliche Reife erzielen kann. Das Bestehen auf das Greifbare ist den Massen zu eigen, kann sich in jeglicher historischen Situation mit großem Eifer äußern, kann lebenskluge philosophische und psychologische Einsichten in das vorwissenschaftliche Nichts zurückschrumpfen lassen. Das geschah in einem gewissen Maße im Falle des *»Canon episcopi«*, des Kodex der christlichen Lehre, der bis in das 13. Jahrhundert hinein von allgemeiner Gültigkeit war.

Ein Teil des *»Canon«* entsproß den christlichen Bemühungen, heidnische Vorstellungen zu denunzieren. Darunter war der Glaube, daß gewisse gefährliche Frauen der Göttin Diana zu Diensten standen und mit ihr des Nachts heimlich und windesschnell auf Tieren über weite Strecken durch die Luft dahinritten.

Der Glaube an die nachtfahrenden Weiber scheint besonders stark unter den germanischen Stämmen ausgeprägt gewesen zu sein und bestand wahrscheinlich unabhängig von ähnlichen Ansichten der Römer. Im Zuge der Christianisierung dürfte aber wohl eine gewisse Synthese zwischen den alten germanischen Anschauungen und dem römischen Dianaglauben zustande gekommen sein. Der frühest geschriebene germanische Gesetzeskodex, das fränkische *»Lex salica«*, betrachtete das Phänomen der Nachtfahrenden als Wirklichkeit – vielleicht als größere Wirklichkeit als die Römer, da wir in keinem römischen Gesetzbuch davon lesen.

Ein Bericht des Bischofs von Arles aus dem sechsten Jahrhundert erwähnt einen Dämon, den die einfachen Leute Diana nannten. Ein anderer Bericht aus derselben Zeit beschreibt, wie ein christlicher Eremit aus der Trierer Gegend eine Dianastatue zerstörte, die zweifellos römischer Abstammung war und von der einheimischen ländlichen Bevölkerung verehrt wurde. Weiter östlich, im heutigen Franken, war der Kult noch im siebten Jahrhundert lebendig, und der missionierende englische Bischof Kilian starb als Märtyrer, als er die Ostfranken von ihrem Dianakult abwenden wollte.

Diana, die Göttin der Jagd und Liebhaberin der Nacht, wurde auch mit Hekate, der Göttin des Zaubers, in Verbindung gebracht. Man glaubte, daß sie mit einem Gefolge von Frauen durch die Nacht ritt – Frauen, die entweder einen gewaltsamen Tod erlitten hatten oder nicht begraben worden waren. Andere Gleichsetzungen verwickelten Herodias (die Frau des Herodes, die den Tod Johannes des Täufers verschuldete) in die heidnische Vorstellung von den Nachtfahrenden.[10] Der *»Canon«* wandte sich entschieden gegen diese Vorstellungen. Er

*Hexenritt. (Aus: Johannes Scherr, Germania)*

bezeichnete sie als Wahngespinste, die möglicherweise im Traum vorkamen, aber bestimmt nicht in der Wirklichkeit. Die Erklärung war also eher psychologischer als theologischer Natur. (Man hielt es jedoch für möglich, daß der Teufel diese Träume eingab, um Menschen zu verwirren und ihnen Traum als Wirklichkeit vorzugaukeln.) Jedenfalls galt die Vorstellung der leiblichen Nachtfahrt solcher Wesen als Lug und Trug.

Dieser Zweifel an der Körperlichkeit der »Strigen« und »Lamien« wurde jedoch nach und nach durch die Scholastik abgebaut. Der Glaube der kirchlichen Obrigkeit an die wirkliche und leibliche Nachtfahrt machte sich erstmals im 14. Jahrhundert bemerkbar. Zwischen 1384 und 1390 standen zwei Frauen vor dem Tribunal der Mailänder Inquisition (deren eigentliches und ursprüngliches Ziel die Bekämpfung der Katharer, insbesondere in Südfrankreich, war) und wurden schuldig gesprochen: nicht wegen ihrer Vorstellung, Diana auf ihrer Nachtfahrt gefolgt zu sein, sondern wegen ihrer »tatsächlichen Nachtflüge«. Die Frauen wurden hingerichtet und gehören wohl zu den ersten Opfern einer christlichen Interpretation der nachtfahrenden Weiber – eine Interpretation, die dem »*Canon*« weit entrückt war.[11]

Der volkstümliche Glaube an die »Frauen der Nacht« reicht allein nicht aus, um die Hexenjagd der folgenden Jahrhunderte zu erklären. Er legitimierte jedoch den Eifer der Hexenjäger, sich unzählige unschuldige Opfer aus der Bevölkerung herauszugreifen. Die »nachtfahrenden Weiber« wurden als eine gefährliche, geheime und häretische Organisation beschrieben, deren Oberhaupt kein anderer war als der große Dämon, der Teufel selbst. Hier finden wir also den tragischen Übergang von den nachtfahrenden germanischen Frauen zu den teuflischen Hexen, denen man Dämonendienst, kannibalistische Perversion und orgiastische Ausartung zuschrieb.

Die Hexenjagd erreichte erst massive Ausmaße, nachdem die Obrigkeiten selbst von der Wirklichkeit der Nachtfahrt überzeugt worden waren – denn ohne diese Nachtfahrt gäbe es ja keinen Hexensabbat, keine Orgien und keine häretischen Zusammenkünfte.

Das 15. und 16. Jahrhundert war auch die Zeit, in der Dutzende großer und kleiner »*Mallei maleficarum*« geschrieben wurden, die die Körperlichkeit der nachtfahrenden Hexen nicht nur als Tatsache hinstellten, sondern auch als Glaubensartikel, dessen Bezweiflung bereits mit Häresie gleichbedeutend war. Freilich stolperte man da über die Voraussetzungen des »*Canons*«; aber geschickte Rationalisierungen versöhnten die Gegensätze. Zum Beispiel behauptete im Jahre 1450 der Dominikaner und Inquisitor von Carcassonne, Jean Vineti, daß die Hexen eine *neue* Häresie darstellten, von der der »*Canon*« einfach keine Ahnung haben konnte. Diese Häresie stehe in keinerlei Zusammenhang mit den alten ländlichen Glaubensformen, die die Kirche in der Vergangenheit toleriert habe.[12]

Der eigentliche »*Malleus maleficarum*« von Krämer (Institoris) und Sprenger (1486) müßte sich unter anderem mit derselben Umstellung ab. Die auszeichnenden Charakteristika dieses Werkes sind die *Vollständigkeit* der Hexenvorstellung und die *Anwendungsfähigkeit* für die Hexenjäger. Ansonsten ist es kein einzigartiges Buch. Der alte »*Canon*« wird hier nicht als fehlerhaft, sondern als unvollständig hingestellt. Er meinte, so Krämer und Sprenger, daß der Lufttransport der Hexen in der Fantasie und auch in Wirklichkeit geschehen könne und daß diese Stipulation »nur oberflächlichen Lesern des ›*Canon*‹ entgehen könne«.[13] Diesen »oberflächlichen« Lesern sei die Meinung der gelehrten Doktoren der Kirche entgegengesetzt, wonach körperlicher Nachtflug sowie die Metamorphose in Bestien gar wohl möglich seien. Und überdies, so fahren die beiden Dominikaner fort, haben wir die klaren Geständnisse von Frauen, die zugeben, daß sie leiblich durch die Luft zum Hexentanz fuhren.

Unter anderem bemühte sich der »*Malleus*«, die weltlichen Obrigkeiten mit ihren Gerichten für die kirchliche Sache zu engagieren. Das gelang ihm insofern, als gewöhnlich *maleficia* identifiziert werden konnten. Um einen Beschuldigten auf den Scheiterhaufen zu bringen, war das jedoch nicht immer notwendig. In den fürstbischöflichen Gebieten (wie im Würzburger oder Bamberger Land) wurde eine Trennung zwischen weltlichen *maleficia* und theologischer Häresie sowieso kaum getroffen. So wurden beispielsweise in Würzburg viele »Hexen« keineswegs aufgrund schädigender Taten verurteilt, sondern lediglich aufgrund angeblicher Verletzungen katholischer Glaubensartikel. Die vage Beschuldigung, »Gott verleugnet zu haben«, genügte, um eine Hinrichtung einzuleiten. In einem Würzburger Dokument vom Jahre 1629 lesen wir:

> »*So werden auch Viel hingericht, Daß sie Gott verläugnet, unndt auf täntzen gewesen, haben sonsten kein mensch beleidigt.*«[14]

Krämers und Sprengers »*Malleus*« wurde zum Prototyp vieler Nachfolger. Dutzende von »*Hämmern*« und »*Peitschen*« fachten die Hexenmanie an. Ein kurzer Querschnitt: Pierre de Lancre (1553–1631), Rechtsanwalt in Bordeaux, untersuchte das Baskenland und brüstete sich seiner 600 Verbrennungen; zu seinen Werken gehören »*Du Prince*« (1617), »*Inconstance des Démons*« (1612) und »*Incrédulité*« (1622). Henri Boguet (1550–1619), Richter im schweizerisch-französischen Juragebiet, schrieb eines der berühmtesten Werke zur Dämonologie, das in den ersten 20 Jahren durch 12 Auflagen ging, »*Discours des Sorciers*« (1602). Nicolas Remy (1530–1612), Richter in Nancy, wütete in Lothringen, verbrannte 900 Hexen innerhalb von 10 Jahren und bedauerte, daß er nicht mehr auf den Scheiterhaufen brachte, da ein Dutzend vorher Selbstmord beging: »*Demonolatreiae*« (1595). Der Dominikaner Michaelis (um 1600), dessen Beschreibung des Hexensabbats alle anderen einschlägigen Werke an Farbe, Detail und Fantasie übertrifft: »*Histoire d'une Pénitente*« (1613). Der Jesuit Martin del Rio (1551–1608), der vielen Verbrennungen in Spanien vorsaß und es bereits als Beweis der Hexenschuld ansah, wenn jemand an Beschuldigungen zweifelte und meinte, gewisse Indizien wären Trug oder Illusion: *»Disquisitiones Magicae«* (1599). Paulus Grillandus (um 1500), päpstlicher Richter zu Rom und Arezzo, der aus vielen »Geständnissen« tragikomische Beschreibungen des Hexensabbats in einer ernstgemeinten Sammlung zusammentrug: *»Tractatus de Hereticis et Sortilegiis«* (1520). Bartolommeo Spina (1475–1546), Dominikaner und Theologe zu Rom, machte es sich zur Aufgabe, den *»Canon episcopi«* systematisch umzuinterpretieren, so daß Nachtfahrt, Metamorphose und Geschlechtsverkehr zwischen Mensch und Dämon als Wirklichkeit erschienen: *»Questio de Strigibus«* (1523).

Die Liste könnte weiter fortgesetzt werden. Es genügt aber, sich vor Augen zu halten, daß unzählige klerikale und weltliche Männer ihr Leben der Hexenjagd widmeten und Werke schrieben, die ihr Treiben rechtfertigen sollten. Der *»Canon episcopi«,* der heidnische Vorstellungen von körperlich-übernatürlichen Vorgängen bekämpfte, wurde in den Hintergrund gedrängt, und eine christliche Version ehemaliger paganer Vorstellungen rückte in den Vordergrund: der Glaube an den körperlichen Nachtflug, die magisch-teuflische Metamorphose von Menschen in Tiere und der Geschlechtsverkehr zwischen Dämon/Teufel und Mensch. Die Nachtfahrt barg ganz besonders schwerwiegende Implikationen in sich, denn nur durch solchen Transport konnte man die Teilnahme am Sabbat und damit die organisierte Häresie erklären.

## *Protestantisch-katholische Varianten in der Hexenbetrachtung*

Katholiken wie Protestanten gründeten ihre gegen die Hexen gerichtete Orientierung auf das Mosaische Gesetz, vor allem auf die bekannte Passage im Exodus 22,17, *Maleficos non patieris vivere* (»Du sollst eine Hexe nicht am Leben lassen«), und auch auf die Leviten 20, 6, 27, wo Medien, Hexen und Zauberer mit Verbannung oder Tod durch Steinigung bedroht werden. Auf dieser breiten Grundlage in der Heiligen Schrift sprudelten hinfort kirchliche Handlungen zur Verurteilung der Hexerei, darunter 1486 der alle anderen übertreffende *»Malleus maleficarum«,* der die Gesetzgebung des Heiligen Römischen Reiches in Form der 1532 erlassenen *»Constitutio Criminalis Carolina«* beeinflußte, welche die Todesstrafe für eine Reihe besonderer Rechtsverletzungen zuließ, die im allgemeinen in Verbrechen der Hexerei enthalten waren.

Zu diesen Kapitalvergehen gehörten Blasphemie, Sodomie (einschließlich der Kopulation mit dem Teufel), Zauberei (wie sie in der Bamberger Halsgerichtsordnung von 1507 definiert war) und Ehebruch (angewandt auf verheiratete Hexen, die angeblich Sex mit dem Teufel trieben). Sie verhängte den Feuertod für schädigenden Zauber (harmlose Zauberei sollte nach des Richters Gutdünken bestraft werden) und sexuelle Perversionen (Tiervermischung, Homosexualität). Diese Gesetzgebung konnte durch örtliches Recht und die Launen der örtlichen Regenten ergänzt werden, solange sie nicht der Grundhaltung der »Carolina« widersprachen. Somit war die gesetzliche Handhabung des Verbrechens der Hexerei ebenso auf weltliche wie kirchliche Füße gestellt: die Bibel, Kirchentradition, Reichsgesetz und örtliche Gesetzgebung. Diese Quellen bildeten mehr oder weniger den Ausgangspunkt für Katholiken und Protestanten, die beinahe gleichermaßen vom Übel der Hexerei überzeugt waren. Die allgemeine christliche Kosmologie kannte den Teufel als eine zentrale Figur, als notwendige Gegenfigur zum allmächtigen christlichen Gott – wie hätte man anderweitig das Böse erklären können? Die frühen Hebräer mußten sich mit dieser Frage nicht befassen, weil sie das Böse dem Einfluß von Stammesgottheiten zuschreiben konnten. Mit der Einführung des Monotheismus mußte jedoch das Böse durch einen von Gott eingesetzten Teufel erklärt werden in der Absicht, das Bild einer allmächtigen Göttlichkeit aufrechtzuerhalten.

Luther stand den katholischen Kirchenvätern nicht nach, wenn es sich um Dämonen und Hexen handelte. Er glaubte an Teufelspakt und -buhlschaft der Hexen und an die Verstellungs- und Überredungskunst der Dämonen. Unter anderem war er davon überzeugt, daß seine eigene Mutter von einer Hexe belästigt wurde.[15] In den 1520er Jahren verkündete er, Zauberer und Hexen seien die Huren des Teufels, die Milch stahlen, Stürme erweckten, auf Ziegen und Besenstielen ritten, Menschen lähmten und verstümmelten, Kinder in ihren Wiegen quälten und Dinge in andere Formen verwandelten.[16]

Sicherlich unterschied sich diese Tirade wenig von jenen, die vom katholischen Klerus überliefert sind. Aber bald bürgerten sich Abweichungen zwischen den beiden christlichen Religionen ein. Keith Thomas sah dies folgendermaßen:

*Wenn die Abgrenzung zwischen Magie und Religion in der mittelalterlichen Kirche verwischt war, so wurde sie von den Propagandisten der protestantischen Reformation wieder mit Nachdruck gekennzeichnet. Von Anbeginn an kritisierten die Feinde des römischen Katholizismus die magischen Implikationen, die sie in einigen grundsätzlichen Aspekten des Kirchenrituales enthalten sahen.[17]*

Luther und Calvin verlagerten ihre theologische Führung von der kirchlichen Tradition auf eine größere Berufung auf Schriften und den Glauben. In ihrem Festhalten am Prinzip *sola scriptura* kamen sie zur Annahme der Rolle des Teufels und der Realität des Hexenpaktes mit dem Teufel. Sie gelangten zu einem Verständnis des Exodus 22,18, ohne den Gewinn zu nutzen, der sich aus der Exegese des Erasmus aus dem originalen hebräischen Text ergab, der eine andere Interpretation dessen, was die Bibel mit »Zauberern« und »Hexen« meinte, zugelassen hätte. Kirchliche Praktiken wie auch alte Volksmagie zur Abwehr des Teufels und seiner Hexen wurden als Aberglauben verdammt, sogar als Blasphemien, und dem protestantischen Leben weitgehend entfremdet. Eine Folge war, daß der Protestantismus die Praktiken von Exorzismen und Segnungen abschaffte, da er den Kirchenmännern die Macht absprach, Geistern *befehlen* zu können. Nur Gott allein traute man diese Macht zu; und alles, was der Mensch dazutun konnte, war, Gott um die Gnade zu bitten, den Teufel zu entfernen.

Ebensowenig Vertrauen in menschliche und kirchliche Macht zeigte sich in der Ablehnung alter Volksbräuche, die sich auf *geweihte Dinge* bezogen, also auf die wohltätige Konsekration, die die mittelalterliche Kirche anbot und generell Häusern, Ställen, Tieren, bäuerlichen Produkten und Gegenständen angedeihen ließ. Dasselbe galt auch für Talismane zur Abwehr alles Bösen. Protestanten sahen Schutz im abstrakten Glauben und standen Fällen von Besessenheit und Verhexung ohne greifbare Verfahren und rückversichernde Rituale gegenüber. Sie gingen so weit, daß sie die beschwörenden Aspekte des formalen Gebets abschafften und vom Latein zur Umgangssprache wechselten. Thomas führt ein Beispiel an, wonach beschlossen wurde, das Gebet um die Bewahrung vor einem gewaltsamen Tod abzuschaffen, weil es eine besonders anstößige Beschwörung Gottes wäre.[18]

Wir können nur das Ausmaß des psychologischen Unbehagens erahnen, das sich aus der liturgischen Sterilität ergeben haben muß, die unfähig war, den Leuten, die eigentlich an die Tätigkeit des Teufels glaubten, etwas sinnlich Greifbares anzubieten.

Hand in Hand mit dem Abnehmen des kirchlichen Schutzes ging unter den Protestanten auch eine Abnahme bestimmter Aspekte der Hexerei einher. Monter fand, daß die neue Doktrin den Hexen nicht soviel Macht einräumte, wie der Katholizismus es tat. Im französisch-schweizerischen Jura war die hagelmachende Hexe ein typisch vorreformatorisches Phänomen, das in protestantisch gewordenen Gegenden drastisch abnahm, aber in katholischen eine allgemein verbreitete Erscheinung blieb. Protestantische Behörden neigten dazu, Naturkatastrophen, speziell Hagelunwetter, als »Gottes Fügung« zu interpretieren – eine Interpretation, die sich darin widerspiegelte, daß Hexen extrem selten bekannten, Hagel verursacht zu haben. Aber eine »Fügung« beeindruckte die katholischen Regierungen nicht; es gab eine große Anzahl von Geständnissen des Hagelmachens sowohl vor als auch nach der Reformation. Ebenso nahm der Glaube an die Werwölfe durch den Einfluß der Reformation ab.

Aber Protestanten akzeptierten bereitwillig und früh (im 16. Jahrhundert) das *signum pacti,* das Teufelsmal, da sie die Rolle des Teufels und des Hexenpaktes anerkannten. Obwohl ohne großes anfängliches Interesse, akzeptierte der Katholizismus schließlich die Bedeutung dieses Hexencharakteristikums im 17. Jahrhundert.[19]

In der Zwischenzeit schöpften die Katholiken weiterhin aus dem reichen Repertoire an Ritualen und Sakramenten, um sich des Teufels und der Flüche seiner Hexen zu entledigen. Die katholische Hierarchie, besonders die Verfasser des »*Malleus maleficarum*«, versicherten ihren Anhängern, daß die Kirche viele wirksame Schutzmittel gegen Hexen austeilen könnte: Weihwasser, Kreuzzeichen, geweihte Kerzen, Kirchenglocken, gesegnete Pflanzen, geweihte Medaillons, die am Körper getragen wurden, geweihte Rosenkränze und die sieben Sakramente (von denen der Protestantismus nur Taufe und Abendmahl beibehielt). Dies waren die Mittel, mit denen sich der loyale Katholik der Immunität gegen oder der Heilung von teuflischen Flüchen versichern konnte. Die fränkische Heilerin, die das »Anfangen« betrieb, war die volkstümliche Verteilerin mancher dieser religiösen Schutzmittel.

Die Reformation verließ sich auf die Schrift, hegte Vertrauen in den religiösen Glauben, unterstrich Gottes Fügung und entließ die alten mechanischen Schutzmittel als leere, wirkungslose Gesten. Kurz, ein bedeutender Teil des reformatorischen Kampfes richtete sich gegen »mechanische« Magie. Infolgedessen wurden farbenreiche und empfindungsbetonte Elemente aus der religiösen Tradition verstoßen. Die Öde der neuen Religion nahm zu, je mehr sie die Wichtigkeit von Schutzengeln und die vermittelnde Macht von Heiligen verleugnete – und trotzdem die Realität des Satans und des Wirkungskreises seiner weltlichen Herrschaft betonte.

Es ist daher nicht verwunderlich, daß Protestanten, die sich bei einer Konfrontation mit der Hexerei hilflos fühlten, die alten katholischen Formeln wieder hervorholten. Ich erinnere an den Bauern, der den Gößweinsteiner Priester bat, seinen Stall zu exorzieren, und an Norddeutsche und Ostpreußen, die dem mittelalterlichen Teufelsaustreibungsritual anhingen, über dem verhexten Butterfaß ein Kreuz schlugen und den »süßen Namen Jesu« aussprachen. Wenn all dies fehlschlug, wendeten sie sich sogar an Gesundbeterinnen.

Ein jüngeres Beispiel kommt aus dem Dorf Mailach, nicht weit vom westlichen Rand der Fränkischen Schweiz, wo man 1960 feststellte, daß evangelische Bauern gelegentlich Weihwasser und Weihrauch der Katholiken verwendeten, um ihre Ställe zu exorzieren, sobald sie bei Erkrankungen von Tieren Hexenwerk argwöhnten. Dieses teilweise Anhaften an kirchliche Magie kann zum einen durch die fortgesetzte Beobachtung solcher Riten in vorreformatorischer Zeit oder durch spätere kulturelle Diffusion erklärt werden, wobei Protestanten katholische Bräuche wieder aufgegriffen hatten.

Es scheint, als habe der Protestantismus seine Anhänger in eine unerträgliche Position gezwungen, indem er die Realität der Hexerei zuließ, ihnen aber gleichzeitig die Verabreichung wirksamer Schutz- und Heilmittel versagte. In Wahrheit war die Situation wohl nicht ganz so pessimistisch, wie es klingt, denn standfester *Glaube* an Gott war ein unüberwindlicher Schild gegen Angriffe des Satans auf die *Seele*, während er Leib und Güter relativ ungeschützt ließ. Diese leibliche und materielle Ungeschütztheit erlaubte dem Teufel, diesbezügliche Schäden zuzufügen. Die protestantische Theologie interpretierte diese Schadensmöglichkeit folgendermaßen: Durch solche Schadenszufügungen könne der Teufel die Geschädigten versuchen, vom rechten Weg abzuweichen und weltliche Not durch Magie oder Teufelsbündnis zu befriedigen. So fange der Teufel die Seelen. Wer also Magie benutze, um sich gegen die materiellen Attacken des Teufels (und seiner Hexen) zu schützen, könne zwar zeitweilige Erlösung in dieser Welt erlangen, sich damit aber ewige Verdammnis einhandeln.

Schließlich gehörte zur jenseitsorientierten Ausrichtung auch das Vertrauen in die Vorsehung. Der Calvinismus führte dies weiter zu einer logischen Schlußfolgerung und vermittelte seinen Anhängern das Konzept der Prädestination (Vorausbestimmung) – allerdings mit der Abwandlung, daß jene, die mit materiellem Erfolg gesegnet waren, *ipso facto* als Auserwählte charakterisiert wurden. Dieses Merkmal des »Auserwähltseins« muß eine der einfallsreichsten Rationalisierungen der Menschen gewesen sein. Sie erlaubte den Reichen, sich ihres Reichtums zu erfreuen, und zwang die Armen, sich ihrem Schicksal zu ergeben. Jedoch gab es auch für die Armen eine Möglichkeit, den Status der Auserwählten zu erreichen: reich zu werden und somit das »Merkmal« zu erwerben.

Und wie konnte man reich werden, wenn man arm anfing? Durch *Arbeit!* Nach Max Webers Buch *»Die protestantische Ethic und der Geist des Kapitalismus«* war dies die Geburtsstunde des kapitalistischen Ethos. In jedem Falle war es eine den Wohlhabenden angenehme Lehre, und jene, die sie unbequem fanden, konnten immer an die Vorsehung erinnert werden und an den unergründlichen Willen Gottes. Diese Lehre besaß eine kuriose Selbsterweisbarkeit und konnte nie kritisiert werden, weil jeglicher Status quo immanenterweise sein eigenes Beweismittel war: Wenn es den Bösen an den Kragen ging, war es Gottes Strafe; wurden die Rechtschaffenen gebeutelt, war es Gottes Prüfung.

Mit der Reformation, besonders der calvinistischen Version, erhob sich somit eine Krise des rituellen Schutzes, und die Dinge mußten in viel abstrakterer Form ausgedrückt werden. Eine interessante Theorie vermutet, daß sich die Menschen in der vorreformatorischen Zeit schützen konnten, indem sie die Vorschriften der Kirche befolgten und die magischen Rituale der Kirche genossen. Dadurch wurde die Hexenverfolgung verhindert oder zumindest verzögert. Die Reformation zerschlug diese Schutzmittel und leitete den Niedergang der kirchlichen Magie ein. Das soziale System hielt es nun für notwendig, legale Aktionen gegen eine Gefahr zu ergreifen, die ihr zum erstenmal aus der Hand zu gleiten drohte.[20] Dies erklärt zwar nicht in allen Gebieten die Hexenverfolgung, doch halten es Keith Thomas und Ronald Finucane für einen starken Auslösefaktor in England. Finucane sieht in der englischen Reformation einen Abbruch der volkstümlichen religiös-magischen Tradition und eine Anregung zur Bildung von Ersatz-Aberglauben und des Geschäftes der *cunning men* (Hexenbanner).[21]

In anderen Teilen Europas mag das Aufleben der Verfolgung nicht so sehr durch die eigentliche Reformation geschürt worden sein, sondern mehr durch die der Reformation unmittelbar vorhergehende Kritik seitens einflußreicher Intellektueller. Dieser Angriff auf den Glauben an die Wirksamkeit der kirchlich-liturgischen Magie raubte ihr den Nimbus. Das Ergebnis: Entweder zertrümmerte der Angriff die liturgisch-magischen Schutzmittel, und man fühlte sich den Machenschaften der Hexerei ausgeliefert, oder die Kirche wehrte ab und sann auf Gegenangriff. In beiden Fällen verstärkte sich die Angst vor dem Bösen und feuerte die Hexenverfolgung an. Die Verringerung der magischen Nischen in der mittelalterlichen Kirche – auf dem Kontinent als vorreformatorischer Vorgang und in England als eigentliche Reformation – drückte sich also in erhöhter Verfolgung aus.

Was immer man an anderen Gründen für die Hexenjagd noch auflisten könnte, Thomas ist überzeugt, daß spezifisch der Glaube an den Teufel und allgemein die christliche Religion Vorbedingungen für die Verfolgung waren:

> »*Theologen aller Gattungen rückten nicht davon ab, daß des Teufels Tücke tatsächlich existierte, und die Protestanten verneinten zusätzlich, daß es möglich sei, sich mit kirchlichen Mitteln wirksam gegen sie zu verteidigen. Somit war dem Volk der Weg geebnet, zu Aktionen gegen die Hexen zu schreiten, unter deren maleficium sie zu leiden meinten.*«[22]

Die weiterschreitende religionsgeschichtliche Dynamik bedarf einer Hinzufügung zur Theorie von Thomas. Sei es wegen ihrer unerträglichen liturgischen Sterilität, die die Protestanten von der Reformation geerbt haben, sei es aufgrund neuer Bewegungen (ihre Diskussion würde den Rahmen des Buches sprengen): Gegenwärtig versuchen einige protestantische Gruppen, den Sinn der Magie wiederzuerwecken und übernatürliche Mächte zu manipulieren, damit sie ihnen jene Dinge gewähren, die sie ersehen. Ich denke an die Pfingstgemeinden und verschiedenen charismatischen Bewegungen besonders in den USA, die die zeitlose Sehnsucht nach Magie und Wunder erneut in einen religiösen Rahmen stellen wollen. Hand in Hand mit diesem Bestreben wird es auch eine Wiederbelebung des Glaubens an die Realität von Hexerei geben.

Ich möchte fast annehmen, daß heute beinahe ebensoviel Protestanten wie Katholiken an Hexerei glauben, daß aber ihre Schutztechniken noch differieren: Protestanten glauben an Gebete und Glaubensheilungen, und Katholiken haften noch am Rocksaum der kirchlichen Magie. Das erstere ist eine *verlangende* und *manipulierende Magie,* die sich direkt an Gott wendet; das letztere beinhaltet noch die Rituale *immanenter Magie,* wobei die magische Kraft den Ritualen selbst innewohnt, und darf somit als »mechanische Magie« definiert werden. Protestanten müssen sich auf den Willen Gottes verlassen, auf seine Vorsehung, und können nur versuchen, an ihn zu appellieren. Katholiken andererseits können sich auf Rituale verlassen, welche, wie sie glauben, bestimmte Wirkungen in sich tragen.

# 8. Die Launen der Magie

Wenn man die Magie als eine Komponente der Kulturgeschichte beurteilt, muß man feststellen, daß sie sich keineswegs in der Form eines ständigen Aufwärtsstrebens zu einem Reifeniveau entwickelt hat. In dieser Beziehung unterscheidet sich die Magie radikal von der Entwicklung der Technik oder der Wissenschaft schlechthin. Geschichtlich gesehen lassen sich die Schwankungen der farbenfrohen Magie mit einem Blumengarten vergleichen, dessen Blütenfülle sich weder unbedingt regelmäßig von Jahr zu Jahr steigert noch mindert, sondern von verschiedenen Umwelteinflüssen abhängt. Regen, Dünger, Temperatur, die Tätigkeit der Insekten, das Wachstum von Rivalpflanzen usw. bedingen das Gedeihen und das Blühen der Magie in der menschlichen Geschichte. Die Soziologie, die für die Erforschung und Voraussage solchen Wachstums zuständig wäre, hat leider noch keinen »agrarischen Kalender« der magischen Blütezeit entworfen. Und doch können wir mit Sicherheit sagen, daß das Blühen der Magie mit anderen Kulturerscheinungen zusammenhängt.

Ich denke in erster Linie an die Fluktuationen des Romantizismus, mit dem die Okkultsucht in direkter Korrelation zu stehen scheint.[1] Die romantische Weltanschauung ist eine besondere Art und Weise, die Welt und sich selbst zu betrachten, eine Haltung, die das ganze Denken und Fühlen verändert. Im Prinzip setzt sie Fantasie und Einbildungskraft an die Stelle der Tatsachen des Lebens und der objektischen Einschätzung der eigenen Persönlichkeit. Sie betont das Kindhafte, Pittoreske, Unbekannte und Mystische. Diese Eigenschaften erscheinen harmlos genug, üben eine gewisse Anziehungskraft aus und erinnern an Unschuld und Überschwang. Ein Kritiker dieses Lebensstils muß damit rechnen, daß man ihm Mangel an »Sensibilität« oder »Bewußtsein« vorwirft. Der romantische Sturm und Drang nimmt faustische Formen an, bedient sich Goethescher Metaphern und inspiriert Rousseau nachempfundene Verhaltensweisen. Zur Romantik gehören die Sehnsucht nach vergangenen Epochen, das schwermütige Trauern um das Unerreichbare, die Faszination des Unwirklichen, das Eintauchen in das Sinnliche und die rastlose Suche nach dem Mystischen oder dem, was man dafür hält.

Romantik liegt stets in unmittelbarer Reichweite menschlicher Sehnsüchte, und kaum eine Zeit ist frei von ihr. Die Wellen, in denen sie gegen die Zivilisation brandet, unterscheiden sich allerdings in ihrer Wucht. In der westlichen Zivilisation schwoll die sichtbarste Woge romantischer Weltsicht gegen Ende des 18. Jahrhunderts an und reichte bis in die Anfänge des 19. Jahrhunderts. Diese Reaktion auf die vorausgegangenen Strömungen der Klassik, des Mechanismus und Rationalismus verschwand in der Mitte des 19. Jahrhunderts und überließ das Feld einem neuerwachten Interesse an Naturwissenschaft und Industrialismus.

Mit der Gegenkultur der 60er und 70er Jahre unseres Jahrhunderts kam ein Umschwung. Diese revolutionäre Strömung hatte weitgehend die Ablehnung eines zerstörerischen und immer unverhüllter zutage tretenden Industrialismus zum Inhalt. Die industrielle und wissenschaftliche Struktur unserer Zivilisation, mit der Drohung der nuklearen Vernichtung, wurde als widernatürlich und unmenschlich empfunden. Die anfangs militante Einstellung dieser neuen Weltanschauung, besonders während des Vietnam-Krieges, wandelte sich allmählich mit dem Ende des Krieges in eine philosophischere und passivere Version – in die Romantik des »New Age«. Aus der Gegenkultur wuchs ein neuer Romantizismus, der heute seine Blüten in der westlichen Welt treibt.

Dieser neue Romantizismus gibt Triebkraft zu allen Versionen des Okkulten, darunter auch zu einer Wiederbelebung des Glaubens an die Hexenkunst, und zeichnet sich durch die religiös-spirituelle Neuorientierung einer großen Zahl junger Menschen in der westlichen Zivilisation aus. Die Entwicklung wurde bereits in den 60er und 70er Jahren erkannt und von Autoren wie Theodore Roszak und Marcello Truzzi dargestellt.[2] In seinen Betrachtungen über die technokratische Gesellschaft und deren jugendliche Opposition sah Roszak einen Hang zum Mystisch-Spirituellen als das charakteristische Merkmal der gegenkulturellen Bewegung.

Junge Menschen nahmen für sich ein »höheres Bewußtsein« in Anspruch, das sich angeblich in Harmonie mit den spirituellen Kräften und Mächten des Universums befand. Dieses zentrale Dogma entstand aus einem Synkretismus von Astrologie, Theosophie, hinduistischer Philosophie, Zen-Buddhismus und der Wahrnehmung transzendentaler Kräfte. Man glaubte, die Kräfte könnten sich auch als »Entitäten« (Geister) manifestieren – ein Glaube, der für viele Angehörige der spiritistischen Gemeinde das Tor für mittelalterliche Vorstellungen aller Art öffnete, einschließlich des Glaubens an Magie, Zauberei und die Bauernfängerei eines Carlos Castaneda.

Die neue Romantik erfaßt jedoch die Bevölkerung nicht gleichförmig, sondern spiegelt geographische und sozial-strukturelle Unterschiede wider. Während zum Beispiel die Überzeugungskraft des neuen Romantizismus unter der gebildeten Elite, Studenten u. a. anwächst, ebbt sie überraschenderweise unter der ländlichen Bevölkerung ab. Um auf das Gebiet meiner Feldforschung zurückzukommen: Die neue Generation der fränkischen Dorfbevölkerung betrachtet den Hexenglauben als die Tradition eines Aberglaubens, der nun weit mehr Verlegenheit als Glaubwürdigkeit auslöst. Aber noch wichtiger ist: Diese Tradition ist weitgehend aus dem Bewußtsein der jungen Menschen verschwunden, sie ist vergessen.

Ich habe es mir zur Gewohnheit gemacht, die Kinder meiner Verwandten und anderer Dorfbewohner nach der Bedeutung von Begriffen wie »Wütenker, feurige Männlein, Milchhexe, Anfangen« usw. zu fragen. *Keiner* wußte, was diese Wörter bedeuteten: Sie hatten sie nie gehört. Sogar unter den Angehörigen meiner Generation, den Kindern der heute Alten, nimmt die Kenntnis dieser Begriffe ab. Deshalb war ich geneigt, dieses Kapitel mit »Das Ende einer Ära« zu betiteln, entschloß mich aber dann anders. Während es zwar stimmt, daß für die fränkischen Bauern, denen ein Teil dieses Buches gewidmet ist, ein Zeitalter zu Ende geht, trifft dies jedoch im größeren kulturellen Zusammenhang nicht zu.

Zum Beispiel hat die Hexerei in den Dörfern westlich der Fränkischen Schweiz im nationalen, wenn nicht internationalen Bereich in den letzten beiden Jahrzehnten Schlagzeilen gemacht. Außer dem schon oben beschriebenen Fall eines fehlgeschlagenen Exorzismus in der Diözese Würzburg 1976 verdient die Hexenjagd von Mailach Aufmerksamkeit. Das Dorf Mailach liegt ungefähr 25 km vom westlichen Rand der Fränkischen Schweiz entfernt und erlebte 1960 eine Hexenjagd, die der Renaissance würdig gewesen wäre. Die 64jährige Elisabeth Hahn wurde allgemein als Hexe betrachtet; sie paßte in das Muster der stereotypen Kennzeichen: eine alte Jungfer, arm (eine Kuh, ein paar Hühner, ein paar Tagwerk Grundbesitz), runzlig und gebückt, isoliert, ohne Freunde – außer ihren drei Hunden, die man als ihre »Vertrauten« betrachtete, »mit denen sie schlief«. Die Dorfbewohner mieden sie, die Kinder warfen Steine nach ihr, und ihr feindseliger Nachbar drohte, sie zu erschlagen, weil er sich von ihr verhext fühlte.

Eines Tages legte dieser Nachbar Feuer an ihrem Haus, dem die meisten Tiere zum Opfer fielen. Sie selbst wurde schwer verletzt und ihr Haus vernichtet. Untersuchungen und gerichtliche Anhörungen stießen auf stumme Nachbarn, die »nichts gesehen« hatten. Und hätte nicht der Brandstifter in selbstgerechter Weise angegeben, daß er die Hexe habe »austreiben« wollen, wäre der Mann wohl schwer zu überführen gewesen.[3]

Wenn wir den kulturellen Rahmen weiter spannen und ganz Deutschland betrachten, so bemerken wir anhaltenden Hexenglauben und dessen fortgesetzte Praktizierung: »Deutschland hat noch mehr Hexen der traditionellen Art als beinahe jedes andere Land.«[4] Eine Untersuchung ergab, daß noch rund 10 000 Hexen in Deutschland der Schwarzen und Weißen Magie frönen. In den letzten beiden Jahrzehnten wurden jährlich jeweils annähernd 100 Urteile wegen Hexereidelikten gesprochen. Im bayerischen Altötting kämpfte 1973–1976 ein Pater, um einen Teufel, der sich Pluto I. nannte, aus einer 33jährigen Bauerntochter auszutreiben. In Hamburg betätigten sich in den 1950er Jahren eine 70jährige Frau und ihre 40jährige Assistentin mit »Haus-Klinik«-Exorzismen für 15 Mark am Tag, einschließlich Kost und Logis.[5] In den späten 50er Jahren berichtete Professor Peuckert, daß »Zauberspruchsammlungen«, wie etwa das *»Sechste und Siebte Buch Mose«* in Reprints erschienen und umgehend vergriffen waren.[6] Er meinte, daß das Interesse am Magisch-Mystischen um die Mitte des Jahrhunderts eine Rebellion gegen das rationale Klima in den westlichen Gesellschaften war. Döbler berichtete, überwiegend aus Norddeutschland, daß eine typische Stadt von ca. 40 000 Einwohnern zahlreiche »Gesundbeterinnen« und sieben »Hexenbanner« aufweisen konnte. Die letztgenannten Pseudozauberer verlangten für das Bannen von Verhexungen Taxen bis zu 100,- DM. Die meisten Fälle von Exorzismen befaßten sich mit »Pech im Stall«, wo Bauern ominöse Krankheiten bei ihren Tieren festgestellt hatten.[7]

Eine Umfrage um die Mitte der 1970er Jahre ergab, daß acht Prozent der westdeutschen Bevölkerung an die Existenz von Teufel und Hexen glaubten; 16 Prozent waren nicht sicher, glaubten aber an übersinnliche, wissenschaftlich nicht erklärbare Wahrnehmungen. Eine ähnliche Datenerhebung im selben Jahrzehnt ergab, daß elf Prozent der erwachsenen Westdeutschen an einen physischen Teufel glaubten, sieben Prozent glaubten an den Exorzismus zur Austreibung von Teufeln und Dämonen, und in Bayern glaubten letzteres sogar neun Prozent.[8]

Die Wiederbelebung des Hexenwesens in gewissen Regionen Deutschlands wuchs um die Mitte der 80er Jahre in einem solchen Grad an, daß politische Maßnahmen angeregt wurden. Ende 1984 ersuchte die parlamentarische Fraktion der CDU in Wiesbaden die hessische Regierung, das Hexenwesen in Hessen zu untersuchen. Der Abgeordnete Roland Rosler unterbreitete einen langen Bericht, der vor dem »gefährlichen Boom in Magie und dem Anwachsen geheimer Gesellschaften einschließlich Teufelsverehrer« warnte. Unter anderem hatte man wahrgenommen, daß sich die Rheingau-Schule für Hexen bei der örtlichen Verwaltung eingeschrieben hatte und daß eine pharmazeutische Gesellschaft »magische Elixiere« (einige mit Cannabis-Zusatz) zur Vervollkommnung okkulter Rituale auf den Markt bringt. Die Fraktion wollte die Landesregierung dazu bewegen, festzustellen: (1) wieviel pseudo-religiöse Gruppen, Hexenschulen und Teufelsanbeter in Hessen ihr Wesen trieben; (2) was deren Mitgliederanwerbungsmethoden seien; und (3) ob Drogen bei den Ritualen verwendet würden. Der Fraktionssprecher betonte den Ernst dieser Entwicklung und machte auf einen Fernsehbericht (1984) mit dem Titel »Ich töte, wenn Satan es befiehlt« aufmerksam.[9] Der Sendung zufolge praktizieren 2500 aktive Hexen und satanische Priester in der Bundesrepublik, und über zwei Millionen Bundesbürger bezahlen Geld für okkulte Dienste, darunter Prophezeiungen, Hexenflüche und Mordrituale. Nachbarländer sind gleichermaßen von der okkulten Manie erfaßt. So wird beispielsweise 1985 aus Frankreich berichtet, daß die Franzosen mehr für

Wahrsagerei, Hexerei und Teufelsaustreibungen ausgeben als für wissenschaftliche Forschung. Telefonbücher und Zeitungsannoncen reflektieren den okkulten Markt – spaltenweise bieten Medien, Hellseher, Teufelsaustreiber und Hexer ihre Dienste an. Aus der Auvergne meldeten Bäuerinnen wiederholt, daß ihre Weide verhext sei, denn immer wieder tauchten Nadeln im Gras auf, die, von den Tieren gefressen, Notschlachtungen nötig machten. Der Versuch der Polizei, menschliche Verursacher zu finden, wurde als lächerlich zurückgewiesen, da man sicher war, daß es sich um Teufelswerk handle und daß deshalb der Exorzismus eines Teufelsaustreibers notwendig sei.[10]

Die okkulte Welle ist natürlich nicht auf Europa beschränkt. Die USA mögen nicht nur dieselbe Innovation erlebt, sondern sogar international dazu beigesteuert haben. Eine Befragung der Bevölkerung in den 80er Jahren durch das Gallup-Institut erbrachte, daß 72 Prozent aller Amerikaner an die Existenz von Geistern glauben und daß 40 Prozent persönliche Begegnungen mit solchen gehabt haben wollen.[11] Die Hauptträgerin des Okkulten in den Staaten ist die Romantik des »New Age«, eine amorphe Strömung, die besonders die College-Jugend ergriffen hat. Suchte ein Vorlesender in der »akademischen Industrie« Amerikas seinen Studenten Popularität abzugewinnen, bräuchte er nur Astrologie statt Astronomie, Emotion statt Vernunft, Intuition statt Analyse und das Übernatürliche statt des Empirischen zu befürworten. Das gegenwärtige akademische Klima bestätigt H. L. Menckens Bemerkung: »Was man an der Wahrheit aussetzen kann, ist, daß sie oft unbequem und noch öfter langweilig ist. Das menschliche Gemüt sucht nach etwas Amüsanterem und Schmeichelnderem.«

Nicht nur viele Lernende, sondern auch zahlreiche lehrende Mitglieder der akademischen Gemeinde sind den Verführungsversuchen des Okkulten erlegen. Sie sind zu Leichtgläubigkeit übergegangen und leiden nun an Wissenschaftsphobie. Je fantasievoller und wißbegieriger ein Wissenschaftler ist, um so stärker wird die Versuchung, das eng umschriebene Feld der Wissenschaft gegen die weit offenen Halden der Romantik einzutauschen. Intelligenz vermag vor dieser Versuchung nicht zu schützen; im Gegenteil, je intelligenter ein konvertierter Romantiker ist, desto geistreicher kann er seine neue Überzeugung begründen.

Man könnte eine lange Liste von Wissenschaftlern anführen, die sich zur Romantik bekehren ließen, aber es geht in erster Linie um die Feststellung, daß die Universitäten infiltriert sind. Ich habe erlebt, daß Soziologieassistenten den Studenten solche »Tatsachen« vorgesetzt haben wie das »Bewußtsein der Reinkarnation« und den Mythos des »edlen Wilden«. An der Universität von Arizona wurde ein anthropologisches Seminar zum Thema »Hexerei und das Okkulte« zu einem Tummelplatz für Fans, die sich in ihren esoterischen Ansichten einig waren.[12] Und die benachbarte Arizona State University bot Astrologieseminare an, als handle es sich dabei um die Vermittlung wissenschaftlich gesicherter Ergebnisse.

Roszak, der anfängliche Gönner der Gegenkultur, spricht nun zurückhaltender, beinahe verängstigt von der gegenwärtigen Entwicklung der romantischen Weltanschauung:

> *»Bei meinen Vortragsreisen in den letzten paar Jahren kam ich in unmittelbare Berührung mit diesen rastlosen spiritualen Bedürfnissen meiner Zuhörer. Sie wollen wissen, ob ich von einer Vision, einer Erscheinung berichten könne oder eine unheimliche Geschichte zu erzählen habe. Ob ich von einem Augenblick der Erleuchtung oder des überirdischen Grauens, von einer Begegnung mit geheimen Mächten sprechen könne? Ich beeile mich hinzuzufügen, daß ich nie versucht habe, noch in der Lage gewesen wäre, solche Bedürfnisse zu befriedigen. Von dieser Sucht nach Wundern fühle ich mich wohl emotional stark betroffen, doch sie überfordert meine Kenntnisse und Fähigkeiten bei weitem. Ich habe allerdings gesehen, wie andere in meiner Umgebung in einer Weise in diesen Bann gezogen wurden, die mich traurig und ängstlich machte, denn der Hunger kann so unersättlich werden, daß jede Kritikfähigkeit schwindet und daß er sich mit Banalitäten und dürftigen Improvisationen über das Außergewöhnliche zufrieden gibt.«*[13]

Roszak berichtet, daß er »häufiger und häufiger gebildeten und akademischen Leuten begegnet, die ohne Verlegenheit und mit Behauptungsfreude mit jener Art höherer Leichtgläubigkeit herumspielen, die allen erstaunlichen, verwirrenden und wilden Ereignissen das Siegel der Wahrheit anheften – oder zumindest anheften wollen«.[14] Er nennt einige Beispiele: Ein Psychologe zeigt ihm stolz die Fotos, worauf er von einem philippinischen »spirituellen Chirurgen« operiert wird; ein Physiker akzeptiert »telepathische Kommunikation« als Tatsache; ein Ingenieur erklärt, wie er die geomantischen Zentren der Erde durch mentale Konzentration manipulieren kann.

Andere Berichte handeln von der Psychologin Elisabeth Kübler-Ross, die sich durch ihre Behauptung, mit den Seelen Verstorbener und anderen übernatürlichen »Entitäten« in Kontakt zu stehen, eine treue Anhängerschaft sicherte.[13]

Der Exorzismus der fränkischen Anneliese Michel 1976 wurde von der amerikanischen Anthropologin Felicitas D. Goodman gutgeheißen, da es in unserem Jahrhundert neue Dämonen gäbe.[14] Und der New Yorker Anthropologe Stephan Kaplan hat eine »Vampirzählung« durchgeführt und kam zu dem Schluß, daß es bluttrinkende menschliche Wesen gibt, die bis zu 200 und 300 Jahre alt werden.[15]

Sogar der Autor und Umweltschützer Edward Abbey, der an und für sich ein ausgesprochener Gönner und Mitarbeiter der Gegenkultur war, meint, daß »die Okkultsüchtigen schon immer unter uns gelebt haben, daß aber wahrscheinlich nie zuvor so viele den Realismus und Naturalismus verworfen haben und an deren Stelle die Fantasie der Astrologie, die Passivität des Buddhismus und den weltentfremdenden

Hinduismus umarmt haben«.[16] Abbey hätte die spezielle Anziehungskraft des Hexenwesens hinzufügen können – ein Genre, das, dem Anthropologen Marvin Harris zufolge, in den USA eine »respektierte Anregungsquelle« geworden ist.[17] Die amerikanische Szene wimmelt von Figuren, die öffentlich die Idee der Hexerei protegieren. Raymond Buckland, ein Anthropologe, und seine Frau Rosemary sind Hexenzirkel-Gründer und Hohepriesterin, die das erste nationale Museum für Hexerei in Bay Shore, Long Island/New York, schufen; Sybil Leek war der erste Fernsehstar der Hexerei; und Louise Huebner, die »offizielle Hexe von Los Angeles«, schrieb 1969 *»Power through Witchcraft«*, worin sie angab, in der sechsten Generation Hexe zu sein; und zahllose junge Leute interessieren sich für die Mitgliedschaft in Hexenzirkeln.

Bei der Wiederbelebung der Hexerei müssen zwei verschiedene Traditionen unterschieden werden. Die eine hat zu tun mit der Schwarzen Hexe, der Satanistin des Mittelalters und der Renaissance, deren gegenwärtige Protagonistin am besten durch die Dilettantin veranschaulicht wird, die an einem urbanen satanistischen Hexenzirkel teilnimmt. Die andere Tradition betrifft die Weiße Hexe, den Wicca-Kult – auch »Old Religion« genannt. Es handelt sich hier um den ernstlichen Versuch, den vorchristlichen Druidismus der alten Kelten wiederzubeleben und eine Natur-Religion einzuführen. Mit mehr Enthusiasmus als historischem Wissen ausgerüstet, verbreitet sich gegenwärtig dieser Neo-Paganismus in der westlichen Welt, besonders in den USA.[20] Wie sich die neue Hexengläubigkeit in der Bundesrepublik einbürgert, etwa durch »Gesandte« aus den USA, ist von Kathrin Kramer und Annette Hillebrand treffend geschildert worden, die unter der Leitung von »Starhawk«, der amerikanischen Wicca-Hexe und Autorin von *»Hexenkult als Ur-Religion der Großen Göttin«*, einen Hexenworkshop erlebten.[21]

Einige typische Beispiele aus den USA: 1975 versammelten sich im Staat Washington einmal im Monat 13 »Töchter der Wicca« zu ihrem Sabbat. Bei Kerzenlicht bildeten sie einen Kreis, nackt, umwoben von süßlichen Weihrauchschwaden, sangen sie lateinische Psalmen, die die Kranken heilen und die Seelen der Verstorbenen exorzieren sollten. Diese Frauen glaubten, daß sie das Wetter beeinflussen, Maschinen zum Stehen bringen und in der Luft schweben könnten. Die Hohepriesterin der Gruppe erklärte, daß sie einen ständigen Kampf gegen die Schwarzen Hexen führten, weil sonst die Töchter Satans die Oberhand gewinnen und ihre Kräfte zu finanzieller Bereicherung nutzen könnten.[22]

Dies ist eine neue Gewichtung. Aber schließlich geschieht dies in den Vereinigten Staaten, und wie so oft wird das Alte schnell übernommen und neuen Bedingungen und Belangen angepaßt.

Kalifornien nahm 1977 die erste Hochzeit von Hexen zur Kenntnis. Die Weltpresse berichtete über Einzelheiten: das lange rostrote Kleid der Braut, den in Seide gekleideten Bräutigam, der widersinnigerweise ein Schwert in der Hand hielt, der Wicca-Tempel mit Kreis und zum Pentagramm verschlungenen Dreiecken, ein Büffelkopf – Symbol des Gehörnten – an der Wand einer großen Halle, ein beiläufig an der Wand lehnender Hexenbesen und die Braut, die den Reportern versicherte, daß »Hexen normale Leute sind und nicht eine Art von Teufelsverehrern. Hexerei ist für uns jahrtausendealte Religion, eine Lebensart voller Liebe und Einklang mit der Natur.« Der Bräutigam fügte hinzu: »Wir sind ein Teil Gottes und glauben nicht an Satan. Sie wissen, daß Christen Hexen verbrannt haben, doch nie warf eine Hexe einen Christen auf den Scheiterhaufen.«[23] Die Ehe war legal, und eines Tages werden wir wohl eine richtige »Hexentaufe« erwarten dürfen.

Wir können eine Faszination der Magie quer durch die westliche Zivilisation ganz allgemein beobachten. Die westlichen Gesellschaften schwimmen weniger im Kielwasser einer magischen und okkultistischen Ära, sie verraten vielmehr Zeichen einer Auferstehung des Okkulten. Die Hexerei lebt auf. Diese Wiederbelebung wirkt wie ein unheimliches Déjà-vu, von dem man meinen möchte, daß Charles Mackay mit seiner Beschreibung von Massendelusion nicht auf vergangene Jahrhunderte, sondern auf die Gegenwart abzielte.

Es sieht deshalb wie ein Widerspruch aus, wenn heute, zu einer Zeit, in der die Schlingpflanzen des Okkulten sich in alle Richtungen schlängeln, die alte Volksmagie der Bauern im Fränkischen Jura ausstirbt. Ihre Religion hat in ihrer formalen Lehre zu- und in ihrer praktischen Magie abgenommen. Wie müde Wanderer nach einem beschwerlichen und jahrhundertelangen Marsch kommen unsere Bauern schießlich an einer Weggabelung zur Rast, wo ihnen zu ihrer Verblüffung ganze Scharen von Fremden begegnen, die auf dem Pfad in die entgegengesetzte Richtung laufen.

Als die Bauern ihre magischen Vorstellungen ablegten, verloren sie den letzten Schutz gegen wissenschaftlichen Objektivismus. Aber wie lange wird es dauern, bis diese Auswanderer aus der Welt der Magie Desillusion und Einsamkeit erleiden? Wie lange wird es dauern, bis die Nachkommen den Weg vergessen haben, den ihre Vorfahren auf der Suche nach Freiheit von Furcht und vom Druck eines kapriziösen Supernaturalismus gegangen sind? Bald werden sie sich zurücksehnen, sich den zurückwallenden Massen anschließen, die geradewegs auf die dunklen Gebäude zustreben, die ihre Väter aufgegeben hatten, und sich wieder im Reich des Okkulten heimisch fühlen.

Wenn überhaupt, findet eine solche Umkehr in einer entfernten Zukunft statt; bis jetzt hat sie sich noch nicht angekündigt. Keine neue Mythologie ist am Horizont zu sehen; und es gibt keine faßbaren Symptome, die uns eine begründete Spekulation darüber erlauben würden, was denn die Stelle der alten Volksmagie einnehmen könnte. Es kann sein, daß gar kein konkreter Ersatz erfolgt, zumindest nicht in absehbarer Zeit, und daß sich Anomie ausbreitet. Falls die fränkischen Bauern tatsächlich in einer spirituellen Leere zurückgelassen werden, dürfen wir uns fragen, wie lange es dauert, bis wir die Symptome bemerken, die typischerweise ein solches Vakuum begleiten – Symptome wie das Ansteigen von Kriminalität, zwischenmenschliche Streitigkeiten und gerichtliche Auseinandersetzungen.

Derartige Symptome sind derzeit nicht festzustellen. Mag sein, daß es zu früh ist, die Auswirkungen der sterbenden Volksmagie zu sehen. Überdies ist es möglich, daß die Menschen des Fränkischen Juras bereits dabei sind, so etwas wie eine neue Mythologie aufzubauen: das objektive Bewußtsein. Die Übernahme der wissenschaftlichen Weltsicht mag sie mit ihren rein materialistischen Zielen zunächst über den Verlust der Magie hinwegtrösten und ihnen die Deprivation von Grundwerten vorläufig verheimlichen.

Die Frage bleibt: Was wird passieren, wenn die Berauschung mit Wissenschaft, Objektivität und Materialismus abflaut?

Anderswo geht die Suche sicherlich einen anderen Weg. Die weitgefächerte Wiederbelebung des Okkulten spiegelt Mißtrauen in das objektive Bewußtsein und die wissenschaftliche Weltsicht. Betrachten wir, was mit Atombomben, Umweltverschmutzung und schädlichen Chemikalien möglich wurde, macht dies die Versprechungen von Astrologie, Spiritismus, Hexerei und dem übrigen Okkulten ausgesprochen attraktiv. Machtlosigkeit versetzt die anonymen Massen in Angst und Schrecken über unsere gleichermaßen anonyme Technokratie und treibt sie in die Arme der magischen Orientierung, die persönliche Macht und Bedeutung verspricht. Unter den jungen Leuten ist ein deutlicher Widerwille spürbar, die Verantwortung für die giftigen Früchte unserer Technologie zu übernehmen. Sie drehen der furchterregenden Verantwortlichkeit den Rücken und tasten nach einer neuen mystischen und magischen Lebensweise. Sie suchen eine Alternative, um nicht Sklaven der Technokratie zu sein.

Die Gegenkultur, die die westlichen Gesellschaften in den 1960er und frühen 1970er Jahren erschütterte, war ein lebendiges Zeugnis des *Zeitgeistes* des späten 20. Jahrhunderts. Es war eine Zeit des blinden Ablegens objektiver und wissenschaftlicher Prinzipien zugunsten der ebenfalls blinden Akzeptierung subjektiver und okkulter Ideen. Theodore Roszak zeichnete den Geist der Gegenkultur, als er schrieb, daß das Merkmal der Bewegung, im Gegensatz zu früheren jugendlichen Aufständen, die Vorliebe für das Okkulte und die Mystik war.

Die Faszination des Okkulten war so überschwenglich, daß sie Roszak anspornte, eine weit ausgreifende Diagnose zu stellen. Er meinte, daß sich darüber die Generationen trennten und daß sich die Differenzen »ebenso groß in ihren Implikationen auswirken wie die Kluft, die einst zwischen der griechisch-römischen Rationalität und dem christlichen Mysterium bestand«.[24]

Ist Rozaks Einschätzung übertrieben? Niemand kann das mit Sicherheit sagen. Die Geschichte baut neue Ideen langsam und fast unmerklich ein, es sei denn, wir sprechen von einer Revolution. Aber die Gegenkultur war keine plötzliche Revolution; sie war eher eine Anregung, die neue Gedanken, darunter einige radikale, in das Ideengebäude der größeren Gesellschaft einfügte – Gedanken, die noch nicht gut definiert und noch in Bewegung sind. Manch einer würde sagen, daß diese Begriffe die Gesellschaft zu verändern und vielleicht die ganze westliche Zivilisation in eine relativ unerwünschte Richtung zu steuern drohen. Statt einer revolutionären Veränderung würde ich den tumultartigen Prozeß eines evolutionären Wandels erwarten, wozu auch eine größere Akzeptierung des Okkulten als alternative Realität gehört. Ich verwende das Wort »tumultartig« absichtlich, denn obwohl die Wandlungen evolutionärer Art sein mögen, sind ihre Auswirkungen geeignet, Unruhe bei Personen und Institutionen hervorzurufen.

Während ich positive Elemente im Heranstürmen der neuen Zeit erkenne, entdecke ich Unehrlichkeit und Unreife unter dem Deckmantel des jugendlichen Idealismus. Wie John W. Aldridge warnte, mögen wir »durch die Lehre, daß alles, was jung ist, auch richtig sei, eine Gehirnwäsche durchmachen«.[25] Die Scheu der Erwachsenen vor der Jugendlichkeit und dem großenteils ungeprüften und häufig beredsam getarnten Hedonismus der Jugend hat in den USA ein eingelulltes Publikum angeworben. So konnte es passieren, daß die Neugierde der Jugend auf das Okkulte einen merklichen Eindruck auf die Älteren machte. Man war sich jedoch nicht voll bewußt, daß das Okkulte oft nur eine Tarnung darstellt für die hedonistische Verweigerung, sich den notwendigen Verpflichtungen des Lebens in der ermüdenden und mühseligen Art zu stellen, die für eine erfolgreiche Bewältigung notwendig wäre. Der wissenschaftliche Weg ist nicht gerade einfach, er verlangt harte Arbeit und Selbstdisziplin. Wieviel bequemer sehen die Versprechungen des Okkulten aus und die Zusammenarbeit mit den angeblich übernatürlichen Mächten, wenn das gemächliche Lesen eines Horoskops verrät, was man an einem bestimmten Tag tun soll und was nicht, wer ein verläßlicher Partner oder Kamerad ist und welche Karriere dem Temperament entspricht.

Von solchem weitgefächerten und anscheinend harmlosen Okkultismus ist es nur ein kleiner Schritt zum Hexenglauben. Wie schmeichelhaft für den Hedonismus ist letztlich die Vorstellung, daß einige magische Formeln zu Reichtum, Sicherheit, persönlicher Identität und sinnlichen Freuden verhelfen können, und harte Arbeit, die normalerweise mit solchen Zielen verbunden ist, überflüssig wird. Arbeit erscheint anachronistisch; Magie kündet eine neue, aufgeklärtere und humanere Ära an.

Wie schon bemerkt, gibt es verständliche Gründe, warum sich die moderne Jugend so stark zu den Verheißungen des Übernatürlichen hingezogen fühlt. Kurz gefaßt, das Natürliche – was immer der Mensch damit gemacht hat – hat einen unkontrollierbaren und furchteinflößenden Erscheinungsgrad entwickelt. Ökologische Katastrophen und internationale Konflikte haben viele junge Leute – darunter die feinfühligsten – desillusioniert und sie motiviert, nach Lösungen in anderen Bereichen zu suchen – im Übersinnlichen. Aber in ihrer überstürzten Flucht von der Versklavung des technokratischen Molochs laufen sie Gefahr, sich unbewußterweise in eine andere Versklavung hineinzuflüchten. In der naiven Gläubigkeit an das Übersinnlich-Magische droht eine neue Versklavung.

Ich sehe eine Alternative zu dieser Sklaverei durch die Technokratie einerseits und das Okkulte andererseits in dem Typ des Humanismus, der persönliche Freiheit hochhält und persönliche Würde und Selbstverantwortung verlangt. Wie Platon schon sagte: Das Merkmal menschlicher Reife ist die Fähigkeit, über das, was man denkt, vor sich selbst Rechenschaft abzulegen. Aber persönliche Freiheit ist eine schwere Bürde und das menschliche Bestreben, daraus zu entrinnen, ewig. Weil wir nach Hilfe lechzen und nach der Unterwerfung unter eine Autorität, die weit über unserer menschlichen Schwachheit thront, scheinen wir ewig im Labyrinth der Magie umherzuwandern.

Wegen dieses nutzlosen Schlingerns ist die Geschichte keine gerade Straße; eher ist sie ein Pfad, der endlose Kreise zieht, die dem Auge vorher nicht sichtbar waren.

Die Wechselfälle der Magie müssen als ein Element dieses Labyrinths gesehen werden, in dem die Menschheit nach dem »rechten Weg« sucht. Unsere fränkischen Bauern sind gerade an einem Ausgang des Irrgartens aufgetaucht und rasten bei einer Weggabelung, während der größte Teil der übrigen westlichen Menschheit unter einem frenetischen Drang in die leeren Bahnen strömt.

Die Leichtgläubigkeit, mit der moderne Menschen, sogar Wissenschaftler, kopfüber zum Okkulten hinrennen, ist erstaunlich. In ihrer Hast, das technokratische Zeitalter angenehmer zu gestalten, greifen sie die Botschaften und Versprechungen einer bunten Melange des Okkulten auf: die Kutschen der Götter, Karma, Astrologie, Tarock-Karten, transzendentales Bewußtsein, das Bermuda-Dreieck, Astralprojektionen, Edgar Cayce, extraterrestrische Besucher, Pyramide-power, Carlos Castaneda, Past-Lives-Therapie, Nekromantie, das Ungeheuer von Loch Ness und wieder *Hexerei*. Es ist symptomatisch, daß unsere Zeit den größten Hexerei-Kongreß der Welt erleben sollte: 1975 versammelten sich mehrere Tausend Hexen, Zauberer, Meister verschiedener okkulter Künste, Parapsychologen usw. in Bogota, Kolumbien. Zu den internationalen Teilnehmern gehörten jene, die behaupteten, Kontakt mit den »jenseitigen« Mächten zu haben und die Geister von Persönlichkeiten versammeln zu können, zum Beispiel Noah, Nero, Messalina (die Gattin des römischen Kaisers Claudius), Juan Peron, John F. und Robert F. Kennedy.

Es ist auch symptomatisch für unsere Zeit, daß die Astrologie um sich greift: In ca. 85 Prozent unserer Tageszeitungen finden sich täglich Kolumnen; einige Universitäten unterrichten dieses Fach; einer von vier Amerikanern glaubt an die Vorhersagen von Astrologen, und drei von vier kennen ihre Sternzeichen. Das Vertrauen in die Zuverlässigkeit der Einflüsse, die die Sterne auf ihr Leben ausüben, ist bei jungen Menschen besonders hoch: 38 Prozent der 18- bis 24jährigen sagen, daß sie an Astrologie glauben, im Vergleich zu 16 Prozent der 30- bis

49jährigen und 21 Prozent der über 50jährigen.[26] Die Grenze zwischen Okkultisten und Wissenschaftlern ist in den letzten Jahren verwischt worden. Es gibt eine lebhafte Taschenbuch-Explosion von Werken über das Bizarre und Mystische. Zahlreiche Autoren sind nichts weiter als spekulierende Okkultisten, die sich unter dem Mantel der Wissenschaftlichkeit verstecken. Unter Umgehung fast sämtlicher wichtiger wissenschaftlicher Leitlinien arbeiten diese Pseudowissenschaftler mit Prämissen, die vollkommen unbewiesen sind, und schaffen daraus eine Konstruktion, die in interner Hinsicht logisch zusammengefügt erscheint.

Viele Leute sind beeindruckt von dieser Schlüssigkeit und bemerken nie dessen Absurdität im Kontext mit der realen Welt. Ich sehe eine große Gefahr im Akzeptieren von Spekulationen und absurden Annahmen als »Fakten« und spüre eine tödliche Parallele zur Pseudowissenschaft der rassischen Überlegenheit, die ihren scheußlichen Gipfel bei den Nazis erreichte. Die Gefahr liegt in der überzeugenden Präsentation eines Arguments, aus dem eine anscheinend wissenschaftliche Rationalität entwickelt wird. Dabei übersieht man jedoch, daß die ursprünglichen Voraussetzungen unbegründet und völlig irrational waren.

Viele dieser Okkultisten sind zweifelsohne ehrenwerte Persönlichkeiten, die ihr Wissen vervollkommnen wollen. Aber viele von ihnen sind auch Mystifizierer, Scharlatane, Exhibitionisten und wirre Visionäre, die ihre Zeit klug gewählt haben: Sie streichen viel Geld ein am Anfang einer Ära, die mir ein neuer Romantizismus zu werden scheint.

Was mich am meisten betroffen macht, ist nicht so sehr das Streben der Massen nach dem Okkulten und anderem Nebelhaften, sondern die Unfähigkeit, zwischen verschiedenen Arten von Bestrebungen zu unterscheiden. Diese Verwirrtheit deckt auch die unwissentliche Unehrlichkeit auf, die hinter der Motivation zu solchen Bestrebungen steht. Einige der okkulten Versuche können als legitime Pionierarbeiten angesehen werden, um die Grenzen des Wissens zu erweitern und neue Einsichten zu gewinnen. Dies ist eine Art von Pioniertätigkeit und hat einen berechtigten Platz in der fortschreitenden Suche nach Wahrheit. Aber vieles am magischen Streben ist weniger eine Suche nach Wissen als der Wunsch, verlorene, einsame und verletzte Gefühle zu besänftigen. Und dabei werden gewöhnlich die irrationalen, oft infantilen, emotionalen Bedürfnisse mit der angeblichen Suche nach Wahrheit verwechselt.

Um ihre Position klarzulegen und sich von Pseudowissenschaftlern abzuheben, hat eine Gruppe von Wissenschaftlern beschlossen, eine öffentliche Deklaration zu verfassen. 1975 veröffentlichten fast 200 von ihnen – darunter Nobelpreisträger – eine gemeinsame Erklärung in der Zeitschrift *»Humanist«*, worin Astrologie als Humbug bezeichnet wurde. Sie warnten, daß Astrologie ihre Anhänger veranlaßt, eher auf das Schicksal zu vertrauen als auf eigene Fähigkeit, Arbeit und Intelligenz. Die Annahme, daß die vielfältigen Wurzeln der Persönlichkeitsbildung ignoriert und die zum Verständnis dieses Prozesses notwendige Arbeit durch zwölf astrologische Kategorien ersetzt werden könne, ist im Grunde infantil, eine undisziplinierte Beharrlichkeit, auf einfachen wie auch romantischen Erklärungen zu bestehen.

Am meisten widersprachen die Wissenschaftler dem Anspruch der Astrologie, mit der wissenschaftlichen Orientierung harmonisch zu sein. Während sich die Religion mit Außernatürlichem beschäftigt, mit einem Bereich, in den sich die Wissenschaft gewöhnlich nicht einmischt, folgt die Astrologie den Mutmaßungen der Magie und befaßt sich mit Dingen *dieser* Welt. Das heißt, sie greift in den Zuständigkeitsbereich ein, der klar der Wissenschaft eingeräumt ist – die empirisch-logische Erklärung.

Vom Gesichtspunkt der Astrologie ist ein Lotteriegewinn nicht das Ergebnis des Wahrscheinlichkeitsgesetzes, sondern des Verhältnisses zwischen dem Menschen und den Sternen; ein Geburtsfehler hat nichts mit Erbeigenschaften zu tun, sondern ist eine Folge ungünstiger astrologischer Zeichen der Eltern; ein mißglückter Versuch in der höheren Schulbildung ist weniger ein Anzeichen für niedrigere Intelligenz oder unzureichenden Fleiß als ein Beweis, daß das Feld der Studien mit den astrologischen Zeichen unvereinbar war. Die Liste dieser Beispiele ließe sich beliebig fortsetzen.

Freilich muß der Fairneß halber gesagt werden, daß je mehr sich die Menschen in Astrologie oder andere Formen der Magie hineinsteigern, desto weniger sie die strenge Wissenschaft schätzen.

Die Wissenschaft steht somit in der Defensive. Um öffentliches Verständnis für und Vertrauen in die Wissenschaft wiederzuerlangen, müssen die Anmaßung der Astrologie und ihr Mangel an Grundlagen die Zielscheiben der Wissenschaftler werden. Aber Tadel allein ist keine kluge Strategie; die Erziehung der Leute zum Verstehen, *warum* sie so hartnäckig an Astrologie und Magie im allgemeinen glauben, dürfte wirksamer sein. Wir müssen den Astrologiegläubigen eine Einsicht in ihre Motivationen geben und ihnen helfen, die Gründe zu erkennen, warum sie sich eine Rückversicherung von den Sternen erhoffen.

Trotzdem mögen sich die Emotionen als stärkere Begründungen erweisen. Als Prometheus ausrief: »Wie schwach ist die Wissenschaft angesichts der Bestimmung!«, prägte er ein Schlagwort für unsere Zeit – vielleicht für alle Zeiten. Das späte 20. Jahrhundert beschäftigt sich intensiv mit der ausweichenden Frage der Bestimmung und versucht, sie durch das Okkulte zu erfassen.

Der Ursprung der menschlichen Anstrengungen, das Schicksal zu erkennen, es bestimmen zu wollen und dadurch Unsterblichkeit zu erreichen, ist von bedenklicher Obskurität. Eine ungewöhnlich klare und interessante Erklärung dazu gab Arthur Koestler.[27] Er glaubte, daß die Wahrnehmungsfähigkeit des Menschen über die Endlichkeit des Lebens, also den Tod, Fragen hervorruft, die unserem Daseinswillen widersprechen. Aus Angst vor dem Nichtexistieren oder der Unfähigkeit heraus, es zu verstehen, erfinden wir solche Begriffe wie »ewig«, »unsterblich«, »unendlich«.

Unser eigenes Nichtexistieren können wir uns nicht vorstellen. In Computersprache ausgedrückt, müßten wir eingestehen, daß wir nicht für diese Aufgabe programmiert sind und daher auf die Frage stumm bleiben müssen – oder unsere »Sicherungen« brennen durch. Die Geschichten aus verschiedenen Zivilisationen (und ihren Religionen) sind ein Ergebnis von Programmen, bei denen die »Sicherungen« durchbrannten. Da unser Geist nicht einmal zu erfassen vermag, daß unser Bewußtsein aus dem Nichts entstanden ist, läuft unsere Vorstellung Amok und bevölkert das Leben vor und nach dem Tod mit Seelen, Geistern und göttlichen wie auch teuflischen Begleitern unserer Unsterblichkeit.

Diese unsichtbaren Gegenwärtigen stellen die spirituelle Population dar, mit der die Menschheit zu schachern und feilschen versucht. Viele der spirituellen Mächte werden als bösartig betrachtet und müssen durch groteske Rituale im Zaum gehalten werden; dazu gehören auch Menschenopfer und die Abschlachtung von Häretikern.

Diese übernatürliche Menagerie bildet das Zentrum aller Formen der Magie. Da die Grundsätze des Übersinnlichen sich nicht gewandelt haben und sich vermutlich niemals wesentlich ändern werden, wird das menschliche Greifen nach Magie kaum jemals abreißen. Während die Variationen dieses Themas sich ständig ändern, bleibt die Grundeinstellung dieselbe.

Der Hintergrund für die menschliche Sucht nach Magie kann weiter ausgedeutet werden. Wenn wir kein Konzept für den Tod hätten, wären unsere großen Werke der Literatur nie geschrieben, Kathedralen und Pyramiden nicht gebaut worden, und die Kunst der Religion und Magie hätte sich nie entwickelt. Die Kreativität und Pathologie des menschlichen Geistes sind zwei Seiten derselben Münze.

In zunehmendem Maße sehen Experten eine neurophysikalische Erklärung hinter der zeitlosen Verrücktheit und dem Erfindungsreichtum des Menschen. Sie halten die rapide Expansion jenes Teiles unseres Gehirns, das Sprache und Kultur beherrscht – des Neokortex, oder wollen wir es »Kulturhirn« nennen? –, während der letzten Millionen Jahre für die fehlerhafte Koordination mit dem »uralten« Gehirn für verantwortlich. Ich spreche hier von den zwei Gehirnteilen und -prozessen, die sich grundsätzlich nicht verstehen: die rationalen und abstrakten Gedankengänge einerseits und die sogenannten »reptilischen« Triebe, die einer archaischen Struktur entstiegen, die wir mit anderen Tiergattungen teilen und die unsere emotionalen Reaktionen veranlaßt, andererseits. Diese evolutionäre Dissonanz hat sich in einer Art all-menschlicher »Schizophrenie« ausgedrückt, einer Spaltung von Ratio und Emotion, die das menschliche Dilemma darstellt. Der ältere und mächtigere Partner dieses geteilten »Computers« ist die Emotion, und immer wenn es zu einem Konflikt kommt, wird die rationale Hälfte veranlaßt, Rationalisierungen für die Gelüste des Seniorpartners zu erfinden. Dies ist ein neurophysikalischer Versuch, die fortgesetzten Erfindungen und Täuschungen der Menschheit zu erklären, die dem Tod den Stachel zu nehmen versuchen und das Nichtssein und die Machtlosigkeit eliminieren wollen. Das sogenannte spirituelle Trachten der Menschheit ist ein unwiderstehliches und methodisches Zwangsverhalten, das Geistesgestörtheit ähnelt. Es beinhaltet die buntesten Vorstellungen über das Nachleben. Während der Neokortex der Realisation des Todes nicht entkommen kann, weist das Althirn leidenschaftlich die Idee eines personalen Nicht-Seins zurück und klammert sich an die Vorstellung eines Überlebens als selbstverständliches Phänomen. Der waghalsigere Juniorpartner, der abstrakte Neokortex, ist dann vor die Aufgabe gestellt, mentale Konstruktionen vorzubereiten, die das postmortale Vakuum mit einem Szenario füllen. Diese Gedankenwelt ist mit Gottheiten und Dämonen bevölkert; und schließlich ist sie auch der Tummelplatz der Hexen und Zauberer.

Der Zweck der kurzen Diskussion dieser Aspekte menschlicher Natur ist, die *weiträumigere* Perspektive der Hexerei darzulegen, die Magie im Lichte des grundlegenden menschlichen Dilemmas zu sehen und die Launen des Okkulten wachsamer zu verfolgen. Am besten sollten die Fluktuationen nie als evolutionäre Erscheinung verstanden werden, die zu höherer und wahrerer Einsicht führen, sondern als unaufhörlicher Prozeß, archaische Emotionen zu beruhigen.

Unter Beachtung dieser Perspektive müssen wir den Erfahrungsraum der fränkischen Bauern betrachten. Ihr Ablassen von der Magie ist nicht wirklich das Ende einer Ära, und ihr Zurücktreten von dem Okkulten ist nur ein zeitweiliges Zwischenspiel innerhalb eines größeren *Zeitgeistes*. Wie die Amerikaner der ersten Generation, die das Erbe der Alten Welt ablegten, um eine angemessenere Anpassung an die Neue Welt anzustreben, legten die von den hexengläubigen Generationen entfernten Franken ihr unmittelbares Erbe ab. Aber gebt ihnen Zeit. Nach einigen Generationen werden die Abtrünnigen stolz ihr »wertvolles«, weitgehend verlorenes Erbe wieder erwecken und sich spät, aber mit gleicher Begeisterung der allgemeinen Welle der westlichen Völker anschließen – in Richtung Magie.

# ANMERKUNGEN

## Die Bühne der Hexerei

**Kapitel 2:**
[1] W. I. Thomas, Primitive Behavior, S. 8.
[2] Die vielfältigen Arten, in denen Angstreaktionen sich in körperlichen Erscheinungsformen äußern, wurden von Theodor R. Sarbin dargestellt. »Das sympathetisch-adrenale System beginnt zu arbeiten und übt Kontrolle über die Viszera und Blutgefäße aus. Die verschiedenen inneren Veränderungen bereiten den Organismus auf eine physische Reaktion vor (Kampf oder Flucht). Wenn dieses Stadium extremer Erregung sich ohne motorische Entladung fortsetzt, kann dies den Tod zur Folge haben.« In »Role Theory«, Gardner Lindzey, Hrsg., Handbook of Social Psychology, 1971, S. 253.
[3] Definition der »Legende« in Jean L. McKechnie, Hrsg., Webster's New 20th Century Dictionary (New York, World Publishing Co. 1962), I, ungekürzte Ausg., S. 1035.
[4] Der Ausdruck mag vom germanischen Heer Wodans herrühren oder evtl. vom wütenden Heer; Karl Brückner, 1929, I, S. 111; II, S. 104–105; s.a. Otto Höfler, 1934, I, S. 73, der eine ähnliche Wilde Jagd oder Reiterschar von Toten in Thürigen und Schwaben beschreibt..
[5] Neben der mdl. Überlieferung findet sich diese Sage auch bei Brückner, 1929, II, S. 270.
[6] L. Helldorfer, 1974, S. 868 ff
[7] Brückner, 1929, II, S. 83/84
[8] ebd. S. 85
[9] ebd. S. 46

**Kapitel 3:**
[1] K. Brückner, 1929, II/250; J. Franck, 1901, S. 614 ff.
[2] Zwei repräsentative Quellen, die diesen Aspekt darstellen, sind Raymond Buckland, 1975, und G. B. Gardner, 1971.
[3] Ähnliche Wicca-Demonstrationen fanden auch in anderen Ländern statt, z. B. in den USA. (»Preaching Pan, Isis and OM«, Time, 6. 8. 1979, S. 84.) Das Ausmaß der Bewegung der Neu-Druiden in Amerika beschreibt J. Gordon Melton (1982). Der Historiker Jeffrey B. Russel schreibt mit Toleranz und Feinfühligkeit über das moderne Hexenwesen. (1980, S. 140–175.)
[4] Der international anerkannte britische Druiden-Experte Prof. Stuart Pigott sah sich genötigt mindestens 90 Prozent seines Buches »The Druids« (1968), der Richtigstellung von romantischen Images zu widmen.
[5] Der geschichtliche Prozeß, durch den Zauberer allmählich zu Ketzern umdefiniert wurden, ist mit Scharfsinn beschrieben bei Joseph Hansen, »Zauberwahn, Inquisition und Hexenprozeß im Mittelalter« (1900, Neudruck 1964). Weitere ausgezeichnete einschlägige Werke sind Gerhard Schormann, »Hexenprozesse in Deutschland« (1981); Bruno Gloger u. Walter Zöllner, »Teufelsglaube und Hexenwahn« (1983), und William Monter, »Ritual, Myth and Magic in Early Modern Europe« (1983).
[6] Henry C. Lea, 1888, S. 493; s. a. die Abhandlung in Julio C. Baroja, 1973, S. 250.
[7] Brückner, 1929, S. 250; P. Haining, 1977, S. 53.
[8] Sprenger, Institoris, Malleus maleficarum, Edition v. Lyon 1580, III.
[9] Jean Bodin, 1580, II/Kap. 4.
[10] Robbins 1959, S. 7.
[11] Baroja, 1973, S. 92.
[12] Robbins, 1959, S. 43.
[13] Das Bistum Würzburg scheint eine eigentümliche Anziehungskraft auf Rückfälle ins Mittelalter auszuüben. Verwiesen sei auf den Exorzismus an der Studentin Anneliese Michel.

[14] Robbins, 1959, S. 555 ff; s. a. Brückner, 1929, S. 254.
[15] Robbins, 1959, S. 35 ff.
[16] ebd. S. 36.
[17] Der Ruf der Stadt ging in die Geschichte ein, und der Engländer Charles Mackay erinnerte sich 1841 dessen wohl. Er nahm Bamberg in seine Liste der am meisten vom Hexenwahn erschütterten Orte Europas auf. Ich empfehle dieses Buch, »Extraordinary Delusions and the Madness of Crowds«, allen, die menschliches Verhalten studieren und Massenhysterien zu verstehen suchen. (Mackay war ein würdiger Vorreiter des berühmten frz. Sozialwissenschaftlers Gustav LeBon, der um 1880 den soziologischen Klassiker über das Massenverhalten, »The Crowd«, schrieb.)
[18] Dieses Treffen wird oft als »Sabbat« bezeichnet. Historiker wie E. Rose (1962, S. 169) nehmen an, daß der Ursprung dieses Wortes mit dem hebräischen Sabbat identisch ist und die breitere Bedeutung eines regelmäßig wiederkehrenden geheiligten Tages angenommen hat. Sie widersprechen der »Murray'schen Einbildung« anderer Schreiber, wie etwa Lucy Mair (1971, S. 226), die uns glauben machen wollen, daß dieses Wort vom frz. s'ébattre = »erfreuen« abgeleitet sei. Beide Lager sind sich einig, daß Sabbat nicht vom baskischen »Esbat« abstamme, glauben aber, daß umgekehrt der baskische Ausdruck eine Ableitung von Sabbat sei.
[19] Joh. Gg. Godelmann, 1601, Trakt. II/Kap. 4.
[20] H. C. E. Midelfort, 1972, S. 135.
[21] ebd. S. 137.
[22] L. Steadman, 1985/86.
[23] Midelfort, 1972, S. 185.
[24] E. W. Monter, 1971, S. 15.
[25] Mackay, 1974, S. 515, 526.
[26] Merzbacher, 1970, S. 186.
[27] Monter, 1976, S. 186.
[28] ebd. S. 136.
[29] Baroja, 1973, S. 186.
[30] La Vey, S. 25.
[31] Merzbacher, 1970, S. 116.
[32] Robbins, 1959, S. 42.
[33] Lea, 1888, S. 1163.
[34] Robbins, 1959, S. 42.
[35] Lea, 1888, S. 1177–1178.
[36] ebd. S. 1173–1179.
[37] S. a. den Vergleich legaler Prozeduren, der die Unterschiede in Qualität und Quantität zwischen England und dem Kontinent deutlich zu machen versucht; s. Currie, 1968.
[38] Merzbacher, 1970, S. 49–50; Döbler, 1977, S. 295–296.
[39] Brückner, 1929, S. 254.
[40] Döbler, 1977, S. 296.
[41] ebd. S. 291.
[42] Monter, 1976, S. 65.
[43] ebd. S. 66.
[44] ebd. S. 106–107.
[45] H. Kunstmann, 1970, S. 199–200; Merzbacher, 1970, S. 60.
[46] Merzbacher, 1970, S. 57–58.
[47] ebd. S. 54–55.
[48] Mackay, 1974, S. 653.

## Die Inszenierung der Hexerei

**Kapitel 1:**
[1] Mackay, 1974, S. 561.
[2] Brückner, 1929, II/S. 250–261 meidet diesen Punkt.
[3] ebd. S. 252/253.
[4] Döbler, 1977, S. 29.
[5] Peuckert, 1951, S. 128–129.
[6] Russel, 1977, S. 93, 215, 253.
[7] Wittmann, 1933, S. 67–69.
[8] Firestone, 1962, S. 305.
[9] Frischbier, 1870.
[10] Kruse, 1951, S. 11.
[11] Zwetsloot, 1954, S. 44.
[12] Wilson, 1951, S. 308.

[13] Jules-Rosette, 1975, S. 206.
[14] H. Oldfield, 1930.
[15] Russel, 1977, S. 126, 170, 217. Auf der heiteren Seite sei auf ein fränkisches Motiv hingewiesen: »Wogegen nicht geleugnet werden kann, daß sogar Leute, die des Lateinischen nicht mächtig sind, aus dem Klang der Würzburger Glocken ganz deutlich ein »vinum bonum, vinum bonum« heraushören, was auf deutsch »guter Wein, guter Wein« heißt. »So schwankt«, meint Konrad Zellner, ein schreibender Gymnasiallehrer um 1870, der Franke zwischen biederem, christlichem Weihnachtslebkuchen und dem dionysischen Bocksbeutel hin und her, wobei er vielleicht vergessen hat, daß diese Flaschenform dem Fortpflanzungsapparate des männlichen Ziegentieres nachgebildet ist, jenes Tieres, das nicht nur an das Heidentum, sondern gar an den Teufel gemahnt!« (Unvergessene Küche, Hamburg, 1979, S. 229.)
[16] Peuckert, 1951, S. 287.
[17] Brückner, 1929, S. 254.
[18] Bächthold, 1942, III/Sp. 1863 ff, VI/Sp. 293–351.
[19] Kruse, 1951, S. 15 ff.
[20] Wilson, 1951, S. 307.
[21] Heinrich Frank ist gebürtig in Amesberg bei Viechtach und hat die okkulten Vorstellungen seiner näheren Heimat aufgezeichnet. Sie reichen bis in die 20er und 30er Jahre zurück. Ich habe seine Erlaubnis, Material aus seinen bisher unveröffentlichten Aufzeichnungen zu entnehmen.
[22] Singer, 1978, S. 247. Siehe auch die Beschreibung der Pferdehexe in W. Blankenburg, 1972, S. 36 f.
[23] Brückner, 1929, S. 34–38.
[24] Bächthold, 1942, III/Sp. 1863–67, VI/Sp. 329.
[25] Frischbier, 1870.
[26] Kruse, 1951, S. 37.
[27] ebd., S. 26–29.
[28] Macfarlane, 1970, S. 296.
[29] Kruse, 1951, S. 13.
[30] Monter, 1971, S. 16.
[31] Kruse, 1951, S. 10.
[32] Bächthold, 1942, VI/Sp. 351.

**Kapitel 2:**
[1] Siehe dazu D. Arzberger, 1978, S. 113–153.
[2] Wenngleich nun die geographische Verbreitung des Ausdrucks geklärt ist, bleibt der etymologische Ursprung ungewiß. Ich möchte dazu folgende Hypothese unterbreiten: Die vorchristlichen Franken forderten Zurückgabe von entwendetem Eigentum durch die »Anefangsklage«. Das Wort ist dem altgermanischen »anafahan« verwandt, das wiederum von »ahen« (= ergreifen, holen) abstammt. (J. u. W. Grimm, 1854, Bd. 1, S. 326; Bd. 3, S. 1236–1237. Vgl. Goette, 1920, S. 173). In einem Ritual faßte die geschädigte Person mit beiden Händen das entwendete Eigentum an und forderte den Entwender auf, Rechenschaft darüber zu geben. Konnte derjenige das nicht, mußte das Eigentum (oft ein Stück Vieh) zurückgegeben werden. Es ist möglich, daß sich dieser Ausdruck im Laufe von nahezu 2000 Jahren auf das Übernatürliche verlagerte, so daß er nun von bösen Geistern die Zurückgabe von Gesundheit als rechtmäßiges Eigentum forderte.
[3] Eine Minderheit drückte ihre Meinung darüber aus, ob eine Hexe die Möglichkeit habe, ihren Fluch zurückzunehmen. Eine Bäuerin aus Bärnfels, die mir von persönlichen Erfahrungen mit der Hexerei erzählte, glaubte nicht, daß eine Hexe ihre Verhexung rückgängig machen könne, wenn sie sie erst einmal ausgesprochen hatte. Es bedurfte einer Frau, die das »Anfangen« konnte, um den Fluch aufzuheben. Dieser Glaube macht eine hierarchische Ordnung der übernatürlichen Mächte deutlich: eine höhere Macht wurde gebraucht, um die niedrigere zu korrigieren. Die niedrigeren Mächte, wie die Hexerei, konnten sich nicht selbst korrigieren; die göttliche Macht mußte diejenige des Teufels rückgängig machen. Auf der Basis dieser hierarchischen Philosophie war die Wirksamkeit des »Abbittens« (der Bitte um Rücknahme der Verhexung) begrenzt. Sogar wenn eine Hexe einlenken wollte, waren ihr die teuflischen Hände gebunden. Mag sein, daß dieser hierarchische Blickwinkel durch die bäuerliche Anschauung gefördert wurde, daß eine des »Anfangens« kundige Person (eine semichristliche Tradition, der man göttliche Macht zugedachte) eine Heilung unabhängig davon in Gang setzten konnte, ob es der Hexe gefiel oder nicht. Ich muß darauf hinweisen, daß nur einer Minderheit der Meinung war, die Hexe könne ihren Fluch nicht rückgängig machen. Ich weiß nicht, ob diese Logik in früheren Zeiten mehr Anhänger hatte.
[4] In einer anderen Gegend des Jura stimmte man allgemein darin überein, daß die Hexe in der Lage war, ihre Verhexung zu entkräften. »Unter den Bewohner des Jura überlebte der Glaube an die Macht der Hexe, ihre »maleficia« heilen zu können, auch nach dem

Ende der Prozesse, genauso wie es ihn wahrscheinlich schon vorher gegeben hatte.« (E. William Monter, 1976, S. 183.)
[5] Baroja, 1965, S. 240.
[6] Kruse, 1951, S. 37 ff.
[7] Zborowski u. Herzog, 1962, Register.
[8] Mackay, 1974, S. 560.
[9] Evans-Pritchard, 1937.

**Kapitel 3:**
[1] Peuckert, »Das 6. und 7. Buch Mosis«, 1957, S. 174.
[2] Leser, die sich eine zuverlässigere Version der Kabbala wünschen, seien verwiesen auf Adolph Franck, 1967; Krakovsky, 1950; Waite, o. Dat.
[3] Summers, 1937 (Nachdruck 1973), S. 77.
[4] ebd.
[5] ebd., S. 78.
[6] Monter, 1976, S. 189.
[7] Summers, 1937, S. 96.
[8] Peuckert, »Das 6. und 7. Buch Mosis«, 1957, S. 163–187.
[9] Summers, 1937, S. 81–82.
[10] Siehe auch eine davon abweichende Darstellung, die annimmt, daß die Hexen-Vorstellung nicht an den Karpaten haltmachte, wie man allgemein glaubt: Kovács, 1973, S. 53–86.
[11] Bächthold, VI/Sp. 591.
[12] Döbler, 1977, S. 305.
[13] ebd.
[14] Peuckert, 1960, S. 123–148.
[15] »Das Sechste und Siebente Buch Mose« oder »Mose's Spirit-Art« (aus dem Deutschen übersetzt, in den USA gedruckt, anonymer Herausgeber und Verlag, ohne Erscheinungsdatum); Gamache, 1967.
[16] Um den Schöpfern des Voodoo gerecht zu werden muß gesagt werden, daß sich Voodoo aus einer Religion der Haitianer entwickelte, als Mischung von Überlieferungen aus Dahomé und christlichem Glauben und in keiner Weise ein geheimer Bund von Hexen oder Zauberern war.
[17] Siehe z. B. die Studie des südafrikanischen Bantu-Stammes v. J. D. Krige, 1970, S. 237–251.
[18] Gamache, 1967, S. 80.
[19] ebd. S. 81.
[20] ebd. S. 102.
[21] ebd. S. 99.
[22] ebd. S. 97.
[23] »Das Sechste und Siebte Buch Mose«, S. 113.
[24] Schöck, 1978, S. 129.

**Kapitel 4:**
[1] Dieser Vorfall wurde mir in verschiedenen Versionen geschildert. Eine davon ist auch bei Brückner zu finden. (Brückner, 1929, II, S. 259.)
[2] Wolf, 1976, S. 16.
[3] Ein Beispiel dafür ist der animistische Kosmos der Fox-Indianer. Sie machen nur geringe Unterschiede zwischen Materiellem und Immateriellem, Organischem und Anorganischem, Tierischem und Menschlichem. Alle Arten von Phänomenen können die Macht Manitus verkörpern. Siehe dazu Miller, 1955, S. 279.
[4] In diesem Fall wurde der Heiler als »Abhelfer« bezeichnet, anstelle der sonst üblichen Bezeichnung »Frau, die das Anfangen kann«. Nach dem Unterschied gefragt, bezeichnete die Beauftragte die Begriffe als synonym. Trotzdem verwendete sie weiterhin den Begriff »Abhelfer« bei der Schilderung dieses Falles, benutzte jedoch bei allen anderen das Wort »Anfangen«. Meine Deutung ist dahingehend, daß ein Heiler, der zu Hause seine heilenden Gebete verrichtete, »Abhelfer« hieß, während die Zeremonie am Ort des Unheils als »Anfangen« bezeichnet wurde.
[5] Eine literarische Behandlung dieses Glaubens ist zu finden bei Helldorfer, 1974, S. 825.
[6] Brückner, 1929, I, S. 123.
[7] ebd. S. 34–38.
[8] Die Ähnlichkeit, mit der verschiedene Kulturen bestimmte Charakteristika der Hexe betrachten, ist erstaunlich. Die Azande berichten, daß sie »allgemein ihre Seele ausschickt, wenn ihre Opfer schlafen«. (Evans-Pritchard, 1937, S. 33.) In ähnlicher Weise wird von sudanesischen und nigerianischen Stämmen berichtet: »Die Schatten-Seelen der Hexen schwirren umher und greifen die Opfer an, während ihre Körper schlafend zu Hause

bleiben, so daß sie jeden Versuch der Überprüfung ihrer mystischen Aktivitäten unterlaufen.« (Siehe Nadel, 1952, S. 18.)
[9] Brückner, 1929, II, S. 259-260.)
[10] Charles G. Leland, 1964, S. 62.

## Die Bedeutung der Hexerei

**Kapitel 1:**
[1] Einige primitive Gesellschaften unterscheiden nicht zwischen übernatürlichen und natürlichen Kräften. In solchen Kulturen ist die Magie eine strikte Hier-und-jetzt-Erscheinung mit ausschließlich empirischen Implikationen. Siehe dazu z. B. Evans-Pritchard, 1937, S. 21-39.
[2] Nadel, 1952, S. 18.
[3] Malinowski, 1955, S. 80.
[4] Einige Sozialwissenschaften halten den empirischen Charakter der Magie für wichtig genug, um eine Ähnlichkeit zwischen Magie und Wissenschaft festzustellen. Magie wird als empirische Erprobung betrachtet, die ohne Berücksichtigung der durch die Wissenschaft aufgestellten Gesetze und Prinzipien verläuft. Wenn ein Versuch gemacht würde, wissenschaftliche Ergebnisse zu erhalten mit keiner anderen Überlegung außer rein empirischen Schlußfolgerungen, wäre das Ergebnis dasselbe, als wenn man mit einem magischen System arbeiten würde. Siehe dazu Judith Willer, 1971, S. 31.
[5] Evans-Pritchard, 1937.
[6] Malinowski, 1954.
[7] Willer, 1971.
[8] Vgl. Hughes, 1970, S. 216.
[9] Willer, 1971, S. 57.
[10] Festinger, 1956.
[11] Beispiele für das Bemühen, einmal etablierte Vorstellungen aufrechtzuerhalten, lassen sich in allen Bereichen des Lebens finden. Siehe dazu eine Darstellung aus dem politischen Leben: Sebald, 1962, S. 142-149.
[12] Mackay, 1974, S. 516-517.
[13] ebd. S. 561.
[14] ebd. S. 531.

**Kapitel 2:**
[1] Malleus maleficarum, S. 8-11. Summers, 1970, S. 82.
[2] Summers, 1970, S. 82.
[3] Malleus maleficarum, viii-ix.
[4] Baroja, 1973, S. 184-189; vgl. Parker, 1982, S. 530.
[5] Vgl. Soldan, 1843.
[6] Vgl. Monter, 1969; Zilboorg, 1969.
[7] Malleus maleficarum, S. 8-11.
[8] Vgl. Estes, 1983.
[9] Spiegel, Nr. 43, S. 128.
[10] Z. B. Rose, 1962; Cohn, 1975, S. 107-120; Burr, 1920; K. Thomas, 1971, S. 514-517, 525.
[11] Ewen, 1933, S. 59-60.
[12] Piggott , S.20-75, 158-167.
[13] Vgl. Schormann, 1981, S. 23; Henningsen, 1973, S. 12; Hansen, 1900, S. 35.
[14] Baroja, 1973, S. 65, 243-244.
[15] ebd. S. 66.
[16] Hansen, 1964, S. 1-36.
[17] Rose, 1962, S. 197-198.
[18] Haining, 1977, S. 9.
[19] Vgl. Russell, 1980, S. 152-153.
[20] Vgl. Melton, 1982; Russell, 1980, S. 140-175.
[21] Truzzi, S. 29-30.
[22] Rose, 1962, S. 18.
[23] Vgl. Demos, 1982, 1970. Malinowski, 1954; Redfield, 1954.
[24] Vgl. Robbins, 1959, S. 429-448; Starkey, 1963.
[25] Leitschuh, 1883, S. 7-9; Looshorn, 1906, S. 33.
[26] Döbler, 1977, S. 353-354.
[27] Vierordt, 1847, S. 68, 127.
[28] Merzbacher, 1970, S. 87.
[29] ebd. S. 57.
[30] Döbler, 1977, S. 193.

259

[31] Rose, 1962, S. 25.
[32] Trevor-Roper, S. 143.
[33] Hofmann, 1984, S. 26–27.
[34] Macfarlane, 1970, S. 91–99.
[35] Henningsen, 1973, S. 14.
[36] Monter, 1971, S. 9.
[37] ebd. S. 10–11.
[38] Larner, 1984.
[39] Merzbacher, 1970, S. 112.
[40] Hofmann, 1979, S. 22–29.
[41] Döllinger, S. 171–180.
[42] Cohn, 1975, S. 125.

**Kapitel 3:**
[1] Siehe dazu auch neben den schon genannten: Clyde Kluckhohn, 1962; J. H. Beattie, 1963.
[2] Mackay, 1974, S. 464.
[3] Diese medizinische Beschränktheit mag uns paradox scheinen. Während des Ingangkommens der modernen Medizin, sprich im 17. Jahrhundert, schaffte es das begrenzte medizinische Wissen, das sich in der ebenso begrenzten medizinischen Lehre spiegelt, oft nicht, die Vorstellung von magischen Ursachen für Krankheiten zu entkräften. Es gab tatsächlich Ärzte, die »Hexerei-Ursachen« zugaben, weil ihr medizinisches Wissen erschöpft war. Ein Beispiel dafür ist das Zeugnis des prominenten englischen Arztes Sir Thomas Browne in einem Hexenprozeß 1662. (s. Geis u. Bunn, 1981.) Eine erweiterte Diskussion von Estes (1983) weist auf die Neigung der Mediziner zu Beginn der Neuzeit hin, die ihre mangelhaften Kenntnisse oft hinter der Diagnose von »Hexenwerk« versteckten.
[4] Berichtet v. Sherida Bush, 1976, S. 34. Siehe auch den eminenten Forschungsbericht über Alpdrücken, das »Old-hag«-Phänomen und die hynogogischen Traumbilder von Hufford, 1982.
[5] Alcock, 1979, S. 35.
[6] Derartige Fragen mögen in der Masse des Volkes in vergangenen Zeiten gestellt worden sein, besonders wenn sich Katastrophen ereigneten. Ein Beispiel kam im 17. Jahrhundert nahe des Jura vor. Bayreuth hatte 1631 ca. 4000 Einwohner; 1634 waren es 130. Sie waren hauptsächlich durch die Pest ausgerottet worden (s. Kröll, 1978, S. 184). Obwohl die Pest allgemein als natürliches Phänomen verstanden wurde, erhoben sich die Fragen »Warum?« und »Wer ist schuld an dieser göttlichen Strafe?« Diese Fragen veranschaulichen das Zwei-Ebenen-Argument über die Ursachen der Dinge und auch, wie leicht aus dieser Fragestellung eine Sündenbocksuche und Hexenverfolgung entstehen kann.
[7] Siehe Einzelheiten in Sebald, »Shaman, Healer, Witch«, 1984.
[8] Rappaport, 1976.
[9] Macfarlane, 1970.
[10] Yoors, 1976.
[11] Parsons, Man 27/1927, S. 106 ff.
[12] Evans-Pritchard, S. 170.
[13] Das gleiche Motiv zur Kindererziehung findet sich in unverwandten Kulturen. Die Nyakyusa in Afrika z. B. warnen ihre Kinder, »sich nicht streitsüchtig oder angeberisch oder brüsk zu benehmen, damit sie nicht dadurch den Zorn von Hexen auf sich ziehen.« (Wilson, 1951, S. 308.) Ähnliche Anstrengungen wurden oder werden noch in amerikanischen Indianer-Stammeskulturen gemacht. Aus Angst vor Hexenflüchen werden Kinder dazu angehalten, sich ordentlich zu benehmen und ihre sozialen Verpflichtungen zu erfüllen. Siehe diesbezüglich die alten Ohlone-Indianer (Margolin, 1978, S. 140) und die heutigen Allegany Seneca (Snyderman, 1983, S. 268). Ein nigerianisches Beispiel bietet weitere Zusatzinformationen. Der Stamm der Ibibio hat bis heute den Hexenglauben aufrechterhalten, der auffallend dem fränkischen ähnelt (sogar im Punkt der Verwurzelung in der christlichen Tradition). Die Furcht vor »demokratischer« Hexerei sowie Vorsicht und Nichtaggressivität haben Tradition. Aber in den späten 1970er Jahren erschütterte eine Hexenjagd die Ibibio-Gemeinde: Verdächtige wurden gehetzt, und einige getötet. Diese Aktionen widersprachen dem geltenden Recht, und die Behörden unternahmen Schritte zu ihrer Unterdrückung. Die hauptsächliche Erklärung für diese illegale Verfolgung lag offenbar im Auftauchen eines charismatischen Führers, Edem, der im Volksheld wurde und Anhänger gewinnen konnte, die ihm halfen, Verdächtige aufzustöbern (s. Offiong, 1983). Die Franken andererseits sind nicht dafür bekannt, daß sie dazu neigten, das Gesetz selbst in die Hand zu nehmen und Wachtrupps zu bilden. Eher sind sie dafür bekannt, offizielle Maßnahmen zu folgen. Da seit vielen Generationen durch Landesgesetze die Hexenverfolgung verboten ist, mußten die Franken mit Hexenverdächtigen leben und sich arrangieren. Das Ergebnis war ein 200jähriges angstvolles, aber gewöhn-

lich unaggressives Verhalten. (Eine Ausnahme ereignete sich jedoch in Mailach in den 1970er Jahren.)
[14] Gluckmann, 1965, S. 223–224.
[15] Kluckhohn, 1962, S. 121.
[16] Einige Gesellschaften unternehmen Schritte, um Magier und Hexen auszumerzen, wenn ihr magisches Verhalten vertretbare Grenzen überschreitet. Dies kann in Form offizieller Programme geschehen oder in Form spontaner Progrome. Beispiele letzteren Typs lieferten einige amerikanische Indianerstämme (s. Margolin, S. 140) und die nigerianischen Ibibio, wo 1978/79 eine Miniaturwiederholung der europäischen Hexenjagd des 17. Jahrhunderts stattfand (s. Offiong, 1983).
[17] Durkheim, 1960.
[18] Kluckhohn u. Leighton, 1946, S. 179.
[19] Adler, 1927.
[20] Becker, 1976.
[21] Miller, 1955, S. 282.
[22] Baroja, 1973, S. 256.
[23] Nietzsche, 1954, S. 570.
[24] Marx u. Engels, 1964.
[25] Freud, 1962, S. 21.
[26] ebd. S. 22.
[27] Freud, 1964, S. 72.
[28] Die burschikose und doch treffsichere Behandlung des kollektiven Sündenbock-Syndroms in der Zeit der europäischen Hexenverfolgung bietet der amerikanische Anthropologe M. Harris. Am Anfang des Syndroms standen tiefe Gestörtheiten und gewaltige Umstürze im mittelalterlichen Lebensstil. Unruhe, Protest und Klagen gärten unter den Massen. Aber Rebellion gegen Staat und Kirche war undenkbar angesichts deren unerschütterlicher Macht. Die Massen suchten nun die Verantwortlichen für ihre Unzufriedenheit, Verwirrtheit und Unglück in ihren eigenen Reihen und beschuldigten gewöhnlich machtlose Menschen der Zusammenarbeit mit dem Teufel und seinen Dämonen. Der feudalen Klasse konnte dies nicht sein, und sie fachte diesen Eifer an. Der Verfolgungseifer lenkte nämlich die Aufmerksamkeit der Massen von dem korrupten und ausbeutenden feudal-klerikalen System ab.»Beschäftigt mit den fanatischen Taten der Dämonen, hielten die verzweifelten, verwirrten und verarmten Massen den zügellosen Teufel anstatt den korrupten Klerus und die gierige Feudalklasse für verantwortlich.« (Harris, 1974, S. 238.)
[29] K. Thomas, 1971, S. 545.
[30] Marwick, 1952, S. 323.
[31] Mayer, 1970, S. 56.
[32] Kluckhohn, 1962.
[33] Ein prinzipieller Kommentar über den soziologischen Begriff der »Funktionalität« ist angebracht. Er verleitet dazu, nur an geplante, positive Verhaltensweisen zu denken. »Funktionen« können sicher aber auch ungeplant, negativ und paradox sein. Die Hexerei löste solche verschwommenen, sich gegenseitig widersprechenden »Funktionen« aus. Es war nicht das erste Mal, daß die Menschen eine »funktionelle« Arznei zusammenbrauten, die, wie sie glaubten, gewisse Leiden heilte. Und das mag wohl auch so aussehen. Aber sie bedenken dabei kaum, daß die Arznei so viele unheilvolle Nebenerscheinungen mit sich bringt, daß das erstliche Leiden letztlich das geringere Übel gewesen wäre. Wenn ich also von soziologischen und psychologischen »Funktionen« spreche, meine ich nicht, daß sie Probleme des menschlichen Zusammenlebens ausgelöscht haben. Bestenfalls haben sie Linderungen in der ersten Instanz hervorgerufen. Auch meine ich nicht, daß diese Erstinstanz-»Funktionen« bewußterweise aufgestellt wurden. Vielmehr sind solche sozialen Vorstellungen (oder Institutionen) intuitiv, rein gefühlmäßig gewachsen – also irrational, und deshalb oft zu Fehlwirkungen verdammt. Freud bietet eine hervorragende Behandlung dieses menschlichen Dilemmas in seinem Buch »Das Unbehagen in der Kultur« (1930).
[34] Keith Thomas, 1971, S. 555.
[35] Macfarlane, 1970.
[36] Kluckhohn und Leighton, 1946, S. 243.
[37] Steadman, 1985/86.
[38] Kluckhohn u. Leighton, 1946, S. 240–252.

**Kapitel 4:**
[1] Genesis III, 3, 16.
[2] z. B. Genesis I, 26 ff.
[3] 1. Korinther 11, 3.
[4] 1. Korinther 11, 7–10.
[5] 1. Korinther 14, 34–35.

[6] Tischreden, Weimarer Ausgabe, Bd. I, S. 352.
[7] 1. Korinther 7, 1–9.
[8] Malleus maleficarum, S. 44.
[9] Malleus maleficarum, S. 44.
[10] Malleus maleficarum, S. 134.
[11] Malleus maleficarum, S. 119. Die Autoren schließen diesen Beobachtungen eine theologische Diskussion an, in der sie finden, daß Gott solche Ereignisse zuläßt. Auch fragen sie sich, ob diese Ereignisse wirklich in Materie vorgekommen sind oder ob sie nur eine sinnliche Wahrnehmung wären. Sie kommen zum Schluß, daß es das letztere sei, nämlich eine »(Sinnes-)Täuschung seitens des Dämons, die ihren Grund nicht in der Veränderung der Sache, sondern in dem Wahrnehmenden hat, der getäuscht wird, sei es bezüglich der inneren, sei es bezüglich der äußeren Sinne« (s. 129–130).
[12] Malleus maleficarum, S. 44.
[13] ebd. S. 46.
[14] Die arglose Naivität der Männer wurde von ihren hinterlistigen Hexenfrauen ausgenützt. So finden wir den puerilen Beleg aus der Zeit der schwedischen Hexenmanie, worin 1669 die Hexen von Mora auf ihren unschuldig schlafenden Männern (auch auf Besen und Mistgabeln) durch die Luft zum nächtlichen Hexensabbat geflogen seien (siehe Robbins, 1959, S. 349).
[15] vgl. Seth, 1969, S. 9.
[16] vgl. Cohn, 1975; Horsley, 1979.
[17] vgl. Cohn, 1975, S. 251.
[18] vgl. Lederer, 1968.
[19] Monter, 1976, S. 124.
[20] Macfarlane, 1970, S. 161, 205–6; vgl. auch Keith Thomas, 1971, S. 506–7.
[21] vgl. Horsley, 1979, S. 713.
[22] Margolin, 1978, S. 140.
[23] Monter, 1976, S. 136–137, 140; Keith Thomas, 1971, S. 530; Macfarlane, 1970, S. 158–160; Demos, 1982, S. 54–56.
[24] Pertz, 1982, S. 52.
[25] Beispiele der Fluktuation: In England war der verhältnismäßige Anteil der Männer (immer) relativ niedrig. Etwa 8 Prozent der Beschuldigten waren Männer, und davon war die Hälfte mit einer beschuldigten Hexe verheiratet oder stand zusammen mit einer Frau vor Gericht (s. Macfarlane, 1970, S. 160). In der Genfer Gegend betrug der Anteil 5 Prozent vor 1600 und 22 Prozent nach 1600; aber im allgemeinen war das Verhältnis ziemlich regelmäßig, nämlich bei 20 Prozent (s. Monter, 1976, S. 120).
[26] Currie, 1968, S. 22.
[27] Malleus maleficarum, S. 66.
[28] ebd.
[29] ebd.
[30] Ehrenreich/English, 1973, S. 6.
[31] Der Status der Frau war nicht nur gesetzlich und allgemein sozial, sondern auch kulturell und psychologisch dem Mann völlig untergeordnet. Man sprach sogar von der biologischen Minderwertigkeit des Weibes. Wenn er wollte, durfte der Mann seine Oberherrschaft über die Frau mit brutaler Gewalt demonstrieren (vgl. Bever, 1982, S. 173–175).
[32] Malleus maleficarum, S. 118.
[33] Spiegel, Nr. 43 v. 22. 10. 1984; G. Heinsohn u. O. Steiger.
[34] Bever, 1982, S. 180.
[35] Im Gegenteil, während der machtvollsten Unterdrückungszeit im ersten Drittel des 17. Jahrhunderts verminderte sich die durchschnittliche Kinderzahl pro Familie. Der englische Historiker Henry Kamen erforschte Bevölkerungsverhältnisse jener Zeit und neigt dazu, den damaligen Bevölkerungsstillstand, möglicherweise sogar -rückgang, auf die erschreckende Rate der Kindersterblichkeit und nicht so sehr auf fallende Geburtsraten zurückzuführen. Die durchschnittliche mutmaßliche Lebenserwartung unter den herrschenden Klassen im westlichen Europa jener Zeit war 28 Jahre für männliche und 34 Jahre für weibliche Neugeborene. Die durchschnittliche Lebenserwartung aller sozialen Klassen zusammengenommen betrug nicht viel mehr als 20 Jahre; und die der unteren Klasse war sogar noch niedriger. Kamen findet die Geschichte einer französischen Familie typisch: Jean D. heiratete Margaride, und sie hatten zehn Kinder. Odet, der älteste Sohn, heiratete Marie und sie hatten acht Kinder, von denen fünf vor dem zehnten Lebensjahr starben. Jean, der älteste, war zweimal verheiratet. Die erste Frau hatte zwei Kinder (und starb dann vermutlich), die auch nicht älter als zehn Jahre wurden. Die zweite Frau hatte 13 Kinder. Sechs davon starben im Kindesalter, einer fiel im Krieg, zwei gingen ins Kloster. Nur sechs der 33 Kinder dieser Familiengruppe gründeten eine Familie. Der Hauptgrund dafür: hohe Kindersterblichkeit. Und die Hauptgründe dafür waren die Pest, die Hungersnot und der Krieg. (Nicht umsonst beteten die Menschen damals: a peste, fame et bello, libera nos domine.) In jener Zeit bedurfte es zweier Lebend-

geburten, um letztlich einen Erwachsenen ins Leben zu stellen. Die günstigeren Lebensbedingungen der höheren Klassen förderten größere Überlebensmöglichkeiten, und deshalb hatten sie durchschnittlich mehr Kinder, die am Leben blieben, als die unteren Klassen. Kamen räumt ein, daß die unteren Bevölkerungsschichten wohl gewisse Schwangerschafts- oder Geburtenverhütung betrieben haben mögen, ist aber ratlos, wenn es zur Frage kommt, welche Methoden angewandt wurden. Auch folgert er keineswegs, daß dieses Verhütungstreiben den Bevölkerungsschwund des 17. Jahrhunderts veranlaßt hätte (Kamen, 1972, S. 13–25).
[36] Spiegel, Nr. 43, v. 22. 10. 1984, S. 128.

**Kapitel 5:**
[1] Weyers Hauptargument war, daß natürliche Melancholie fälschlicherweise als übernatürliches Symptom bewertet wurde. Jean Bodin, der damals einflußreiche französische Jurist, entgegnete Weyer mit Leidenschaft und Sophismus. Frauen, so entschied er in dem Kapitel »Refutation des opinions de Jean Wier« seines Buches *Demonomanie des Sorciers (1580)*, könnten gar nicht an Melancholie leiden, da sie die dazu nötigen Humores (Körpersäfte) nicht hätten. Zeigten sie die Symptome der Melancholie, einschließlich von Halluzinationen, so wären sie nichts anderes als Hexen, die tatsächlich mit dem Teufel verkehrten. Männer dagegen könnten an Melancholie leiden, da sie die verursachenden Humores hätten; wenn sie solche Symptome (einschließlich Halluzinationen) zeigten, seien sie nicht notwendigerweise Hexen. Mit dieser schlauen medizinischen Theorie bezweckte Bodin die Weiterverfolgung von Frauen. Er gefährdete auch Weyer selbst, nannte ihn einen Hexenbeschützer und drohte mit der Inquisition (vgl. U. F. Schneider, 1951).
Ein polemisches Argument ist von einem neuzeitlichen Psychiater heraufbeschworen worden. Dr. Szasz vergleicht den heutigen Eifer der Gesundheitsbehörden, unbequemen und unliebsamen Menschen das Stigma der Geistesstörung anzuhängen, mit dem Eifer der mittelalterlichen Inquisition, die gleicherweise unbequeme und unfügsame Menschen beseitigen wollte. Die Parallele ist ebenso interessant wie umstritten (s. Th. Szasz, 1970).
[2] Robbins, 1959, S. 545.
[3] Veith, 1965; Masters, 1966.
[4] Mackay, 1974, S. 501.
[5] ebd. S. 256.
[6] Richet, 1887, S. 261–394.
[7] Baroja, 1973, S. 247.
[8] Bever, 1982, S. 165.
[9] ebd. S. 171.
[10] Cohn, 1975, S. 262; Bever, 1982, S. 171 ff; Baroja, 1973, S. 256–257.
[11] Cohn, 1975, S. 262.
[12] Bever, 1982, S. 175.
[13] vgl. Auhofer, 1960, S. 48–49.
[14] vgl. K. Thomas, 1971, S. 530, 553, 557, 563; Macfarlane, 1970, S. 158–160; Monter, 1976, S. 136–137; Demos, 1982, S. 54–56; Delcambre, 1969, S. 105; Schöck, 1978, S. 129–130.
[15] Schöck, 1978, S. 129–130.
[16] ebd. S. 130.
[17] E. Dupré, 1925.
[18] Mackay, 1974, S. 551.
[19] König, 1930, S. 473–474.
[20] Robbins, 1959, S. 350.
[21] Mackay, 1974, S. 551–554; Robbins, 1959, S. 429–448.
[22] Caporael, 1976, S. 21–26; Matossian, 1982.
[23] Spanos u. Gottlieb, 1976, S. 1390–1394.
[24] Geis u. Bunn, 1981, S. 1.
[25] Delcambre, 1969, S. 105.
[26] Boguet, 1929.
[27] Meier-Lemgo, 1949.
[28] Estes, 1984.
[29] Davidson, 1949, S. 175–217.
[30] C. H. Ewen, 1936.
[31] Seth, 1969, S. 22–23.
[32] Vgl. Nash u. Barker, 1984; J. Spencer, 1975. Die Forschungen Spencers sind ein bemerkenswerter Schritt in Richtung auf das Verständnis der komplexen Zusammenhänge zwischen Religiosität und geistiger Störung. Er untersuchte eine Gruppe von Zeugen Jehovas und stellte einen deutlichen Zusammenhang zwischen strenger Religiosität und psychiatrischen Störungen fest. Die Studie hat jedoch noch nicht erklären können, ob die Mitgliedschaft in einer religiösen Gruppe wie den Zeugen Jehovas Streß und Unterdrückung in einem so hohen Maße erzeugt, daß sie einen schizophrenen Zustand hervorruft, oder ob so strenge (sogar fanatische) religiöse Gruppen eine besondere Anziehungskraft für

präpsychotische Individuen besitzen, die dann später zusammenbrechen. Natürlich besteht auch die Möglichkeit, daß beide Faktoren zusammenwirken.
[33] Lamberg, 1835, S. 12, Anhang, S. 6–8.
[34] Leitschuh, 1883, S. 12.
[35] Robbins, 1959, S. 289–293.
[36] Der oben genannte »treue Gläubige« Montague Summers sammelte dämonologische Berichte zum Werwolf-Phänomen. Trotz seiner bekannten theologischen Voreingenommenheiten ist dieses Buch wertvoll als Auflistung literarischer Quellen (The Werewolf, 1937).
[37] vgl. Merzbacher, 1970.
[38] vgl. Monter, 1976, S. 145–151.
[39] Mackay, 1974, S. 538.
[40] Boguet, 1929, S. 146.
[41] Lea, 1957, S. 1134.
[42] Peuckert, 1951, S. 118–120.
[43] ebd. S. 121.
[44] Shodell, 1982.
[45] Merzbacher, 1970, S. 147, 158.
[46] Monter, 1976, S. 200.
[47] Baroja, 1973, S. 254.
[48] Hole, 1977, S. 33.
[49] Bever, 1982, S. 168.
[50] Harris, 1974, S. 219.
[51] Barnett, 1965, S. 439–455; Führer, 1930, S. 37; Haining, 1977, S. 33; Harner, 1973.
[52] Führer, 1930; s. a. Clark, der berichtete, daß »die Kombination einer Delirien auslösenden Substanz wie Belladonna mit einer Droge, die unregelmäßige Herztätigkeit hervorruft, wie Anconit, das Gefühl des Fliegens erzeugen kann« (in Murray, 1921, S. 280).
[53] Döbler, 1977, S. 24–25.
[54] Leitschuh, 1883, S. 7.
[55] ebd. S. 7, Zitat v. Hefeles »Konziliengeschichte« VI, S. 347.
[56] Duerr, 1978, S. 24.
[57] Zitiert bei Duerr, 1978, S. 20.
[58] Castaneda, 1968, S. 91–92.
[59] Henningsen, 1973, S. 6.
[60] Siehe Einzelheiten bei Sebald, 1980, »Roasting Rabbits in Tularemia« u. »Die Romantik des ›New Age‹« (1981). Siehe auch diverse Essays in R. de Mille, 1980, die das Für und Wider von Castanedas Authentizität abwägen und als Ergebnis eine vernichtende Entblößung Castanedas als Schwindler liefern.
[61] Rose, 1962, S. 42.

**Kapitel 6:**
[1] Lesern, die dieser soziologischen Floskeln überdrüssig sind, gelte ein einfacher doch treffender Ausspruch meiner Tüchersfelder Großmutter, einer unstudierten Bäuerin. Sie faßte den ganzen gesellschaftlich verankerten psychosomatischen Prozeß so zusammen: »Durch Leut's Gered kriegen die Leut Bauchweh.«
[2] Ein neueres Beispiel kommt von laotischen Flüchtlingen in Chicago. Mehrere von ihnen fühlten sich schuldig, ein traditionelles Tabu gebrochen zu haben, als sie ihre Verwandten in der Heimat zurückließen. Als Strafe empfanden sie die Heimsuchung durch Dämonen. 26 von ihnen starben, medizinisch unerklärbar, im Zusammenhang mit solchen Heimsuchungen. Forscher nannten diese Sterbefälle »nightmare suicides« (Selbstmord durch nächtliche Quälgeister), die dadurch hervorgerufen wurden, daß sie ihren Organismus so umprogrammiert hatten, daß sie auf imaginäre Dämonen reagierten, die sie erstickten (Tobin u. Friedman, 1983). (Ich kann derart extreme Folgen im Zusammenhang mit der fränkischen Dämonomanie nicht vorweisen; anscheinend fanden die Franken Erlösung von Schuldgefühlen entweder durch die Abbitte oder durch die Sakramente ihrer Religion.) Nach dem Tod der laotischen Flüchtlinge begann ein einsichtvoller Sozialarbeiter den psychosomatischen Prozeß zu verstehen und erkannte die Notwendigkeit eines »Sakramentes«, das den von Schuldgefühlen gerüttelten Stammesangehörigen »Absolution« spenden könnte. Er improvisierte eine schamanische Zeremonie, in welcher die Stammeszugehörigen Signale mit ihren in der Heimat zurückgelassenen Verwandten austauschen konnten, deren Rechte sie verletzt zu haben meinten. Die Zeremonie vermittelte eine Lossprechung von der Schuld – eine Form der Abbitte. Von da an wurden keine weiteren »Nightmare«-Todesfälle unter den Flüchtlingen bekannt.
Ein weiteres interessantes Beispiel für die »Rolle des Sterbenden« in Neuguinea siehe in Kirk, 1969.
[3] Mackay, 1974, S. 504.
[4] ebd.
[5] ebd. S. 559.

⁶ Der Fairneß halber muß jedoch zugegeben werden, daß sich sogar unter den gebildeten (meistens lediglich eingebildeten) mittelalterlichen Gelehrten ab und zu ein gesunder Menschenverstand Bahn brach. So z. B. erkannte der Jesuit und Inquisitor Alonso de Salazar y Frias, daß es sich bei der Hexenverfolgung um eine hirngespinstige Idee handelte. Wie schon in einem vorhergehenden Kapitel zitiert, meinte er, daß es »weder Hexen noch Behexte gab, bis man über sie sprach und schrieb.«
Noch ein Geistlicher, Friedrich v. Spee, wagte Einwände solcher Art, befand sich jedoch in einer Zwillings-Zitadelle der Hexenmanie, in Würzburg (die andere Bamberg), und mußte schweigen. Nach anfänglichen Versuchen, die Verfolgung als eine irrige Komponente einer irrigen Manie hinzustellen, zog er sich unter der Qual tiefsten Mitleides von dem Inquisitionsgeschäft zurück, denn seine Äußerungen schufen ihm einen Ruf, der nicht nur sein eigenes Leben, sondern auch das Leben jener Beschuldigten bedrohte, die er verteidigen und denen er helfen wollte. Das ausschlaggebende Warnsignal, seine Mission als hoffnungslos anzusehen und sich zurückzuziehen, bestand darin, daß ihm zu Ohren kam, eine Beschuldigte sei gerade deshalb schuldig gesprochen und hingerichtet worden, weil er sie verteidigen wollte. Er verstummte und schrieb seine Meinung nieder mit der Bedingung, daß sie erst nach seinem Tod veröffentlich werde.
⁷ Robbins, 1963, S. 292.
⁸ Leitschuh, 1883, S. 8.
⁹ Lifton, 1961.
¹⁰ ebd.
¹¹ Henningsen, 1973, S. 18.
¹² Merzbacher, 1970, S. 139–140.
¹³ ebd.
¹⁴ Leitschuh, 1883, S. 9.

**Kapitel 7:**
¹ International Wildlife, Bd. 10, Mai 1980, S. 13.
² Soldan, 1843.
³ vgl. Smyth, 1970, S. 52.
⁴ Robbins, 1959, S. 276–277.
⁵ Asimow, 1968, S. 159–160.
⁶ vgl. Bever, 1982, S. 168–169.
⁷ Hansen, 1964, S. 537.
⁸ Mackay, 1974, S. 563–564.
⁹ Balch, 1975, S. 38.
¹⁰ vgl. Cohn, 1975, S. 110–113 .
¹¹ ebd. S. 218.
¹² vgl. Trevor-Roper, 1967, S. 104.
¹³ Sprenger und Institoris, 1971, S. 108.
¹⁴ Leitschuh, 1883, S. 18.
¹⁵ Lea, 1957, I/S. 417 ff.
¹⁶ Paulus, 1910, S. 20 f.
¹⁷ K. Thomas, 1971, S. 51.
¹⁸ ebd. S. 62.
¹⁹ Monter, 1976, S. 153–159, 166.
²⁰ vgl. K. Thomas, 1971, S. 398.
²¹ R. Finucane, 1977, S. 214–215.
²² K. Thomas, 1971, S. 510.

**Kapitel 8:**
¹ Die folgenden 3 Absätze sind einem früheren Aufsatz entnommen: Sebald, »Die Romantik des ›New Age‹«, 1981, S. 226–227, 233–234.
² Roszak, 1969; Truzzi, 1972.
³ Federmann u. Schrieber, 1968, S. 129–134.
⁴ Haining, 1977, S. 104.
⁵ ebd. S. 124.
⁶ Peuckert, 1957, S. 187.
⁷ Döbler, 1977, S. 307.
⁸ ebd. S. 312.
⁹ »Who do Voodoo? Asks Hesse CDU«, 1984, S. 6.
¹⁰ Oschwald, 1985.
¹¹ Baker, 1986, S. 89.
¹² Greenwell, 1980.
¹³ Roszak, 1982, S. 33.
¹⁴ Roszak, 1981, S. 100.
¹⁵ Hoover, 1977, S. 14.

[16] Goodman, 1981, S. 250.
[17] »Anthropologist Claims Vampires are Real,« 1981.
[18] Abbey, 1972, S. 127.
[19] Harris, 1974, S. 243.
[20] Einen typisch romantischen Einblick in die britische Version der heutigen Wicca, in deren Mittelpunkt der Hohe Priester Alex Sanders steht, liefert mit treuseliger Naivität unbedroht vor historischem Wissen Hans Holzer, 1969.
[21] Kramer und Hillebrand, 1986.
[22] Döbler, 1977, S. 312.
[23] ebd., S. 321.
[24] Roszak, 1969, S. 51.
[25] Aldridge, 1970, S. 75.
[26] Etzioni, 1978, S. 16.
[27] Koestler, 1976.

# Literaturverzeichnis

Abbey, Edward, *Abbey's Road*, New York, Dutton, 1972.
Adler, Alfred, *The Practice and Theory of Individual Psychology*, New York, Harcourt, Brace, 1927.
Alcock, James E., »Psychology and Near-Death Experiences«, *Skeptical Inquirer*, Frühjahr 1979, S. 25–37.
Aldridge, John W., *In the Country of the Young*, New York, Harper's Magazine Press, 1970.
»Anthropologist Claims Vampires are Real«, *Omega Spiritual Directory*, 41, Februar 1981, S. 16.
Apuleius, *The Golden Ass*, übersetzt von Robert Graves, New York, Penguin Books, 1950.
Ardrey, Robert, *The Territorial Imperative*, New York, Atheneum, 1966.
Arzberger, Dieter, *Brauchtum und Aberglauben*, Selb, Verlag Goetze, 1978.
Asimov, Isaac, *Asimov's Guide to the Bible*, New York, Doubleday, 1968.
Auhofer, Herbert, *Aberglauben und Hexenwahn heute*, Freiburg, Herder, 1960.
Bächtold, Johann, *Handwörterbuch des deutschen Aberglaubens*, Berlin, De Gruyter & Co., 1942.
Baker, Robert A., »How to bust a Ghost«, *Skeptical Inquirer*, 11, Herbst 1986, S. 84–90.
Balch, Robert, *The Creation of Demons: The Social Reality of Witchcraft and Satanism in Western Montana*, unpublished research paper, Department of Sociology, University of Montana, 1975.
Barnett, Bernard, »Witchcraft, Psychopathology and Hallucination«, *British Journal of Psychiatry*, 61, 1965, S. 439–455.
Baroja, Julio C., *The World of Witches*, Chicago, The University of Chicago Press, 1973.
Beattie, J. H., »Sorcery in Bunyoro«, in J. F. Middleton und E. H. Winger, (Hrsg.), *Witchcraft and Sorcery in East Africa*, Boston, Routledge and Kegan Paul, 1963.
Becker, Ernest, *Escape from Evil*, New York, Free Press, 1976.
Becker, Gabriele u. a., *Aus der Zeit der Verzweiflung. Zur Genese und Aktualität des Hexenbildes*, Frankfurt, Suhrkamp, 1978.
Bever, Edward, »Old Age and Witchcraft in Early Modern Europe« in Peter N. Stearns, (Hrsg.), *Old Age in Pre-industrial Society*, New York, Holmes and Meier, 1982, S. 150–190.
Biedermann, Hans, *Hexen, auf den Spuren eines Phänomens*, Graz, Verlag für Sammler, 1974.
Blankenburg, W., »Anthropologische Probleme des Wahns«, in *Wahn*, Hg. v. W. Schulte und R. Tolle, Stuttgart, 1972, S. 30–38.
Bodin, Jean, *De la Démonomanie des Sorciers*, Paris, 1580.
Boguet, Henri, *Discours des Sorciers*, 1602, übers. v. M. Summers, *An Examen of Witches*, 1929.
Brückner, Karl, *Am Sagenborn der Fränkischen Schweiz*, Wunsiedel, Kohler Frankenverlag, 1929, Bde. I u. II.
Buckland, Raymond, *Witchcraft from the Inside*, St. Paul, Minn., Llewellyn Publications, 1975.
Burr, George L., »A Review of Murray's ›Witch Cult in Western Europe‹«, *American Historical Review*, 27, 4, 1922.
Bush, Sherida, »Hags, Ghosts, and Demons of the Night«, *Psychology Today*, 10, November 1976, S. 34.
Caporael, Linnda R., »Ergotism: The Satan Loosed in Salem«, *Science*, 192, April 2, 1976, S. 21–26.
Carpsov, Benedict, *Practica rerum criminalium*, Wittenberg 1635.
Castaneda, Carlos, *The Teachings of Don Juan. A Yaqui Way of Knowledge*, Los Angeles, University of California Press, 1968.
Castaneda, Carlos, *Journey to Ixtlan. The Lessons of Don Juan*, New York, Simon & Schuster, 1972.

Clark, A. J., Addendum in Margaret Murray, *The Witch Cult in Western Europe*, Oxford, Oxford University Press, 1921.
Cohn, Norman, *Europe's Inner Demons*, New York, Basic Books, 1975.
Currie, Elliott P., »Crimes without Criminals; Witchcraft and Its Control in Renaissance Europe«, *Law and Society Review*, 3, August 1968, S. 7–32.
Davidson, Thomas, *Rowan Tree and Red Thread – A Scottish Witchcraft Miscellany*, Edinburgh, Oliver & Boyd, 1949.
Delcambre, Etienne, »Witchcraft Trials in Lorraine«, in William Monter, (Hrsg.), *European Witchcraft*, New York, Wiley, 1969, S. 88–109.
de Mille, Richard, *The Don Juan Papers: Further Castaneda Controversies*, Santa Barbara, Ross-Erikson, 1980.
Demos, John P., *Entertaining Satan – Witchcraft and the Culture of Early New England*, New York, Oxford University Press, 1982.
Demos, John P., »Underlying Themes in the Witchcraft of 17th-Century New England«, *American Historical Review*, 75, Juni 1970, S. 13311–13326.
Döbler, Hannsferdinand, *Hexenwahn*, München, Bertelsmann, 1977.
Döllinger, Ignaz, *El Pontificado*, ins Spanische übersetzt von Demetrio Zorrilla, Madrid, ohne Datum.
Duerr, Hans Peter, *Sedna oder die Liebe zum Leben*, Frankfurt, Suhrkamp, 1985.
Duerr, Hans Peter, *Traumzeit*, Frankfurt, Syndikat, 1978.
Dupré, E., *Pathologie de l'imagination et de l'émotion*, Paris, 1925.
Durkheim, Emile, *The Division of Labor in Society*, übers. v. George Simpson, Glencoe, Ill., The Free Press, 1960.
Durkheim, Emile, *The Elementary Forms of Religious Life*, New York, Macmillan, 1915.
Ehrenreich, Barbara, und Deirdre English, *Witches, Midwives, and Nurses. A History of Women Healers*, Old Westbury, New York, The Feminist Press, 1973.
Estes, Leland L., *The Yorkshire Trials*, Forschungsbericht, Annual Meeting of the American Criminological Society, Chicago, 1984.
Estes, Leland L., »Reginald Scot and his ›Discoverie of Witchcraft‹: Religion and Science in the Opposition to the European Witch Craze«, *Church History*, 52, Dezember 1983, S. 444–456.
Estes, Leland L., »The Medical Origins of the European Witch Craze. A Hypothesis«, *Journal of Social History*, 17, Winter 1983, S. 271–284.
Etzioni, Amitai, »Seeking Solace from the Stars«, *Human Behavior*, 7, April 1978, S. 16.
Evans-Pritchard, E. E., *Witchcraft, Oracles and Magic among the Azande*, Oxford, Oxford University Press, 1937.
Ewen, Cecil H., »A Noted Case of Witchcraft at North Moreton in the Early 17th Century«, *The Berkshire Archeol. Journal*, 40, 1936.
Ewen, Cecil H., *Witchcraft and Demonianism*, London, Heath Cranton, 1933.
Federmann, Reinhard, and Hermann Schreiber, *Botschaft aus dem Jenseits*, Tübingen, Erdmann, 1968.
Festinger, Leon, u. a., *When Prophecy Fails*, Minneapolis, University of Minnesota Press, 1956.
Finucane, Ronald C., *Miracles and Pilgrims. Popular Beliefs in Medieval England*, London, 1977.
Firestone, Melvin M., »Sephardic Folk-Curing in Seattle«, *Journal of American Folklore*, 75, Oktober–Dezember 1962, S. 301–310.
Francisci, Abbot M. Adam, *Generalinstruktion von den Trutten*, Brandenburg, 1961.
Franck, Adolphe, *The Kabbalah – The Religious Philosophy of the Hebrews*, New York, University Books, 1967.
Franck, J., »Geschichte des Wortes Hexe«, in Joseph Hansen, *Quellen und Untersuchungen zur Geschichte des Hexenwahns*, Hildesheim, Olms, 1901, S. 614–670.
Frazer, Sir James G., *The Golden Bough*, London, Macmillan, 1911.
Freud, Sigmund, *The Future of an Illusion*, Garden City, N.Y., Doubleday, 1964. (Original: *Die Zukunft einer Illusion*, 1927.)
Freud, Sigmund, *Civilization and Its Discontents*, New York, Norton, 1962. (Original: *Das Unbehagen in der Kultur*, 1930.)
Frischbier, Hermann, *Hexenspruch und Zauberbann. Ein Beitrag zur Geschichte des Aberglaubens in der Provinz Preussen*, Berlin, Enslin, 1870.
Führer, H. »Los Estupefacientes«, *Investigacion y Progreso*, 4, März 1930, S. 37.
Gamache, Henri, Hrsg., *Mystery of the Long Lost 8th, 9th, and 10th Books of Moses*, Highland Falls, N.Y., Sheldon Publication, 1967.
Gardner, G. B., *High Magic's Aid*, London, Rider, 1949; *Witchcraft Today*, London, Rider, 1954, *The Meaning of Witchcraft*, New York, Weiser, 1971.
Geis, Gilbert, und Ivan Bunn, »Sir Thomas Browne and Witchcraft«, *International Journal for Law and Psychiatry*, 4, 1981, S. 1–11.

Ginzburg, Carlo, *Night Battles – Witchcraft and Agrarian Cults in the 16th and 17th Century,* New York, Penguin Books, 1985.
Gloger, Bruno, und Walter Zöllner, *Teufelsglaube und Hexenwahn,* Leipzig, Koehler & Amelang, 1983.
Gluckmann, Max, *Politics, Law and Ritual in Tribal Societies,* New York, Oxford University Press, 1965.
Gödelmann, Johann Georg, *Tractatus de magis, veneficis, et lamiis,* Frankfurt, 1601, tract. II.
Goethe, Johann Wolfgang von, »Faust«, in *Goethes Meisterwerke,* Berlin, Oestergaard, 1925.
Goette, Rudolf, *Kulturgeschichte der Urzeit Germaniens,* Leipzig, Schroeder, 1920.
Goodman, Felicitas D., *The Exorcism of Anneliese Michel,* Garden City, N.Y., Doubleday, 1981.
Graves, Robert, *The White Goddess,* New York, Octagon Books, 1948.
Greenwell, Richard, »Academia and the Occult: An Experience at Arizona«, *The Skeptical Inquirer,* 5, 1980, S. 39–46.
Grimm, Jakob, *Teutonic Mythology,* London, Bell & Sons, 1883.
Grimm, Jacob u. Wilhelm, *Deutsches Wörterbuch,* Leipzig, Hirzel, 1854.
Haining, Peter, *Hexen,* Hamburg, Stallings, 1977.
Hansen, Joseph, *Quellen und Untersuchungen zur Geschichte des Hexenwahns,* Hildesheim, Olms, 1901.
Hansen, Joseph, *Zauberwahn, Inquisition und Hexenprozess im Mittelalter,* Aalen, Scientia Verlag, 1964, (Original München 1900).
Harner, Michael, »The Role of Hallucinogenic Plants in European Witchcraft«, in Michael Harner, (Hrsg.), *Hallucinogens and Shamanism,* New York, Oxford University Press, 1973, S. 127–150.
Harris, Marvin, *Cows, Pigs, Wars and Witches,* New York, Random House, 1974.
Hartlieb, Johannes, *Buch aller verbotenen Kunst, Unglaubens und der Zauberei,* Bayern, 1456.
Heinsohn, Gunnar, und Otto Steiger, *Die Vernichtung der weisen Frauen,* Bremen, März Verlag, 1985.
Helldorfer, Ludwig, *Gößweinstein: Burg, Amt, Kirche, Gemeinde,* Gößweinstein, Selbstverlag Marktgemeinde, 1974.
Henningsen, Gustav, *The European Witch-Persecution,* Copenhagen, Danish Folklore Archives, 1973.
Höfler, Otto, *Kultische Geheimbunde der Germanen,* Frankfurt 1934.
Hofmann, Günther, »Wiesentfels Ortsgeschichte«, *Hollfelder Blätter,* 9, Juni 1984, S. 26–28.
Hofmann, Günther, »Das Hollfelder Stadtstatut aus dem Jahre 1952«, *Hollfelder Blätter,* 4, Juni 1979, S. 22–29.
Hole, Christina, *Witchcraft in England,* Totowa, N. J., Rowman and Littlefield, 1977.
Holzer, Hans, *The Truth about Witchcraft,* New York, Doubleday, 1969.
Hoover, Eleanor L., »Mystical Portents«, *Human Behavior,* 6, März 1977, S. 14.
Horsley, Richard A., »Who were the Witches? The Social Roles of the Accused in the European Witch Trials«, *Journal of Interdisciplinary History,* 9, 1979, S. 689–715.
Huebner, Louise, *Power through Witchcraft,* Los Angeles, Nash, 1969.
Hufford, David J., *The Terror that Comes in the Night: An Experience-Centered Study of Supernatural Assault Traditions,* Philadelphia, University of Pennsylvania Press, 1982.
Hughes, Pennethorne, *Witchcraft,* Baltimore, Penguin Books, 1970.
Huss, Carl, *Vom Aberglauben,* Bd. 20, Marktredwitz, Schriftenreihe der Volkshochschule, 1974.
Innocentius VIII, *Summis desiderantes affectibus,* 1484.
Janssen, Johannes, *Geschichte des deutschen Volkes,* Freiburg, Herder & Co., 1924.
Jules-Rosette, Bennetta, *African Apostles, Ritual and Conversion in the Church of John Maranke,* Ithaca, N.Y., Cornell University Press, 1975.
Junius, Johannes, Brief an seine Tochter, in Rossell H. Robbins, *The Ecyclopedia of Witchcraft and Demonology,* New York, Crown Publishers, 1963, S. 292.
Kamen, Henry, *The Iron Century – Social Change in Europe 1550–1660,* New York, Praeger, 1972.
Kirk, Malcolm S., »Journey into Stone Age New Guinea«, *National Geographic,* 135, April 1969, S. 581–592.
Kluckhohn, Clyde, und Dorothea Leighton, *The Navaho,* Cambridge, Mass., Harvard University Press, 1946.
Kluckhohn, Clyde, *Navaho Witchcraft,* Boston, Beacon Press, 1962.
Koestler, Arthur, *Life after Death,* New York, McGraw-Hill, 1976.
König, Emil B., *Ausgeburten des Menschenwahns im Spiegel der Hexenprozesse und der Autodafés,* Berlin, Bock, 1930.

Kovacs, Zoltan, »Die Hexen in Rußland«, *Acta Ethnographica Academi e Hungaricae,* 22, 1973, S. 53–86.
Krakovsky, Levi Isaac, *Kabbalah: The Light of Redemption,* Brooklyn, N.Y., The Kabbalah Foundation, 1950.
Kramer, Kathrin, u. Annette Hillebrand, »Zittert, zittert, die Hexen sind zurückgekehrt«, *Wiesbadener Tagblatt,* 31. 5.–1. 6. 1986.
Krige, J. D., »The Social Function of Witchcraft«, in Max Marwick, (Hrsg.), *Witchcraft and Sorcery,* Baltimore, Penguin Books, 1970, S. 237–251.
Kröll, Joachim, »Der Bayreuther Hof zwischen 1660 und 1670«, *Wolfenbütteler Arbeiten zur Barockforschung,* Hamburg, Hauswedell, 1978, Bd. 7, S. 181–208.
Kruse, Johann, *Hexen unter uns? Magie und Zauberglauben in unserer Zeit,* Hamburg, Hamburgische Bücherei, 1951.
Kunstmann, Hartmut H., *Zauberwahn und Hexenprozess in der Reichsstadt Nürnberg,* Nürnberg, Stadtarchiv, 1970.
Lamberg, G. von, *Criminal-Verfahren vorzüglich bei Hexenprozessen im ehemaligen Bisthum Bamberg während der Jahre 1624 bis 1630,* Nürnberg, Kiegel und Wiessner, 1835.
Larner, Christina, *Witchcraft and Religion: The Politics of Popular Beliefs,* New York, Basil Blackwell, 1984.
LaVey, Anton S., *The Satanic Bible,* New York, Avon, 1969.
Lea, Henry C., *Materials towards a History of Witchcraft,* Bd. 3, New York, Yoseloff, 1957.
Lea, Henry C., *A History of the Inquisition of the Middle Ages,* London, 1888.
LeBon, Gustave, *Psychologie des Foules,* Paris, Olean, 1895.
Lederer, Wolfgang, *The Fear of Women,* New York, Harcourt Brace Jovanovich, 1968.
Leitschuh, Friedrich, *Beiträge zur Geschichte des Hexenwesens,* Bamberg, Hübscher, 1883.
Leland, Charles A., *Aradia, or the Gospel of the Witches,* New York, 1899.
Leland, Charles G., *Gypsy Sorcery and Fortune Telling,* New York, University Books, 1964.
Lifton, Robert J., *Thought Reform and the Psychology of Totalism. A Study of Brainwashing in China,* New York, Norton, 1961.
Looshorn, Johann, *Die Geschichte des Bistum Bamberg,* Bamberg, 1906.
Luther, Martin, *Tischreden,* Weimarer Ausgabe.
Macfarlane, Alan, J. D., *Witchcraft in Tudor and Stuart England,* New York, Harper, 1970.
Mackay, Charles, *Extraordinary Popular Delusions and the Madness of Crowds,* New York, The Noonday Press, 1974.
Mair, Lucy, *Witchcraft,* New York, McGraw-Hill, 1971.
Malinowski, Bronislaw, »Magic, Science, and Religion«, in Robert Redfield, (Hrsg.), *Magic, Science, and Religion and Other Essays,* New York, Doubleday, 1954.
Margolin, Malcolm, *The Ohlone Way – Indian Life in the San Francisco-Monterey Bay Area,* Berkeley, Heyday Books, 1978.
Marwick, Max, »The Social Context of Cewa Witch Beliefs«, *Africa,* 22, 1952, S. 232.
Marx, Karl, und Friedrich Engels, *On Religion,* New York, Schocken Books, 1964.
Masters, R. E., *Eros and Evil: The Sexual Pathology of Witchcraft,* New York, Matrix House, 1966.
Matossian, Mary K., »Ergot and the Salem Witchcraft Affair«, *American Scientist,* 70, Juli/August 1982, S. 355–357.
Mayer, Philip, »Witches«, in Max Marwick, (Hrsg.), *Witchcraft and Sorcery,* Baltimore, Penguin Books, 1970, S. 45–64.
Meier-Lemgo, Karl, *Hexen, Henker und Tyrannen,* Lemgo, Lippe, Wagner, 1949.
Melton, Gordon J., *Magic, Witchcraft, and Paganism in America,* New York, Garland, 1982.
Merzbacher, Friedrich, *Die Hexenprozesse in Franken,* (2. Auflage), München, Beck, 1970.
Michelet, Jules, *Satanism and Witchcraft,* New York, Citadel Press, 1939 (Original 1862).
Middleton, John F. and E. H. Winger (Hrsgs.), *Witchcraft and Sorcery in East Africa,* Boston, Routledge & Kegan Paul, 1963.
Midelfort, H. C. Erik, *Witch Hunting in Southwestern Germany 1562–1684,* Stanford, Stanford University Press, 1972.
Miller, Walter B., »Two Concepts of Authority«, *American Anthropologist,* 57, 1955, S. 279.
Monden, L., *Theologie des Wunders,* Wien 1967.
Monter, E. William, *Ritual, Myth and Magic in Early Modern Europe,* Athens, Ohio, Ohio University Press, 1983.
Monter, E. William, *Witchcraft in France and Switzerland: The Borderlands during the Reformation,* Ithaca, N.Y., Cornell University Press, 1976.
Monter, E. William, »Patterns of Witchcraft in the Jura«, *Journal of Social History,* 5, Herbst 1971, S. 1–25.
Monter, E. William, *European Witchcraft,* New York, Wiley, 1969.
Murray, Margaret A., *The Witch Cult in Western Europe,* Oxford, Oxford University Press, 1921.
Nadel, S. F., »Witchcraft in Four African Societies«, *American Anthropologist,* 54, 1952, S. 15.

Nash, Michael, und Elgan Baker, »Trance Encounters; Susceptibility to Hypnosis«, *Psychology Today,* 18, Februar 1984, S. 72–73.
Nemec, Jaroslav, *Witchcraft and Medicine (1484–1793),* Washington, D.C., Government Printing Office, National Institute of Health, 1974.
Nietzsche, Friedrich, *The Portable Nietzsche,* übersetzt von Walter Kaufmann, New York, Viking Press, 1954.
Offiong, Daniel A., »Social Relations and Witch Beliefs among the Ibibio of Nigeria«, *Journal of Anthropological Research,* 39, 1983, S. 81–95.
Oldfield, Howey, *The Cat in the Mysteries of Religion and Magic,* London, 1930.
Oschwald, Hanspeter, »Die Hexerei ist lukrativ«, *Oberfränkischer Anzeiger,* 1. September 1985.
Parker, Geoffrey, »Some Recent Work on the Inquisition in Spain and Italy«, *Journal of Modern History,* 54, September 1982, S. 519–532.
Parsons, Elsie C., »Witchcraft among the Pueblos: Indian or Spanish?« *Man,* 27, 1927, S. 106–128.
Paulus, Nikolaus, *Hexenwahn und Hexenprozess, vornehmlich im 16. Jahrhundert,* Freiburg i. Breisgau 1910.
Pertz, G. H. u. a. (Hrsg.), *Monumenta Germaniae historica, scriptores,* Bd. XIII, Hannover und Berlin 1826.
Petersdorff, Egon von, *Daemonologie,* München 1957.
Peuckert, Will-Erich, *Verborgenes Niedersachsen,* Göttingen, Schwartz & Co., 1960.
Peuckert, Will-Erich, »Das 6. und 7. Buch Mosis«, *Zeitschrift für deutsche Philologie,* 76, 1957, S. 174.
Peuckert, Will-Erich, *Geheimkulte,* Heidelberg, Pfeffer, 1951.
Peuckert, Will-Erich, »Dr. Johannes Faust«, *Zeitschrift für deutsche Philologie,* 70, 1947–48, S. 55–74.
Peuckert, Will-Erich, *Pansophie,* Stuttgart, Kohlhammer, 1936.
Piggott, Stuart, *The Druids,* Harmondsworth, Middlesex, Penguin Books, 1968.
Porta, Giambattista, *Magia naturalis,* Neapel, 1589.
Rappaport, Herbert, »The Tenacity of Folk Psychotherapy: A Functional Interpretation«, Bericht anläßlich des Jahrestreffens der Eastern Psychological Association, New York, 1976.
Redfield, Robert, (Hrsg.), *Magic, Science, and Religion and Other Essays,* New York, Doubleday, 1954.
Richet, Charles, *L'Homme et l'Intelligence. Fragments de Physiologie et de Psychologie,* Paris, 1887.
Robbins, Rossell H., *Encyclopedia of Witchcraft and Demonology,* New York, Crown Publishers, 1959.
Rose, Elliot E., *A Razor for a Goat,* Toronto, Toronto University Press, 1962.
Roszak, Theodore, »Auf der Suche nach dem Übernatürlichen: Die Wissenschaft nähert sich dem Okkulten an«, *Unter dem Pflaster liegt der Strand,* 10, 1982, S. 31–52.
Roszak, Theodore, »Untutored Yearnings for the Supernatural«, *Psychology Today,* 15, April 1981, S. 100–103.
Roszak, Theodore, *The Making of a Counter Culture,* New York, Doubleday, 1969.
Runeberg, Arne, *Witches, Demons and Fertility Magic,* Helsingfors, 1947.
Russell, Jeffrey B., *A History of Witchcraft – Sorcerers, Heretics and Pagans,* London, Thames & Hudson, 1980.
Russell, Jeffrey B., *The Devil,* Ithaca, N.Y., Cornell University Press, 1977.
Russell, Jeffrey B., *Witchcraft in the Middle Ages,* Ithaca, N.Y., Cornell University Press, 1972.
Sarbin, Theodore R., »Role Theory«, in Gardner Lindzey, (Hrsg.), *Handbook of Social Psychology,* Reading, Mass., Addison-Wesley, 1954.
Schneider, Ulrich F., *Das Werk »De praestigiis daemonum« von Weyer und seine Auswirkungen auf die Bekämpfung des Hexenwahns,* Jur. Diss., Bonn, 1951.
Schöck, Inge, *Hexenglaube in der Gegenwart – Empirische Untersuchungen in Südwestdeutschland,* Tübingen, Tübinger Vereinigung für Volkskunde, 1978.
Schormann, Gerhard, *Hexenprozesse in Deutschland,* Göttingen, Vandenhoeck, 1981.
Scot, Reginald, *Discoverie of Witchcraft,* London, 1584, Nachdruck bei Centaur Press, 1964.
Sebald, Hans, »Shaman, Healer, Witch: Comparing Shamanism with Franconian Folk Magic«, *Ethnologia Europaea,* 14, 1984.
Sebald, Hans, »Die Romantik des ›New Age‹: Der studentische Angriff auf Wissenschaft, Objektivität und Realismus«, in H. P. Duerr, *Der Wissenschaftler und das Irrationale,* Frankfurter Syndikat, 1981, Bd. 2, S. 226–248.
Sebald, Hans, »Roasting Rabbits in Tularemia«, in Richard de Mille, (Hrsg.), *The Don Juan Papers,* Santa Barbara, Kalifornien, Ross-Erikson, 1980, S. 34–38.

Sebald, Hans, »Limitations of Communication: Mechanisms of Image Maintenance through Selective Perception, Selective Memory, and Selective Distortion«, *Journal of Communication*, 3, September 1962, S. 142–149.
Seth, Ronald, *Children against Witches*, London, Hale, 1969.
Shodell, Michael, »A Werewolf Story«, *Science '82*, 3, April 1982, S. 49.
Singer, Isaac Bashevis, *Shosha*, New York, Fawcett Books, 1978.
*Sixth and Seventh Books of Moses or Moses' Magical Spirit-Art*, Übersetzung aus dem Deutschen, anonymer Verleger, ohne Datum.
Smyth, Frank, *Modern Witchcraft – The Fascinating Story of the Rebirth of Paganism and Magic*, London, Macdonald, 1970.
Snyderman, George S., »Witches, Witchcraft, and Allegany Seneca Medicine«, *Proceedings of the American Philosophical Society*, 127, 1983, S. 263–277.
Soldan, Wilhelm G., *Geschichte der Hexenprozesse*, Stuttgart 1843.
Spanos, Nicholas P., und Jack Gottlieb, »Ergotism and the Salem Village Witch Trials«, *Science*, 194, Dezember 24, 1976, S. 1390–1394.
Spee, Friedrich von, *Cautio criminalis*, Frankfurt 1632.
Spencer, John, »The Mental Health of Jehova's Witnesses«, *British Journal of Psychiatry*, 126, June 1975, S. 556–559.
*Spiegel*, »Femina = die weniger Glauben hat«, Nr. 43, 22. Oktober 1984, S. 128.
Sprenger, Jakob, und Heinrich Institoris, *Malleus maleficarum*, engl. von Montague Summers, New York, Dover Publications, 1971.
Starkey, Marion L., *The Devil in Massachusetts*, New York, Time Sonderheft, 1963 (Original 1949).
Steadman, Lyle, »The Killing of Witches: A Hypothesis«, *Oceania*, 56, Dezember 1985, S. 106–110.
Summers, Montague, *History of Witchcraft and Demonology*, 1926; *Geography of Witchcraft*, 1927; *Popular History of Witchcraft*, 1937; *The Werewolf*, 1937; *Witchcraft and Black Magic*, 1946; *The History of Witchcraft*, 1956.
Szasz, Thomas, *The Manufacture of Madness: A Comparative Study of the Inquisition and the Mental Health Movement*, New York, Harper and Row, 1970.
Thomas, Keith, *Religion and the Decline of Magic*, New York, Scribner's, 1971.
Thomas, William I., *Primitive Behavior*, New York, McGraw-Hill, 1937.
Tobin, J. J., und J. Friedman, »Spirits, Shamans and Nightmare Deaths«, *American Journal of Orthopsychiatry*, 53, Juli 1983, S. 439–448.
Trevor-Roper, Hugh R., *Religion, the Reformation and Social Change*, London, Macmillan, 1969.
Trevor-Roper, Hugh R., *The European Witch-Craze of the 16th and 17th Centuries and other Essays*, New York, Penguin Books, 1969.
Truzzi, Marcello, »The Occult Revival as Popular Culture: Some Random Observations on the Old and Nouveau Witch«, *Sociological Quarterly*, 13, Winter 1972, S. 16–36.
Veith, Ilza, *Hysteria: The History of a Disease*, Chicago, The University of Chicago Press, 1965.
Vierordt, Karl F., *Geschichte der evangelischen Kirche in dem Grossherzogthum Baden*, Karlsruhe 1847–1856.
Waite, A. E., *The Holy Kabbalah*, New York, University Books, ohne Datum.
Weber, Max, *The Protestant Ethic and the Spirit of Capitalism*, New York, Scribner's, 1930.
Weyer, Johannes, *De praestigiis daemonum*, Basel 1563 (Paris 1885, Nachdruck).
Wheatley, Dennis, *The Devil Rides Out*, London, Hutchinson, 1963.
Wheatley, Dennis, *Forbidden Territory*, London, Hutchinson 1963. »Who Do Voodoo? Asks Hesse CDU«, *The Week in Germany*, 14, Deutscher Informationsdienst, 26. Okt. 1984, S. 6.
Willer, Judith, *The Social Determination of Knowledge*, Englewood Cliffs, N.J., Prentice-Hall, 1971.
Williamson, Hugh R., *The Arrow and the Sword*, London, Faber, 1947.
Wilson, Monika H., »Witch-Beliefs and Social Structure«, *American Journal of Sociology*, 56, 1951, S. 308.
Wittmann, Alfred, *Die Gestalt der Hexe in der deutschen Sage*, Bruchsal, Kruse & Söhne, 1933.
Wolf, Hans, *Gößweinstein, Gestern, Heute, Morgen*, Gößweinstein, 1976.
Yoors, Jan, *The Gypsies*, New York, Simon & Schuster, 1967.
Zborowski, Mark, und Lizabeth Herzog, *Life Is with People*, New York, International Universities Press, 1974.
Zilboorg, Gregory, *The Medical Man and the Witch During the Renaissance*, New York, Cooper Square Publishers, 1969 (Original 1935).
Zwetsloot, Hugo, *Friedrich Spee und die Hexenprozesse. Die Stellung und Bedeutung der »Cautio Criminalis« in der Geschichte der Hexenverfolgung*, Trier 1954.

# Register

Abbey, Edward 245
Abbitte 100 ff., 176
Abriel, Jörg, Henker 43
Abwehrmittel 66 ff., 70 ff.
Adler, Alfred 168
afrikan. Kulturen 60, 127, 163
Aggressionen 171 ff.
Alcock J. 159
Aldridge, John W. 249
Allersdorf 119
Alraune 76
Altötting 243
Amberg 74
Amulette 114
„Anfangen" 72 ff., 98 ff., 158, 169, 237
- Begriffsdefinition 74
- Verbreitung 72, 74
Animismus 109 ff., 164
Ansbach 50, 70
„ansprechen" 73
Antifeminismus 178 ff., 244
Aquin, Thomas v. 60, 86, 224 ff.
Asimov, Isaac 227
Astrologie 245, 251 ff.
Aussegnung 113, 120
Azande 82, 127, 163

Bächthold, Joh. 65, 67, 70
Bamberg 15, 35, 37, 44 ff., 152 ff., 216, 224
- Bamberger Halsgerichtsordnung 50, 234
Bärnfels 18, 58, 97, 113
Baroja, Julio 143, 205
Bayern 47, 48, 63, 243
Bayreuth 15, 50
Becker, Ernest 169
Bermuda-Dreieck 250
Besessenheit 21 ff., 91, 222, 227 ff.

Bever, E. 192, 206
Bienen 62
Bilsenkraut 208
Birkenreuth 120
Blocksberg 59, 61
Blutmelken 65, 98, 157
Bocksdorn 66
Bodin, Jean 33, 139
Böhmen 63, 87, 150
böser Blick 82, 100, 111
Botulismus 157
Bouget, Henri 135, 197, 202
Brauchtum 61, 66
Brückner, Karl 27, 117
Buckland, Raym. 145, 246
„büßen" (bannen) 73, 74

Calvinismus 49, 235, 238
Cannstatt 192
Canon episkopi 31, 139, 229 ff.
Carpsov, Benedict 150
Castaneda, Carlos 210, 241, 250
Cautio Criminalis 139
Cayce, Edgar 250
charismat. Bewegung 126, 239
China 216, 217
Chirurgie, spirituelle 245
Constitutio Criminalis
- Bambergensis 50, 234
- Brandenburgencia 50
- Carolina 50, 234
Coven 134, 141 ff., 187
Creußen 51
Cunning men 82, 238

Dämonen 15, 22, 78, 93, 119, 130
- Besessenheit 21 ff., 91
Dämonolatrie 191
Dämonomagie 91

Dämonomanie 41, 135
del Rio, Martin 135, 233
Denunziation 186
Diana 30, 143 f., 209, 230
Diarrhoe 117
Dionysos-Kult 61
Doebler, Hansferdinand 148
Döllinger, Canon 153
Drogen 10, 147, 189 ff., 205, 221, 243
Drudenfuß 66
Drudenhaus Bamberg 35
Drudenstein 66
Druiden 29, 141, 145
Durkheim, E. 167, 209

Ebermannstadt 151
Eggolsheim 61
v. Ehrenberg, Phil. Adolf 35
Ehrenreich, Barbara 186
Eisenhut 208
Ellingen 51
England 41, 44, 55, 82, 92, 130, 145, 150, 153, 174, 186, 197 f., 238
English, Deidre 186
Epilepsie 22
Erbsünde 228
Erdensünde 71
Ergotismus 196
Erkundungstechnik 14
Ethik, protest. 138
- Grenzen 167
Evans-Pritchard, E. E. 12, 163
Ewen 142
Exhibitionismus 251
Exorzismus 51, 117, 120, 136, 236, 242, 243

Fallbeispiele 16 ff., 95, 131, 198

273

Fegefeuer 19
Fehlgeburt 63
Festinger, Leon 129
Fetisch 109 ff., 117
feurige Männlein 20 ff., 27
Fichtelgebirge 50
Finucane, R. 238
Folter 35, 37, 44 ff., 138, 220, 226 ff.
Forchheim 57
Fränkische Schweiz 12 ff., 15 ff., 35, 44, 47 ff., 54 ff., 66, 81, 136, 151, 184, 242
Frankreich 31
franz. Schweiz 31, 40, 86, 148, 244
Frauenfeindlichkeit 154, 175, 177 ff., 244
Frazer 145, 154
Freising 57, 184
Freitagsbrot 117
Frerkel, S. 208
Freud, Sigmund 124, 170
Fruchtbarkeitszauber 61, 154
Fuchs v. Dornheim 35

Gardener, Gerald B. 145
Gegenkultur 12, 145, 206 ff., 210, 241, 248
Gegenreformation 148, 175
Gegenzauber 66 ff., 77
Gehirnwäsche 219
Geiler v. Kaisersberg, Joh. 209
Geisteskrankheit 147, 189, 201
Genf 49
Gerechtigkeitsmagie 162
Geroldsgrün 51
Geständnisse 37, 45 ff., 181, 216, 227, 234
Gesundbeter(in) 72, 82, 243
geweihte Dinge 73, 99, 117, 236
"Gfrasch" 21 ff., 117, 157
Glarus (Schweiz) 47
Godelmann, J. G. 39 ff.
Goethe, J. W. 53
Goodman, F. 137, 222
Gößweinstein 109, 113
Gregor IX., Papst 181
Grimoire 87, 90
Gundelreben 70
Gunzenhausen 51

Haan, Dr. Georg 37
Haining, Peter 144
Hallstatt 48, 49, 51

Halluzination 15, 40, 192
Hankerle 25, 26
Hansen, Joseph 144
Häresie 34, 132, 181, 224
Harris, M. 206, 246
Hausgeister 60
"He-Männla" 25
Hebamme 78, 187
Heiler(in) 72, 98
Heilkräuter s. Kräuter
Heilsbronn 50
Heinsohn, G. 187
Hellseherei 107
Henningsen, D. 151, 210
Hexe
– Begriff 11, 29 ff.
– Idealbild 158, 214
– Identifizierung 70 ff., 77, 97 ff.
– schwarze H. 79
– Verbrechen d. H. 33 ff., 42
– Selbstverständnis 94
– weiße H. 29, 79
Hexenbanner 81 ff., 89, 131, 243
"Hexenbrennen" 62
Hexendrücken 57, 77, 97, 158
Hexenduelle 55, 98 ff.
Hexeneiche 61, 62
Hexenfett 38, 60
Hexenflug 40, 47, 60
Hexengefängnis 35, 44, 216
Hexengeld 59
Hexenhammer s. Malleus
Hexenknallen 61
Hexenmeister 81, 98
Hexenprozesse 31, 33, 37 ff., 47 ff., 143, 185
Hexensabbat 31, 33, 38, 45, 138, 143, 220 ff., 225, 233 ff.
Hexensalbe 38, 60, 206 ff
Hexenstuhl 70
Hexentaufe 247
Hexenverbrennung 37 ff., 50, 62, 136
Hexenwetter 57
Hexenzirkel (coven) 145 ff., 246
Hillebrand, A. 246
Himmler, Heinrich 48
Hinrichtungen 185
Holda 25
Hollfeld 49, 151
"Holzfraala" 24, 25
Hopkins, Matthew 214
Hübner, L. 246

Hughes, P. 144
Humoralpathologie 192
Hund 120
Hungenburg 26
Hypnagogie 159
Hysterie 191, 197

Imitationsverhalten 197
Incubus 57 ff., 70, 97, 158, 202, 206, 224
Index librorum prohibitorum 84
indian. Kulturen 163, 169, 184
Innozenz VIII., Papst 135, 140
Inquisition 34, 136, 138, 181 ff., 187, 199, 209, 217, 224

Jaquier, Nikolas 226
Jakob VI., Kg. 229
James I., Kg. 198
Joh. Georg II., Bischof 38, 44, 101, 216
Juden 59, 150, 215
Jugoslawien 63
Junius, Joh. 216

Kabbala 84, 87
– kabbal. Schriften 86 ff.
Kant, Immanuel 138
Kaplan, Stephan 245
Karl V. 50
Kategorien
– der Magie 16 ff.
– der Opfer
Katholizismus 128
Katze 60, 120, 220
keltische Religion 30, 48, 141 ff.
Kemnath 74
Kempten 47
Ketzerei 34
Kinderaussagen 60, 195
Kirchehrenbach 61
Kirchenbirkig 57, 112
Kirchenstrafe 33, 93
v. Kleve, Wilhelm 139
Kluckhohn, Clyde 12, 165, 173, 174
Koestler, Arthur 252
Kommerzialisierung d. Okkulten 146 ff.
Konfiskation 35, 37, 43 ff.
Kongo 60
Kramer, Katrin 246
Krankheiten 21, 68 ff., 73, 78, 157

274

Kräuter 67, 78, 101, 107, 208
Kronach 48, 49, 51
Kruse, Joh. 59, 63 ff., 81, 89
Kuebler-Ross, E. 245
Kühe 65, 67, 100, 112, 157
Kühlenfels 108
Kulmbach 50, 51

Lamia 58
Landgebot (1611) 35
Landshut 47, 70, 202
Larner, Christiana 152
Läuse 68, 77, 95, 117, 158
Lea, Henry C. 139
Lebensangst 94
Leichentuch 22
Leitschuh, Friedrich 217
Leland, Charles G. 141, 145
Lemgo 197
Lex talonis 152
Lex salica 230
Lichtenberg 51
Liebestrank 79
Lifton, Robert J. 217
Lilith 58
Looshorn, Johann 148
Los Angeles 246
Lothringen 199
Lourdes 130
Ludwig XVI. 31
Luther 150, 178, 235
Lykorexie 204
Lynchjustiz 40, 51, 57, 184

Macfarlane, Alan 68, 151, 174, 183
Machtstreben 168
Mackay, Charles 9, 41, 53 ff., 130, 157, 190, 202, 247
Magia naturalis 79, 90, 208
Magie und Religion 126, 235
– immanente 239
– manipulierende 239
magischer Kreis 88, 92, 114
magische Siegel 80
Magnus, Albertus 86
Mailach 237, 242
Maillot, L. 197
Malinowski 12, 124
Malleus maleficarum 31, 33, 43, 135–150, 179 ff., 187, 215, 226–236
Maria Theresia 47
Marwick, Max 173
Marx, Karl 170
Marxismus 141

Masters R. E. 190
Max I. v. Bayern 35
McCarthy 171, 215
Medaillons (geweihte) 110
Merzbacher, Friedrich 205
Metamorphose 31, 58, 220, 234
Michel, Anneliese 136 f., 198, 222
Michelet, J. 140, 145, 154
Midelfort, Erik 40, 43
Milchhexe 63 ff., 70, 115
Misogynie 175, 177 ff., 188
Mitternachtsmesse 119
Monter, E. William 41, 49, 69, 140, 151, 182, 205, 236
Moosburg 202
Mora 60, 195, 196
Mordritual 243
Mose de Leon 84
Murray, Margaret 29, 48, 141 ff., 154, 219
Mutterkorn 196
Mystizismus 54, 125, 132 ff., 248
Mythologie 248
Mythomanie 195

Nachtschattengewächse 208
Nadel, S. F. 124
Naila 51
Naturreligion 30, 141
Navajo 165, 175
Nekromantie 250
Neokortex 252
Neu-Druidismus 20
Neu-Guinea 175
Neurophysik 253 ff.
„New Age" 241, 244
Nietzsche, Friedrich 170
Norwegen 63, 196
Nürnberg 15, 50, 151
Nymphen 24

Oberbayern 61
Oberkirch 40
Oberpfalz 63, 73, 85
Obsprekher 82
Offenburg 44
Orakel 78, 79
Osculum infame 38, 60
Österreich 47, 63
Ostpreußen 85

Paranoia 194
Parapsychologie 250
Pathologie 214

Paulus (Apostel) 84, 178
„Pech im Stall" 98, 105, 113, 243
Pest 148
v. Petersdorf, Egon 137
Peuckert, Will-Erich 89, 208, 243
Pferde 65 ff., 101, 111
Pferdehexe 65
Pfingstgemeinden 229, 239
Pflanzenheilkunde 154
Piggott, S. 154
Polen 142
Poltergeist 15
Pondo 60
Porphyrie 204, 205
Posen 47
Pottenstein 83
Prädestination 238
Preußen 67
Profitgier 89, 186
Projektion 174
Protestantismus 136, 237
Pseudowissenschaft 251
psychosomatische Heilung 130, 131
Psychosomatismus 16, 156, 158, 193, 211

Rachemagie 91, 100, 183
Ratten 63
Reformation 34, 175, 235 ff.
Reinkarnation 54, 244
Religion s. Theologie
– und Volksmagie 125 ff.
– relig. Embleme 105
Remigius, N. 199
Remystifizierung 12
Renaissance 31, 34
Rheinpfalz 74
Richet, Charles 191
Römermann, Birgit 140, 188
Rollenverhalten 94, 165, 194, 215
Romantik 54, 240 ff.
Rose, Elliot 144, 150, 210
Roszak, Theodore 241, 245, 248
Runeberg 144, 154
Rußland 97

Sachsen 150
Sachsendorf 13, 23, 104
Sagen 20, 23 ff., 57, 204
Salazar y Frias 42, 138
Salem 147, 196
Salz 67

275

Salzburg 202
Sanders, Alex 145 ff.
Sanktionssystem 127, 162, 165
Sarg 117
Satan, s. Teufel
Satanismus 30, 132
Schadenzauber 22
Schäfer 23, 95
Schamanen 161
Scharfrichter 219
Scharlatan 107, 120, 251
Schatzsuche 166
Scheßlitz 49
Schlesien 58, 63
Schöck, Inge 194
Schottland 41
Schuldgefühle 174, 183
Schutzmaßnahmen 67, 98, 236
Schwabach 51
Schwaben 63
Schweden 63, 150
Schweinfurt 41
Schweiz 40, 61, 63, 152
Scot, Reginald 139, 190, 204
Sechsämterland 73
Sechstes Buch Mose 68, 77, 85 ff., 99, 101 ff., 221, 243
Seele 19, 21 ff., 27, 104, 237
– arme Seele 19, 21 ff.
– Verstorbener 128
Selbstbezichtigung 42, 190
Sexualität 58, 60, 193, 208
Shetel 82
Siegel, magische 91
Singer 65
Slawen 119
Slowenien 87
Sodomie 234
Sorben 62
Sozialprozesse 212
Spätmittelalter 31
Spanien 42, 79, 138, 219
v. Spee, Friedrich 139
Speyer 180
Spina, Bartolomeo 135, 234
Spukgestalten 25
Staffelstein 51
Stall 63 ff., 112, 115
Stallhexe 65
Steadman, Lyle 40
Steiger, O. 187
Steinwiesen 49, 51
Stellvertretertötung 62
„sterbende Person" 16

Stigma diaboli 43
Straßburg 209
Streitburg 26
Succubus 58
Suggestion 215
Summers, Montague 86, 136 ff., 228
Sündenbock 147, 172, 184, 194, 216
Suprema 138
Symbole 67, 211 ff.
– kulturelle 211 ff.
– religiöse 132, 214
– symbol. Tötung 62, 67

Talisman 110
Taufe 58, 115
Telekinese 63
Teletherapie 81
Teufel 34, 38, 40, 94, 101 ff., 132, 134, 180, 220, 223 ff., 235, 243
– Geschlechtsverkehr mit 34, 42 ff., 116, 193, 226
– Wortbedeutung 227
Teufelsbündnis 23, 30, 34, 83
Teufelsbuhlschaft 193, 226
Teufelsmal 191, 221, 236
Teufelspakt 69, 126, 144, 235
Theologie 178, 223 ff.
– Volkstheologie 73
Thomas, K. 172, 173, 235, 238
Thüringen 63
Tierverwandlung (Metamorphose) 201, 223
Tirol 61, 63
Tod 62
Tollkirsche 208
Trance 111, 118, 138, 206
Tränenprobe 218
Traut-Welser, L. 87
Träume 159
Trevor-Roper 150, 151
Trudenzeitung 50
Trugbilder 15
Truzzi, M. 146, 241
Tüchersfeld 22
Türkei 59, 148

Ukraine 87
Ungarn 150
Untersuchungsmethode 13
Ursachensuche 159

USA 90, 145, 229, 244, 246, 249

Vampire 245
Vasolt, Dr. Ernst 35
Veith, I. 190
Verleumdungsklage 55
Vermutungsbeweis 150
„vertraute Tiere" 93
Voltaire 138
Voodoo 90 ff., 221
Voß, B. 199

Wachsstock 99
Waidach 97
Waischenfeld 49
Walküre 29
Walpurgisnacht 59, 61 ff.
Ward, D. 158
Warschau 65
Wasser 61, 66, 237
Wasserprobe 213, 214
Weber, Max 238
Wechselbutte 115
Weihrauch 237
Weihwasser 61, 237
weiße Magie 72
Werfüchse 204
Wermut 66
Werwolf 202, 204 ff.
Westfalen 63
Wetterhexe 31, 56 ff.
Weyer, Joh. 190
Wicca 29 ff., 145 ff., 246 ff.
Wichtelmännchen 26
Wildes Heer 18, 27
Willer, Judith 128
Williamson, H. R. 144
„witch" 29
Wunderheiler 245
Würzburg 35, 47, 49, 152, 233, 242
„Wütenker" 18 ff., 39, 119, 202

Zauberbuch 41, 86, 91
Zauberformeln 78, 91, 243
Zauberei 34, 78
Zauberer 72, 107
Zeil 48, 49
Zeitgeist 254
Ziege 60
Zigeuner 109, 110, 162
Zölibat 179
Zwerge 25 ff.